Das Titanic-Attentat

1. Auflage März 2012
2. aktualisierte Auflage April 2023

Umschlaggestaltung: Nicole Lechner

ISBN 978-3-86445-920-7

MIX
Papier | Fördert
gute Waldnutzung
FSC® C014496
FSC
www.fsc.org

Gerne senden wir Ihnen unser Verlagsverzeichnis
Kopp Verlag
Bertha-Benz-Straße 10
72108 Rottenburg
E-Mail: info@kopp-verlag.de
Tel.: (0 74 72) 98 06-10
Fax: (0 74 72) 98 06-11

Unser Buchprogramm finden Sie auch im Internet unter:
www.kopp-verlag.de

Über den Autor:
Gerhard Wisnewski, geboren 1959, beschäftigt sich mit den verschwiegenen Seiten der Wirklichkeit. Seit 1986 ist der studierte Politikwissenschaftler als freier Autor, Schriftsteller und Dokumentarfilmer tätig. Viele seiner Bücher wurden Bestseller, unter anderem *Operation 9/11*, *Das RAF-Phantom* und das kritische Jahrbuch *verheimlicht – vertuscht – vergessen. Das andere Jahrbuch*, Jahrgänge 2007–2023.
www.wisnewski.ch

Gerhard Wisnewski

Das Titanic Attentat

Die wahren Hintergründe der Schiffskatastrophe

KOPP VERLAG

Dieses Buch widme ich allen Opfern
von Schiffskatastrophen, insbesondere jenen,
deren Andenken immer wieder durch
das Gedenken an die Opfer
der *Titanic* verdrängt wird.

Inhalt

Vorwort zur Neuausgabe 2023

Vor 111 Jahren, in der Nacht vom 14. auf den 15. April 1912, sank das britische Passagierschiff Titanic. Und die Erinnerung an dieses Ereignis ist brandaktuell – wenn in diesen Zeiten vielleicht auch nicht ganz opportun. Denn der Untergang der Titanic 1912 ist eine Parabel auf das, was heutzutage mit unserer westlichen Zivilisation geschieht: Während die Passagiere in Sicherheit gewiegt wurden, steuerte der Kapitän das Schiff mitten in die Katastrophe. Weniger bekannt dürfte sein, dass er dies mit voller Absicht tat – so wie unsere Regierungen das deutsche Staatsschiff absichtlich versenken: die »Titanic Deutschland«. Wie das geht, habe ich ja schon des Öfteren beschrieben: im Rahmen eines hybriden Krieges. Dabei handelt es sich um einen Krieg, den die wenigsten als solchen wahrnehmen, bis es zu spät ist. Der »Unfall« in der Nacht vom 14. auf den 15. April 1912 war genauso wenig ein Unfall, wie der derzeitige Totalschaden des Abendlandes. Schon der weltberühmte Dramatiker George Bernard Shaw erregte sich über die wahre »Explosion an abscheulichen, romantischen Lügen« im Zusammenhang mit der Titanic-Katastrophe: »... das Einzige, was man wirklich über Kapitän Smith weiß«, bestehe darin, »dass er ein Schiff verlor, indem er absichtlich und bewusst mit der höchsten Geschwindigkeit, welche die Kohle hergab, in ein Eisfeld hineindampfte« (*New York Times*, 15. April 1912). Aber welcher Kapitän würde denn auf diese Art und Weise Selbstmord begehen? Antwort: Keiner. Auch Kapitän Smith nicht. Monate später wurde er quicklebendig angetroffen – an Land, versteht sich.

Das Titanic-Attentat war 10 Jahre lang restlos vergriffen. Mit der Neuausgabe kommen wir den dringenden Bitten zahlreicher Interessierter nach, das Werk wieder aufzulegen. Außerdem ist auch eine englischsprachige Ausgabe geplant.

Um das Buch möglichst preiswert zu gestalten, haben wir auf eine Überarbeitung verzichtet. Diese war auch nicht nötig. Bis auf eine einzige inhaltliche Korrektur auf 400 Seiten (in der Originalausgabe auf S. 256 oben) veröffentlichen wir *Das Titanic-Attentat* daher wie bei seinem erstmaligen Erscheinen 2012. Bitte haben Sie deshalb Verständnis, dass im Text mit dem »100. Jahrestag« nunmehr der 111. gemeint ist ...

Eine spannende Lektüre wünscht Ihnen Ihr

Gerhard Wisnewski
München, im Januar 2023

Vorwort

Ein Attentat auf die *Titanic*? So eine verrückte Idee! Muss da wirklich hundert Jahre nach dem Untergang dieses berühmtesten Schiffes aller Zeiten und Hunderttausenden von Artikeln, Büchern und Filmen so ein Autor daherkommen und behaupten, er habe nun das Rätsel gelöst – der Untergang der *Titanic* sei ein Attentat gewesen? Schließlich wissen wir doch genau, wodurch dieses damals größte Passagierschiff der Welt gesunken ist: durch den Zusammenprall mit einem Eisberg!

Vor genau hundert Jahren, am 14. April 1912, fuhr die *Titanic* auf dem Weg von Southampton nach New York bei Nacht (aber nicht bei Nebel) auf einen Eisberg und sank innerhalb von etwa zweieinhalb Stunden. Dabei kamen 1500 Menschen ums Leben, nur etwa 700 konnten gerettet werden. So haben Sie und ich das schon mit der Muttermilch eingesogen und unsere Mütter auch schon. Eine Katastrophe, ein tragisches Unglück – sicher. Aber ein Attentat? Blödsinn. Oder nein – sogar eine höhere Form des Blödsinns: eine Verschwörungstheorie.

Mit einer Verschwörungstheorie hat das, was ich auf den folgenden Seiten ausbreiten werde, jedoch nichts zu tun, denn eine Verschwörungstheorie ist eine Theorie ohne Fakten. Also genau das, was seit hundert Jahren trotz fehlender Zeugen und Beweise über den Untergang der *Titanic* verbreitet wird. Im vorliegenden Buch geht es dagegen um den Versuch, eine Theorie mit Fakten aufzustellen – solchen, die in den vergangenen hundert Jahren unterschlagen, nicht in Betracht gezogen oder schlicht verdrängt wurden. Also darum, die gängige Verschwörungstheorie vom »hinterhältigen« und völlig überraschenden Angriff eines Eisberges auf das Vorzeigeschiff kritisch zu betrachten und gleichzeitig ein plausibles Gegenmodell zu entwickeln. Also das Gegenteil einer »Verschwörungstheorie«. Die Grundfrage ist dabei ganz einfach: War wirklich alles Zufall? Oder etwa Absicht? Und so viel kann ich jetzt schon verraten: Am Ende dieses Buches wird der *Titanic*-Mythos nicht mehr derselbe sein.

Einleitung

Nordatlantik, 14. April 1912, 23 Uhr, etwa 1000 Kilometer vor der Küste von Neuschottland. Das Wasser ist glatt, ruhig und friedlich. Der Sternenhimmel strahlt hell, weist aber immer wieder seltsame Lücken auf, Stellen, an denen plötzlich die Sterne fehlen. Es sind Eisberge – viele Eisberge. In mondlosen und sternenklaren Nächten wie dieser erscheinen sie nicht weiß, sondern dunkel, ja schwarz. Erstens, weil kaum Licht auf sie fällt. Zweitens, weil viele davon schmutzig sind. Die Luft ist kalt, unter null Grad, das Wasser noch kälter – etwa minus zwei Grad.

Das, so viel steht fest, ist die Bühne für die *Titanic,* das damals größte Schiff der Welt, in jener Nacht. Aber alles andere ist unsicher: Wird sie wirklich, von einem Rekord versessenen Kapitän getrieben, in voller Fahrt von einem Eisberg überrascht werden und ihn rammen? Ist es wirklich der Eisberg, der das Schiff der Länge nach aufreißt, so dass es in kürzester Zeit sinkt? Wird das Mammutschiff wirklich aus diesem Grund in kürzester Zeit untergehen? Oder hat da vielleicht jemand nachgeholfen? Wird sie wirklich ganz allein im kalten, schwarzen Meer versinken, oder ist sie gar nicht so allein? Wird ihr angeblich tragisch gescheiterter Kapitän mit in den Fluten versinken – oder vielmehr auf noch nicht durchschaute Weise überleben? Kurz: Wohnen wir bei allem, was jetzt kommt, wirklich einem »tragischen Unglück« bei, oder wird sich dieses Unglück vor unseren Augen in ein Attentat verwandeln?

Seltsame Fragen, wird mancher sagen. Denn wie die *Titanic* gesunken ist, das »wissen« wir doch alle: Wobei ich mir erlaube, dieses Wort in Anführungszeichen zu setzen. In Wirklichkeit glauben wir nur, es zu wissen. Denn woraus besteht dieses Wissen? Vieles davon sind Falschmeldungen, Irrtümer, Mythen, Widersprüche, aber auch bewusste Lügen. Im Grunde genommen ist es wie bei jedem Mythos:

Es gibt einen kleinen wahren Kristallisationskern und eine große Kruste aus überlieferten Motiven, Erzählungen und Erfindungen. Es ist in etwa so, als müssten wir Homers Ilias auf ihren wahren Kern hin untersuchen. In etwa – denn natürlich sind die Geschehnisse rund um die *Titanic* nicht ganz so weit weg, daher ist die »fiktionale Kruste« nicht ganz so dick.

Die Titanic *am Tag ihrer Abreise aus Southampton, am 10. April 1912*

Ihr Kapitän, so lautet die überlieferte Geschichte der *Titanic,* sei in blindem Vertrauen auf das »unsinkbare« Schiff mit Volldampf auf einen Eisberg gerauscht, der sich unglücklicherweise genau auf seinem Kurs befand. Ende der Geschichte. Aber in Wirklichkeit ist dieser »tragische Unfall« trotz zweier Untersuchungen direkt nach dem Unglück und Hunderten von Büchern und Filmen auch heute noch nicht aufgeklärt.

Je größer das Verbrechen, umso weniger wird es hinterfragt

Interessanterweise standen die Chancen, diese Katastrophe aufzuklären, nämlich denkbar schlecht:

Die wichtigsten Akteure der Katastrophe (allen voran natürlich der Kapitän und die oberste Schiffsführung) waren tot oder verschollen, andere wurden nicht von den danach gegründeten Untersuchungskommissionen gehört. Und wieder andere, die gehört wurden, verfügten über ein äußerst schwaches Erinnerungsvermögen oder ein gespanntes Verhältnis zur Wahrheit.

Beweismittel, die in der gesamten *Titanic*-Berichterstattung seltsamerweise nie auch nur mit einem Wort erwähnt werden, waren ebenfalls verschwunden oder beseitigt worden: nämlich das Logbuch und die Seekarten des Schiffes.

95 Prozent der *Titanic*-Berichterstattung folgten dem Motto, dass nicht sein kann, was nicht sein darf: nämlich, dass Reederei und Schiffsführung den Dampfer mit voller Absicht in die Katastrophe gesteuert und möglicherweise sogar versenkt haben. Nach dem Motto: Je größer das Verbrechen, umso weniger wird es hinterfragt.

Aus alldem ergibt sich, dass einerseits unglaublich viele Fakten fehlen und andere Fakten, die gegen die Version des Unfalls sprechen, ausgeblendet werden. Ferner ergibt sich bereits daraus, dass das heute verbreitete Bild dieses Schiffsuntergangs auf äußerst wackligen Beinen stehen muss.

Dieses Buch wird daher den Versuch unternehmen, die zum Teil hundert Jahre alte fiktionale Kruste aus Lügen, Mythen und Propaganda über den Untergang der *Titanic* wegzuräumen, die Plausibilität eines Unfalls zu untersuchen und – sollte Letztere verneint werden – sich auf die Suche nach Spuren und Beweisen für ein Attentat zu begeben.

Damit das gelingt, müssen wir uns komplett von allem vermeintlich »Bekannten« trennen: von allen Bildern, Filmen und Erzählungen. Zugegeben – leicht ist das nicht: Wie soll man hundert Jahre voll mythischer, propagandistischer und vor allem emotionaler Erzählungen aus seinem Gedächtnis streichen? Die Männer, die im Ausguck von dem Eisberg »überrascht« werden, der Kapitän, der wahlweise »nichtsahnend« oder »größenwahnsinnig« in sein Unglück fährt, das hochaufragende *Titanic*-Heck, an dem sich verzweifelte Menschen festklammern und das dann plötzlich »abbricht«.

Das *Titanic*-Unglück und sein vermeintlicher Ablauf gehören inzwischen zum vielzitierten »kollektiven Gedächtnis« der Menschheit und sind zu einer Geschichte geworden, die schon lange keiner Konfrontation mit Fakten und grundsätzlichen Fragen mehr ausgesetzt wurde. In etwa so wie die Bibel. Ja, genau genommen ist der Untergang der *Titanic* kein historisches Ereignis im eigentlichen Sinne, sondern eine mythische Erzählung wie der Untergang von Troja. Aber was ist Wahrheit und was Fiktion?

Die seltsame Welt der *Titanic*: die Verschwörungstheorie

Um das herauszufinden, müssen wir uns kurz die seit hundert Jahren verbreitete »offizielle Verschwörungstheorie« über den Untergang der *Titanic* anschauen und erkennen, dass es sich überhaupt um eine Verschwörungstheorie handelt. Warum nenne ich es eine »offizielle Verschwörungstheorie«? Die Antwort: Weil sie von unseren offiziellen Medien verbreitet wird, und weil es dabei einen roten Faden oder eine »Linie« gibt. Und die besteht darin, dass man nicht müde wird, uns immer neue »Beweise« zu liefern, warum und wieso der Untergang der *Titanic* »ein tragisches Unglück« gewesen sein muss. All die vielen Jahre, in denen wir uns Spielfilme und Dokumentationen über diesen Schiffsuntergang angesehen haben, haben wir vor uns hin geschlafen und gar nicht gemerkt, wie gewaltig wir eingeseift werden. Und daher muss ich Sie und mich erst einmal aus diesem Dornröschenschlaf wecken, bevor wir wieder einen ungetrübten Blick auf den Untergang der *Titanic* werfen können.

Die Frage lautet also: Was ist logisch und plausibel? Was ist unwahrscheinlich? Und was widerspricht dem gesunden Menschenverstand? Gerade in letztere Kategorie fällt in Sachen *Titanic* verblüffenderweise vieles. Wir werden erstaunt sein, wie viel uns bei näherem Hinsehen als geradezu absurd und grotesk erscheint. Aufgefallen ist uns das bisher unter anderem deshalb nicht, weil wir seit hundert Jahren daran gewöhnt sind und regelrecht eingelullt wurden.

Verschwörungstheorie oder Negativ?

Eine Ansammlung von Falschdarstellungen und offensichtlichen Absurditäten nenne ich ein »Negativ« – ein System aus Weglassungen, Verdrehungen, falschen Tatsachenbehauptungen und manchmal auch Lügen. Kurz: ein Bild, auf dem Weiß zu Schwarz und Schwarz zu Weiß wird. In etwa wie beim 11. September 2001, bei den Attentaten auf John F. Kennedy und auf Robert Kennedy oder bei dem angeblich überraschenden Angriff der Japaner auf Pearl Harbor 1941. Und während dieses Buch ein Negativ in ein Positiv umkehren will, machen Medien- und Propagandaapparate genau das Gegenteil: Sie sind andauernd damit beschäftigt, unsere Realität in Negative zu verwandeln. Der Krieg gegen Libyen war eine humanitäre Aktion, Deutschland wird am Hindukusch verteidigt, wir alle retten den Euro, um nur einige aktuelle Beispiele zu nennen.

Aber wir haben eine gute Chance: Positive (also die Wahrheit) sind meistens stabiler als Negative. Da Letztere künstlich erzeugt wurden, drohen Negative über kurz oder lang zu zerfallen. Daher benötigen sie eine aufwendige »Wartung«. Diese »Wartung« besorgen unsere Medien, indem sie die Negative immer wieder auffrischen, ausmalen und ausschmücken. Dazu bringen sie immer neue »Entdeckungen« und angebliche »Erkenntnisse« heraus, die das Negativ stabilisieren sollen. So wird beispielsweise das Kennedy-Attentat seit Jahrzehnten mit immer neuen »Dokumentationen« und »neuen Beweisen« für die Einzeltätertheorie (also das Negativ) »gewartet«, die Attentate des 11. September ebenso. Und auch der Untergang der *Titanic* ist ein solcher »gewarteter Mythos«.

Negativ 1: *Titanic*, der Film

Titanic – wer erinnert sich nicht an diesen Film (Regie und Drehbuch James Cameron, USA 1997)? Zum hundertelften Jahrestag der *Titanic*-Katastrophe wird er wieder aufgewärmt und dem Publikum mit einem großen Medienspektakel als 3-D-Version serviert: das ergreifende Liebesdrama zwischen dem hohen Töchterlein Rose, gespielt von Kate Winslet, und dem Dritte-Klasse-Passagier Jack, gespielt von Leonardo DiCaprio. Wer hat nicht manche Träne vergossen, als die beiden mit ausgebreiteten Armen am Bug des Riesenschiffes standen und der Nacht entgegenfuhren? Erst recht, als sie im eiskalten Nordatlantik lagen und Jack dabei erfror?

Natürlich haben wir das. Doch während wir damals dachten, einen besonders rührenden Liebesfilm zu sehen, wurden wir in Wirklichkeit Opfer einer ausgeklügelten Propaganda-Operation. Die Emotionen dienten dabei lediglich als Schluckhilfe oder besser: als Echtheitsstempel. Denn die Frage ist ja: Können so echte Gefühle einer völlig falschen Geschichte entstammen? Natürlich nicht: Echte Emotionen, so glaubt man unbewusst, können auch nur von echten Ereignissen ausgelöst werden.

Die Emotionen dienen jedoch nur dazu, den Geist zu öffnen, um ihm dabei eine ganz bestimmte Version des *Titanic*-Unglücks unterzujubeln. Oder wie Regisseur James Cameron diesen Mechanismus beschrieb: »Wenn wir als Zuschauer in der Lage sind, uns in Jack und Rose zu verlieben, so wie sie sich ineinander verlieben, dann gelingt es uns, ihnen nicht nur zuzuschauen, sondern ihnen auch über die Schulter zu blicken und schließlich durch ihre Augen eine der schrecklichsten Nächte des zwanzigsten Jahrhunderts zu überleben.«[1]

Den Untergang der *Titanic* soll man in diesem Hollywood-Spektakel aus dem Jahr 1997 nicht logisch, sondern emotional begreifen: »Um die Tragödie der *Titanic* völlig verstehen zu können, muss man in der Lage sein, sie auf menschlicher Ebene zu verstehen«, erzählt Regisseur Cameron: »Also schien es notwendig, dem Publikum eine Art emotionalen Leitfaden zu geben, indem man ihm zwei Hauptcharaktere mit auf den Weg gibt, mit denen es sich identifizieren kann, um diese beiden dann anschließend durch die Hölle gehen zu lassen.«

Genau auf diese Weise werden Katastrophen immer wieder medial aufgearbeitet, zuletzt zum Beispiel die Attentate des 11.9.2001. Auch diese wurden immer wieder aus der emotionalen Perspektive von Betroffenen erklärt – und weniger aus der Perspektive von Wissenschaft und Logik. Während sich der menschliche Widerspruchsgeist gegenüber sachlichen Argumenten durchaus regt, erlahmt er im Angesicht des Leids von Opfern einer so schrecklichen Katastrophe. Die emotionale Betroffenheit von Katastrophenopfern macht den Betrachter wehr- und sprachlos.

Der Trick mit der Zeitzeugin

Die Story: Ein Forscher- bzw. Schatzsucherteam sucht an Bord des *Titanic*-Wracks einen sagenumwobenen blauen Diamanten. Doch statt des Edelsteins finden sie nur das Aktgemälde einer Frau mit dem Diamanten um den Hals. Im Fernsehen sieht eine alte Frau namens Rose einen Bericht über diese Forschungsarbeiten. Das Aktgemälde aus dem *Titanic*-Tresor erkennt sie als ihr eigenes Porträt wieder, das ihr damaliger Liebhaber an Bord der *Titanic* von ihr angefertigt hat. Sie ruft auf dem Forschungsschiff an und erklärt, dass sie die Frau auf dem Gemälde sei. Weil man sich von ihr Aufschluss über den Verbleib des Diamanten erhofft, den sie auf dem Bild um den Hals trägt, wird sie mit einem Hubschrauber an Bord geflogen.

Das hohe Alter und die Gebrechlichkeit der Rollstuhlfahrerin machen sie zu einer unangreifbaren (aber natürlich fiktiven) Zeitzeugin. Das Alter, die Gebrechlichkeit und ihre Erinnerungen erzeugen beim Zuschauer Respekt. Und natürlich der Opferstatus, den sie als Überlebende des *Titanic*-Desasters mit sich herumträgt. Ihr blasser Teint und ihre dünnen, weißen Haare geben ihr etwas Vergeistigtes. Die alte Frau ist in dem Film die unantastbare Quelle, aus der sich die Geschichte, die der Regisseur erzählen will, über uns ergießt. Niemand würde es wagen, der betagten, gebrechlichen Rose zu widersprechen – nicht im Film und auch nicht vor der Leinwand. Was sie nun der Besatzung des Forschungsschiffes (und natürlich auch den Zuschauern) erzählt, sind schließlich ihre persönlichsten, intimsten und zartesten Erinnerungen, und selbst wenn sie nicht genau sein sollten: Einer so alten Dame darf man ihre Erinnerungen ja schließlich nicht nehmen. Quasi mit dem Nimbus einer Holocaust-Überlebenden ausgestattet, werden ihre Erinnerungen praktisch unangreifbar. Damit ist der Zuschauer seiner wichtigsten Waffe beraubt – seines kritischen Verstands. Ab nun erhält alles, was in dem Film erzählt wird, den Segen von Rose, der altehrwürdigen überlebenden Zeitzeugin – die, wie gesagt, erfunden ist.

»Ziemlich cool, hä!?«

Sehr wichtig ist zunächst einmal, dass der Zuschauer die offizielle Version des Untergangs schluckt. Also spielt ein Crewmitglied des Forschungsschiffes mit dem Filmnamen Lewis Bodine Rose an einem Bildschirm eine Animation des Unterganges vor: »Sie rammt den Eisberg mit der Steuerbordseite, stimmt's? Sie schrammt an ihm entlang und reist sich lauter Löcher in die Seite, wie Morsecode – piep, piep, piep! Das Ganze geschieht unterhalb der Wasserlinie. Die vorderen Abteilungen beginnen vollzulaufen. Jetzt, wo der Wasserstand weiter steigt, läuft das Wasser über die Schotten hinweg, die unglücklicherweise nur bis zum E-Deck reichen. Und damit beginnt der Bug zu sinken, und das Heck hebt sich. Am Anfang noch langsam und dann immer schneller und schneller, bis irgendwann der gesamte Arsch steil in die Luft ragt. Und das ist ein gewaltiger Arsch, wir reden hier von zwanzig-, dreißigtausend Tonnen. Okay: Der

Rumpf kann einer so starken Belastung nicht standhalten. Also, was passiert: kkrk, sie bricht durch – runter bis zum Kiel. Das Heck fällt wieder zurück in seine alte Position. Dann, als der Bug sinkt, zieht er das Heck in die Vertikale und bricht dann schließlich weg. Das Heck treibt in dieser Position noch ein paar Minuten wie eine Art Korken, läuft dann voll und geht um etwa 2.20 Uhr unter – 2 Stunden und 40 Minuten nach der Kollision. Der Bug driftet davon und schlägt etwa eine halbe Meile entfernt mit einer Geschwindigkeit von 20 bis 30 Knoten auf den Grund. Bum. Ziemlich cool, hä?«

Der Ritterschlag einer Zeitzeugin

Ein riesiges Stahlschiff, das beim Untergang einfach auseinanderbricht, ist die erste dicke Kröte, die der Zuschauer zu schlucken hat. Entscheidend ist daher, wie die »heilige Zeugin« Rose auf diese Darstellung reagiert. Und siehe da: Von Rose bekommt das Trickfilmchen einen Gütestempel. Sie nennt es eine »präzise forensische Analyse«. Mit diesen Worten bedankt sie sich bei Lewis Bodine. Damit ist das schon mal als hundertprozentige Wahrheit abgehakt.

Anschließend erhebt sich Rose und bewegt sich auf einen Bildschirm zu, auf dem Videoaufnahmen des versunkenen Wracks zu sehen sind, die das Forscherteam aufgenommen hat. Die verfallenen Strukturen des Wracks werden dabei plötzlich mit den historischen intakten Räumen der *Titanic* überblendet und damit gleichgesetzt: Plötzlich wird man quasi von Rose in das Innere der *Titanic* geführt, wo einem zwei Diener die Türen öffnen. Wie der Zuschauer meint, um ihm eine anrührende Liebesgeschichte zu erzählen. In Wirklichkeit, um ihm in einem Zustand optimaler psychologischer Vorbereitung eine ganz bestimmte Version des *Titanic*-Untergangs zu verkaufen.

Die Entlastung des Kapitäns

Auf der *Titanic* trifft man Rose als wunderschönes junges Mädchen der High-Society wieder, und man sieht die Hauptakteure dieser Katastrophe mit ihren Augen. Die Hauptrollen werden gleich konsequent besetzt: Der Kapitän als lächelnder und sanftmütiger Seebär, der ebenfalls an Bord anwesende *Titanic*-Reeder und Chef der White Star Line Bruce Ismay als Bösewicht und geschniegelter, aalglatter Geschäftsmann, der den netten, sympathischen Seebären Smith nötigt, schneller zu fahren, als dieser eigentlich will.

Ismay wird damit schon über das Casting des Darstellers psychologisch beschuldigt, am Untergang der *Titanic* schuld zu sein. Die Presse habe nun die Größe der *Titanic* bewundert, lässt Regisseur Cameron Ismay sagen, nun müsse sie die Geschwindigkeit des Schiffes bewundern. Den Einwand des Kapitäns, die neuen Maschinen müssten erst eingefahren werden, ignoriert der Film-Ismay.

In Wirklichkeit trägt der Kapitän, so viel sei schon einmal gesagt, wie jeder andere Kapitän auch, die alleinige und volle Verantwortung an Bord des Schiffes und damit auch für den Untergang. Überspitzt formuliert ist niemand anderer als der Kapitän der »Killer« von 1500 Menschen.

Diese Entlastung des Kapitäns reicht Cameron daher noch nicht. Der Kapitän wird weiter aus der Schusslinie genommen, indem die Zahl der Eiswarnungen, die der Schiffsführer vor dem Unglück erhalten haben muss, heruntergespielt wird. Während in Wirklichkeit mindestens ein halbes Dutzend Eiswarnungen auf der Brücke ankamen, wird im Film gezeigt, wie Smith gerade mal eine Eiswarnung erhält. Auf diese Weise fällt es leichter, sie wegzuerklären.

Zwischendurch treten wieder die Figuren aus dem Forschungsschiff auf. Die Filmfigur Lewis Bodine, der Rose zuvor die Animation vom Untergang der *Titanic* gezeigt hatte, spielt den Advocatus Diaboli, indem er Smith beschuldigt: »Dieser

Smith steht einfach da und hat 'ne Eisbergwarnung in seiner Scheißhand – entschuldigen Sie bitte –, in seiner Hand, und er ordnet eine noch höhere Geschwindigkeit an!«

Erfahrung trübt den Blick

Dieses Problem wird aufgegriffen, weil sich diese Frage jeder vernünftige Mensch stellt. Der Film-Expeditionsleiter Lovett antwortet darauf mit einer geradezu abenteuerlichen Entschuldigung. Demnach ist die große Erfahrung des Kapitäns nicht etwa von Vorteil gewesen und ein Widerspruch zu seinem unverantwortlichen Verhalten. Vielmehr hätten seine »26 Jahre Erfahrung … seinen Blick getrübt«.

Das ist natürlich merkwürdig. Dachten wir nicht bisher, dass Erfahrung den Blick schärft, statt ihn zu trüben? Genau deshalb werden verantwortungsvolle Aufgaben ja auch nicht Anfängern, sondern erfahrenen Menschen anvertraut. Aber Erfahrung scheint in amerikanischen Spielfilmen eher etwas Hinderliches zu sein.

Wobei das noch nicht alles ist. Absurditäten, und das ist ein weiteres Gesetz, das für alle Negative zutrifft, lassen sich nun mal nur mit Absurditäten wegerklären. Deshalb heißt es weiter: Smith »dachte, dass man alles, was groß genug wäre, das Schiff zu versenken, rechtzeitig sehen würde«. Was sich ganz so anhört, als hätte Smith jeder andere Unfall gar nicht gekümmert. Autofahrer aller Länder, vereinigt Euch: Unfälle, Blechschäden, Verletzte – alles egal, solange das Auto nur keinen Totalschaden erleidet! Einfach draufhalten, solange das Schiff nur nicht sinkt, ist jedoch eine äußerst gewöhnungsbedürftige Berufsauffassung, die wahrscheinlich nur im Zusammenhang mit der *Titanic* zu beobachten war – denn sonst gäbe es schließlich reihenweise Schiffsunfälle auf unseren Meeren, Passagiere würden verletzt und Schiffe schwer beschädigt, und die gesamte Schifffahrt würde zu einem einzigen Draufgängertum und Verlustunternehmen werden. Natürlich war das in Wirklichkeit nicht so. Wie wir noch sehen werden, hatten andere Schiffe in der Nähe der *Titanic* über Nacht sogar angehalten.

Hier sehen wir also bereits ein schönes Beispiel einer »Negativlogik«, wie man sie immer wieder im Zusammenhang mit dem Untergang der *Titanic* antrifft. In Wirklichkeit hat ein Schiffsführer natürlich jeden Schaden zu vermeiden, nicht nur solche, die das Schiff zum Sinken bringen. Aber in dem Lernprogramm des Films geht es auf diese Weise munter weiter. Schließlich gilt es, dem Publikum noch jede Menge Kröten zu verabreichen: »Für die Größe des Schiffes war das Ruder viel zu klein«, sagt Expeditionsboss Lovett als Nächstes: »Damit konnte man keine Kurve nehmen.« Klar: Und dies wurde nicht nur einmal übersehen, sondern gleich dreimal, denn schließlich hatte die *Titanic* ja noch zwei nahezu baugleiche Schwesterschiffe. Fragt sich nur, wie die *Titanic* mit einem Ruder, »mit dem man keine Kurven nehmen konnte«, aus den Häfen auslaufen konnte.

Ausreden, die Verdacht erregen

Das sind Ausreden, die Verdacht erregen: Warum hat der Untergang der *Titanic* diese Art von Faktenpfuscherei nötig?

Ein entscheidendes Lernprogramm ist auch der Zusammenprall der *Titanic* mit dem Eisberg. Dabei sieht man hoch oben in ihrem »Krähennest« zwei frierende Ausguckwachen mit bloßen Augen in die Dunkelheit starren, bis sie plötzlich einen völlig einsamen Eisberg vor sich auftauchen sehen. Das Meer rundherum ist vollkommen leer und glatt. Das Problem ist nur: Ein Eisberg kommt selten allein. Denn warum sollte sich ein einzelner Eisberg ganz allein so weit südlich befinden? Was war an diesem Eisberg so besonders?

War das Eis etwa anders zusammengesetzt als das der anderen Eisberge? Wenn dieser Eisberg so weit nach Süden treiben konnte, warum dann nicht auch andere?

Und tatsächlich ist auch dies schon wieder eine in den Film eingebaute Legende – denn in Wirklichkeit fanden sich die Überlebenden bei Tagesanbruch in ihren Rettungsbooten in einem riesigen Eisfeld aus zahlreichen Eisbergen wieder – eine Geschichte, die der Film nicht erzählt. Die Legende vom einsamen Eisberg soll dafür das einmalige Pech illustrieren, das die *Titanic* in jener Nacht angeblich hatte.

In einem kurzen Dialog der Wachen im Ausguck wird eine weitere Ungereimtheit aufgegriffen, die darin besteht, dass Eisberge zwar oft weithin riechbar sind, von den Leuten auf der *Titanic* seltsamerweise aber nicht wahrgenommen wurden: »Und du willst Eis riechen können?«, sagt die eine Wache zur anderen. »Meine Güte!« Womit die Vorstellung, dass man Eisberge nicht nur sehen, sondern möglicherweise auch riechen kann, als vollkommen absurd hingestellt wird. Was sie aber nicht ist. Denn da Eisberge oft auftauendes organisches Material mit sich führen, können sie einen recht auffälligen Geruch verbreiten.

Geisterfahrer auf der Brücke

Bei dem folgenden Zusammenstoß geht, was die meisten Zeitzeugen an Bord der *Titanic* wirklich so erlebt haben, lediglich ein Zittern durch das Schiff. Auf den Tischen wackeln die Gläser. Ob der Rumpf unter Wasser dabei aber wirklich der Länge nach aufgerissen wird, ist bereits fraglich. Denn gesehen hat das freilich niemand. Auch am Wrack kann man es heute nicht sehen. Und sollte sich das so abgespielt haben, war der Zusammenstoß nur die logische Quittung für das Verhalten der Geisterfahrer auf der Brücke, die stundenlang sämtlichen Warnungen zum Trotz auf das Eisfeld zurasten. Aber so wird dies natürlich nicht dargestellt. Vielmehr legt der Film, wie bereits angedeutet, größten Wert auf die Entlastung des Kapitäns, des in Wirklichkeit allein Verantwortlichen an Bord.

Nach der Kollision erklärt der ebenfalls an Bord anwesende *Titanic*-Konstrukteur Thomas Andrews dem Film-Kapitän anhand einer Zeichnung die Folgen des Zusammenstoßes mit dem Eisberg. Er setzt damit die Erklärung fort, die zu Beginn des Streifens Lewis Bodine anhand einer Animation Rose gegeben hatte. Der Unterschied ist: Nun ist der Zuschauer selbst auf der *Titanic* »dabei«. Er hört »selbst« die Erklärungen des Chefkonstrukteurs der *Titanic* gegenüber dem Kapitän und kann sich mit seinen eigenen Ohren überzeugen, dass die vorhin gegebene Analyse des Untergangs richtig war.

»Das sind fünf Abteilungen!«, sagt Andrews: »Wenn vier Abteilungen vollgelaufen sind, hält sie sich noch über Wasser. Aber nicht bei fünf! Nicht fünf! Wenn der Bug absinkt, dann läuft das Wasser über die Schotten im E-Deck von einer Abteilung zur nächsten. Immer weiter und weiter. Es ist nicht aufzuhalten.« Ob diese Geschichte authentisch ist, ist fraglich. Denn die Beteiligten waren nach dem Unglück entweder tot oder verschollen oder hatten ein gespanntes Verhältnis zur Wahrheit, wie beispielsweise der *Titanic*-Reeder Bruce Ismay.

Der Kapitän hatte ja keine Ahnung!

Interessant daran ist aber, dass die Szene, woher auch immer sie stammen mag, nicht nur zur Bestätigung des anfangs dargestellten Untergangsszenarios dient – sondern eben auch der weiteren Entschuldigung des Kapitäns. Denn der lauscht den Worten des Chefkonstrukteurs so schockiert, als würde er zum ersten Mal etwas über die Konstruktion seines Schiffes hören. Was natürlich Unsinn ist. Denn obwohl es sich um die Jungfernfahrt handelt, ist das Schiff für ihn keineswegs neu. Zuvor befehligte er bereits ein Dreivierteljahr das Schwesterschiff *Olympic*, das dabei interessanterweise ebenfalls gerammt und leck geschlagen wurde. Die überraschten Blicke des Film-Kapitäns bei den Darlegungen des Schiffskonstrukteurs erscheinen also als eine schlechte Apologetik. Die Botschaft an das Massenpublikum lautet: »Smith hatte ja keine Ahnung!«

»Von diesem Augenblick an ist es ganz egal, was wir tun, die *Titanic* wird untergehen«, sagt der Film-Chefkonstrukteur bei der Besprechung zu dem Kapitän und dem Reeder Ismay. Eine wichtige Botschaft: Sie konnten nichts mehr tun.

Zwar war am Untergang der *Titanic* ab einem bestimmten Punkt vielleicht wirklich nichts mehr zu ändern. Sehr wohl aber an der Geschwindigkeit und den Folgen des Untergangs: Zum Beispiel hätte man die Lecks bekämpfen können. Oder man hätte die Rettungsboote ordnungsgemäß beladen können.

Die Entlastung der eigentlich Verantwortlichen ist, wie gesagt, jedoch ein Hauptanliegen des Films. Und damit wird es immer interessanter. So wurde dem Reederei-Chef Ismay zwar früher unterstellt, Smith zur Eile angetrieben zu haben. In der Szene mit der Lagebesprechung wird Ismay jedoch von einem viel schlimmeren Verdacht reingewaschen, nämlich, die Katastrophe auf irgendeine Weise sogar bewusst herbeigeführt zu haben und über deren Ausmaß von Anfang an im Bilde gewesen zu sein.

Vermutlich hat das etwas damit zu tun, dass die Schifffahrtsgesellschaft der *Titanic*, die White Star Line, 1995 in einem Buch beschuldigt worden war, mit dem Untergang einen Versicherungsbetrug begangen zu haben. Und tatsächlich könnte der 1997 erschienene Film *Titanic* darauf die Antwort gewesen sein. Denn genau wie jemand, der nicht die leiseste Ahnung von dem Umfang der Katastrophe hat, fragt der Film-Ismay nun energisch in die Runde: »Wann können wir weiterfahren!?« Ganz so, als habe er vom wirklichen Ausmaß des Schadens keine Ahnung.

Ein Konstrukteur bekennt sich schuldig

Schuldig gesprochen wird Ismay nur eines menschlicheren Verbrechens, nämlich der Eitelkeit, das Schiff möglichst schnell und öffentlichkeitswirksam über den Atlantik bringen zu wollen. Wenn, dann ging es ihm nur um Publicity: »Ich vermute, Sie werden Ihre Schlagzeilen kriegen, Mr. Ismay!«, sagt der Film-Kapitän, um dieses Motiv noch einmal festzuklopfen. Dabei ist das schon wieder eine irreführende Darstellung. Denn natürlich trägt an Bord eines Schiffes allein der Kapitän die Verantwortung, und zwar auch dann, wenn Gott persönlich ihm befehlen würde, schneller zu fahren.

Die Zielstrebigkeit und Systematik, mit der der Kapitän entlastet werden soll, erregt Verdacht. Entweder werden andere beschuldigt, oder sie nehmen die Schuld von sich aus auf sich: »Es tut mir leid, dass ich Ihnen kein stabileres Schiff gebaut habe, kleine Rose«, verabschiedet sich Film-Chefkonstrukteur Thomas Andrews auf dem sinkenden Schiff von der Hauptperson Rose. Was heißt hier »stabileres Schiff«? Hat der Konstrukteur den Eisberg gerammt oder der Kapitän? Das wäre so, als würde sich VW für einen Totalschaden an einem Auto entschuldigen, das jemand mit voller Wucht gegen einen Baum gefahren hat. Aber Rose, das Opfer, das beim Untergang der *Titanic* ihren Geliebten verlor, segnet diese Logik ab, indem sie Andrews inniglich umarmt und ihm Absolution erteilt. Die Botschaft: Sie alle sind schließlich irgendwie tragisch gescheitert: Der eine an seiner Eitelkeit, der andere an sei-

Edward John Smith: Der Kapitän, der die Titanic *auf den Grund des Meeres fuhr*

ner Erfahrung, der Dritte vielleicht an seiner technischen Befangenheit.

Danach geht es in dem Film zum ersten Mal um Navigation, als der Kapitän für den Funker die Position der *Titanic* auf ein Blatt Papier schreibt (»41 46' N 50 14' W«). Ein bisschen spät, denn eigentlich hätte es in dem Film statt um Liebesspiele, Eifersuchtsdramen und Bankette schon viel früher um Navigation gehen müssen. Ja, eigentlich hätte die Navigation das Hauptthema des Films sein müssen. Denn das ist der eigentliche Schlüssel zum Verständnis des *Titanic*-Dramas, ohne den man dieses Ereignis nicht nachvollziehen kann. Verstehen ist daher auch nicht das Anliegen des Streifens, sondern Verschleierung. Die Navigation wird fein säuberlich aus dem Film herausgehalten: An Bord der Film-*Titanic* sieht man den Kapitän alles Mögliche tun – eine Messe besuchen oder Tee trinken –, aber sich niemals auch nur über eine einzige Seekarte beugen. Denn würde man das sehen, würde die Geschichte vom unglücklichen Zusammenprall mit einem Eisberg sofort in sich zusammenbrechen.

Während die Film-*Titanic* sinkt, werden nun die halb leeren Rettungsboote thematisiert. Auch hier gibt es selbstverständlich jede Menge wegzuerklären: Warum hatte die *Titanic* nur so wenige Rettungsboote an Bord? Und warum wurden sie nicht wenigstens bis zum letzten Platz gefüllt?

Schon früher gab es eine Szene, in der Film-Konstrukteur Andrews der weiblichen Hauptfigur Rose bei einem Spaziergang an Deck beiläufig erklärt, warum nur so wenige Rettungsboote an Bord seien – nämlich, weil man die Deckpromenade nicht zustellen wollte. Ein berühmter (echter) Überlebender der *Titanic,* Lawrence Beesley, der nach der Katastrophe ein Buch über den Untergang der *Titanic* schrieb, war da anderer Meinung: »Es gab Platz auf dem Deck der *Titanic,* um mehr Boote und Flöße aufzubewahren …«[2] Und auch der echte Konstrukteur der *Titanic* sah keine Probleme, jede Menge Boote an Deck unterzubringen, wie wir noch sehen werden.

Vielleicht ist es einer der wenigen ehrlichen Augenblicke des Films, als Konstrukteur Andrews den Zweiten Offizier Lightoller während des Untergangs zur Rede stellt, warum die Boote nur halb voll seien. Dabei fängt der Zweite Offizier an, sich zu winden. Erstmals ist auch in diesem Film eine faule Ausrede als faule Ausrede erkennbar, als Lightoller herausstammelt, man habe geglaubt, die Boote würden beim Hinunterlassen (Abfieren) mit voller Beladung (65 Personen) das Gewicht der Insassen nicht tragen. Eine geradezu groteske Idee. Denn selbstverständlich wurden die Boote samt den Auslegern (Davits), an denen sie hingen, ausschließlich für den Zweck konstruiert, das Schiff möglichst schnell zu räumen – was natürlich nur mit voll beladenen Booten ging. Die andere Möglichkeit, nach dem Wassern Passagiere an Bord zu nehmen, war weder sinnvoll noch sicher oder vorgesehen. Deshalb entgegnet selbst der Film-Andrews auf diese Ausrede, man habe die Boote sehr wohl mit siebzig Personen getestet, was auch tatsächlich den historischen Tatsachen entspricht.

Die Opfer sind selbst schuld

Die Umverteilung von Schuld und Verantwortung ist, wie gesagt, jedoch ein Hauptanliegen des Films. Auch die Schuld am Tod berühmter Passagiere vom Schlage eines Benjamin Guggenheim (einer der reichsten Männer an Bord, der angeblich gelassen in den Tod ging) wird den Opfern selbst zugeschoben.

Das funktioniert so: Ein Besatzungsmitglied bietet Guggenheim und seiner Begleitung Schwimmwesten an, aber der lehnt mit den Worten ab: »Wir sind angemessen gekleidet und bereit, wie Gentlemen unterzugehen. Aber wir hätten gerne einen Brandy.« Botschaft: Man habe den Mann ja retten wollen, aber der habe es selber abgelehnt. Stattdessen habe er es regelrecht genossen, sich als unerschrockenen Gentleman zu inszenieren und sich zu diesem Zweck gekleidet wie für einen festlichen Empfang.

Später sieht man Guggenheim mit einem Glas Brandy im Treppenhaus sitzen und auf den Tod warten. Des Menschen Wille ist eben sein Himmelreich, so die Botschaft. Mit ein wenig Recherche hätte *Titanic*-Regisseur Cameron herausfinden können, dass es sich bei dieser Geschichte nur um eine schlecht belegte Legende handelt.

Ein physikalisch unmögliches Phänomen

Schließlich beschäftigt sich der Film gegen Ende mit dem bereits erwähnten merkwürdigen Umstand, dass die hochstabile Stahlkonstruktion der *Titanic* in der Mitte auseinanderbrach und das Schiff so ab einem bestimmten Punkt nahezu schlagartig unterging. Dabei wird man plötzlich mit einem physikalisch unmöglichen Phänomen konfrontiert. Und zwar sieht man zwei Drittel bis drei Viertel des Schiffes (nämlich das Heck) steil aus dem Wasser ragen. Das heißt also, dass das Schiff vorne nur noch mit einem Viertel bis einem Drittel quasi im Wasser »steckt« wie in festem Beton. So soll in dem hochaufragenden Heck ein gewaltiger Hebel entstanden sein, der erklären soll, warum das Schiff in der Mitte durchgebrochen ist. Nur leider ist Wasser nun mal kein Beton und der Vorgang daher physikalisch so nicht möglich. Ein so großer Teil des Schiffes kann nicht steil aus dem Wasser ragen. Wenn überhaupt, dann könnte vielleicht ein Viertel des Schiffes aus dem Wasser schauen. Das heißt, das Auseinanderbrechen des Schiffes funktioniert hier nur durch einen optischen Trick, der mit der Realität nichts zu tun hat.

Titanic – ein didaktisches Projekt

Na und? Das ist doch nur ein Spielfilm! Phantasie! Keineswegs, vielmehr stellen die Macher den Film selbst als historisch genaue Erzählung dar, und daher muss man sie auch daran messen: »Ich habe es zum obersten Ziel dieser Produktion gemacht«, heißt es in Camerons Buch zum Film, »die Fakten kompromisslos so wiederzugeben, wie sie sich abgespielt haben«.[3] «Endlose Nachforschungen, auch während der Produktion« seien »der Schlüssel zu historischer Genauigkeit« gewesen. »Ich wollte dem Zuschauer ohne Schuldgefühle sagen können: Das ist echt. So hat es sich abgespielt. Genau so.«[4]

»Die Kombination aus Miniaturen, lebensgroßen Modellen und Computeranimationen erweckt das Prachtschiff buchstäblich wieder zum Leben – und lässt es ebenso authentisch sterben«, bliesen die Medien in dasselbe Horn (hier die Website der Zeitschrift *Cinema*). Der Film sei eine »spannende Geschichtsstunde« und ein »Lehrstück« über die irrige Annahme des Menschen, die unverwundbare Krone der Schöpfung zu sein. Regisseur James Cameron erzähle »das Märchen einer tragischen Liebe vor dem realen Hintergrund der *Titanic*-Katastrophe«, heißt es auch in der Filmbeschreibung auf amazon.de, ganz als wäre die Katastrophe genauso passiert wie im Film erzählt. Camerons größte Leistung bestehe dabei »nicht darin, dass er den Untergang des weltberühmten Schiffes mit allen Mitteln der Technik absolut detailgetreu [!] wiedergibt, sondern dass Gefühle in seinem Meisterwerk zu jeder Zeit über die makellosen Effekte triumphieren«, heißt es auf kino.de.

Doch das ist nicht der eigentliche Punkt. Denn in Wirklichkeit triumphieren die Gefühle jederzeit über den Verstand – und das ist auch der Sinn der Sache. Ich sage nur: »Liebe macht blind.« Und um einen Liebesfilm handelte es sich ja auch.

Negativ 2: »Der Untergang der *Titanic*«

Aber Mythen, Negative oder offizielle Verschwörungstheorien werden nicht nur emotional gewartet, sondern auch pseudowissenschaftlich. Und diese »Wartung« ist auch bitter nötig, denn bei näherem Hinsehen ist die Geschichte der *Titanic* ja voll von Absurditäten. Dass hier erheblicher »Wartungsbedarf« besteht, ist keine Frage. Und deshalb kommen wir nun zu einer weiteren Wartungsoperation, die auch das bedenklich leckende »logische Schiff« der *Titanic* wieder flottmachen soll.

Nehmen wir als zweites kurzes Beispiel noch die Dokumentation »Der Untergang der *Titanic*« von National Geographic aus dem Jahr 2006 (Regie: Alex Dunlop), regelmäßig abgespielt von dem Sender N24 (Sie finden den Film auch auf meinem YouTube-Kanal). Zwar, so heißt es in der Dokumentation zunächst korrekt, gab es nach der Katastrophe zwei Untersuchungen, bei denen 41 000 Fragen gestellt wurden, »doch man kommt zu keinem definitiven Ergebnis, was das tragische Unglück verursacht haben könnte«. Mit anderen Worten – und das räumt demnach auch die offizielle Berichterstattung ein – ist die eigentliche Ursache für den Untergang der *Titanic* bis heute ungeklärt.

Aber prompt verspricht die Sendung: »Heute können wir durch hochmoderne kriminalwissenschaftliche Untersuchungen und ein bahnbrechendes Experiment die versteckten Schwächen des berühmtesten Schiffes der Geschichte aufdecken.« Denn siehe da: Genau wie das World Trade Center, das über dreißig Jahre lang mitten in New York stand, verfügte auch die *Titanic* über bis dahin unerkannte, geheimnisvolle Schwächen, die sie für eine Begegnung mit einem Eisberg so schrecklich anfällig machten. Genauso anfällig wie das World Trade Center für plötzlich einschlagende Flugzeuge. Und diese bis dahin völlig unbekannten, geheimnisvollen Schwächen wird nun der US-Militärapparat aufdecken, und zwar in Gestalt von Commander Brian Penoyer, einem Unfallermittler der US-Küstenwache, der sich in der Dokumentation auf Spurensuche begibt.

Dieser strahlende Supermann im gestärkten Zwirn »hat nahezu 400 Vorfälle auf See untersucht«, heißt es da. Dabei sieht man den schnieken Uniformträger behende die Treppe zu einer riesigen Bibliothek erklimmen: »Ein Kerl wie Samt und Seide«, der dem verstörten Publikum nun endlich erklären wird, warum die *Titanic* wirklich gesunken ist. In Zeitlupe schreitet Penoyer mit ernster Miene durch die Kongressbibliothek in Washington wie weiland der *Terminator* Arnold Schwarzenegger, um das entsetzliche *Titanic*-Chaos aufzuräumen.

Die Männer im Ausguck der *Titanic,* greift die Dokumentation direkt in das Panoptikum der *Titanic*-Absurditäten, arbeiteten »ohne Ferngläser«: »Durch ein Missverständnis in Southampton wurden sie von einem Offizier weggeschlossen, der samt dem Schlüssel das Schiff verließ.« Dazu sieht man in einer Spielszene, wie ein Matrose ein großes Fernglas in ein Holzschränkchen stellt und es abschließt.

Tja, da kann man freilich nichts machen: Zu gerne hätten die beiden Männer im Ausguck des damals teuersten und größten Ozeanliners aller Zeiten ihre Umgebung genauer untersucht. Wäre da nicht diese blöde Sache mit den Ferngläsern gewesen. Da hatte der von Bord gegangene Offizier also tatsächlich die Ferngläser in einem Schränkchen weggeschlossen, zu dem es auch keinen Zweitschlüssel gab. Und kein Schlosser und kein Schiffszimmermann, von denen es an Bord mehrere gab, wurde gerufen, um die lebenswichtigen Werkzeuge aus ihrem Versteck zu befreien. Und geliehen bekam der Ausguck Ferngläser auch nicht. Da war die Schiffsführung offenbar bockig.

Diesen Irrsinn an Bord der *Titanic* nimmt die Dokumentation einfach so hin, und deswegen erscheint er einem ganz selbstverständlich. Die sich nun aufdrängende nächste Frage wird gleich geklärt: Wenn es an Bord der *Titanic* aus irgendeinem unbekannten Grund unmöglich war, dem Ausguck ein Fernglas zu geben, hätte man dann nicht wenigstens die Geschwindigkeit des Schiffes drosseln können?

Rasen ist relativ

War Kapitän Smith also ein »skrupelloser Raser«? Hat Smith etwa einen schweren Fehler begangen? Nicht doch: Smith war genauso wenig ein Raser wie ein Porschefahrer, der mit 180 durch eine geschlossene Ortschaft fährt. Denn schließlich hätte er ja noch viel schneller fahren können – zwei Kessel seien nämlich gar nicht in Betrieb gewesen. Was »Rasen« ist, definiert sich also nicht im Verhältnis zur Umgebung, sondern an den Möglichkeiten des Vehikels – eine interessante Auffassung, die man bei der nächsten Verkehrskontrolle unbedingt ins Feld führen sollte.

Die Besatzung der *Titanic* wird auch hier mit Ausreden entschuldigt, bei denen es normalen Menschen die Schamesröte ins Gesicht treibt. Aber zum Rotwerden bleibt noch Zeit genug. Denn es kommt noch dicker.

Außerdem können Sie der Polizei bei Ihrer nächsten Geschwindigkeitsübertretung erklären, dass hier schließlich alle rasen! Denn die Raserei der *Titanic* in dem Eisfeld, erklärt die Dokumentation, sei damals ganz normal gewesen und habe den üblichen Gepflogenheiten entsprochen.

Ja, ja, die gute alte Zeit! Da gingen die Uhren wirklich anders. Besonders schnell raste man nicht etwa bei freier Strecke, sondern gerade dann, wenn sich die Eisberge stapelten. »Damals«, so »Unfallermittler« Penoyer, »dachte man, das Schiff sei nur dann in Gefahr, wenn es sich im Eisfeld befand. Also hieß es, so schnell wie möglich hindurchzufahren.« Klar – das macht man in jeder Innenstadt genauso: Kaum stauen sich dort die Autos, sprich: Hindernisse, gibt man erst richtig Gas, um möglichst schnell wieder herauszukommen! Das wird schließlich auch jeder bestätigen, der sich schon mal so in einem Stau verhalten hat – jedenfalls, wenn er es überlebt hat.

Hilfe: Negativ-Alarm!

Aber schon kommt die nächste Merkwürdigkeit: Eiswarnungen hatte die *Titanic* am Tag der Kollision, dem 14. April 1912, zwar bereits mehrere erhalten, aber gegen 22.55 Uhr (eine Dreiviertelstunde vor dem »Unfall«) kam eine besonders wichtige, nämlich von der nahe gelegenen *SS Californian*. Doch wie es der Teufel so wollte, passierte nun das nächste Missgeschick. Das laute Funksignal der *Californian* störte den armen Funker der *Titanic* nämlich bei der Übermittlung von Telegrammen für die Passagiere. Also befahl er dem Kollegen, aus der Frequenz zu gehen, und aus war's mit der schönen Eiswarnung. Denn der Funker der *Californian* probierte es nicht etwa noch einmal, seine lebenswichtige Warnung an den Mann zu bringen, sondern begab sich zur Ruhe – weshalb er übrigens auch die späteren Hilferufe der *Titanic* nicht hören konnte.

Auch diese Geschichte wird regelmäßig wie selbstverständlich nacherzählt, ohne sie zu hinterfragen, als handle es sich um das Normalste der Welt, eine lebenswichtige Eiswarnung zu ignorieren.

Das seltsame Universum der *Titanic*

»Es ist Wahnsinn, wieso sollte er das tun?«, fragt unser Unfallermittler jedoch ganz richtig: Warum sollte der *Titanic*-Funker Phillips eine solche Eiswarnung ignorieren? Penoyer nimmt Kontakt zu einem »Funkhistoriker« namens Parks Stephenson auf, der ihm sein Erstaunen umgehend wieder ausredet – und natürlich auch dem Publikum. Denn Stephenson erklärt ihm, dass die Signale der nahe gelegenen *Californian* so laut waren, dass Phillips' Trommelfell hätte platzen können.

Zwar werfe der Vorfall dennoch ein schlechtes Licht auf Phillips, weil er die Eiswarnung nicht an die Brücke weitergegeben habe, heißt es dazu ganz richtig. Aber schuld daran ist nicht der Funker der *Titanic,* sondern der Kollege von der *Californian*, denn der habe vergessen, dem Funkspruch die Buchstabenfolge »MSG« (»Master Service Gram«) voranzustellen – den Code für Nachrichten an die Brücke. Deshalb konnte Phillips den Funkspruch »also ignorieren«.

Nur weil die lebenswichtige Eiswarnung also angeblich nicht ordnungsgemäß an die Brücke adressiert gewesen sein soll, soll Phillips nicht auf die Idee gekommen sein, das Papier, das auch sein Leben hätte retten können, an die Schiffsführung weiterzugeben. Denn ob mit oder ohne den geheimnisvollen Code »MSG«: Eine Eiswarnung war eine Eiswarnung, und der einzige Ort, wo diese sofort hingehörte, war natürlich die Brücke und nicht die Küche oder der Maschinenraum.

Das Schiff ist an allem schuld

Schuld ist auch daran freilich niemand: »Brian Penoyer kann weder Smith, Phillips, noch Evans [den Funker der *Californian*] … für das Desaster verantwortlich machen«. Juhuu! Niemand ist an dem Unglück der *Titanic* schuld! Und weil dem Film ganz viel an dieser Feststellung liegt, macht er sich nun flugs auf die Suche nach einem unpersönlichen Gegenstand, dem man die Schuld an dem Desaster anhängen könnte. Und dieser Gegenstand ist natürlich das Schiff.

Zunächst, so heißt es da, sei man davon ausgegangen, dass auf der Steuerbordseite ein 90 Meter langer, riesiger Riss aufgetreten sei, der fünf Abteilungen des Schiffes betroffen habe, also eine Abteilung mehr, als das Schiff hätte verkraften können. Und weil der Riss eben so riesig war, strömte die See wie ein großer Wasserfall ins Schiff, und aus war's mit der *Titanic*. Das ist schließlich auch das Klischee, das jedermann über den Untergang der *Titanic* im Kopf hat.

Doch ab 1985, als das Wrack entdeckt wurde, brach diese bequeme Erklärung in sich zusammen. Denn die Außenseite der *Titanic* zeigte kaum Schäden. Erst unter dem Schlamm sollen mit Hilfe eines Sonars winzig kleine Löcher oder Risse im Rumpf festgestellt worden sein: »Deshalb scheint es eher so, dass das Schiff nur leicht beschädigt war«, heißt es in der Dokumentation.

Ein Experiment und Milchmädchenrechnungen

Eine dumme Sache – die schöne, alte Wasserfallgeschichte war damit kaputt. Selbst der Stahl der *Titanic*, der 1998 am National Institute for Standards and Technology (NIST, eine Art US-TÜV) ausführlich untersucht worden war, »hatte für damalige Verhältnisse eine gute Qualität und war nicht ungewöhnlich brüchig, auch nicht bei niedrigen Temperaturen.« Ja, was machen wir denn da:

- Die Besatzung der *Titanic* – ohne ihr Zutun mit Blindheit geschlagen.
- Der Kapitän – unschuldig wie ein neugeborenes Lamm.
- Der Stahl – von guter Qualität.

Wohin jetzt bloß mit der Schuld an dem *Titanic*-Unglück? Und siehe da: Penoyer findet eine Lösung. Die Nahtstellen zwischen den Stahlplatten der *Titanic* waren es! Wofür gibt es schließlich Experimente. Flugs wird ein Teil der Schiffshaut (angeblich) nach der Originalkonstruktion der *Titanic* nachgebaut und ein astronomisch hoher Druck genannt, den die Vernietung laut NIST angeblich hätte aushalten müssen, nämlich 965 bar. Anschließend werden zwei durch Stahlnieten verbundene Stahlplatten in eine Presse gespannt, um zu sehen, bei welchem Druck die Nieten versagen. Gespannt starrt unser »Ermittler« auf die Druckanzeige der Presse –

und siehe da: Die Nieten versagen bereits bei einem Druck von 690 bar! Quod erat demonstrandum! »Das Experiment war erfolgreich«, konstatiert die Dokumentation zu Bildern des in Zeitlupe daherschreitenden Ermittlers Penoyer. Bleiben nur noch zwei Fragen:

- Wie kam das NIST eigentlich auf die enorm hohe Stabilitätsanforderung von 965 bar? Das sind knapp zehn Millionen Kilogramm auf jedem einzelnen Quadratmeter, also 10 000 Tonnen!
- Welchem Druck waren die Seitenwände der *Titanic* im Moment des Ereignisses überhaupt ausgesetzt, und woher will man das wissen? Das hing schließlich von vielen Faktoren ab, u.a. der Geschwindigkeit von *Titanic* und Eisberg, dem Aufprallwinkel und der Aufprallfläche (je geringer die Fläche, desto höher der Druck). Das heißt: In Wirklichkeit kennt diesen Druck kein Mensch.

Beweiskraft: null Komma null

Nach dieser Simulation sei die Ursache für den Untergang der *Titanic* nun jedoch klar, behauptet die Dokumentation. Ja, mehr noch: Jetzt könnten die letzten Minuten vor der Katastrophe gar »rekonstruiert« werden: Als auf der *Titanic*-Beplankung bei der Kollision ein Druck von 965 bar entstanden sei, seien die Nieten gebrochen und fünf Abteilungen des Schiffes voll Wasser gelaufen. Nach dem Motto: Nicht derjenige, der mit 100 km/h über eine Kreuzung rast, hat Schuld, sondern das dumme Auto, dessen Struktur bei einem Aufprall versagt.

In Wirklichkeit ist die Beweiskraft dieses beeindruckenden Experiments null Komma null – und zwar, weil fast sämtliche Daten fehlen, die man bräuchte, um diesen Vorfall vernünftig zu berechnen. Das Experiment und die Milchmädchenrechnungen sollen beim unbedarften Zuschauer lediglich Eindruck schinden. Dabei stellt sich jedoch nach wie vor die Frage: Warum hat es der Untergang der *Titanic* nötig, auf diese plumpe Weise erklärt zu werden?

Die zehn dümmsten Ausreden für den Untergang der *Titanic*

Zusammenfassend habe ich hier einmal die zehn dümmsten Ausreden für den Untergang der *Titanic* zusammengestellt, die mir begegnet sind:

1. Der Ausguck hatte keine Ferngläser, weil diese in einem Schränkchen weggeschlossen waren und den Schlüssel jemand mitgenommen hatte.
2. Die Leute im Ausguck konnten nichts sehen, weil ihnen die Augen tränten (ein Problem, das sicher leicht zu vermeiden gewesen wäre).
3. Es ist einfach sicherer, in ein Eisfeld hineinzusteuern, als außen herumzufahren.
4. Man fährt immer mit Volldampf durch ein Eisfeld, um schneller wieder herauszukommen.
5. Man kümmerte sich damals nur um Hindernisse, die groß genug waren, ein Schiff zu versenken, alle anderen Schäden waren egal.
6. Der Kapitän hielt die *Titanic* für unsinkbar (und sich selbst wohl für unsterblich), deshalb achtete er nicht weiter auf die Eisberge (siehe auch Nr. 5).
7. Der Funker der *Titanic* kümmerte sich nicht um Eiswarnungen, wenn sie nicht ausdrücklich an die Brücke adressiert waren (»MSG«), und glaubte demnach wohl, dass »nicht korrekt adressierte« Eisberge unschädlich seien.

8. Obwohl er seine Eiswarnung noch nicht richtig an den Mann gebracht hatte (auf der *Titanic*), legte sich der Funker der nahe gelegenen *Californian* in die Koje und verschlief den Untergang der *Titanic.*
9. Der Kapitän hatte nicht etwa zu wenig, sondern zu viel Erfahrung, und das ist ganz schlecht.
10. Das Ruder der *Titanic* war viel zu klein.

Wenn Sie mich fragen: eine Zumutung. Und da bin ich in bester Gesellschaft. Schon der weltberühmte Dramatiker George Bernard Shaw erregte sich über die wahre »Explosion an abscheulichen, romantischen Lügen« im Zusammenhang mit der *Titanic*-Katastrophe: »Mr. Shaw kritisiert die Geschichten über ›Frauen und Kinder zuerst‹ und die Ehrbezeugungen an Kapitän Smith, über den, wie er sagt, in den Zeitungen geschrieben wird, ›als sei er ein Nelson‹. Während das Einzige, was man wirklich über Kapitän Smith weiß, darin besteht, dass er ein Schiff verlor, indem er absichtlich und bewusst mit der höchsten Geschwindigkeit, welche die Kohle hergab, in ein Eisfeld hineindampfte.«[5]

Der gebürtige Ire Shaw stand dem Gegenstand näher, als man denkt, kam er doch an derselben irischen Ostküste zur Welt wie die *Titanic*. Das Riesenschiff wurde nur etwa 100 Kilometer von seinem Geburtsort Dublin entfernt in Belfast gebaut. Es hat Shaw sicherlich geschmerzt, dass dieser Gegenstand des irischen Nationalstolzes offenbar mutwillig zu Schrott gefahren worden war.

Fazit: In Wirklichkeit werden wir im Hinblick auf den Untergang der *Titanic* seit hundert Jahren für dumm verkauft. Wir können davon ausgehen, dass so gut wie nichts an der offiziellen (Medien-)Version der Wahrheit entspricht. Und wie bei jedem anderen »Negativ« hilft auch hier bekanntlich nur die Verwandlung in ein Positiv.

Die Untersuchungen: eine extrem verwischte Spur

Ungeklärt? Sagte ich vorhin etwa wirklich, der Untergang der *Titanic* sei »ungeklärt«? Ist das nicht kompletter Blödsinn? Denn schließlich wurde doch schon damals nichts so ausführlich untersucht wie der Untergang der *Titanic*.

Gleich zwei Untersuchungskommissionen beschäftigten sich mit der Katastrophe:

- Die erste war eine Untersuchung des amerikanischen Kongresses, der dafür einen eigenen Ausschuss bildete. Sie dauerte über fünf Wochen und begann am 19. April 1912, einen Tag nach der Landung der Überlebenden in New York (18. April). Bis zum 28. Mai 1912 wurden knapp 90 Zeugen befragt. Das 1912 veröffentlichte Protokoll der Untersuchung ist etwa 1200 Seiten stark.
- Die zweite Untersuchung wurde von dem britischen Unfalluntersucher und Havariekommissar Lord John Charles Bigham Mersey im Auftrag des Board of Trade (Handelsministerium) durchgeführt. Sie dauerte zwei Monate und fand vom 2. Mai bis 3. Juli 1912 in London, Großbritannien, statt. Dabei wurden knapp hundert Zeugen befragt, die Protokolle umfassen knapp tausend Seiten.

Angeklagte und Richter in einem

Allerdings darf man sich auch darunter keine strafrechtlichen Untersuchungen vorstellen, sondern eine technische Unfalluntersuchung, wie sie heute zum Beispiel bei Seeunfällen in Deutschland von der Bundesstelle für Seeunfalluntersuchung durchgeführt wird. Ausdrücklich heißt es da zu Beginn eines Unfallberichts, dass das »alleinige Ziel der Untersuchung die Verhütung künftiger Unfälle und Störungen« sei: »Die Untersuchung dient nicht der Feststellung des Verschuldens, der Haftung oder von Ansprüchen.« Es geht dabei also nicht um strafrechtliche Fragen, sondern diese müssten in einer gesonderten staatsanwaltschaftlichen Untersuchung abgehandelt werden.

Genau so muss man sich auch die britischen und amerikanischen Untersuchungen des *Titanic*-Desasters vorstellen. Auch dabei ging es nicht um strafrechtliche Relevanz, sondern darum, Empfehlungen zur Verhütung ähnlicher Vorkommnisse in der Zukunft auszusprechen. Wenn, dann hätten die strafrechtlichen Fragen in einem gesonderten Verfahren von einer Staatsanwaltschaft geklärt werden müssen. Dazu kam es aber nicht.

Aber auch bei den Untersuchungen selbst standen mächtige Interessen einer schonungslosen Aufklärung der Katastrophe entgegen. Während es in den USA um den mächtigsten Bankier und Unternehmer des Landes ging, nämlich den *Titanic*-Eigentümer J. P. Morgan, waren im Fall der britischen Untersuchung »Gericht« und »Angeklagter« sogar ein und derselbe. Auftraggeber der Untersuchung war das britische Board of Trade, Gegenstand der Untersuchung war unter anderem die Frage, welche Rolle die Sicherheitsvorschriften des Board of Trade bei dem Unglück gespielt hatten:

»Wer erwartet hatte, dass der in Großbritannien eingerichtete Untersuchungsausschuss diese Fragen aufklären würde [warum es so viele Opfer gab etc.], wurde enttäuscht. Dieser Ausschuss unternahm nicht einmal ernsthaft den Versuch, den fraglichen Vorgängen auf die Spur zu kommen, sondern war vielmehr bemüht, die Geschehnisse zu verharmlosen und ihnen das Anrüchige zu nehmen. Die Untersuchung wurde im Übrigen von jenen Wirtschafts- und Finanzkreisen geführt, die von einer echten Aufklärung am meisten zu befürchten hatten. Sie stand unter der Leitung des britischen Handelsministeriums (BOT), ebenjener Behörde, die für die veralteten britischen Schiffssicherheitsbestimmungen verantwortlich zeichnete und somit auch für jene Vorschrift, der zufolge die *Titanic* sogar mehr Rettungsboote mit sich führte als erforderlich. Abgesehen davon, dass sich das BOT selbst vor Kritik schützen musste, hatte das Ministerium keinerlei Interesse daran, der White Star Line mangelhafte Sicherheitsvorkehrungen nachzuweisen.«[6] Denn ein Vertrauensverlust wäre auf die gesamte britische Seefahrt zurückgefallen.

Die Vorsitzenden

Die amerikanische Untersuchung wurde auf Antrag des republikanischen Senators William Alden Smith ins Leben gerufen. Und weil es nun schon mal seine Initiative war, bekam er auch den Vorsitz übertragen. William Alden Smith war sowohl im Eisenbahn- als auch im Dampfschiffgeschäft tätig und daher gewissermaßen ein Kollege des Großbankiers, Unternehmers und *Titanic*-Eigentümers J. P. Morgan – wenn auch in kleinerem Maßstab, da Smith' Dampfschiffe zwischen Chicago und dem Lake Michigan verkehrten.

Viele Quellen behaupten, Smith habe sich J. P. Morgan durch seine Antikartellgesetzgebung zum Feind gemacht. Auf der anderen Seite wurde Smith, wie die ganze republikanische Partei auch, finanziell von Morgan unterstützt.[7] 1904 hatte Morgan auch Geld für den Wahlkampf des republikanischen Präsidentschaftskandidaten Theodore Roosevelt gespendet, mit dessen Vater Morgan das American Museum of Natural History gegründet hatte.

Das Ganze muss man sich etwa so vorstellen, als würde heute ein Untersuchungsausschuss des Bundestags, dessen Vorsitzender samt seiner Partei von Deutsche-Bank-Chef

Christian Sewing gesponsert wird, einen verdächtigen Vorfall bei der Deutschen Bank untersuchen wollen. Was würde dabei wohl herauskommen?

Smith' *Titanic*-Untersuchung lässt denn auch keine besondere Strenge gegenüber Morgan und der Schiffsbesatzung der *Titanic* erkennen. Ganz im Gegenteil ging die Untersuchung äußerst schonend mit »Gottvater Morgan« um – auf die schonendste Weise, die man sich überhaupt vorstellen kann, nämlich, indem J.P. Morgan komplett außen vor gelassen wurde. Der *Titanic*-Eigentümer und Schiffsstratege J.P. Morgan wurde erst gar nicht vorgeladen, obwohl die Hintergründe der *Titanic*-Katastrophe eindeutig in einem Wirtschafts- und Schifffahrtskrieg zwischen den USA und Großbritannien zu suchen waren (siehe unten). Nach Meinung Gardiners wurde Morgans Rolle bei dem Schiffsuntergang regelrecht »vertuscht«.[8] Wenn überhaupt, wurde Morgan während der Untersuchungen nur selten und beiläufig erwähnt.

Auch weigerte sich Smith' Ausschuss standhaft, zu wesentlichen Punkten vorzustoßen. Von Seefahrt schien er nicht die geringste Ahnung zu haben. Teilweise erschienen Smith' Fragen unbeholfen und dilettantisch; stundenlang hielt man sich mit nebensächlichen Details auf. Kurz und gut: Die amerikanische Untersuchung ging meistens an den wesentlichen Punkten vorbei.

Wie schon angedeutet, hatte auch die britische Untersuchung kein großes Interesse an der Aufdeckung unbequemer Wahrheiten, war doch das veranstaltende Board of Trade selbst für einige der Gesetze verantwortlich, die möglicherweise Hunderten von Menschen das Leben gekostet hatten – zum Beispiel die zu geringe Zahl an Rettungsbooten auf der *Titanic*. Auch hier wurde Morgan nicht vorgeladen.

Der britische Havariekommissar und Untersuchungsführer Lord Mersey fiel später auch durch seine politisch genehme Untersuchung des Untergangs der *Lusitania* (1915) auf, für den er allein die Deutschen und ihr U-Boot verantwortlich machte, das einen Torpedo auf die *Lusitania* abgeschossen hatte. Die Wahrheit war jedoch, dass die *Lusitania* erstens nicht – wie behauptet – ein ausschließlich ziviles Schiff war und dass es nach dem Torpedotreffer zweitens eine schwere sekundäre Explosion an Bord gegeben hatte, über die sich selbst der deutsche U-Boot-Kapitän gewundert hatte.[9]

Keine strafrechtliche Aufarbeitung

Während die insgesamt über drei Monate andauernden Untersuchungen und über 2000 Seiten starken Protokolle den Eindruck einer sorgfältigen Aufarbeitung erweckten, ist also genau das Gegenteil richtig. Die wichtigste Form der Aufarbeitung nach der zumindest verdächtigen Tötung von 1500 Menschen fand wie bereits angedeutet gar nicht statt: und zwar eine strafrechtliche Untersuchung vor einem Gericht, zum Beispiel einem Seegericht.

Tatsächlich wurde wegen des Untergangs der *Titanic* kein Mensch angeklagt – nicht ein einziger. Passiert heute irgendwo ein Schiffsunfall, eine Seilbahnkatastrophe oder ein Flugzeugunglück, ermittelt die Staatsanwaltschaft routinemäßig. Und das ist nicht etwa eine neue oder deutsche Erfindung, sondern liegt bei Katastrophen auf der Hand, bei denen offensichtlich jemand etwas falsch gemacht hat und damit Verantwortung für diese Katastrophe trägt.

Dass im Fall der *Titanic* jegliche strafrechtliche Ermittlungen unterblieben, sagt bereits alles, nämlich, dass niemand daran interessiert war, die wirklichen Verantwortlichen dingfest zu machen. Obwohl Figuren der Strafrechtspflege beteiligt waren, wie etwa der Generalstaatsanwalt der Krone, war eine kriminalistische Untersuchung weder der

Auftrag der amerikanischen noch der britischen Untersuchung. Wegen des Untergangs der *Titanic* und des Todes von etwa 1500 Menschen gab es daher im rechtlichen Sinne weder einen Schuld- noch einen Freispruch, ganz einfach weil kein Mensch jemals angeklagt wurde.

Die Zeugen (»menschliche Beweise«)

Den Zeugen gegenüber entfielen demnach wichtige strafrechtliche Ermittlungsinstrumentarien: Zum Beispiel konnten weder Hausdurchsuchungen durchgeführt noch Untersuchungshaft verhängt werden. Auch aus diesem Grund handelte es sich bei den beiden Untersuchungskommissionen von vorneherein um Papiertiger, und daher fehlte es den beiden Kommissionen auch an den Mitteln, sich Respekt zu verschaffen und die Wahrheit ans Licht zu bringen. Wenn Verdächtige oder Beschuldigte schon bei Gerichtsverhandlungen mauern und lügen, kann man sich vorstellen, was sie erst bei Untersuchungen tun, denen die Mittel einer ernstzunehmenden Strafverfolgung fehlen. Und liest man die Protokolle durch, ist der mangelnde Respekt dann auch überall mit Händen zu greifen.

Die überlebende Besatzung der *Titanic* erwies sich als äußerst zugeknöpft und wortkarg, oft auch widersprüchlich und frech. Das lag unter anderem daran, dass die Untersuchungen für alle Beteiligten ersichtlich nur ein zur Beruhigung der Öffentlichkeit abgehaltenes Schauspiel waren. Die häufigsten Antworten der Befragten bestanden daher in einem kurzen »Ja«, »Nein« oder »Weiß nicht«, »Kann mich nicht erinnern« oder »Das kann ich nicht sagen«. Ganz offensichtlich lautete die Devise der Besatzungsmitglieder, nur das Allernötigste zu antworten und kein Wort mehr – egal, wer auch immer die Fragen stellte. Ein Schiff im Wert von 1,5 Millionen Pfund war samt Ladung gesunken, wobei

1500 Menschen ums Leben kamen. Hinter jeder Aussage eines Besatzungsmitgliedes stand daher das oberste Gebot, weder sich noch etwa die Schiffsführung oder die Schifffahrtsgesellschaft zu belasten.

Ein Beispiel ist der Heizer Frederick Barrett, der gesehen haben wollte, wo das Wasser nach der angeblichen Kollision mit dem Eisberg in das Schiff eindrang. Bei der britischen Untersuchung wurde er unter anderem von dem Generalstaatsanwalt der Krone, Sir John Simon, befragt:

Simon, Generalstaatsanwalt: Hierfür nehmen wir uns Zeit, weil das wichtig ist. Lassen Sie uns das noch mal hören: Sie sagten etwas über das Wasser, das hereinkam?
Barrett: Ja.
Simon: Hat es sich über Sie ergossen?
Barrett: Ja.
Simon: Kam es in diese Sektion Nr. 6, Heizraum Nr. 10? [»siehe Skizze 1 im Kapitel »Eine eingebaute Katastrophe?«]
Barrett: Ja.
Simon: Sie haben auch etwas über einen Riss in der Schiffswand gesagt?
Barrett: Ja.
Lord Mersey, britischer Havariekommissar: Bevor Sie das Thema wechseln, können Sie mir sagen, von wo das Wasser kam?
Simon: Das wollte ich auch gerade fragen, Mylord – wo kam das Wasser her?
Barrett: Nun, ich nehme an, aus dem Meer.[10]

Übersetzt hieß das: »Was geht's dich an? Kümmer dich um deinen eigenen Kram.« Man wird mir wohl zustimmen, wenn ich feststelle, dass diese bei mehr oder weniger allen Besatzungsmitgliedern zu beobachtende Haltung nicht gerade vertrauenserweckend ist. In einer Gerichtsverhandlung würde man einem solchen Zeugen wohl gar nichts glauben. Und auch bei den *Titanic*-Untersuchungen kann man das nicht. Ganz offensichtlich hätte es hier eines hart durchgreifenden Anklägers bedurft. Den aber gab es nicht. Auch der anwesende Generalstaatsanwalt Simon spielte diese Rolle nicht.

Die Beeinflussung der Zeugen

Offenbar hatte die Reederei White Star Line auch direkten Einfluss auf die Überlebenden genommen. Das begann schon in den Rettungsbooten. Eine Passagierin namens Antoinette Flegenheim wollte sich laut des *New York Herald* vom 19. April 1912 beispielsweise nicht äußern, weil bereits im Rettungsboot (Nr. 7) ein Zettel herumgegangen sei, auf dem die Insassen aufgefordert wurden, nichts über das Desaster zu sagen.[11] Wenn das stimmt, dann haben natürlich auch andere überlebende Passagiere diesen oder ähnliche Zettel bekommen.

Nach der Ankunft mit dem Rettungsschiff *Carpathia* am Abend des 18. April 1912 in New York waren die überlebenden Besatzungsmitglieder der *Titanic* von der White Star Line ins Gebet genommen und auf die Linie der Firma eingeschworen worden. Nach einem Bericht der australischen Zeitung *Northern Star* vom 31. Juli 1996 wurde die Besatzung nach ihrer Ankunft an Land von zwei Männern in die Mangel genommen und massiv bedroht, dass, wenn sie reden würden, sie alle ins Gefängnis kämen und danach nie wieder einen Job bekommen würden. Wenn die Wahrheit über den Schiffsuntergang herauskäme, »wäre das das Ende der Schifffahrtsgesellschaft und würde die Regierung zugrunde richten«.[12]

Am Abend des 20. April 1912 schließlich wurden 25 von ihnen in New York auf dem White-Star-Schiff *Celtic* zusammengepfercht und bis zu ihrer Aussage unter Quarantäne gehalten. »Sobald sie an Bord der *Celtic* waren, wurde den Männern gesagt, dass sie für immer aus dem Dienst der White Star Line entlassen würden, sollte man feststellen, dass irgendeiner von ihnen sich nicht an das Redeverbot gehalten hatte«, hieß es in einem Artikel der *New York Times* vom 21. April 1912 unter dem Titel *Wie die Lippen der Titanic-Besatzung versiegelt wurden*.

Fehlende Zeugen und Vernehmungen

Doch das war ja nur ein Teil des Problems. Insgesamt konnten die beiden Kommissionen ihrem ohnehin beschränkten Ansatz oder Auftrag nicht gerecht werden, weil:

- eine große Anzahl von Zeugen tot oder verschollen war, darunter die oberste Schiffsführung.
- wichtige Zeugen nicht vernommen wurden, darunter der Eigentümer und der Erbauer der *Titanic*, der Bankier und Industrielle J. P. Morgan bzw. Lord William James Pirrie, Vorsitzender der Werft Harland & Wolff.
- eine große Anzahl von Zeugen schwieg, log oder mauerte.
- die nautischen Angaben alle von Verantwortlichen der *Titanic* stammten, die in einem Strafverfahren Beschuldigte wären (und sicher kein Interesse hatten, es zu werden).
- Die Untersuchungskommissionen selbst befangen und nicht an der vollen Wahrheit interessiert waren.

Dabei waren Erbauer und Eigentümer natürlich die maßgeblichen Personen, die unbedingt hätten befragt werden müssen, zumal beide unter verdächtigen Umständen nicht an der Jungfernfahrt teilgenommen hatten. Die oberste Schiffsführung konnte nicht vernommen werden, weil sie seit der Katastrophe verschollen war. Wobei auffällt, dass exakt die drei obersten Offiziere der *Titanic* und der Chefkonstrukteur abhandengekommen waren und nie wieder auftauchten – weder tot noch lebendig (jedenfalls nicht offiziell):

- Kapitän Edward J. Smith
- Leitender Offizier Henry Tingle Wilde
- Erster Offizier William McMaster Murdoch
- *Titanic*-Chefkonstrukteur Thomas Andrews

Sie als tot zu bezeichnen wäre möglicherweise übertrieben, da ihre Leichen nicht identifiziert werden konnten. Vernommen werden konnte bei den Untersuchungen nur die zweite und dritte Garnitur der *Titanic* – der eigentliche Kopf fehlte komplett.

Fehlende Sachbeweise: Logbuch und Seekarten

Es kommt aber noch dicker. Neben fehlenden und renitenten Zeugen fehlten auch die wichtigsten gegenständlichen Beweismittel, nämlich

- die Logbücher der *Titanic*
- und die Seekarten.

Und das war nun wirklich ein Desaster für jede Untersuchung.

Beides hatte eine ähnliche Bedeutung wie heute die Flugdatenschreiber bei einem modernen Verkehrsflugzeug – freilich mit dem Unterschied, dass die damaligen Aufzeichnungen manuell getätigt wurden. Ohne dass ich hier zu sehr vorgreifen möchte: Mit der Geschichte um das Logbuch oder besser die Logbücher sind die *Titanic*-Offiziere in meinen Augen der Beweismittelunterdrückung überführt. Diese zentralen Aufzeichnungen des Schiffes zu retten hätte zu ihren ersten Pflichten gehört.

Wenn, dann lässt sich mit Hilfe der Logbücher und der Seekarten exakt rekonstruieren, wie das Schiff navigierte und was an Bord geschah. Eine Schiffsführung, die unter den gegebenen Umständen (zweieinhalb Stunden bis zum Untergang) nicht zuallererst diese Aufzeichnungen rettet, macht sich verdächtig. Um die Logbücher und Seekarten zu retten, blieb während des Untergangs jede Menge Zeit und Raum. Beides hätte nicht viel Platz in einem Rettungsboot beansprucht, die bekanntlich ohnehin teilweise halb leer abfuhren (worauf ich noch zu sprechen komme).

Die genauen Vorschriften für die Logbücher an Bord der *Titanic* kann man den Regeln der International Mercantile Marine (IMM) entnehmen, also Morgans Mutterkonzern der White Star Line. An Bord der *Titanic* gab es demnach

- das *Offizielle Logbuch,* geführt von Kapitän Smith;
- das *Schiffslogbuch,* geführt vom Leitenden Offizier (Wilde). Seine Einträge mussten von jedem wachhabenden Offizier und dem Kapitän abgezeichnet (genehmigt) werden;
- das *Zettel-* oder *Scrap-Log,* geführt vom fünften und sechsten Offizier im Auftrag und unter Aufsicht des jeweils wachhabenden Offiziers auf der Brücke;
- weitere Logbücher diverser Schiffsabteilungen, deren Einträge an die Brücke weitergegeben und dort in das Scrap Log übertragen wurden.[13]

»Weil das Logbuch so ein wichtiges Dokument ist, wird es gut aufbewahrt, und im Falle eines Unfalls oder einer Havarie versuchen die meisten Kapitäne, ihre Logbücher zu retten.«[14]

Nehmen wir beispielsweise den Untergang der *Lusitania* am 7. Mai 1915. Obwohl die *Lusitania* sehr viel schneller (innerhalb von nur 18 Minuten) und unter wesentlich dramatischeren Umständen (nach dem Torpedotreffer eines deutschen U-Boots und einer sekundären Explosion) sank, rettete der Kapitän zumindest die Seekarte. Nachdem Wasser in die Schiffsgänge auf der Steuerbordseite gelaufen war, bekam der Dampfer Schlagseite nach Steuerbord. Beim Fieren kippten die Rettungsboote um und überschlugen sich. Bevor er über Bord gespült wurde, steckte Kapitän William Thomas Turner aber dennoch die Seekarte in seinen Uniformrock.[15] Einigen Berichten zufolge rettete er sogar das Logbuch.[16]

Dass beides in den britischen Untersuchungen der Schiffskatastrophe genau wie bei den *Titanic*-Untersuchungen keine Rolle spielte, steht auf einem anderen Blatt. Untersuchungsführer war auch in diesem Fall der britische Havariekommissar Lord Mersey, der möglicherweise auch hier nur eine ganz bestimmte Geschichte erzählen wollte. Denn mit dem Untergang der *Lusitania* wurden die USA an der Seite Großbritanniens in den Ersten Weltkrieg hineingezogen. Jedenfalls waren Turners Aufzeichnungen auf der Seekarte gut genug, um viele Jahre später das Wrack der *Lusitania* zu finden.[17]

»Ein Logbuch ist ein schlichtes Beweismittel und dient zur Ermittlung einer etwaigen Havarie oder eines Unfalls bzw. zur Rekonstruktion eines Unfallhergangs.«[18] Im Grunde genommen hätte man zu der Beginn der Untersuchungen zunächst einige Tage die schriftlichen Aufzeichnungen studieren müssen. Die wichtigsten Fragen wären gewesen:

- Wie lief die Schiffsreise ab?
- Lässt sich in diesen Aufzeichnungen eine Erklärung für die Katastrophe finden?

- Und natürlich: Wurden Logbücher und Seekarten manipuliert?

Erst nach der Analyse von Seekarte und Logbuch hätte man ein verbindliches Bild der offiziellen Schiffsaufzeichnungen bekommen, von dem aus man an die Zeugen und Verantwortlichen hätte herangehen können. Denn schließlich sind das die autorisierten Aufzeichnungen der Schiffsführung. Und wenn sich schon der Kapitän nicht retten konnte, ist es wie gesagt völlig unverständlich, warum nicht für die Bergung der Logbücher und Seekarten gesorgt wurde.

Hier bekommt das edle Bild vom Kapitän, der in treuer Pflichterfüllung mit seinem Schiff untergeht, einen weiteren Riss. Denn wenn Smith (und auch die anderen Offiziere) so edel und pflichtbewusst gewesen wäre, hätte er für die Bergung der Seekarten und Logbücher Sorge getragen. Doch seltsamerweise waren am Ende nicht nur die Logbücher und Seekarten weg, sondern auch die Verantwortlichen für die Logbücher (Kapitän, Leitender Offizier und ein wachhabender Offizier namens Murdoch).

Das Verschwinden der Seekarten und Logbücher war das zentrale Desaster der *Titanic*-Untersuchungen, über das jedoch in den ganzen hundert Jahren kein Wort verloren wurde. Auch in dem berühmten *Titanic*-Film wird kein einziger Gedanke daran verschwendet. Statt dem Verschwinden dieser Unterlagen auf den Grund zu gehen, ließ man diese Vorgänge unter den Tisch fallen. Die überlebenden Offiziere antworteten nur beiläufig bis frech auf entsprechende Nachfragen.

Am 20. April 1912, dem zweiten Tag der US-Untersuchung, fragte der Vorsitzende William Alden Smith zum Beispiel den Dritten Offizier Herbert John Pitman, ob er wisse, ob das Logbuch geborgen worden sei. Antwort: »Soweit ich weiß, nein. Ich ging nicht in den Kartenraum, deshalb weiß ich es nicht.« Smith: »Wissen Sie, ob Mr. Lightoller, der Zweite Offizier, oder Mr. Boxhall, der Vierte Offizier, oder Mr. Lowe, der Fünfte Offizier, das Logbuch an sich nahmen?« Eine berechtigte Frage – denn genau das hätte man erwarten müssen. Aber die Antwort lautete: »Das kann ich nicht sagen, Sir.«

Später will Senator Fletcher von dem Dritten Offizier Pitman wissen: »Welcher Offizier war verantwortlich für das Logbuch?« – »Nun, der Fünfte und Sechste führen das normalerweise«, kam die gleichgültige Antwort. Und ergänzend: »Welches Logbuch meinen Sie denn? Das Scrap-Log [Entwurfslogbuch] wird auf der Brücke aufbewahrt, darum kümmern sich der Fünfte und der Sechste. Das Logbuch des Leitenden Offiziers wird daraus erstellt. Welches meinen Sie?« Fletcher: »Alle.«

Pitman: »Der Fünfte und Sechste tragen in das Scrap-Log ein, was alles auf der Brücke passiert: Kursänderungen, Abweichungen und so etwas, und von dort wird es in das Logbuch des Leitenden Offiziers kopiert, dass das offizielle Logbuch ist« (eigentlich das Schiffslogbuch, siehe oben). Fletcher: »Wissen Sie, ob irgendeines der Logbücher gerettet wurde?« – »Nein, Sir«, fertigt ihn Pitman ab, »wir hatten etwas anderes zu tun, als uns um Logbücher zu kümmern.«

Eben nicht. Denn in Wirklichkeit gab es neben der Rettung der Menschen nichts Wichtigeres als die Rettung der Logbücher. Oder sagen wir: Die Logbücher und die Seekarten sind die einzigen toten Gegenstände, die im Falle einer Havarie unbedingt zu bergen waren. Logbücher und Seekarten in eine oder zwei Taschen zu packen und einem der Besatzungsmitglieder an Bord eines der Rettungsboote anzuvertrauen, wäre eine Kleinigkeit gewesen. Ja, unter Umständen hätte man es als die Pflicht des Kapitäns betrachten müssen, statt mit dem Schiff unterzugehen, die Logbücher persönlich sicherzustellen und zu retten. So herum wird ein Schuh draus. Aber vermutlich, so darf man aufgrund dieser seltsamen Umstände hier bereits spekulieren, hatte auch er kein Interesse an der Sicherstellung dieser Beweismittel.

Von alldem haben Sie noch nie gehört? Erstaunlich, nicht? Es sind aber Tatsachen. Und sie bedeuten, dass das überlieferte Bild des *Titanic*-Untergangs auf äußerst wackligen Füßen steht, um das Mindeste zu sagen.

Letztlich saßen also schon wieder alle in einem Boot: Weder der Eigentümer, die Reederei oder die Besatzung noch die Untersuchungskommissionen hatten ein wirkliches Interesse an der Aufklärung der Katastrophe. Und aufgrund der fehlenden und befangenen Zeugen und des verschwundenen Beweismaterials kann man nicht davon ausgehen, dass wir auch nur annähernd die Wahrheit über diesen Vorgang kennen. Wie man sieht, bleibt einem erstaunlicherweise auch hundert Jahre später nichts anderes übrig, als sich auf die Suche zu machen. Wobei es natürlich nicht gerade leicht ist, diese ohnehin extrem verwischte Spur wieder aufzunehmen. Aber genau das wollen wir hier versuchen. Wie und warum kam es also zur Katastrophe der *Titanic?*

Die Vorgeschichte: der verdeckte Krieg

Titanic, 15. April 1912; Pearl Harbor, 7. Dezember 1941; New York, 11.9.2001 – wenn eine große, zumal menschengemachte Katastrophe passiert, entsteht plötzlich ein Riss in der Plattentektonik politischer und finanzieller Interessen. Bis zu diesem Moment haben sich politische und finanzielle Spannungen ins Unerträgliche gesteigert. Wie bei einem Erdbeben reißt dann plötzlich die gewohnte und vertraute Oberfläche des geordneten und legalen Wirtschaftens und Handelns auf, und Abgründe tun sich auf.

Die Spannungen waren so groß, dass sie von legalen politischen und wirtschaftlichen Mechanismen nicht mehr zu bewältigen waren. Die legalen Mechanismen waren nicht mehr in der Lage, die Spannungen abzubilden und die Interessen auszugleichen. Zwischen den tektonischen Platten oder zwischen den finanziellen und politischen Machtzentren reißt plötzlich der Boden auf, springt ein Blitz über, oder welches Bild man auch immer wählen will. Und wie früher die Menschen Blitz und Donner mit allerlei Legenden zu erklären suchten, so hat sich daran bis heute nichts geändert. Über die wahren Ursprünge und Ursachen der Katastrophe herrscht Stillschweigen. Die eigentlichen Mechanismen und Mächte bleiben für den normalen Menschen im Verborgenen.

In dem Moment, in dem der dünne Schleier der Zivilisation zerreißt, kommt es zu einem Ausbruch der Barbarei und Gewalt, und die wahre menschliche Natur wird für einen Moment sichtbar. Weil das aber nicht sein darf, wird dem Publikum eine mehr oder weniger plausible Geschichte erzählt, wie es zu dem »Unglück« kommen konnte. Entweder, um die Barbarei zu vertuschen, oder, um sie allein einer ganz bestimmten Partei in die Schuhe zu schieben und so für die eigene Seite die Illusion der Zivilisation aufrechtzuerhalten.

Dem Publikum wird der »Blitzschlag« mit einer mehr oder weniger schlechten Geschichte als ein (manchmal zufälliges, manchmal von »den Barbaren« geplantes) katastrophales Ereignis erklärt, meistens unter dem Stichwort »Tragödie« – englisch »tragedy«. Der Untergang des US-Kriegsschiffes *Maine* 1898, der zum spanisch-amerikanischen Krieg führte, war ebenso eine »tragedy« wie der angeblich überraschende Angriff der Japaner auf Pearl Harbor oder die Attentate des 11.9.2001.

Der Begriff »tragedy« hat in der amerikanischen Geschichte längst einen heuchlerischen Beiklang bekommen. »Tragedy« ist das Codewort für ein schreckliches Ereignis geworden, nach dessen wahren Hintergründen man nicht weiter fragen darf.

Genau eine solche »tragedy« ist auch der Untergang der *Titanic* am 15. April 1912. Die Schiffskatastrophe stellt eine spektakuläre Anomalie im ansonsten weitgehend rationalen und logischen Geschehen des Alltags dar – sowohl des Alltags des Normalmenschen als auch des Alltags des Schiffsverkehrs. So, wie er geschildert wird, geschah der Untergang der *Titanic* den Gesetzen der Vernunft, des gesunden Menschenverstandes, der Schifffahrt und der Physik zum Trotz. Wie bereits dargelegt, ergibt die Geschichte vom Untergang der *Titanic* überhaupt keinen Sinn. Oder besser: Sie ergibt nicht den behaupteten Sinn, nämlich den eines irgendwie unerklärlichen Versagens der Schiffsführung und der Erbauer der *Titanic*. Wer wirklich an diese absurde Verkettung von Versagen und »unglücklichen Umständen« glaubt, der glaubt sozusagen auch noch an den Weihnachtsmann.

Vielmehr ergibt der Untergang der *Titanic* einen ganz anderen als den behaupteten Sinn, und nur wenn wir nach diesem Sinn suchen, können wir die Katastrophe auch verstehen. Nur wenn wir einen Paradigmenwechsel vollziehen und die *Titanic*-Katastrophe nicht mehr als zufälliges Ereignis, sondern als bewussten Akt auffassen, können wir den Schlüssel zu dem Geschehen entdecken. Denn dieser Paradigmenwechsel führt uns unausweichlich zu einer ersten zwingenden Schlussfolgerung. Und diese lautet: Wenn es sich um einen bewussten Akt handelte, dann stehen dahinter Interessen und Motive. Und dann müssen sich diese Interessen und Motive auch entdecken lassen.

Wie bei jedem anderen Mordfall auch ist das Motiv die einzige Spur, die niemals verschwinden kann – denn ohne Motiv hätte es ja die Tat nicht gegeben. Wenn überhaupt, dann lässt sich das Motiv nur durch mehr oder weniger unwahrscheinliche Geschichten überlagern, die jeder Täter der Polizei aufzutischen versucht.

Im Spannungsfeld der Interessen

Im April 1912 stand die *Titanic* in einem Spannungsfeld zwischen gefährlichen und mächtigen Interessen. Interessen, die – sollten sie sich irregulär entladen – sehr gut Hunderte oder auch Tausende von Menschenleben kosten könnten, zum Beispiel bei einem Krieg. Und tatsächlich kam es nur zwei Jahre nach dem Untergang der *Titanic* zu einem solchen Krieg (Erster Weltkrieg). Die *Titanic* fuhr also nicht in einer sich immer weiter entwickelnden zivilisierten Welt, wie die Zeitgenossen 1912 vielleicht glaubten. Sie fuhr mitten durch große, sich aufbauende Spannungsfelder wie ein kleiner Vogel, der durch große dunkle Gewitterwolken fliegt.

Die Route führte an der Bruchlinie zwischen zwei mächtigen tektonischen Platten entlang, und betrachtet man diese beiden tektonischen Platten, kommt einem das mächtige, aus Stahl zusammengeschweißte Schiff plötzlich klein und zerbrechlich vor. Wenn sich Machtzentren bekämpfen, dann entladen sich die Spannungen häufig an einem ganz bestimmten Gegenstand, so klein und unbedeutend er im Vergleich zu ihnen selbst auch erscheinen mag. Der Gegenstand kommt quasi unter die Räder und wird zermalmt. Die

Titanic versank im Vorfeld der Auseinandersetzung zwischen drei Weltreichen: den aufsteigenden amerikanischen und deutschen Imperien (Kaiserreich) und dem um seine Position kämpfenden britischen Imperium.

Die Bruchlinie des angloamerikanischen Imperiums

Während sich die Spannungen zwischen dem Inselreich Großbritannien und dem kontinentalen Kaiserreich Deutschland bereits aufbauten, »segelte« die *Titanic* an der internen Bruchlinie des entstehenden angloamerikanischen Imperiums aus Großbritannien und den Vereinigten Staaten entlang. Interessanterweise ging die *Titanic* geographisch gesehen auch genau dort unter, nämlich zwischen den britischen Inseln und den USA. Die *Titanic* fiel dem Kampf zwischen diesen beiden Subimperien zum Opfer.

Da es sich um einen verdeckten Krieg handelte, wurde er nicht mit Panzern ausgetragen, sondern in diesem Fall mit Passagierschiffen. Und da ein verdeckter Krieg wie jeder andere Krieg auch eine barbarische Auseinandersetzung ist, werden die Beteiligten zu Komplizen, wenn es um die Vertuschung des Geschehens geht. Da beide in barbarische und illegale Akte verwickelt waren, hatten sie kein Interesse, die Wahrheit über den Vorfall ans Licht zu bringen. Und daher führten sowohl die amerikanische als auch die britische Untersuchung und sämtliche Hollywood-Spektakel über das »*Titanic*-Unglück« ins Nichts.

Zwei Seiten derselben Medaille

In der gesamten Militärgeschichte (und erst recht in der Geschichte) wird die große militärische Bedeutung der Ozeandampfer gewöhnlich übersehen. Bei der Untersuchung von Kriegen ist in der Regel nur von Truppenstärken, Schlachtplänen, Panzern und Flugzeugen die Rede. Von den Ozeandampfern redet in der Regel kein Mensch. Ein solches Schiff war im Kontext des Kampfes um die Beherrschung der Erde und der Meere aber nicht irgendetwas, sondern erstens ein strategisches Gut und zweitens ein Machtsymbol – insbesondere wenn es sich um das größte Schiff der Welt handelte, verkörpert durch die *Titanic* und ihr Schwesterschiff *Olympic* (also die »*Olympic*-Klasse«).

Marine, Schiff und Flotte waren insbesondere in Großbritannien quasi heilige Begriffe. Jahrhundertelang hatten Großbritanniens Macht und Imperium auf seiner Flotte beruht. Und zwar sowohl auf der zivilen als auch auf der militärischen Flotte – soweit sich das überhaupt so sauber trennen lässt. Denn jedes Schiff, auch jedes zivile Schiff, hatte auch eine militärische und strategische Bedeutung. In Friedenszeiten entschieden Tonnage, Geschwindigkeit und Kapazitäten über die wirtschaftliche Schlagkraft. Im Kriegsfall entschieden sie über die militärische Schlagkraft. Große Passagierdampfer dienten dann als schnelle Truppentransporter oder Lazarettschiffe. Da eine Navy in Friedenszeiten keine riesigen Passagierschiffe als Truppentransporter in Bereitschaft halten kann und will, fahren diese Truppentransporter jahrelang im zivilen Verkehr, wobei sie benutzt und gewartet werden. Im Ernstfall werden sie dann einfach requiriert.

Während des Krimkrieges 1853 bis 1856 zwischen Russland, Frankreich, England und dem Osmanischen Reich (später Türkei) hatte die britische Cunard Line der britischen Navy nicht weniger als elf Schiffe zur Verfügung gestellt. Nach dem Zweiten Weltkrieg schätzte Hitler-Widersacher Winston Churchill, dass die beiden (vom britischen Staat subventionierten) Cunard-Riesen *Queen Mary* und *Queen Elizabeth* den Krieg um ein ganzes Jahr verkürzt hatten. Die *Queen Mary* soll während des Zweiten Weltkrieges insgesamt etwa 800 000 Soldaten befördert haben, die *Queen Elizabeth* 750 000. Aufgrund ihrer hohen Geschwindigkeiten fuhren die Ozeanriesen deutschen U-Booten ohne den sonst üblichen Konvoi davon – jeweils mit bis zu 10 000 Soldaten an Bord.

Noch während des Falklandkrieges 1982 zwischen Großbritannien und Argentinien wurde das Passagierschiff *Queen Elizabeth 2* requiriert, um 3200 Mann der 5. Infanteriebrigade zu den Falklands zu transportieren. Die *Queen Elizabeth 2* ist mit knapp 300 Meter Länge und 48 923 Bruttoregistertonnen ein noch größerer Gigant als die *Titanic* und fuhr bis 2008 für die überlebende White-Star-Nachfolgerin Cunard Line. Das britische Kreuzfahrtschiff *SS Uganda* wurde für den Falklandeinsatz in ein Hospitalschiff umgewandelt; die *SS Canberra* in einen Truppentransporter.

Das heißt: Zivile und militärische Flotte waren und sind zwei Seiten ein und derselben Medaille, nämlich der imperialen Seemacht Großbritanniens, aber auch jeder anderen Seemacht, die eine globale Rolle spielen will.

Eine Frage der Staatsräson

Die Jagd nach dem berühmten »Blauen Band« für die schnellste Atlantiküberquerung eines Passagierdampfers war denn auch nicht irgendetwas, sondern beantwortete für die Militärs die Frage, wer zurzeit über die größten und schnellsten Truppentransporter verfügte.

Die Beherrschung der Meere war für die Krone eine Frage der Staatsräson. Als die *Olympic*-Klasse von der US-finanzierten White Star Line gebaut wurde (ab 1908), hatten die Briten die Vorherrschaft auf den Meeren gerade erst mühsam von den Deutschen zurückerobert. Als die beiden britischen Ozeanriesen *Mauretania* und *Lusitania* 1907 endlich wieder das Blaue Band holten, hatte die zivile britische Flotte eine Reihe von herben Niederlagen einstecken müssen.

Der Norddeutsche Lloyd des Kaiserreichs hatte der Krone den Rang abgelaufen und hielt sowohl den Titel für die größten Passagierschiffe als auch (seit 1897) das begehrte Blaue Band für die schnellste Atlantiküberquerung von Europa nach New York. Und zwar ausgerechnet durch ein Schiff mit dem Namen *Kaiser Wilhelm der Große*.

Der Fehdehandschuh war damit hingeworfen. Ab da machten deutsche Schiffe jahrelang das Rennen unter sich aus. Im Jahr 1900 gewann die *Deutschland* das Blaue Band, 1902 die *Kronprinz Wilhelm*, 1904 die *Kaiser Wilhelm II*. Kurz und gut: Die deutschen »Royals« fuhren den britischen davon – ein enormer Gesichtsverlust für das britische Empire und »eine Staatsaffäre, die sich nur schwer mit dem britischen Stolz als Seefahrernation vereinbaren ließ«.[19]

»Wenn man die symbolische Bedeutung von Schiffen und der See für die Briten in Betracht zieht, überrascht es nicht, dass sie heftig auf Bedrohungen ihrer maritimen Überlegenheit reagierten«, so Daniel Grossman von der Titanic Historical Society.[20] »Eine dieser Enttäuschungen war der Verlust des Blauen Bandes, jene Ehrung, die dem Passagierschiff zuteilwird, das am schnellsten den Nordatlantik überquert. Nachdem britische Schiffe im Besitz der Trophäe waren, seit Passagierschiffe um 1840 begannen, den Atlantik zu überqueren, betrachteten die Briten das Blaue Band als ihren rechtmäßigen Besitz. Bis im November 1897 der Passagier-Liner *Wilhelm der Große* des Norddeutschen Lloyd den Atlantik mit einer Rekordgeschwindigkeit von 22,35 Knoten überquerte und den Cunard-Liner *Lucania* aus dem Feld schlug.«

Ein Gefolgsmann Großbritanniens

Lusitania und *Mauretania* waren die Antwort auf die deutsche Siegesserie. Nicht zufällig hatte die Royal Navy etwa gleichzeitig mit deren Stapellauf 1906 auch eine neue Klasse von schnellen und schlagkräftigen Kriegsschiffen in Dienst gestellt, nämlich die Dreadnought-Klasse. Schlachtschiffe und Truppentransporter gehörten nun mal zusammen.

Mauretania und *Lusitania* wurden zwar nicht von der Royal Navy gebaut, sondern von der zivilen Schifffahrtsgesellschaft Cunard Line. Dahinter stand jedoch die britische Krone. Die Cunard Line, Rivalin der *Titanic*-Reederei White Star, war eine nationale Institution und wurde von Samuel Cunard, einem treuen Gefolgsmann Großbritanniens, gegründet.

Die Geschichte der Familie ist eng mit der britischen Krone und Armee verbunden. Samuels Vater Abraham Cunard gehörte während der Amerikanischen Revolution gegen England zu den sogenannten Loyalisten, die Nordamerika lieber verließen, als von England abzufallen. So kam Abraham Cunard 1783 aus Pennsylvania, einem Gründerstaat der USA, in dessen Hauptstadt Philadelphia die Unabhängigkeitserklärung unterzeichnet wurde, nach Halifax. Der Krone und dem britischen Militär blieb er dort eng verbunden. In Halifax arbeitete er als Zimmermann für die britische Armee. 1799 wurde er zum Meisterzimmermann der Royal Engineers ernannt. Daneben machte sich Abraham Cunard als Kaufhausbesitzer und Landeigentümer selbständig und belieferte als Holzhändler die Royal-Navy-Werft *Halifax Naval Yard*. Mit selbst erworbenen Schiffen stieg er schließlich in den Handel mit Westindien ein. Im britisch-amerikanischen Krieg von 1812 wurde Abraham Cunard durch den Handel mit gekaperten Schiffen und der Versorgung der britischen Truppen reich.

Nachdem sein Sohn Samuel in demselben Krieg Freiwilliger des britischen Halifax-Regiments geworden und in den Rang eines Captains aufgestiegen war, investierte er in Dampfschiffe wie die *Royal William* sowie in eine Dampffährgesellschaft im Hafen von Halifax. Schließlich ging Samuel Cunard nach Großbritannien, wo er eine Schifffahrtsgesellschaft für den Verkehr zwischen England und Amerika gründete. Ihr erstes Schiff trug den Namen *Britannia*. 1859 wurde Samuel Cunard von Queen Victoria geadelt und in den Stand eines Baronets erhoben. Nach Samuel Cunards Tod 1865 und der Depression von 1873 wurde die Cunard Line 1879 als Aktiengesellschaft reorganisiert.

Den Erdball zwischen den Pfoten

Kurz: Die Cunard Line war so britisch wie Big Ben oder Fish and Chips. In seinem Logo trägt das Unternehmen bis heute die britische Krone, darunter hält ein Löwe den Erdball zwischen den Vorderpfoten – eine Beute, von der das deutsche Kaiserreich schließlich auch etwas abhaben wollte.

1897 forderte der spätere Reichskanzler Bernhard von Bülow für Deutschland einen »Platz an der Sonne«. »Sonne« war dabei kein allgemeiner Ausdruck für gute Lebensbedingungen, vielmehr war damit ganz konkret Afrika gemeint. Der »Schwarze Kontinent« war der große Kuchen, um den sich die europäischen Mächte zu balgen begannen.

Schon 1896 hatte Deutschland Großbritannien mit der sogenannten Krüger-Depesche brüskiert. In diesem Telegramm gratulierte Kaiser Wilhelm II. dem Präsidenten der Burenrepublik Transvaal zur Abwehr eines von den Briten gesteuerten Angriffs – was in Großbritannien prompt antideutsche Empörung auslöste. »Die Überschätzung der Stellung und der Stärke Deutschlands durch Kaiser Wilhelm II. (1888–1918) verleitete diesen zu einer Politik, die andere Mächte vor den Kopf stoßen musste«, heißt es in Helmut Pemsels *Weltgeschichte der Seefahrt.* »Der Aufbau der deutschen Kriegsflotte beunruhigte die Briten noch mehr, und das Verhalten Wilhelms in der Marokkofrage (Panthersprung) besiegelte die Entente cordiale zwischen Frankreich und Großbritannien«.[21]

Nachdem französische Truppen 1911 marokkanische Städte besetzt hatten, zeigte Wilhelm II. mit dem deutschen Kanonenboot *Panther* Flagge in der marokkanischen Hafenstadt Agadir. Mit der Drohgebärde wollte er die Franzosen zur Abtretung französischer Kolonialgebiete bewegen. Die Briten wiederum fürchteten die Errichtung einer deutschen Marinebasis in Agadir. Und diese »Kanonenbootpolitik« war denn auch einer der Gründe, warum Großbritannien und Frankreich weiter zusammenrückten. Während sich Großbritannien durch die zunehmende Aufrüstung Deutschlands bedroht sah, sah Deutschland diese wiederum nur als Reaktion auf seine eigene »planmäßige Einkreisung« (von Bülow 1906) durch die sogenannte Triple Entente (Dreifachbündnis) zwischen Großbritannien, Frankreich und Russland.

Die Unterstützung der Cunard Line mit billigen Krediten und Subventionen bei der Rückeroberung des Blauen Bandes von Deutschland war eine Staatsangelegenheit von größter Wichtigkeit für Großbritannien. Und natürlich war es eine Selbstverständlichkeit, dass *Mauretania* und *Lusitania* im Kriegsfall der Royal Navy dienen würden. Salopp gesagt, hatte sich die britische Regierung »entschieden, der Cunard zwei neue Schnelldampfer faktisch zu schenken, wenn sie sich, anders als die White Star Line, verpflichtet, in britischem Besitz zu bleiben.«[22]

J. P. Morgan: Geld regiert die Welt

Geld regiert die Welt – so weit, so bekannt. Aber etwa ab 1902 beschloss ein damals in Europa mehr oder weniger bekannter Amerikaner, dass es künftig auch die Weltmeere regieren sollte. Und zwar nicht irgendein Geld, sondern sein Geld. Um diese Zeit kaufte die International Mercantile Marine (IMM), der Schifffahrtskonzern des amerikanischen Großbankiers J. P. Morgan, die britische White Star Line.

Noch heute löst Morgans Name in der Bankenwelt Respekt aus, noch heute ragt sein übermächtiger Schatten über die USA und die Welt, und noch heute gehören die von ihm vor über hundert Jahren gegründeten Konzerne zu den größten der Vereinigten Staaten und des Globus: John Pierpont Morgan, besser bekannt unter der Abkürzung J. P. Morgan. Sein Name überragt die Banken- und Geschäftswelt wie in Stein gemeißelt – wie sonst nur die Namen Fugger, Rothschild oder Warburg.

Der 1837 geborene Spross eines bereits sehr erfolgreichen Vaters mit Verbindungen in die höchsten Londoner Bankenkreise »erfand« in den USA praktisch im Alleingang das moderne Investmentbanking. Und da Geld nach immer neuen Investitionen und Wegen sucht, sich zu vermehren, wuchsen und verschmolzen unter seinen Händen Industrien und formten sich Branchen und Kartelle.

John Pierpont Morgan: der Titanic-*Eigentümer und damals mächtigste Banker der Welt*

In den sechziger und siebziger Jahren des 19. Jahrhunderts widmete sich Morgan durch Aufkäufe und Fusionen der Kreation eines Eisenbahnimperiums. 1892 schuf Morgan durch Verschmelzung verschiedener Konzerne General Electric, das »Siemens der Vereinigten Staaten«. Noch im Jahr 2011 war General Electric laut Forbes der sechstgrößte Konzern der USA, der größte war die Investmentbank JPMorgan Chase, also ebenfalls ein Spross des Morgan-Imperiums. Im selben Jahr kürte Forbes die JPMorgan Chase auch zum größten Unternehmen der Welt.

Durch solche wie in Stein gehauene historische Daten sollte man sich jedoch nicht täuschen lassen. Um herauszufinden, aus welchem Stall die *Titanic* eigentlich stammte, muss man schon noch etwas tiefer schürfen: »Der Reichtum der Vanderbilts, Rockefellers, Astors oder Morgans gilt noch immer als märchenhaft. Die Geschichte ihrer Vermögen ... ist in Wahrheit eine Kriminalgeschichte ... eine Chronik voller hinterhältiger Mordtaten, Betrügereien, Landräubereien, voller Urkundenfälschungen und bis an den Rand gefüllt mit den Namen korrupter Regierungsbeamter, Parlamentarier und Minister«, schreibt Gustavus Myers in seiner berühmten Abhandlung über *Das große Geld: Die Geschichte amerikanischer Vermögen*.

Und da erhebt sich ja wirklich die Frage: Kann man so märchenhafte Vermögen wie jene der Morgans eigentlich legal verdienen? Kann man mit Moral der Stärkste im Sumpf des Wilden Westens werden? Kann man mit der Mentalität eines Methodistenpriesters der mächtigste Mann Amerikas und der Welt werden? Und kann man mit Samthandschuhen den größten Schifffahrtskonzern der Welt formen?

Natürlich nicht. Spezialität: mit Hilfe von faulen Tricks Geld aus dem Nichts schaffen. Legendär ist die Geschichte von den 5000 als alt und gefährlich eingestuften Schrottgewehren, die 1857 in einem Armeelager der Vereinigten Staaten vor sich hin gammelten. Nach dem Beginn des Bürgerkrieges 1861 kaufte ein Strohmann von J. P. Morgan die Flinten für 3,50 Dollar pro Stück und bot sie daraufhin als einwandfreie Ware dem Hauptquartier der Armee in St. Louis an – für 22 Dollar pro Stück, also gut das Sechsfache. »So wurde tatsächlich der Vorschlag gemacht, der Regierung 5000 ihrer eigenen Flinten zu je 22 Dollar zu verkaufen«.[23]

Typisch für Morgans effektive Transaktionen war dabei, dass die Flinten direkt vom Armeelager der Regierung in das Armeehauptquartier der Regierung geliefert wurden und das Kapital für die Transaktion vom Staat geliehen wurde. Dazwischen stand nur J. P. Morgan und hielt die Hand auf. Den USA drohte damit ein Verlust von etwa 92 000 Dollar. Als die Sache aufflog und die USA sich weigerten zu zahlen, verklagte Morgan die Regierung der Vereinigten Staaten, bis die gesamte Summe gezahlt wurde.[24]

Freibeuter der Finanzwelt

45 Jahre später war die *Titanic* das Kind und letztlich auch das Opfer derartiger Geschäftsmethoden. »Morgan hatte es nicht nötig, sich um das ›Vertrauen‹ irgendeines anderen zu bewerben; er war ein grausamer, angriffslustiger Finanzmann, von herrischer, ja leidenschaftlicher Natur und von großer Macht auf seinem eigenen Gebiet – dem Bankgeschäft … und seine Handlungsweise zeichnete sich nicht durch Zartgefühl aus.«[25]

Dabei liegt, wer Morgan als Geschäftsmann oder Banker versteht, möglicherweise nicht ganz richtig. Die Vorfahren J. P. Morgans emigrierten 1636 aus Bristol, England, nach Boston. Der Name »Morgan« stammt ursprünglich aus Wales, das auch die Heimat des berühmten Piratenkapitäns Henry Morgan ist. Und genau wie sein Namensvetter aus dem 17. Jahrhundert fischte Morgan gern im Trüben. Und daher kehrte Morgan mit der Formierung des großen Schifffahrtskonzerns IMM, der schließlich die *Titanic* baute, vermutlich lediglich in seine eigentliche »Branche« zurück: die Piraterie.

Eine der spektakulärsten und durchaus bedrohlichen Geschäftsmethoden Morgans bestand darin, Menschen so lange in Häusern oder auf Schiffen einzusperren, bis eine Einigung erzielt wurde – meistens auf die »Vorschläge« J. P. Morgans. Am 20. Juli 1885, während des großen Eisenbahnkrieges zwischen der New York Central und der Pennsylvania, holt John Pierpont Morgan die Chefs der beiden rivalisierenden Eisenbahnfirmen gegen zehn Uhr morgens an Bord seiner Yacht. Bei der einen Firma sitzt Morgan im Aufsichtsrat, bei der anderen ist er die Hausbank. Nachdem das Schiff abgelegt hat, »stellt Morgan den Männern ein Ultimatum. Damit die ausländischen Geldgeber weiter investieren, muss der Konkurrenzkampf sofort beendet werden. Keine Vereinbarung, kein Geld … Und einfach aufstehen und gehen können die verfeindeten Eisenbahnchefs ja auch nicht. Als das Schiff abends anlegt, ist klar: Pennsylvania und New York Central teilen ihr Schienennetz untereinander auf und arbeiten künftig zusammen.«[26]

Was heute vielleicht skurril oder beherzt klingt, könnte damals Kidnapping und Erpressung gewesen sein. Bei der Panik und dem Einbruch des US-Aktienmarktes 1907 trommelt Morgan die Banker in seiner Bibliothek zusammen. In der Nacht vom 3. auf den 4. November 1907 »verriegelt der alte Pierpont die Türen und versteckt den Schlüssel. … Niemand darf gehen, bevor das Problem gelöst ist. Um 4.45 Uhr morgens hat Morgan die Unterschriften zusammen.«[27]

Diese heldenhafte Tat hat nur den kleinen Schönheitsfehler, dass Kritiker der Meinung sind, dass Morgan die Krise von 1907 zu seinem eigenen Vorteil selbst verursacht habe. Und zwar habe er durch künstliche Kreditverknappung erreicht, dass Konkurrenzbanken und -unternehmen kein Geld mehr bekamen und so an den Rande des Ruins gedrängt wurden. Nachdem die Aktienkurse gefallen waren, habe Morgan die Papiere für einen Spottpreis kaufen können.[28] Jetzt konnten die Finanzleute Morgans »daran gehen, die bis auf den untersten Punkt gesunkenen Aktien und Anteilscheine der Unternehmungen zusammenzukaufen. Morgans Agenten mögen damals arbeitsreiche Tage erlebt haben! Morgan kaufte nachweisbar an einem Tag 100 000 Stück Aktien, die er zum dreifach höheren Kurs vor 8 Monaten verkauft hatte! Als er sich so verschafft hatte, was ihm begehrenswert schien, trat er als ›Retter des Vaterlandes‹ hervor und verkündigte großartig den Wunsch, ›die Spannung zu lösen‹. … Für diese ›Tat‹ wurde Morgan gepriesen, wie man seinerzeit selbst Washington nicht gerühmt hatte. … Der Erfolg der Wirtschaftskrise von 1907 wird für Morgans Kasse auf 3000 Millionen Dollar berechnet.«[29]

Typisch daran und auch an dem berüchtigten Waffendeal ist Morgans Gewohnheit, »von hinten durchs Auge ins Knie zu schießen«. Das heißt, nach Art eines Schachspielers taktische Winkelzüge zu vollführen, die auf zunächst undurchschaubare Weise später zu seinem eigenen Vorteil gereichen würden.

Die Finanzpaniken dienten dabei kurzfristigeren und langfristigeren Interessen: »Robert Owens, ein Co-Autor des Federal-Reserve-Gesetzes, sagte später vor dem Kongress aus, dass sich die Banken verschworen hatten, um eine Serie von Finanzkrisen zu erzeugen, um die Leute dazu zu bringen, bestimmte ›Reformen‹ zu verlangen, die den Interessen der Banken dienten.«[30] Eine dieser Reformen war die Gründung einer Zentralbank (Federal Reserve, siehe unten).

Schon 1901 hatte Morgan aus mehreren großen Stahlkonzernen die United States Steel Corporation geformt, besser bekannt als U.S. Steel, 2010 nach Umsatz der elftgrößte Stahlkonzern der Welt. Um die »Schlüsselindustrie Geld« raffte Morgan mit Eisenbahnen, Elektrizität und Stahl immer weitere strategische Kartelle und Industrien an sich: Stahl, Eisenbahnen, Elektrizität und Schifffahrt gehörten zusammen und ergänzten sich gegenseitig. Die Stahlkonzerne konnten die Rohstoffe für den Eisenbahn- und Schiffbau liefern, die Elektrokonzerne die Elektrik und Elektromotoren für Eisenbahnen und Schiffe. Durch diese Integration der Industrien sollte am Ende immer nur einer verdienen: J. P. Morgan.

Seine Konzerne hatten aber nicht nur wirtschaftliche, sondern auch militärische Bedeutung. Morgan sammelte kriegswichtige Schlüsselindustrien, die bei einer Aufrüstung oder einem möglichen Krieg eine große Rolle spielen könnten und würden. Insbesondere Transportkapazitäten für Güter und Truppen hatten eine enorme strategische Bedeutung.

Kurz: Morgan wurde zur Schlüsselfigur von Wirtschaft, Politik und Geopolitik. »Viele waren der Meinung, dass Morgans Macht nicht in seinen Millionen bestand, sondern in den Milliarden, die er kontrollierte«, heißt es in einem historischen Artikel über Morgan.[31]

Kritiker sahen Morgans »finanzielle Vorherrschaft als ein weitaus gefährlicheres Monopol als die Monopole einzelner Industrien, da Morgans ›Money Trust‹ das Monopol besaß, Kapital zu beschaffen«, schrieb J. Bradford de Long in seinem Buch *J. P. Morgan and his money trust*. »Andere Monopole waren auf einzelne Industrien begrenzt, wie beispielsweise International Harvester bei Landwirtschaftsmaschinen, die Kartelle zur Kontrolle der Eisenbahnfrachtraten oder der ›Zucker Trust‹. Im Vergleich dazu konnte der ›Geld Trust‹ jede Firma seinem Willen unterwerfen.«[32]

Der berühmte amerikanische Anwalt und Finanzexperte Samuel Untermyer, der J. P. Morgan 1912 vor dem Bankenausschuss des Repräsentantenhauses über seinen »Money Trust« befragte, »argumentierte, dass Morgan, seine Partner und weniger großen Kollegen, Direktoren, Bevollmächtigte oder Großaktionäre von Banken und Unternehmen im Wert von 30 Milliarden Dollar waren – in heutigen Zahlen

7,5 Billionen Dollar. Etwa 40 Prozent allen Industrie-, Handels- und Finanzkapitals gehörten auf irgendeine Weise zum Einflussbereich von Morgans ›Money Trust‹«.[33]

»Der Chef der Vereinigten Staaten«

Mit anderen Worten waren um die Jahrhundertwende nicht die Präsidenten oder die Industriekapitäne irgendwelcher Konzerne die mächtigsten Männer Amerikas, sondern niemand anderer als Gottvater persönlich, J.P. Morgan. Ja, mehr noch: Morgan galt auch als De-facto-Zentralbank der Vereinigten Staaten.

Tatsächlich übernahm Morgan bei den mutmaßlich von ihm selbst verursachten Krisen zentrale, koordinierende und ordnende Aufgaben im US-Finanz- und Bankensystem. Und wie das Zentralbanken auch heute tun, half Morgan dem Bankensystem und der Regierung der Vereinigten Staaten dabei scheinbar aus der Klemme. »Er war ›der Mann für alle Fälle‹, der eingriff, um eine Panik in der Finanzwelt aufzuhalten.«[34]

Ohne Morgan ging in den USA gar nichts, und schon bald würde ohne ihn und seine Banker-Kollegen noch weniger gehen. Als im Zuge der Panik von 1893 dem Finanzministerium zwei Jahre später das Gold ausging, besorgte Morgan mit einem privaten Konsortium der Regierung Gold im Wert von 65 Millionen Dollar, damit diese neue Staatsanleihen herausgeben konnte. Danach hievten Morgan und andere Wall Street Banker den Republikaner William McKinley mit großzügigen Spenden für seine Wahlkampagne ins Präsidentenamt. Als während der von ihm inszenierten Panik von 1907 dem Bankensystem das Geld auszugehen drohte, managte Morgan die Krise und verteilte frisches »Cash«. Er entwickelte die Volkswirtschaft der Vereinigten Staaten durch den Aufbau kriegswichtiger und strategischer Industrien und eines starken Bankensystems; sein Konzern- und Beziehungsgeflecht bildete praktisch das wirtschaftliche und finanzielle Skelett der USA. Ein bekannter Reporter nannte ihn den »Chef der Vereinigten Staaten«.

Aber nicht nur das. In Wirklichkeit ging er bei Regierungschefs und Herrschern in aller Welt ein und aus. Weilte er zum Beispiel in Europa, machte er auch dem Machthaber des jeweiligen Landes seine Aufwartung, ob das nun Edward VII. von England, dessen Neffe Kaiser Wilhelm II. oder der italienische König war. »Viele hielten ihn für den mächtigsten Mann der Welt«, heißt es in Jeremy Bymans Morgan-Biographie.

Die Lizenz zum Gelddrucken

Noch besser wäre freilich eine Lizenz zum Gelddrucken. Nach Morgans Arbeit als »informelle Zentralbank« sollte die Zentralbank denn auch institutionalisiert werden. Und siehe da: Am 22. November 1910 trafen sich Morgans Emissäre mit dem Führer der Republikaner im Senat, Nelson Aldrich, dem Ministerialdirektor im Finanzministerium, A. Piatt Andrew, und einem Vertreter der Nationalen Währungskommission, um die Gesetzgebung für eine amerikanische Bundesbank auszuarbeiten.

Für viele war die Gründung einer institutionalisierten Zentralbank durch Morgan im Nachhinein nur eine folgerichtige und natürliche Entwicklung, nachdem Morgan bereits bisher die Rolle einer informellen Zentralbank übernommen hatte. In Wirklichkeit jedoch war es ein hochgeheimes Kommandounternehmen, weil dadurch ein privates Bankenkonsortium die totale Kontrolle über Währung und Wirtschaft bekommen und sogar das staatliche Geld herausgeben sollte.

Das Treffen war hauptsächlich eine Morgan-Veranstaltung. Es fand auf Morgans eigenem Grund und Boden statt, nämlich vor der Küste Georgias auf der von ihm zusammen mit anderen Millionären gekauften Ferieninsel Jekyll Island. Der republikanische Senator Aldrich war selbst Teilhaber der Firma J. P. Morgan. Aus dem Morgan-Imperium waren ferner dabei:

- Henry P. Davison, Hauptteilhaber der J. P. Morgan & Company
- Charles D. Norton, Präsident von J. P. Morgans First National Bank of New York
- Benjamin Strong, Vorstand der J. P. Morgans Bankers Trust Company[35]

Zwar waren über zwei weitere Teilnehmer auch die Bankenimperien der Rothschilds und Rockefellers beteiligt; bei der Abfassung des Gesetzentwurfs waren die staatlichen Finanzexperten jedoch hauptsächlich von Morgan-Leuten umzingelt.

Dennoch behaupten Kritiker, Morgan sei nur der US-Statthalter des Bankenimperiums der Rothschilds gewesen. Das Haus Rothschild sei Morgans »mächtiger europäischer Alliierter« gewesen, schreibt zum Beispiel Pritzkoleit in seiner Geschichte der USA.[36] Und auch der Finanzexperte Eustace Mullins vermutete, »die Morgans seien nicht mehr als Agenten der Rothschilds«. Die Rothschilds zögen es vor, »in den USA weitgehend anonym hinter der Fassade von J. P. Morgan & Company tätig zu werden«.

Passen würde es. Denn schließlich soll niemand anderer als Meyer Amschel Rothschild gesagt haben: »Lasst mich das Geld einer Nation herausgeben und kontrollieren, und es ist mir egal, wer die Gesetze schreibt.«[37] Kürzer kann man das Programm der von Morgan mit gegründeten Zentralbank wohl kaum fassen.

In jedem Fall war das Ergebnis der Sitzung die Krönung eines jeden Bankerlebens, nämlich die sprichwörtliche

Erlaubnis, Geld zu drucken. Der Dollar sollte künftig von einem privaten Bankenkonsortium herausgegeben werden, durch staatliche Direktoren getarnt als eine staatliche Bundesbank namens »Federal Reserve« (Bundesbank). Wobei der Zusatz »Federal« in etwa so staatlich ist wie im Namen des Kurierdienstes Federal Express – nämlich gar nicht. Noch heute sitzen Geschäftsführer von JPMorgan Chase & Co. gleichzeitig im Direktorium der »Fed«.[38]

»Schöpft« oder »druckt« die »Fed« beispielsweise 100 Millionen Dollar, um sie an den Staat weiterzugeben, zeichnet sie im selben Augenblick in gleicher Höhe eine Staatsanleihe, für die Zinsen fällig werden. Das heißt, dass die USA nicht in der Lage sind, »ihr eigenes Geld« herauszugeben, sondern sich dieses von einem privaten Bankenkonsortium leihen und dafür Zinsen zahlen müssen.

»Wenn der Präsident dieses Gesetz unterzeichnet, dann wird die unsichtbare Regierung der Geldmächte legalisiert«, warnte 1913 Charles A. Lindbergh senior. »Mit diesem Banken- und Währungsgesetz wird das größte legislative Verbrechen aller Zeiten begangen.« Worte, die einem besonders heute, da die USA und Europa in einer nie da gewesenen Schuldenkrise stecken, in den Ohren klingen.

Nicht zufällig wurde bald nach Verabschiedung des Federal Reserve Act 1913 in den USA eine Einkommensteuer eingeführt, denn irgendwie mussten die Amerikaner die Zinsen für ihr eigenes Geld schließlich bezahlen. Einer der Vordenker dieser Einkommensteuer war niemand anderer als der Federal-Reserve-Architekt und Republikaner Nelson Aldrich.

Kurz und gut: Das Federal-Reserve-System ist im Grund nichts anderes als »ein Kartell mit einer Regierungsfassade«[39] und die Ursache für eine private Dauerbesteuerung des Staates und seiner Bürger. Je höher die Staatsverschuldung, umso besser verdienen die privaten Mitgliedsbanken der Federal Reserve. Und geht der Staat bankrott, schadet

Federal Reserve: das von Morgan mit begründete private Staatsbankenkartell der USA

das der Federal Reserve auch nichts, denn die dem Staat geliehenen Dollars wurden ja aus dem Nichts geschaffen und nicht aus substantiellem Vermögen der Federal-Reserve-Teilhaber. Kein Wunder, dass es sich der heutige Fed-Chef Ben Bernanke nicht nehmen ließ, im November 2010 aus Anlass des hundertjährigen Jubiläums der Gründungskonferenz der Federal Reserve nach Jekyll Island zu reisen.

Kriegserklärung an das Empire

Während die Briten mit einer enormen Kraftanstrengung versuchten, die Deutschen Anfang des 20. Jahrhunderts zur See abzuhängen, bekamen sie es also mit einem neuen Gegner zu tun: J. P. Morgan und den Vereinigten Staaten. Bereits 1902 hatte der strategische Bankier der Vereinigten Staaten ein Juwel der britischen Schifffahrt aufgekauft, nämlich die Schifffahrtsgesellschaft White Star Line. Die nunmehr amerikanische White Star Line plante, der britischen Krone drei gigantische Superschiffe vor die Nase zu setzen, nämlich die *Olympic*, die *Titanic* und die *Gigantic*, nach dem ersten der drei Schiffe die »*Olympic*-Klasse« genannt.

Die *Olympic*-Klasse war quasi Morgans respektive Amerikas Duftmarke und Herausforderung zugleich. Typisch amerikanisch, hatte sie es weniger auf Geschwindigkeit als auf Größe und Luxus abgesehen. Immer größer *und* schneller würde auf die Dauer nicht funktionieren, jedenfalls nicht mit den damaligen Antrieben. Denn eine immer höhere Geschwindigkeit vertrug sich nun mal nur schlecht mit wachsender Masse, Wasserverdrängung und -widerstand. Ein wirklicher Gesichtsverlust war für White Star damit nicht verbunden, denn natürlich war dieser Umstand sämtlichen Schifffahrtsnationen bewusst. An dem Rennen um das Blaue Band würde man sich also nicht beteiligen. Die *Olympic*-Klasse sollte so »majestätisch« werden, dass sie quasi über dem ewigen Geschwindigkeitsrennen stand.

Morgans Griff nach der britischen White Star Line und der Bau der Ozeanriesen waren ein strategischer Angriff. Niemand Geringerer als Präsident Theodore Roosevelt (seit 14. September 1901) persönlich hatte Morgan vorgeschlagen, »einen internationalen Trust zu bilden, der den Fracht- und Passagierverkehr auf dem Nordatlantik beherrschen sollte«, schreibt Jeremy Byman in *J. P. Morgan – Bankier einer wachsenden Nation.*[40] Man kannte sich: 1869 hatte

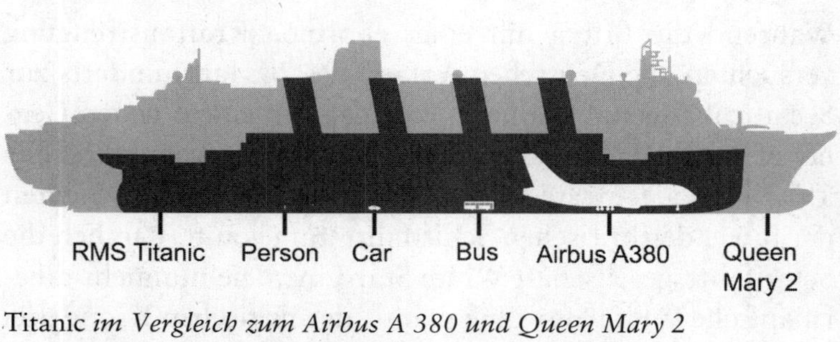

Titanic *im Vergleich zum Airbus A 380 und Queen Mary 2*

Morgan mit Roosevelts Vater das American Museum of Natural History gegründet. Viele Jahre später spendete Morgans Bank 150000 Dollar für den Präsidentschaftswahlkampf des Sohns.

Die Seeherrschaft war für Präsident Roosevelt »der Schlüssel zur militärischen Macht einer Nation. Er scheute sich nicht, Morgan um Hilfe bei der Bildung eines Trusts zu bitten. Er wollte mehrere britische Schifffahrtslinien kaufen, darunter auch White Star.«[41] Das heißt, das Morgan-Konglomerat International Mercantile Marine (IMM, Muttergesellschaft der White Star Line) war nichts anderes als ein strategischer Trust der Vereinigten Staaten, initiiert vom Präsidenten persönlich.

Für die IMM kaufte Morgan gleich groß ein. Neben der White Star Line erwarb er auch die Red Star Line, die Atlantic Transport und die American sowie die Leyland und die Dominion Line.[42] In Großbritannien wurde das als Affront gesehen: »Die Akquisition einer prestigeträchtigen britischen Schifffahrtsgesellschaft durch einen Ausländer ging wie ein Ruck durch eine Generation, die noch wesentlich empfänglicher für patriotischen Eifer war als die Menschen heutzutage«, schrieb Robert Wall 1977 in seinem Buch *Ocean Liners*.[43]

Nicht zufällig hatten die USA bereits Ende des 19. Jahrhunderts aber auch ein umfangreiches Aufrüstungs- und Modernisierungsprogramm für ihre Kriegsmarine eingeleitet. Entscheidend dafür waren die Überlegungen des amerikanischen Marinestrategen Alfred Thayer Mahan. Mahan glaubte – genau, wie die Engländer –, »dass nationale Größe untrennbar mit der See verbunden war«, und zwar »sowohl mit ihrer kommerziellen Nutzung im Frieden als auch mit ihrer Kontrolle in Kriegszeiten«. »Bereits 1890 arbeitete Mahan einen Plan für den Fall eines Krieges zwischen den Vereinigten Staaten und Großbritannien aus.«[44] Das sich nicht zuletzt durch Morgan entwickelnde gewaltige Poten-

Der Erdball zwischen den Pfoten: die Logos der königlich britischen Cunard Line und der White Star Line, Reederei der Titanic

zial der US-Industrie half dabei. Schon bald nach der Jahrhundertwende stiegen die Vereinigten Staaten zur größten Wirtschaftsmacht und ihre Navy zur drittstärksten Kriegsflotte auf dem Erdball auf.

Wie man sieht, waren sich die Vereinigten Staaten und Großbritannien um die Jahrhundertwende keineswegs »grün«. Gegen wen Großbritannien schon bald Krieg führen müsste – gegen Deutschland, die USA oder gegen beide –, schien noch keineswegs ausgemacht. Dazu kam, dass das britische Empire durchaus noch immer unter gewissen Ressentiments gegenüber der »untreuen Kolonie« Amerika litt, gegen die man schon hundert Jahre zuvor Krieg geführt hatte und die sich mehr und mehr anschickte, Großbritannien seine imperiale Rolle streitig zu machen.

Zwar war es für Ausländer wie Morgan gar nicht so einfach, britische Schiffe oder eine britische Schifffahrtsgesellschaft zu kaufen, denn »die symbolische Bedeutung von Schiffen für die Briten wird von einem Gesetz verkörpert, wonach ein britisches Schiff nicht als Privateigentum, sondern als ein Teil des Empires zur See betrachtet wird. In dieser Eigenschaft können britische Schiffe nur von britischen Staatsbürgern erworben werden, und sollte ein Schiff irgendwie in die Hände eines Ausländers geraten, wird es von der Krone gepfändet und der Eigentümer entschädigt.«[45] Allerdings gelang es Morgan, die Briten auszutricksen und »unter Ausnutzung diverser Gesetzeslücken mehrere britische Schifffahrtsunternehmen aufzukaufen und seiner ›International Mercantile Marine‹ einzuverleiben«, so Wall in *Ocean Liners*. Was den Unmut der Briten verstärkt haben dürfte.

Ein Schlag ins Kontor

Das war also der berühmte »Schlag ins Kontor«. Die größten Passagierschiffe und damit Truppentransporter würden nun von dem »Bankier des amerikanischen Präsidenten«, J. P. Morgan, gebaut und sollten dessen strategischem Schifffahrtstrust einverleibt werden. Ja, Morgan plante gleich eine eigene, aus drei Schiffen bestehende Flotte dieser furchterregenden Giganten, die *Olympic*-Klasse. Zwar fuhren *Olympic* und *Titanic* nie um das Blaue Band – dafür waren sie einfach zu groß. Aber dennoch waren sie gegenüber der Cunard-*Mauretania* mit ihren 2165 Passagierplätzen die schnellsten Passagierdampfer bzw. Truppentransporter ihrer Größe (2400 Passagierplätze). Sieht man sich die Chronologie an, stellt man fest, dass die Ereignisse eng verzahnt waren:

Datum	Ereignis
1893	Die **Cunard Line** gewinnt das **Blaue Band** *(Campania).*
1894	Die **Cunard Line** gewinnt das **Blaue Band** *(Lucania).*
1898	Der **Norddeutsche Lloyd** gewinnt das **Blaue Band** *(Kaiser Wilhelm der Große).*
1900	Die **HAPAG** gewinnt das **Blaue Band** *(Deutschland).*

Datum	Ereignis
1902	**J.P. Morgan** übernimmt die **White Star Line.** Planungen für die neue *Olympic*-Klasse und für ein Riesendock in Belfast beginnen. **Die britische Regierung** vereinbart mit der **Cunard Line** die Finanzierung von zwei Schnelldampfern. Sept.: Der **Norddeutsche Lloyd** gewinnt das **Blaue Band** *(Kronprinz Wilhelm, Westkurs).*
1903	Technische Planung der Schnelldampfer *Lusitania* und *Mauretania* beginnt.
1904	Juni: Der **Norddeutsche Lloyd** gewinnt das **Blaue Band** *(Kaiser Wilhelm II.,* Ostkurs) Kiellegung von *Mauretania* und *Lusitania.* Baubeginn des Riesendocks für die *Olympic*-Klasse in Belfast.
1905/1906	Planung, Bau und Stapellauf der neuen britischen **Dreadnought-Kriegsschiffe**.
1907	Okt.: Die **Cunard Line** gewinnt das **Blaue Band** *(Lusitania).* 16. Nov.: Jungfernfahrt der *Mauretania.* Dez.: Die **Cunard Line** gewinnt das **Blaue Band** *(Mauretania).*
1908	16. Dez.: **Kiellegung (Baubeginn) der *Olympic*,** Baunummer 400.
1909	31. März: **Kiellegung der *Titanic*,** Baunummer 401. Sept: Die **Cunard Line** *(Mauretania)* gewinnt das **Blaue Band** und wird den Rekord noch weitere sieben Male verbessern.
1910	20. Okt.: **Stapellauf der *Olympic*** Nov./Dez.: Jungfernfahrt der *Titanic* wird zugunsten der *Olympic* verschoben.

Datum	Ereignis
1911 Das erste Jahr der *Olympic*	29. Mai: **Probefahrt der *Olympic*** 31. Mai: **Stapellauf der *Titanic*** 20. Juni: **Jungfernfahrt der *Olympic*/**Bestellung des dritten Riesendampfers (*Gigantic*, später *Britannic*) 18. Sept: Jungfernfahrt der *Titanic* wird für den 20. März 1912 anberaumt. 20. Sept.: Kollision Olympic/Hawke 11. Okt.: ***Titanic*-Jungfernfahrt wird auf den 10. April 1912 verschoben.** 30. Nov.: **Kiellegung der *Gigantic/Britannic***
1912 Das Jahr der *Titanic*-Katastrophe	3. Feb.: ***Titanic* kommt in Belfast ins Trockendock.** 24. Feb.: *Olympic* verliert angeblich ein Propellerblatt. 2. März: ***Olympic* kommt ebenfalls ins Trockendock nach Belfast und liegt nun neben der *Titanic*.** 2. April: **Probefahrt der *Titanic*** 3. April: *Titanic* erreicht Southampton. 6. April: Vorbereitungen für die Jungfernfahrt der *Titanic* beginnen/Kohle wird gebunkert. 8. April: Proviant kommt an Bord. 10. April: **Beginn der Jungfernfahrt der *Titanic* in Southampton**

Eine empörende Travestie

Mit anderen Worten spielten sich die Geschehnisse, von denen hier die Rede ist, in einer Übergangszeit ab, in der sich die britische Seemacht von Deutschland und den USA herausgefordert sah. Eine große britische Schifffahrtslinie in amerikanischer Hand war aus britischer Sicht eine empörende Travestie. »Es ist verständlich, dass dieser amerikanische Einfluss auf ein britisches Vorzeige-Schifffahrtsunternehmen weder der britischen Regierung noch den loyalen Bürgern gefallen hat«, schreibt Zöllner in *Die Titanic Firma*. So sei die Frage gestellt worden, »was mit den zahlreichen britischen Schiffen geschehen würde«, »wenn England in einen Krieg verwickelt sein würde, bei dem die USA neutral wären«.[46]

Zusätzlich dürfte die Briten verbittert haben, dass »der lukrative Postbeförderungsvertrag, der zwischen der britischen Regierung und der Cunard Line abgeschlossen worden war«, 1877 zwischen der Cunard und White Star Line geteilt wurde,[47] die nun plötzlich einem Amerikaner gehörte. »Schon die leiseste Andeutung des Vorhabens, die deutschen und englischen Reedereien zum Gegenstand der Morganisierung zu machen, empörte die öffentliche Meinung der betroffenen Länder. Die Cunard Line erhielt von der britischen Regierung eine hohe Subvention ›mit der ausdrücklichen Zweckbestimmung, den durch die Morgankombination geschaffenen Bedingungen entgegenzutreten‹.«[48]

Amerikanische und speziell Morgansche Finanzgewalt über wichtige Teile der britischen Handels- und Passagierflotte war also so ziemlich das Letzte, was man nach der Rückeroberung des Blauen Bandes von den Deutschen gebrauchen und sich gefallen lassen konnte – ja, eigentlich war es noch schlimmer, weil auch von praktischer Bedeutung. In dieser Situation beschloss das britische Empire, zu anderen Mitteln zu greifen.

Das Vorspiel: *Olympic* und *Hawke*

Erstaunlicherweise begann der Untergang der *Titanic* nicht etwa am 15. April 1912, dem Tag ihres Sinkens, und auch nicht am 14. April, als sie angeblich von einem Eisberg getroffen wurde. Das Desaster nahm auch nicht am 10. April 1912 seinen Ausgang, dem Tag des Ablegens der *Titanic* in Southampton. Die Katastrophe begann vielmehr spätestens ein halbes Jahr vorher, am 20. September 1911.

Damals machte sich das Schwesterschiff *Olympic* von Southampton aus zu seiner fünften Reise über den Atlantik auf. Die *Olympic* war das erste aus der »provokanten Flotte« dreier Riesenschiffe der White Star Line, das gebaut worden war: 269 Meter lang, 46053 Bruttoregistertonnen groß, voll beladen 67000 Tonnen schwer, 59000 PS stark und bis zu 23 Knoten (etwa 42 Stundenkilometer) schnell. Ihr sollten noch zwei weitere gewaltige Schwestern folgen, nämlich die *Titanic* und die *Gigantic*.

Zunächst einmal kosteten die Schiffe aber Geld, nämlich etwa 1,5 Millionen Pfund pro Stück oder nach heutigem Wert etwa 150 Millionen Euro. Die drei Riesen sollten quasi die »Platzhirsche« auf den Weltmeeren werden, insbesondere aber auf der stark frequentierten Nordatlantikroute zwischen Europa und den USA, wo jedes Jahr Millionen Geschäftsleute, Touristen und Auswanderer zwischen Europa und den USA kreuzten. Die Nordatlantikroute war zu jener Zeit die Hauptschlagader des Passagierverkehrs und verband die industriellen Herzen Europas mit jenen der schnell wachsenden Neuen Welt. Und die drei Riesen sollten auf absehbare Zeit die Konkurrenz aus dem Feld schlagen, insbesondere die »königliche« Cunard Line.

An jenem 20. September 1911 also machte sich die nagelneue *Olympic* dreieinhalb Monate nach ihrer Jungfernfahrt am 14. Juni 1911 auf zu ihrer fünften Reise in die

Vereinigten Staaten und zurück. Das Kommando führte der Commodore (also der »Chef-Kapitän«) der White Star Line, Edward J. Smith, der später auch die *Titanic* auf ihrer Jungfernreise befehligen würde.

Die Route Europa–New York gehörte zu seinem Standardrepertoire – ähnlich wie bei einem Busfahrer, der auch jahrelang dieselben Wege fährt. Der Weg der *Olympic* führte aus dem Hafen von Southampton durch die Southampton Waters Richtung Süden auf die Isle of Wight zu. Die Southampton Waters sind ein 15 Kilometer langer Meeresarm, in dem sich die Mündungen der Flüsse Test und Itchens treffen.

Die vor seiner Mündung in den Ärmelkanal liegende Isle of Wight sieht aus wie ein großes Puzzleteil, das irgendein überdimensionaler Puzzlespieler noch nicht in die Topographie der Küste eingepasst hat. An der Topographie kann man erkennen, dass die Isle of Wight vor Tausenden von Jahren quasi von England abgerissen sein muss. Der »Riss« besteht aus einer breiten Meeresenge zwischen der Insel und dem Festland. Kommt man aus den Southampton Waters auf die Isle of Wight zu, kann man rechts herum in die mehrere Kilometer breite Meeresenge des Solent einbiegen oder links herum in den »Spithead« (siehe Abbildung).

Für die Seefahrt bietet diese Geographie einmalige Bedingungen, weshalb sich hier auch mehrere große Häfen angesiedelt haben. Die Southampton Waters, an denen der Hafen von Southampton legt, sind quasi selbst ein riesiger natürlich geschützter Hafen, der nach Süden wie von einem riesigen Bollwerk durch die Isle of Wight vom englischen Kanal abgeschirmt wird. Auch Solent und Spithead, die Meeresengen zwischen der Insel und dem Festland, werden durch die Isle of Wight vor den Winden und dem offenen Wasser des Kanals geschützt – ebenfalls ideale Bedingungen für Flottenmanöver und die Anlage geschützter Häfen. Ja, um genau

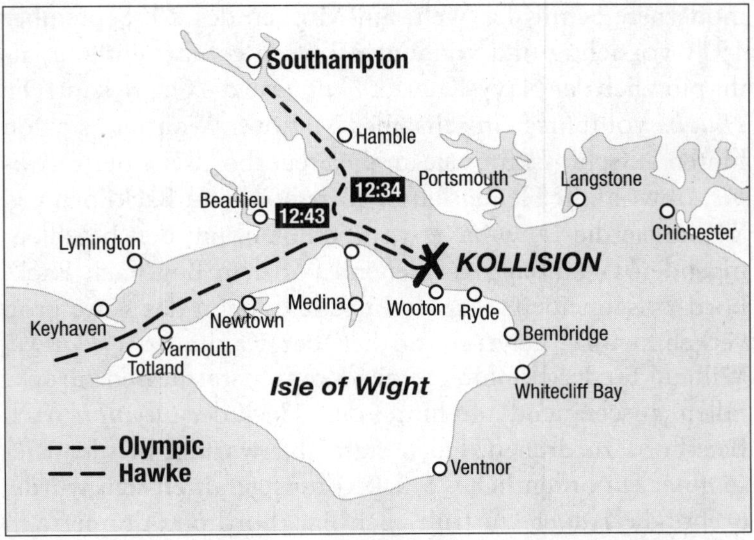

Kollision zwischen Olympic *und* Hawke*: Die* Hawke *kommt von links den Solent hinaufgefahren; an der Steuerbordseite der* Olympic *schwenkt sie plötzlich nach links (backbord) und rammt die Steuerbordseite der* Olympic.

zu sein, dürfte in dieser Topographie einer der Gründe für die jahrhundertelange Dominanz der britischen Navy liegen, die hier, im Hafen von Portsmouth am Spithead, ihr uneinnehmbares Hauptquartier angelegt hat.

Vor den Blicken und dem Zugriff des Feindes ebenso geschützt wie vor den Wassern und Winden des offenen Kanals gingen hier traditionell die Kriegsschiffe der Royal Navy vor Anker. Mitunter nahm hier die gesamte Flotte Aufstellung, etwa 1897 beim diamantenen Kronjubiläum von Königin Victoria. Wenn Portsmouth das Nest der Navy ist, dann ist der Spithead quasi der Vorgarten der britischen Kriegsmarine.

Hier also zuckelte der in Wirklichkeit amerikanische Dampfer *Olympic,* bis zur Fertigstellung der *Titanic* das größte und modernste Schiff der Welt, am Morgen des 20. September 1911 vorsichtig und von einem Lotsen geführt entlang, als ihr plötzlich der Navy-Kreuzer *Hawke* in die Quere kam. Die *Hawke* vollführte ein seltsames Manöver. Während sie von hinten aufschloss, fuhr sie an die Steuerbordseite der *Olympic,* obwohl ihr Heimathafen Portsmouth an Backbord lag. Wollte sie die *Olympic* etwa überholen, um den beschleunigenden Giganten anschließend vor dem Bug nach Backbord zu schneiden? Kaum vorstellbar, denn das wäre grob verkehrswidrig gewesen. So ließ der Kapitän der *Hawke,* William Frederick Blunt, seinen Kreuzer stattdessen zurückfallen, anscheinend, um hinter dem Heck der *Olympic* nach Backbord zu drehen. Doch statt abzuwarten, bis der Riesenliner ein ordentliches Stück voraus gefahren sein würde, drehte die *Hawke* zu früh nach Backbord und donnerte in das Heck der *Olympic* hinein.

Donnerwetter – was für eine Stümperei! Nichts da: Ein bedauerlicher Unfall, versteht sich. Glaubt man den Schilderungen von Blunt, erinnerten die Ereignisse an Bord der *Hawke* zu diesem Zeitpunkt eher an einen Charlie-Chaplin-Film oder an eine Folge der Serie *Pleiten, Pech und Pannen* als an die Brücke eines Kreuzers Ihrer Majestät. Demnach wollte die *Hawke* gar nicht nach Backbord am Heck der *Olympic* vorbei fahren, sondern nach Steuerbord Richtung Isle of Wight ausweichen, um dem Ozeanriesen Platz zu machen. Dabei habe der Steuermann der *Hawke* aber das Kommando falsch verstanden und stattdessen abrupt nach Backbord, auf die *Olympic* zu, gedreht.

Nun ist der Steuermann eines Kriegsschiffes natürlich kein Anfänger, der bisweilen noch die Seiten verwechselt. Außerdem musste er die *Olympic* ja auch auf seiner Backbordseite sehen. Man kann schon aus rein optischen Gründen kaum offenen Auges in ein solches Hindernis hineinsteuern. Aber dennoch habe er gedreht, woraufhin nun Kapitän Blunt wie ein Fahrlehrer in der zweiten Fahrstunde geschrien habe:

»Was machen Sie denn da!« Und: »Volle Kraft zurück Richtung Steuerbord!« Doch siehe da: Wie es der Teufel – oder wer auch immer – so wollte, habe nun zu allem Überfluss auch noch das Ruder der *Hawke* geklemmt, so dass man die Fahrtrichtung nicht mehr korrigieren konnte.

Darüber hinaus, so die spätere offizielle Version, sei die immerhin 110 Meter lange und 8000 Tonnen schwere *Hawke* zusätzlich vom »Sog« der beschleunigenden *Olympic* angesaugt worden. Tja – da war natürlich nichts mehr zu machen: Die *Hawke* rauschte geradewegs in die hintere Steuerbordflanke der *Olympic* und riss ein riesiges, acht mal drei Meter großes Loch in den neuen Ozeanliner.

Nun hätte man nach dem Unfall natürlich schleunigst das Ruder der *Hawke* untersuchen müssen. Doch daraus wurde nichts, denn kurz nach dem Vorfall verflüchtigte sich die Fehlfunktion erstaunlicherweise ebenso plötzlich, wie sie gekommen war. Auf einmal funktionierte die Steueranlage der *Hawke* wunderbarerweise wieder fehlerlos, so dass man die Störung später nicht mehr nachvollziehen (und damit auch nicht beweisen) konnte. Ergebnis:

- Der nagelneue White-Star-Liner *Olympic* war schwer angeschlagen und ankerte mit abgesacktem Heck über Nacht im Spithead.
- Die Reise von über 1300 zahlenden Passagieren nach New York wurde abgesagt.
- Der wirkliche Verdienstausfall würde aufgrund der langwierigen Reparaturen jedoch weit höher liegen.

»Nachdem die *Olympic* ins Trockendock gefahren worden war, waren Pirrie und Andrews vom Ausmaß der Risse in ihrer Hülle geschockt«, so Chatterton und Kohler. »Der Zusammenstoß mit der *Hawke* würde die White Star Line 250 000 Pfund an Reparatur und Verdienstausfall kosten.«

Mit voller Wucht rammte der Bug des Navy-Kreuzers Hawke *(links) in den Rumpf der* Olympic *– der Beginn des Krieges zwischen britischer Navy und der White Star Line*

250 000 Pfund entsprachen damals etwa fünf Millionen Mark oder heute 25 Millionen Euro.

Wobei sich die Frage aufdrängt: Arbeitete die Navy damals etwa nicht anders als eine gewöhnliche »Autobumser-Bande« von heute? Ob es sich wirklich um einen Unfall handelte, ist jedenfalls äußerst zweifelhaft. Die *Hawke* erschien schließlich auch als genau das richtige Schiff »für den Job«.

Wie es der Zufall so wollte, war die *Hawke* exakt dafür gebaut worden, größere Schiffe durch Rammen zu versenken, denn aus ihrem Bug ragte eine geradezu antike Waffe: ein stählerner, mit Beton gefüllter Rammsporn. Schiff und Besatzung waren bestens dazu geeignet bzw. ausgebildet, um andere Schiffe zu rammen und dabei möglichst großen Schaden anzurichten. Daher war auch der Steuermann kein Allerweltsskipper, sondern darauf getrimmt, Richtungen und Geschwindigkeiten so zu berechnen, dass ein anderes Schiff gerammt werden konnte.

Da man Morgan legal nicht beikommen konnte, spricht viel dafür, dass man nun illegale Mittel wählte. Morgans White-Star-Mutterkonzern IMM (International Mercantile Marine) habe »die Feindseligkeit unterschätzt«, mit der man ihm in Europa begegnet sei.[49]

Insofern ist auch die Einschätzung des bekannten *Titanic*-Experten Robin Gardiner abzulehnen, bei dem ganzen Vorfall habe es sich um einen »Test« gehandelt. Gardiner zufolge hat die Royal Navy mit dem Angriff der *Hawke* auf die *Olympic* nur die Widerstandsfähigkeit ihrer zukünftigen Truppentransporter erproben wollen. Abgesehen von Gardiners übrigen fundierten Recherchen ist diese Vorstellung abwegig. So war beispielsweise die Bauweise der *Olympic*-Klasse hinreichend bekannt, so dass die Navy deren Widerstandsfähigkeit und Verwundbarkeit durchaus anhand der Baupläne hätte abschätzen können, ohne einen der Superliner gleich zu zerstören.

Zweitens wäre ein »Test« mit einem Rammsporn wenig aussagekräftig gewesen, weil es sich dabei um eine veraltete Waffe handelte. Die zeitgenössischen, insbesondere aber die zukünftigen Seegefechte würden weniger mit Rammspornen und mehr mit Minen, Kanonen und Torpedos ausgetragen werden. Tatsächlich wurde der Rammsporn der *Hawke* nach dem Unglück auch nicht ersetzt; stattdessen bekam das Schiff einen regulären Bug.

Drittens ließ sich ein einziger Rammversuch nicht einfach verallgemeinern, denn schließlich hing sehr viel von den weiteren Umständen wie etwa den Geschwindigkeiten, Aufprallstellen und den beteiligten Schiffen ab. Wenn, dann würde die *Olympic* ja nicht von britischen, sondern wahrscheinlich von deutschen Schiffen gerammt werden. Kurz: Ein solcher Test wäre nicht repräsentativ gewesen.

Viertens reichten die Auswirkungen dieses Zwischenfalls weit über die Folgen eines »Tests« hinaus.

Eine Kette von Ereignissen

Mit diesem angeblichen Unfall wurde viel mehr eine Kette von Ereignissen in Gang gesetzt, die unweigerlich zum Untergang der *Titanic* führten. Es war, als hätte die Navy mit der *Olympic* den ersten Dominostein in einer ganzen Kette umgeworfen:

- Statt ihre eigenen Baukosten und die der in Bau befindlichen *Titanic* hereinzuholen, würde die *Olympic* wochenlang im Dock liegen müssen.
- Um die *Olympic* zu reparieren, wurden Ersatzteile von der *Titanic* abgezogen, zum Beispiel eine Schraubenwelle.
- Während die *Olympic* repariert wurde, würde sich die Jungfernfahrt der *Titanic* um viele Wochen verzögern. Das heißt, dass zum Schaden an der *Olympic* noch dazu kam, dass die beiden Schiffe insgesamt mehrere Monate kein Geld verdienen konnten.

Die Kollision habe den Chefkonstrukteur von Harland & Wolff, Andrews, nämlich »mit einem enormen Problem konfrontiert«, so die *Titanic*-Forscher Chatterton und Kohler in ihrem Buch *Titanic's Last Secrets:* »Es gab nur ein Trockendock auf der Welt, das groß genug war, um die *Olympic* aufzunehmen.« Aber »im Moment wurde es von der halbfertigen Schwester des Schiffs belegt. Die *Titanic* musste aus dem Trockendock herausgeholt werden, was bedeutete, dass sich ihre Fertigstellung mindestens um einen Monat verzögern würde.«[50]

Schachmatt für J. P. Morgan

Das heißt also, dass durch diesen Vorfall zwei Schiffe getroffen wurden: Die *Olympic* direkt und die *Titanic* indirekt. Eine schwere Beschädigung der *Olympic* bedeutete Trockendock, und Trockendock für die *Olympic* bedeutete, dass die *Titanic* aus dem Trockendock herausgenommen werden musste – also folgerichtig eine Verspätung der Fertigstellung. Auch das mussten die Verantwortlichen bei der Navy wissen. Und Reparatur der *Olympic* und Verspätung der *Titanic* bedeuteten, dass die Verluste von Morgans White Star Line kulminieren würden.

Und dabei waren die White Star Line und der hinter ihr stehende US-Konzern bereits ein Koloss auf tönernen Füßen. Um der Konkurrenz die Kunden abzujagen, hatte man nicht nur die Schiffe, sondern auch die Finanzen aufgebläht. So hatte Morgans Konzern International Mercantile Marine, um die White Star Line zu kaufen, eine Kapitalerhöhung um sage und schreibe 105 Millionen Dollar – von 15 auf 120 Millionen Dollar – durchgeführt, also etwa 21-mal die Baukosten der *Olympic* oder *Titanic*.[51] Aufgrund dieser Kapitalerhöhung stand das Unternehmen »kurz vor dem Zusammenbruch«.[52] Noch bevor ihre *Olympic*-Klasse Fahrt aufnehmen konnte, pfiffen die White Star Line und ihr Mutterkonzern auf dem letzten Loch und würden zweifellos zu einem attraktiven Übernahmekandidaten werden – zum Beispiel für die »königliche« Cunard Line. Zuvor hatte man das bei IMM und White Star noch genau andersherum gesehen und die quasi königlich britische Cunard Line mit einem Preiskrieg in die Knie zwingen wollen, »um sie dann einfacher übernehmen zu können«.[53]

Da der Vorfall von britischen Gerichten untersucht wurde, fiel das Urteil erwartungsgemäß aus. Am 19. Dezember 1912, ein Dreivierteljahr nach dem Untergang der *Titanic,* wurde die gesamte Schuld an dem Unfall der *Olympic* angelastet – obwohl diese nach allem, was wir wissen, lediglich geradeaus gefahren und von einem unabhängigen Lotsen kommandiert worden war. Das hieß: Weder der direkte noch der indirekte Schaden (Verdienstausfall) wurde der White Star Line ersetzt. J. P. Morgan und die White Star Line waren praktisch schachmatt: Noch bis 1914 kämpfte die White Star Linie vergeblich um einen Schadensersatz von der Royal Navy.

Das Wrack der *Olympic*

Zweifellos war man sich bei der White Star Line des ganzen Ausmaßes der Operation nur zu bewusst. Die Weigerung der Admiralität, die eigene Schuld und Verpflichtung zum Ersatz des Schadens anzuerkennen, sprach eine deutliche Sprache. Wenn man die White Star Line schon einmal an der Gurgel hatte, dann wollte man selbstverständlich nicht einfach wieder loslassen, indem man nun den Schaden erstattete.

Wenn dem aber so war, dann musste dies auch auf Seiten der White Star Line weitreichende Konsequenzen haben. Wenn der Rammstoß der *Hawke* seitens der White Star Line nicht als Unfall, sondern als Angriff und quasi als Akt des Krieges wahrgenommen worden sein sollte, dann konnte das bedeuten, dass sich nun auch die White Star Line zur Anwendung ungewöhnlicher Mittel berechtigt fühlte. Sollte der geschäftliche und imperiale Konkurrenzkampf tatsächlich in einen (verdeckten) Krieg ausgeartet sein, dann war es nur logisch, dass sich die White Star Line nunmehr ebenfalls dazu legitimiert fühlte, die Ebene legalen Handelns zu verlassen. Die von den Feinden der US-Linie geschaffene Sackgasse war schließlich nur dann eine Sackgasse, wenn man sich selbst weiter an die Regeln halten würde. Nicht aber dann, wenn man die Sackgasse nun selbst mit der Brechstange öffnen würde.

Tatsächlich kann man die Ereignisse um die *Olympic* und *Titanic* nur dann verstehen, wenn man sich klarmacht, dass sich hier keine »Unfälle«, »Pannen« oder »Zufälle« ereigneten, sondern dass hier vor den Augen der gesamten

Welt ein verdeckter Krieg ablief – nach dem Motto: Wie du mir, so ich dir.

Es kam jedoch noch dicker. Denn nun ging es ja um die Frage, wie schlimm der Schaden an der *Olympic* eigentlich wirklich war. Dieser Schaden war noch viel höher, als oben beziffert, denn diese Zahlen bezogen sich darauf, die *Olympic* wieder fahrbereit zu machen. Doch in Wirklichkeit stufte die White Star Line selbst das nagelneue Schiff nach dem Unfall als Totalschaden ein.

Zwei Tage nach dem Zusammenstoß stellte die White Star Line die Bezahlung der Besatzung mit dem Argument ein, dass es sich bei der *Olympic* um ein Wrack handle. In diesem Fall nämlich durfte die Besatzung mit sofortiger Wirkung entlassen werden.

Na und? Das war doch sicherlich nur ein cleverer Trick der White Star Line, um die Besatzung der *Olympic* loszuwerden! Keineswegs. Denn Besatzungsmitglieder verklagten die White Star Line, die Heuer weiterzuzahlen. Jedoch ohne Erfolg. Sämtliche Instanzen gaben der White Star Line nach langwierigen Prozessen letztlich Recht: Bei der *Olympic* handelte es sich um ein Wrack. Man konnte sie zwar für eine begrenzte Zeit wieder fahrbereit machen, aber die Substanz des Schiffes war irreparabel geschädigt. Was dem Auto der Rahmen, ist dem Schiff der Kiel, und dieser war bei der *Olympic* verzogen. »Die Stewards der *Olympic* sprachen von einem ›Todesschiff‹, als sie sich nach Belfast schleppte.«[54]

Das also war die wahre Situation der White Star Line nach dem Zusammenstoß zwischen der *Olympic* und der *Hawke*. Kaum war das erste der drei Riesenschiffe aus der Taufe gehoben, wurde es bereits zu Schrott gefahren. Das zweite – die *Titanic* – befand sich noch im Bau, und das dritte (die *Gigantic*) existierte lediglich als Bauplan. Was alle Welt als Unfall ansah, war in Wirklichkeit ein Akt in einem Krieg um die Herrschaft auf den Weltmeeren.

Freigabe für Plan B

Ja, aber warum wurde die *Olympic* dann überhaupt repariert? Die Antwort: Es gab noch einen »Plan B«. Wenn die White Star Line überhaupt eine Chance haben wollte, zu ihrem Geld zu kommen und zu überleben, musste die Wahrheit unbedingt geheim bleiben. Denn nicht nur hatte die IMM die beschriebene gigantische Kapitalerhöhung vorgenommen. Wenn es stimmt, was der *Titanic*-Experte Günter Bäbler schreibt, hatte sich die Linie die Gelder für den Bau der beiden Schiffe, von denen nun eines schrottreif im Dock lag, außerdem nur geliehen. Der ganze IMM-Konzern mit seiner White Star Line war demnach eine einzige Kreditblase.

»Die Reederei nahm für den Bau der *Olympic* und *Titanic* die erste öffentliche Anleihe der Firmengeschichte auf, die durch die hypothekarische Eintragung der ganzen Flotte gesichert wurde«, so Bäbler (*Titanic Post* Nr. 52). Das heißt also: Genau wie bei den meisten Häuslebauern die neue Behausung dienten die Schiffe der White Star Line als Sicherheiten für die Kredite. Sollte der Wert der *Olympic* durch den Unfall massiv sinken oder sie gar als Verlust abgeschrieben werden müssen, drohte möglicherweise das Platzen der Darlehen. Gut für die Bonität der Schifffahrtsgesellschaft war es auf keinen Fall.

Mit anderen Worten drohte der Rammstoß der *Hawke* gegen die *Olympic* zum Todesstoß für die White Star Line zu werden, bevor diese mit ihrer *Olympic*-Klasse überhaupt richtig in See gestochen war. Denn bei aller Liebe zu strategischen Überlegungen: In eine seiner Firmen endlos Geld nachzuschießen war durchaus nicht J. P. Morgans Art.

Durch den Totalschaden an der *Olympic* geriet die White Star Line in eine Sackgasse, die von den Verursachern zweifelsohne genau so vorausgesehen wurde. Es war auch ein klares Signal an J. P. Morgan, nicht in fremden Gewässern zu fischen. Der Totalschaden an der *Olympic* sollte sich wie ein Dominostein auswirken, der die gesamte White Star Line und Morgans IMM-Konzern zu Fall bringen konnte. Der Zusammenstoß der *Hawke* mit der *Olympic* war der klare Versuch, die neue Olympic-Klasse zu zerstören, bevor sie überhaupt in Fahrt gekommen war, und deren Bauherren und Betreiber, die US-gesteuerte White Star Line, bankrottgehen zu lassen. Denn wenn die White Star Line in Konkurs gehen sollte – wer würde dann wohl billig an die Konkursmasse – sprich: die *Titanic* – kommen? Richtig: Natürlich die königliche Cunard Line.

Und tatsächlich fusionierte Cunard später mit der White Star Line. Bis dahin gingen allerdings noch viele Jahre ins Land. Vorher hatte White Star noch einige Tricks auf Lager.

Es gab nur einen einzigen Weg aus dieser Sackgasse, die ansonsten unweigerlich in die Pleite der White Star Line führen würde, und dieser Weg bestand darin, den Schaden an der *Olympic* doch noch ersetzt zu bekommen. Dieser Weg war ebenso naheliegend und genial wie illegal und brutal. Gegen Ende des Buches komme ich darauf zurück.

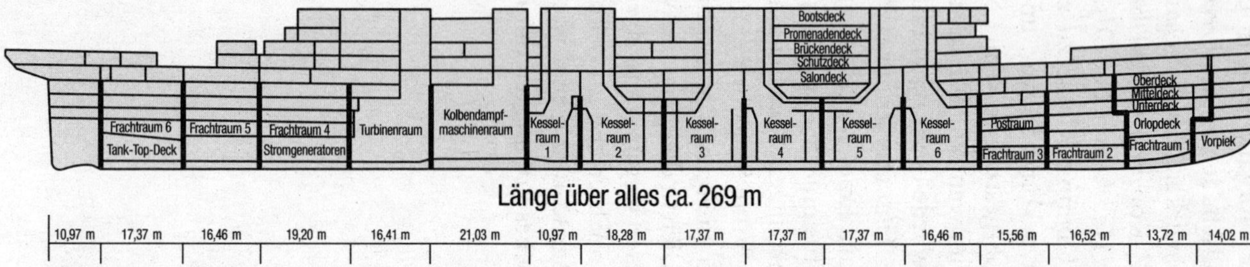

Die Schottwände der Titanic

Eine eingebaute Katastrophe?

Es ist ein merkwürdiger Umstand, dass die *Titanic,* die von aller Welt als »unsinkbar« oder zumindest »praktisch unsinkbar« angesehen wurde, erhebliche Schwachstellen aufgewiesen haben soll. Sowohl der schnelle Untergang des Schiffes, das am 15. April um 2.20 Uhr morgens im eiskalten Nordatlantik versank, als auch die extrem hohen Verluste an Menschenleben waren nach Meinung von Kennern schon beim Bau angelegt worden. Mehrere Faktoren führten einerseits zu einem besonders schnellen Sinken, andererseits zu besonders geringen Überlebenschancen der Insassen.

Schottwände: eine Tasse Tee genügt

Faktor 1 sind die vielgerühmten Schottwände: »Um den Rumpf zu verstärken und die Sicherheit zu erhöhen, besaß die *Titanic* 15 Schotten, die das Schiff in 16 Kompartimente unterteilten«, kann man in jedem gewöhnlichen Buch über die *Titanic* nachlesen.[55]

Die Schottwände hatten eigentlich die Aufgabe, die einzelnen Abteilungen bei einem Wassereinbruch gegeneinander »abzuschotten«. Sicher haben Sie (hoffentlich nur in einem Film) schon einmal den Ruf »Schotten dicht!« gehört. Wenn dieser Ruf ertönt, werden die wasserdichten Türen in den Schottwänden verschlossen, so dass kein Wasser mehr von einer Abteilung in die andere laufen kann.

»Im Fall eines Zusammenstoßes konnte das Schiff noch schwimmen, wenn zwei Kompartimente oder die vier kleineren Bugkompartimente vollgelaufen waren«, heißt es bei Adams. Dieses Konstruktionsmerkmal war der Ausgangspunkt der Legende, dass die *Titanic* unsinkbar oder »praktisch unsinkbar« gewesen sei. »Allerdings ragten die Schotten nur 3 m über die Tiefgangsmarke, so dass Wasser aus einem Kompartiment in das nächste überschwappen konnte, was das Ganze sinnlos machte.«[56]

Haben wir das richtig verstanden: »sinnlos«? Allerdings. Die Schottwände der *Titanic* waren in etwa so sinnvoll wie eine nach oben offene Mausefalle. Nur: Warum sollte jemand sinnlose Schottwände in sein Schiff einbauen?

Oben geschlossene Schottwände (und damit komplett wasserdichte Abteilungen) sind so etwas wie eine zurückversetzte Bordwand: Nachdem die reguläre Bordwand versagt hat, wird praktisch eine zweite Verteidigungslinie gegen das Wasser aufgebaut und das Wasser in einer oder mehreren Abteilungen eingeschlossen. Wenn nicht zu viele Abteilungen volllaufen, bleibt das Schiff damit schwimmfähig.

Wenn es aber nicht möglich war, das Wasser einzuschließen, dann war es besser, das Wasser unten ins ganze Schiff laufen und sich verteilen zu lassen. Dadurch konnten Schieflagen zur Seite (Schlagseite) oder der Länge nach (über Bug oder Heck) und damit ein beschleunigtes Sinken vermieden werden. Bei geschlossenen Türen verhinderten die nach oben offenen Schottenwände ab einem bestimmten Punkt also nicht etwa das Sinken, sondern die gleichmäßige Verteilung des Wassers im Schiff. Und damit beschleunigten sie im Fall der *Titanic* ein Sinken über Bug.

Dadurch würde ein sich selbst beschleunigender Prozess in Gang gesetzt: Das Überlaufen der Schotten verstärkte die Neigung, die wiederum das Überlaufen beschleunigte. Schon dieses Konstruktionsmerkmal ist nach Meinung von Kritikern eine bemerkenswerte Fehlleistung.

»Unsinkbar?«, machte sich beispielsweise der weltberühmte Marineschriftsteller und Kapitän Joseph Conrad (1857–1924) über die *Titanic* lustig: »Wenn die wasserdichten Abteilungen nicht bis nach oben reichen, dann ist gar nichts wasserdicht! Oder was würde man von einem Hotel sagen, das sich als ›feuersicher‹ anpreist, wenn es im oberen Drittel von einem Ende zum anderen für Feuer, Rauch und Zug völlig offen wäre?«[57] In der Tat: ein merkwürdiger Umstand.

Wiederholt wurde der Rumpfaufbau mit den nach oben offenen Schottenwänden mit einer Eiswürfelschale verglichen, bei der schon bei geringer Neigung ebenfalls Wasser von einem Abteil in das andere läuft. Dagegen wurde eingewendet, dass die Schotten ja nicht wirklich nach oben offen, sondern durch Decks begrenzt waren.

Tatsächlich kann man sich das Innere des Rumpfes ja nicht vorstellen wie eine große leere Halle, aus der 15 Schottwände aufragen, über die schließlich das Wasser laufen kann. Das Problem ist aber, dass die auf die Schottwände gebauten Decks eben nicht wasserdicht, sondern aus Gängen und Räumen bestanden und aufgrund von Luken, Türen, Schächten und anderen Öffnungen durchlässig waren. Die abdichtende Wirkung war daher zu vernachlässigen, weil durch offene Türen und Luken enorme Wassermengen gedrückt werden können.

Das heißt, am besten kann man es sich wirklich wie ein Hotel vorstellen, in dessen untere Stockwerke Brandschutzwände eingezogen wurden, während die oberen Stockwerke in Bezug auf Wasser bzw. Feuer »völlig offen« waren. Auch bei einem Hotel würde man eine solche Architektur als abwegig ansehen, da sie einer katastrophalen Ausbreitung eines Feuers nicht Einhalt gebieten kann.

Der beste Beweis für die Richtigkeit dieser Überlegungen ist wohl die Tatsache, dass das Schwesterschiff *Olympic* nach dem Untergang der *Titanic* umgebaut und die Schotten »bis nach oben durchgezogen« wurden.[58] »Erst heute habe ich wirklich verstanden, wie niedrig die Schotten der *Titanic* waren«, schrieb ein *Titanic*-Fan im Forum der *Encyclopedia Titanica* am 15. Juni 2002: »Nummer 1, 2, 4 und 6 reichten kaum über die Wasserlinie! Meiner Meinung nach müssen sie im Wesentlichen nutzlos gewesen sein! Ich hätte nicht einmal eine Tasse Tee da hineinschütten wollen!«

Wobei die Frage ist, wie »die Tasse Tee« überhaupt ins Schiff hineinkommen konnte. Denn zunächst einmal bekam das Schiff aus Schutz gegen ein Auflaufen auf Grund einen doppelten Boden, der natürlich auch gegen Beschädigungen durch Eisberge schützte.

Des Weiteren hätte die *Titanic* niemals leckschlagen dürfen, wie sie schließlich angeblich leckschlug: und zwar an der Steuerbordseite des Bugs. Ausgerechnet der Bug war nämlich besonders stabil gebaut worden: »Der Bug, bei einer Kollision am häufigsten betroffen, wurde bei der *Titanic* besonders stabil gearbeitet«, so Zöllner. Kurz: »Das Schiff hätte alle Kollisionen und Beschädigungen seiner havarierten Vorgängerinnen erleiden können, ohne auch nur ernsthaft in Gefahr zu geraten.«

Keiner habe vor 1912 bedacht, »dass ein Schiff so unglücklich mit einem Eisberg kollidieren könnte, dass ganze fünf wasserdichte Abteilungen geflutet werden würden. Dieses Szenario wurde aufgrund seiner großen Unwahrscheinlichkeit nicht bedacht.«[59] Mit anderen Worten, der *Titanic* stieß also etwas ausgesprochen Unglaubliches zu. Eigentlich konnte sie sich praktisch die gesamte Nase »platt fahren« und sich dabei drei oder vier Abteilungen aufreißen, ohne zu sinken. Demnach muss sich der Eisberg, indem er angeblich die fünf vorderen Abteilungen seitlich aufritzte, ja geradezu die einzige Achillesferse des Schiffes herausgesucht haben.

So wenig Boote wie möglich

Der nächste Punkt: die Zahl der Rettungsboote. Wie die offizielle Legende besagt, kamen bei dem Untergang der *Titanic* unter anderem ja deshalb so viele Menschen ums

Leben, weil nicht genügend Rettungsboote, nämlich nur 16 (plus vier Faltboote), mitgeführt wurden. Jedes der 16 Rettungsboote hing mit Bug und Heck unter einem Paar Davits. Diese Bootskräne konnte man ausschwenken und die Boote daran zu Wasser lassen (»fieren«).

Wenig bekannt ist die Tatsache, dass die Davits der *Olympic*-Klasse nicht nur für ein oder zwei, sondern für vier Rettungsboote ausgelegt waren. Während die *Titanic* lediglich 16 reguläre Rettungsboote an Bord hatte, waren ihre Bootskräne tatsächlich für 64 Rettungsboote ausgelegt. Merkwürdig, nicht?

Diese Hochleistungsdavits wurden angeblich eingebaut, weil man damit rechnete, dass das britische Schifffahrtsministerium (das Board of Trade, das später auch die Untersuchung des Unglücks durchführte) angesichts der Größe der *Olympic*-Klasse mehr Rettungsboote verlangen würde. Und dass man damit rechnete, hieß natürlich auch, dass man es selbst als naheliegend betrachtete, eine große Zahl von Rettungsbooten mitzuführen.

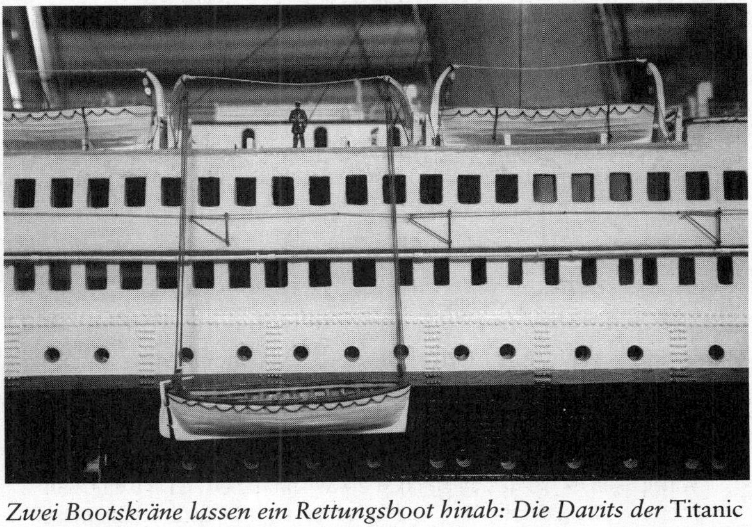

Zwei Bootskräne lassen ein Rettungsboot hinab: Die Davits der Titanic *konnten bis zu vier Rettungsboote fieren.*

Der zweite Grund war natürlich, dass *Olympic* oder *Titanic* in Kriegszeiten mit der doppelten, wenn nicht vierfachen Menge an Insassen fahren und möglicherweise in bedrohliche Situationen kommen würden, die eine sehr schnelle Evakuierung von Tausenden von Menschen notwendig machen würden. Tatsächlich arbeitete der ursprüngliche Konstrukteur der *Olympic*-Klasse, Alexander Carlisle (1910 abgelöst von Thomas Andrews), auch einen Plan für die Installierung von 64 Rettungsbooten aus – bei einer Kapazität von jeweils 65 Personen Platz für 4160 Menschen. Rechnet man die vier Klappboote noch mit, kommt man gar auf eine Rettungsbootkapazität von etwa 4348 Plätzen.* Bezeichnenderweise also mehr, als die *Titanic* in Friedenszeiten jemals an Bord nehmen würde (3300 Personen).

Irgendwann im Laufe des Konstruktionsprozesses fing man jedoch an, die Zahl der Rettungsboote Schritt für Schritt zu reduzieren. Später arbeitete Carlisle einen Plan aus, der immerhin noch zwei Rettungsboote pro Davit vorsah, also 32 oder Platz für 2080 Menschen (die oben erwähnten vier Klappboote nicht mitgerechnet). Da das Board of Trade bei der *Olympic*-Klasse überraschenderweise jedoch keine höheren Anforderungen an die Kapazität der Rettungsboote stellte, beließ man es schließlich bei einem Boot pro Davitpaar.

Interessanterweise war das die geringste Zahl an Booten, die man mitführen konnte, ohne dass es auffiel – also ohne dass ein Paar Davits leer blieb. Mit einem Boot unter je einem Davitpaar sah es aus, als habe alles seine Ordnung.

In Wirklichkeit war gar nichts in Ordnung. Zuzüglich der vier Klappboote ergab das eine Kapazität von nur 1178 Personen – etwa ein Drittel dessen, was die *Titanic* maximal an Bord nehmen konnte (Passagiere und Besatzung), und damit gefährlich wenig.

---

* In Wirklichkeit ist die Rechnung noch etwas komplizierter. Da die beiden vorderen Rettungsboote (Nr. 1 und 2) immer nur 40 Plätze hatten, muss man von diesen Zahlen noch einmal 50 abziehen.

Auch dazu gibt es viele Legenden: »Schließlich wurde die Zahl auf 20 reduziert, nachdem man mit Erbauern und Eigentümern diskutiert hatte, die sich für den fraglichen Raum größere Promenaden wünschten«, schreibt Robin Gardiner.[60]

Das ist so wohl jedoch nicht richtig. Denn laut der Aussage des Konstrukteurs Alexander Carlisle hätten zwei oder vier Rettungsboote pro Davitpaar überhaupt nicht mehr Platz beansprucht bzw. den Raum an Bord kaum eingeschränkt. Lauschen wir kurz Carlisles Vernehmung am zwanzigsten Tag der britischen Untersuchung.

Frage: Erschien Ihnen der Entwurf, der vier Rettungsboote [pro Davitpaar, insgesamt also 64; G. W.] vorsah, als ein guter Entwurf?
Carlisle: Ja.
Frage: Und hätten Sie als Konstrukteur irgendwelche Schwierigkeiten gehabt, Boote an Deck unterzubringen – vier Boote, die mit einem Paar Davits gehandhabt werden könnten?
Carlisle: Ich sehe keine Schwierigkeiten.

Ein Boot, so Carlisle, würde ohnehin an den Davits hängen und über Bord geschwenkt werden.

Frage: Waren Ihrer Meinung nach, entsprechend der damaligen Auffassung, genügend Boote an Bord der *Titanic*?
Carlisle: Ich persönlich meine nein.
Frage: Sie meinen was?
Carlisle: Dass nicht genügend Boote da waren.
Frage: Haben Sie das jemals gesagt?
Carlisle: Ich habe das immer und immer wieder gesagt.

Wobei sich natürlich die Frage aufdrängt, warum die Verantwortlichen der White Star Line dann nicht auf den damaligen Chefkonstrukteur gehört haben. Bei den Davits konnten ohne Probleme 64 Boote übereinandergestapelt und zu Wasser gelassen werden – warum nahm man dann nicht

64 mit? Und wenn es an den Kosten gelegen haben sollte – warum nahm man dann nicht wenigstens 32 mit?

Von den Kosten erwähnte Carlisle in seiner Vernehmung jedoch überhaupt nichts, so als hätten diese überhaupt keine Rolle gespielt – was angesichts der Gesamtkosten für die *Olympic*-Klasse gut möglich ist. Ein paar Rettungsboote mehr oder weniger dürften da tatsächlich nicht ins Gewicht gefallen sein, zumal auch damals schon die Kosten bei größerer Stückzahl sanken. 128 oder 192 Boote (für alle drei »Olympier«) zu ordern, wäre wahrscheinlich nicht viel teurer gewesen, als nur 48, also 16 Rettungsboote pro Schiff. Tatsächlich sah auch Carlisle keinen Grund, warum nicht mehr Boote installiert werden sollten:

Frage: Und es gab keinen Grund, warum – wenn die White-Star-Leute mehr Boote hätten haben wollen – sie Sie nicht hätten anweisen können, mit Ihrem Plan fortzufahren und 64 Boote zu installieren?
Carlisle: Sicherlich.

Während Carlisle oben jedoch noch darauf bestanden hatte, »immer und immer wieder« mehr Boote gefordert zu haben, wurde er später vorsichtiger.

Frage: Habe ich das richtig verstanden, dass Sie 64 Boote vorschlugen?
Carlisle: Ich habe ihnen [der White Star Line; G. W.] eher meine Ideen präsentiert.
Frage: Haben Sie gesagt: Da sollten 64 Boote sein?
Carlisle: Nein, das habe ich nicht.
Frage: Waren Sie der Meinung, dass es 64 Boote geben sollte?
Carlisle: Ich war der Meinung, dass es sehr viel mehr Boote geben sollte [als die schließlich installierten 16; G. W.].
Frage: Waren Sie der Meinung, dass es 64 Boote geben sollte?
Carlisle: Ich war der Meinung, dass es drei Boote pro Davitpaar geben sollte.

Das heißt also insgesamt 48. Und das ist auch logisch. Denn die Kapazität von 64 Rettungsbooten hätte die Passagier- und Mannschaftskapazität der *Titanic* in Friedenszeiten überschritten. 48 Boote aber hätten für 3120 Personen gereicht – abzüglich 50, wie bereits weiter oben ausgeführt. Zuzüglich der vier Klappboote, die zum Teil auf den Dächern der Offiziersquartiere untergebracht wurden, wäre man so auf eine Kapazität von 3300 Personen gekommen, was exakt für das voll besetzte Schiff gereicht hätte und damit die einzig mögliche Zahl war, die in Frage kam.

Frage: Sie meinten, es sollte 48 Boote geben?
Carlisle: Ja.
Frage: Während in Wirklichkeit wie viele da waren?
Carlisle: 16.[61]

Zuzüglich der vier Klappboote waren es also 20 Rettungsboote.

Warum ein Schiff, das 3300 Menschen beherbergen konnte (Passagiere und Besatzung), nur Rettungsplätze für 1178[**] (also ein Drittel) mitführte, ist ein vieldiskutiertes Rätsel dieser Katastrophe. Meistens wird als Erklärung angeführt, dass die britischen Bestimmungen mit der Kapazität der Ozeanriesen nicht »mitgewachsen« waren und eben nicht mehr als 16 Rettungsboote verlangten. Ja, in Wirklichkeit waren 16 Boote sogar mehr als vorgeschrieben. Tatsächlich verlangten die Bestimmungen für ein Schiff dieser Größe (über 10000 Bruttoregistertonnen) nur 962 Bootsplätze. Je nach Anzahl der im Rumpf vorhandenen wasserdichten Schotten durfte die Zahl auch noch reduziert werden, so dass die *Titanic* unter dem Strich nur 756 Plätze in den Rettungsbooten bereithalten musste. Das entspricht etwa zwölf

** 14 × 65, 2 × 40 und 4 × 47; siehe hierzu die Ausführungen weiter oben

regulären Rettungsbooten mit je 65 Plätzen. Gesetze, die man angesichts der inzwischen fünfmal so großen Schiffe (die *Titanic* brachte es auf 45000 Bruttoregistertonnen) nur als Ausdruck höchster Schlamperei und Inkompetenz bezeichnen konnte.

Wobei sich allerdings erstens die Frage stellt, ob die Erbauer der *Olympic*-Klasse ohne die britischen Schifffahrtsbehörden nicht selbständig denken konnten: Wurde es ihnen nicht mulmig, wenn sie einerseits das gewaltige Schiff und andererseits die 16 bzw. 20 mickrigen Nussschalen vor sich sahen, die gerade mal ein Drittel der maximalen Insassenzahl aufnehmen konnten?

Noch mysteriöser wird das Rätsel dadurch, dass der Platz an den hochmodernen Davits ja für 64 Rettungsboote gereicht hätte und die Kosten für die höhere Zahl an Rettungsbooten gegenüber den Davits kaum ins Gewicht gefallen sein dürften. Nachdem man bereits das Geld für die Hochleistungsdavits ausgegeben hatte, musste es da nicht als absolut widersinnig erscheinen, sie nun nicht auch entsprechend der vorhandenen Kapazität mit Booten auszustatten?

Wie man es auch dreht und wendet: Ein nachvollziehbarer Grund für dieses Versäumnis ist jedenfalls beim besten Willen nicht in Sicht. Stattdessen drängt sich die Frage auf, ob die Rettungssysteme und schließlich auch die Rettung der Passagiere etwa sabotiert wurden.

Verrammelte Notausgänge

In diesem Zusammenhang muss man sich auch klarmachen, dass Davits und Rettungsboote ein ganzes Rettungssystem darstellen, wie heute etwa Notausgänge und Notrutschen bei einem Flugzeug. Der Sinn dieses Rettungssystems besteht darin, das Schiff in einem Notfall möglichst schnell »leer zu schaufeln«.

Wenn man sich vier Rettungsboote vorstellt, die von einem Paar Davits gefiert werden, nähert man sich tatsächlich dem Mechanismus eines Schaufelradbaggers an, der die Passagiere von Bord »baggert«: Zunächst wird das erste Boot abgedeckt, beladen und gefiert. Dann werden die Leinen wieder hochgezogen, das nächste Boot beladen und gefiert. Und so weiter – bis alle vier Boote zu Wasser gelassen wurden. Exakt das war und ist der Sinn solcher Rettungssysteme.

Erstaunlicherweise fanden nun vor der Jungfernfahrt aber noch kurzfristige bauliche Veränderungen statt, die die Chancen einer Rettung durch dieses Rettungssystem noch weiter verschlechterten. Dazu muss man sich vorstellen, dass die Rettungsboote vom höchsten Deck des Schiffes aus (dem Bootsdeck) an der Bordwand entlang nach unten gefiert wurden. Dabei wären die vorderen Rettungsboote an einem ursprünglich offenen Promenadendeck vorbeigekommen, dem A-Deck, von dem aus man ebenfalls in die Boote hätte steigen oder springen können.

Das Interessante ist nun, dass der später bei der Katastrophe überlebende White-Star-Vorsitzende Bruce Ismay den vorderen Teil dieser Promenade genau unterhalb der vorderen acht Rettungsboote auf beiden Seiten des Schiffes im letzten Moment durch Fenster verrammeln ließ, die ein Zusteigen in die Boote von dort aus erheblich erschwerten, wenn nicht sogar unmöglich machten. »Aufgrund von angeblichen Passagierwünschen der ersten Klasse, die auf dem Schwesterschiff *Olympic* geäußert worden sein sollen, musste die *Titanic* noch unbedingt vor der Probefahrt stahlgerahmte Gischtfenster erhalten, die die ursprünglich offenen Promenaden auf dem A-Deck des Vorschiffes vollkommen dicht machten.«

Seltsam ist: »Auf der *Olympic* wurde diese äußerst wichtige Änderung jedoch bis zu ihrem Ende nie vorgenommen, obwohl die Anregungen von dort gekommen sein sollten.

Dummerweise benötigten diese Gischtfenster zum Öffnen einen besonderen Spanner, der in der Unglücksnacht längere Zeit fehlte. Die vorderen acht Rettungsboote kamen beim Herablassen direkt an diesen nicht zu öffnenden Fenstern der ersten Klasse vorbei.«[62]

Das A-Deck unterhalb der vorderen Rettungsboote: Links auf der Titanic, *rechts auf der* Olympic

Zwar wird dieser Umbau auch damit erklärt, dass man im letzten Moment die Bruttoregistertonnage des Schiffes (den umbauten Raum) erhöhen wollte. Dann erhebt sich allerdings die Frage, warum die Fenster so konstruiert wurden, dass sie von Passagieren nicht zu öffnen waren, sondern man dafür ein spezielles Werkzeug benötigte, über das nur die Crew verfügte.

Laut der Erste-Klasse-Passagierin Ella White war das verschlossene Promenadendeck der Hauptgrund, warum die Boote so unterbelegt waren. Es sei zu gefährlich gewesen, die Boote voll besetzt vom Bootsdeck aus zu fieren. Wenn die unteren Decks offen gewesen wären, hätten mehr Menschen gerettet werden können. »Die *Titanic* war eine Mausefalle«, lautete ihre Schlussfolgerung.[63]

Auf jeden Fall bedeuteten die Fenster vor dem vorderen A-Deck, dass der Zugang zu den vorderen Rettungsbooten – solange die Fenster nicht von der Crew geöffnet wurden – ausschließlich vom Bootsdeck aus erfolgen konnte, das von den Offizieren der *Titanic* kontrolliert wurde. Man konnte auf dem A-Deck auch nicht einfach nach hinten laufen, um in eines der vom Heck aus gefierten Boote zu springen, weil das A-Deck in einzelne Bereiche unterteilt war – und das gilt auch für das Bootsdeck. Anhand des konkreten Geschehens bei der Rettung der Passagiere komme ich darauf zurück.

Die Ratten verlassen das sinkende Schiff

Wieso »die Ratten verlassen das sinkende Schiff«? Noch sind wir doch gar nicht so weit! Noch hat die Reise ja nicht einmal angefangen! Noch ist die *Titanic* nicht einmal losgefahren, vom Sinken ganz zu schweigen.

Ja, schon – aber trotzdem fing die Flucht an, bevor die *Titanic* überhaupt auf den Atlantik hinausgefahren war.

Hier eine kleine Chronologie der ersten und letzten Reise der *Titanic:*

Die erste und letzte Reise der Titanic		
Datum	**Uhrzeit**	**Ereignis**
02.04.1912	06.00–18.00	Probefahrt bei Belfast
	20.00	Abfahrt in Belfast Richtung Southampton
04.04.1912	nach 0.00	Ankunft in Southampton am Donnerstag, 4. April 1912, nach Mitternacht
4.4.–10.4. 1912		Reisevorbereitungen, Fracht, Passagiere
10.04.1912	12:00	Abfahrt in Southampton. Beinahekollision mit der *New York* Ankunft in Cherbourg, Frankreich, am Spätnachmittag
	20:10	Abfahrt in Cherbourg
11.04.1912	11:30	Ankunft in Queenstown, Irland (heute Cobh, Cork)
	13:40	Abfahrt in Queenstown Richtung New York City
14.04.1912 (Samstag)	23:40	*Titanic* kollidiert mit einem Eisberg
15.04.1912 (Sonntag)	02:20	*Titanic* sinkt

Die erste und letzte Reise der Titanic		
Datum	**Uhrzeit**	**Ereignis**
15.04.1912 (Sonntag)	04:40	Die *Carpathia* erreicht die Unglücksstelle und beginnt mit der Bergung der Rettungsboote
18.04.12	21:00	Die *Carpathia* erreicht mit den Überlebenden New York

Was heute als unvorhersehbare Katastrophe dargestellt wird, war in Wirklichkeit für eine ganze Reihe von Leuten keine Überraschung. »Die Ratten verlassen das sinkende Schiff« war in Sachen *Titanic* noch eine Untertreibung – und zwar, weil die possierlichen Tierchen gar nicht erst mit auf Reisen gingen.

Fest steht, dass der stolze Ozeanliner für eine Jungfernfahrt definitiv unterbesetzt war – eine Tatsache, die man ebenfalls nicht aus Hollywood-Spielfilmen erfährt. Dort erscheint das Schiff immer als strahlender Ozeanliner voller festlich gekleideter Menschen. Auch die dritte Klasse ist da mit hoffnungsfrohen Auswanderern vollgepackt.

Als die *Titanic* ihre erste Atlantiküberquerung antrat, war sie jedoch alles andere als voll besetzt. Am 10. April 1912 legte sie in Southampton ab, überquerte den Kanal zum französischen Cherbourg und fuhr von da aus noch in den irischen Hafen Queenstown. Als sie dort am 11. April 1912 ablegte, hatte sie statt 2400 Passagieren nur etwa 1320 an Bord, also über tausend Passagiere weniger als möglich und etwa hundert weniger, als ihr Schwesterschiff *Olympic* bei ihrer Jungfernreise am 14. Juni 1911. Offenbar riss man sich also nicht gerade um die Jungfernfahrten mit der neuen *Olympic*-Klasse. Alles in allem befanden sich mit Besatzung nun knapp 2300 Menschen an Bord, also etwa 1100 mehr, als Rettungsplätze vorhanden waren.

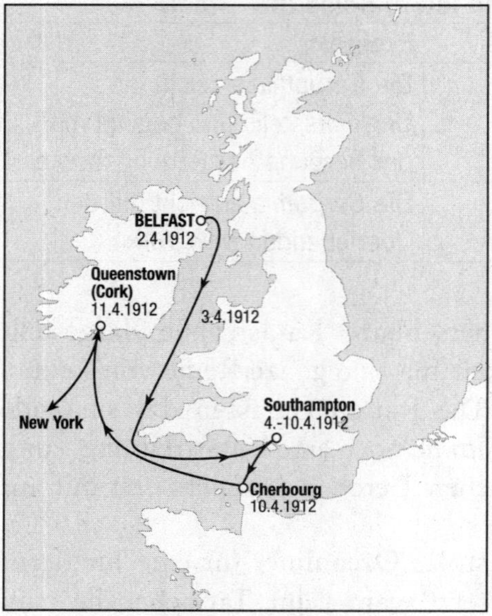

Erste Etappe der Titanic-*Reise: Von der Werft in Belfast ging es erst nach Southampton, wo Besatzung, Passagiere und Fracht aufgenommen wurden. Dann ging es am 10. April weiter ins französische Cherbourg, von dort nach Queenstown und am 11. April 1912 von da aus schließlich nach New York.*

Rückzieher im letzten Moment

Interessanterweise gingen der *Titanic* im letzten Moment jede Menge Passagiere »von der Fahne«. Laut einer Liste auf der Website *Encyclopedia Titanica* wurden nicht weniger als 58 Buchungen mit insgesamt 82 Passagieren im letzten Moment storniert oder nicht wahrgenommen, weil jemand krank wurde, es sich anders überlegte, Terminschwierigkeiten hatte oder einfach kalte Füße bekam. Dabei ist nicht nur die hohe Zahl bemerkenswert. Vielmehr handelte es sich auch meistens um äußerst hochkarätige Passagiere, die im letzten Moment absprangen.

Des Weiteren fällt an diesen Passagieren auf, dass die Ehepaare offenbar immer gemeinsam absagten. Sollte einer aufgehalten worden oder gezwungen sein, früher zu reisen, muss der andere die Jungfernreise mit der *Titanic* ja eigentlich nicht zwingend ebenfalls sausen lassen. Die Ehepaare ließen sich jedoch nicht auseinanderreißen.

Augenfälligerweise sind die Geistlichen unter den Stornierungen deutlich überrepräsentiert. Während sich in der Gruppe der 1320 Reisenden nur zwei Geistliche befanden (= 0,15 Prozent), befanden sich unter den 58 Stornierungen 4 Geistliche (6,9 Prozent). Ein statistisch sehr interessanter Befund.

Eigentlich müsste man sogar noch einen fünften dazuzählen, der nicht auf der Liste auftaucht, nämlich den berühmten Jesuitennovizen Francis M. Browne. Brownes Onkel, der Bischof von Cloyne, hatte dem 32-jährigen leidenschaftlichen Fotografen eine Erste-Klasse-Passage von Southampton nach Cherbourg spendiert. Auf der Reise machte Francis Browne die letzten Fotos der *Titanic* und der Menschen an Bord, darunter Kapitän Smith, der Präsidentenberater Major Archibald Butt und andere.

Auf der kurzen Fahrt wurde Browne von einem begüterten Ehepaar zur Weiterreise in die USA eingeladen. Doch auf telegrafische Nachfrage antwortete Brownes geistlicher Vorgesetzter: »Verlassen Sie dieses Schiff – Provinzial«. Interessanterweise gibt ihm der Provinzial dabei keine negative Handlungsanweisung (also ein Verbot), sondern eine ganz klare positive Handlungsanweisung, »dieses Schiff« zu verlassen. Da also insgesamt fünf Geistliche, die eigentlich mitfahren wollten, nicht mitfuhren (8,5 Prozent der stornierten Buchungen), ist es gut möglich, dass der Klerus mehr über das kommende Schicksal der *Titanic* ahnte als das »gewöhnliche Volk«.

Stornierte Buchungen vor Abreise:

Buchung	Lfd. Nr.	Name
1	1–2	ADELMAN, Mr. and Mrs
2	3–4	ANDERSON, Mr. and Mrs. Walter
3	5–7	BACON, Robert, US-Botschafter in Frankreich, mit Frau und Tochter
4	8–9	BILL, Mr., and Mrs. Edward W.
5	10–11	BOND, Mrs. Florence, und Mädchen
6	12	CARLSON, Frank
7	13	CRAIG, Norman
8	14	DAVIES, S.P.
9	15	EASTMAN, Miss Annie
10	16	FRANKS, Alfred
11	17–18	FRICK, Mr. and Mrs. Henry Clay
12	19	HANAN, Mr. and Mrs.
13	20	HARDING, Mr. and Mrs. J. Horace
14	21	HART, George
15	22	HITCHENS, Col. J. Warren
16	23	HOLDEN, Reverend J. Stuart
17	24	JENKINS, Dr. J.C.
18	25	KIND, Frank
19	26	LANCASTER, Charles
20	27	LAWRENCE, Arthur
21	28	LEWIS, Mr. and Mrs. Carlton P.
22	29	MADDEN, The Rt. Rev. T.J.
23	30	MELODY, Mr. A.
24	31	MIDDLETON, Hon. J. Conan
25	32	MORGAN, Mr. John Pierpont
26	39	NESBITT, Reverend Henry S., Frau und fünf Kinder
27	40	NORMAN, Maxwell

Buchung	Lfd. Nr.	Name
28	42	O'BRIEN, Mr., and Mrs. James V.
29	43	PUFFER, Mr. C. C.
30	46	ROBERTS, Mrs. Elizabeth Walker, und Mädchen
31	47	ROSS, Sir Charles
32	48	STAFFORD, Reverend J. S. Wardell
33	51	THOMPSON, Mr. and Mrs. Thomas und Sohn Harold
34	53	TURNER, Mr. and Mrs. George H.
35	55	VANDERBILT, Mr. and Mrs. George
36	56	WHITE, Mr. A. J.
37	57	WILKINSON, Miss Ada
38	58	WILKINSON, Mrs. S. George
39	60	WILSON, Mr. and Mrs. J. Clifford
40	62	WILSON, Miss Dorothy and Miss Edith
41	64	WOOD, Mr. and Mrs. Frank P.

In Queenstown gingen nicht an Bord:

Buchung	Lfd. Nr.	Name
42	65	Jordan, Mary
43	66	O'Brien, Denis
44	67	Tyndon, James
45	68	Scanlon, James
46	69	Gilligan, Margaret
47	70	O'Connell, Pat
48	71	Dwan, Frank
49	72	Thomas, Pat
50	73	Callaghan, Nora
51	74	Jordan, Annie
52	75–76	Courtney, Bridge, mit Kind

Buchung	Lfd. Nr.	Name
53	77	O'Sullivan, Michael
54	78	Dunne, Mary
55	79	Martin, Mary
56	80	Ryan, Pat
57	81	Concannon, John
58	82	Forhan, Delia
Eaton: *Cancelled Passages aboard Titanic*, auf www.Encyclopedia-Titanica.org, vom 6.4.2008		

Die Gruppe, die in Queenstown fehlte, war offenbar nicht so begütert wie die erste, da hier fast nur »Singles« ohne Familie gebucht hatten. Dazu kommen noch rund hundert Heizer und andere Besatzungsmitglieder, die die *Titanic* in Southampton verließen (siehe unten).

Zu den hochkarätigen Passagieren, die absagten, zählten Personen aus der obersten Etage der Eigentümer und der Werft, die die *Titanic* gebaut hatte. Zuallererst wäre da natürlich J.P. Morgan selbst zu nennen. Sein Rückzieher im letzten Moment ist merkwürdig, denn schließlich sollte die *Titanic* doch der neue Stolz seiner White Star Line werden und die *Olympic* (wenn auch knapp) als größtes Schiff der Welt ablösen.

Überdies war Morgan sowohl an der White Star Line als auch am Bau der *Titanic* immer sehr stark interessiert gewesen. Mehrmals war er persönlich zur Werft Harland & Wolff nach Belfast gereist, um sich vom Fortgang des Baus zu überzeugen. Im Februar 1910 nahm er persönlich an der Planung der für ihn vorgesehenen Suite im B-Deck teil, wobei er sich um jede Kleinigkeit kümmerte, einschließlich der Auswahl der Möbel.

Am 31. Mai 1911 kam er, um das Ablegen der *Olympic* und den Stapellauf der *Titanic* zu beobachten, so Jackson.[64]

Mit seiner Meinung, dass Morgan seine Überfahrt in die USA verschieben wollte, steht Jackson jedoch alleine da.[65] Allen anderen Quellen zufolge deutete alles darauf hin, dass Morgan regen Anteil an der *Titanic* nahm und es sich nicht nehmen lassen wollte, bei der Jungfernfahrt dabei zu sein. Das größte Schiff der Welt höchstpersönlich der High Society vorzuführen sollte für einen Schiffseigentümer und leidenschaftlichen Skipper, der Morgan ebenfalls war, eigentlich ein unvergessliches Ereignis werden.

Überdies wollte er ohnehin eine große Sammlung von Kunstgegenständen in die USA überführen, die er auf seiner zurückliegenden Ägypten- und Europareise gekauft und eingesammelt hatte. Für den Kunstsammler und mächtigsten Bankier der Welt sollte die Heimkehr auf der Jungfernfahrt des größten Schiffes der Welt, das er ebenfalls sein Eigen nannte, eigentlich eine standesgemäße Reise darstellen, ja, fast so etwas wie einen Triumphzug.

Gottvater lässt sich entschuldigen

In den Salons und Speisesälen der ersten Klasse würde er gefeiert werden, mit den anderen Reichen und Schönen dieser Welt plaudern und dabei vielleicht auch manche geschäftliche Angelegenheit klären können. Denn obwohl die Jungfernfahrt der *Titanic* nur halb ausgebucht war, hatte sich die High Society keineswegs zurückgehalten. Vielmehr war die Fahrt ein Stelldichein der reichsten Menschen der damaligen Welt, insbesondere der damaligen USA.

Im Vergleich zur Jungfernreise des Schwesterschiffes *Olympic* fällt die äußerste Exklusivität der *Titanic*-Gesellschaft auf. Was die Frage aufwirft: Was war an dieser Jungfernfahrt so besonders, dass sich hier die Crème de la Crème der Vereinigten Staaten quasi stapelte? Warum sollte sich fast die gesamte finanzielle Elite an Bord eines einzigen Schiffes versammeln? Lag es daran, dass man niemand Geringeren als Gottvater »J. P. Morgan himself« an Bord erwartete? Beim Dinner oder bei einer Zigarre im Salon sollte sich vielleicht – ganz ohne Vorzimmer und Anmeldung – die eine oder andere Angelegenheit mit einem Mann regeln lassen, der ansonsten möglicherweise schwer erreichbar war.

Mit an Bord waren:

- der Inhaber des New Yorker Kaufhauses *Macy's*, Isidor Straus,
- der Multimillionär John Jacob Astor IV mit seiner Frau Madeleine,
- der Geschäftsmann und Multimillionär Benjamin Guggenheim,
- der Schriftsteller Jacques Futrelle,
- der Tennisstar Richard Williams,
- der Historiker und Schriftsteller Archibald Gracie,
- der Textilfabrikant Martin Rothschild,
- der britische Journalist und Spiritualist William T. Stead,
- der Präsident des Schweizerischen Bankvereins in Basel, Alfons Simonius-Blumer
- der Militärberater von US-Präsident Theodore Roosevelt, Archibald Butt,
- der norwegisch-amerikanische Juwelier und Großbankier Engelhart Østby,
- der Reeder und Direktor der Holland-America Line Johan Reuchlin,
- der Präsident der Grand Trunk Pacific Railway Charles Melville Hayes,
- der Großgrundbesitzer Sir Cosmo Duff Gordon und seine Frau,
- der Stahlbaron Arthur Ryerson,
- der Eisenbahnmagnat John B. Thayer,
- der Automobilhersteller George Widener.

Dazu kamen noch zahlreiche berühmte Künstler, Schriftsteller und andere bekannte Mitglieder der angloamerikanischen Gesellschaft.

An die 200 Millionen Pfund waren die Passagiere der ersten Klasse mindestens schwer, wenn man einmal die Vermögen der reichsten Passagiere auf alle rund 320 Erste-Klasse-Gäste hochrechnet. 200 Millionen Pfund würden sich heute auf etwa 20 Milliarden Euro oder mehr summieren.

So teilt sich der Reichtum der ersten Klasse auf:

Name	**Vermögen Pfund/Dollar in damaligen Zahlen (geschätzt)**
Colonel John Jacob Astor	30/150 Millionen
Benjamin Guggenheim	20/95 Millionen
Isidor Straus	10/50 Millionen
George Widener	10/50 Millionen
Bruce Ismay	8/40 Millionen
Charles Hayes	1,5/7,5 Millionen
William Dulles	1/5 Millionen
Emil Taussig	1/5 Millionen
Frederick Hoyt	1/5 Millionen
Clarence Moore	1/5 Millionen

Diese illustre Gesellschaft wird nun nicht schlecht gestaunt haben, als sie erfuhr, dass Morgan seine Reise abgesagt hatte[66] oder anderen Berichten zufolge gar von Bord desertiert war. Und noch mehr muss sie gestaunt haben, als sich die *Titanic* mitten im Nordatlantik urplötzlich als Todesfalle erwies – und zwar so plötzlich, dass vor dem Untergang des Schiffes keine Rettung mehr eintraf.

Mit einem Mal also kam dem Club der Superreichen an Bord der *Titanic* sein wichtigstes Mitglied und informelles Oberhaupt abhanden. Ohne Gottvater persönlich müssen sie sich geradezu verwaist vorgekommen sein; ohne den Mann, der Industrien und Imperien genauso schuf wie Schiffe und sie bisweilen auch untergehen ließ – die Industrien natürlich.

Die Begründung – gesundheitliche Probleme – lässt aufhorchen, denn was gibt es schließlich Gesünderes, als auf der Promenade eines Atlantikdampfers zu entspannen und die frische Seeluft zu genießen? Antwort: In den Armen einer jungen Geliebten die frische Luft von Aix-les-Bains zu genießen, natürlich. Denn exakt in diesem französischen Badeort wurde Morgan wenige Tage später mit seiner jungen Geliebten angetroffen – und zwar, wie berichtet wird, bei bester Laune und Gesundheit.

Zweitens stimmt nachdenklich, dass Morgans gesundheitlichen Probleme sogar auf seine Kunstwerke übergriffen, so dass auch sie die Reise nicht antraten. Nach dem Untergang des Schiffes sei es nicht sehr hilfreich gewesen, als herauskam, dass seine Kunstsammlung die Reise »in letzter Minute« verpasst hatte, schrieb Jackson.[67] Vielleicht war die Reise mit der *Titanic* also tatsächlich viel ungesünder, als man dachte – sogar für tote Gegenstände.

Gemäß dem Buch *Ladies and Not-so-Gentle Women* (auf Deutsch etwa: *Damen und nicht so feine Damen*) über die New Yorker Damenwelt von Alfred Allan Lewis sagte Morgan die Reise nicht aus gesundheitlichen Gründen ab, sondern weil er die Belagerung durch aufdringliche Bittsteller fürchtete: »Als es sich herumsprach, dass der Finanzier bei der Jungfernfahrt dieses großartigen neuen Schiffes dabei sein würde, wurde die White Star Line von einem ganzen Aufgebot an Hochstaplern, Betrügern und Wall-Street-Spekulanten belagert, die alle in der Hoffnung eine Suite auf der *Titanic* buchen wollten, ihn auf See, wo er nicht ausweichen konnte, an irgendeiner Ecke abzupassen, um ihn dazu zu bringen, ihre todsicheren Geschäfte zu finanzieren. Er stornierte seine Buchung und gab bekannt, nicht vor dem Sommer in die Vereinigten Staaten zurückkehren zu wollen.«[68]

Hm – war mit »Hochstaplern, Betrügern und Wall Street Spekulanten« etwa die High Society an Bord der *Titanic* gemeint? Ob das nun der wahre Grund der Absage war oder nicht – auf jeden Fall wird dadurch bestätigt, dass Morgans avisierte Anwesenheit eine beträchtliche Anziehungskraft auf bestimmte Passagiere ausübte.

Eine ansteckende Reisemüdigkeit

Bleibt allerdings die Frage: Warum hat Morgan, wenn er nicht von Bittstellern belästigt werden wollte, auch seine gesamten Kunstgegenstände wieder ausgeladen bzw. gar nicht erst einladen lassen? Wollte der leidenschaftliche Kunstsammler diesen Pretiosen die Reise lieber auch nicht zumuten? Oder kam es wirklich zu den genannten Verzögerungen »in letzter Minute«?

Die Absage von J.P. Morgan, dem obersten Schiffseigner, der sich während des Baus der *Titanic* um sie gekümmert hatte wie um sein eigenes Baby, ist seltsam genug. Das Interessante ist aber, dass auch eine andere Person aus der obersten Etage des »Unternehmens *Titanic*« absagte, nämlich Lord Pirrie, Erfinder der *Olympic*-Klasse und Vorsitzender der Belfaster Werft Harland & Wolff und damit enger Geschäftspartner von J.P. Morgan. Also jener Mann, dessen Lebenswerk die *Olympic*-Klasse darstellte, der am meisten über die Entstehungsgeschichte wusste, unter dessen Augen beide Schiffe entstanden waren und zum Teil auch repariert wurden (*Olympic*). Und der nun die Jungfernfahrt eines seiner Riesenbabys angeblich wegen einer schweren Erkältung absagte, die sich in einen Lungenentzündung verwandelt hatte.[69]

Nun gibt es aber auch in diesem Fall wohl nichts Gesünderes, als sich auf einer privaten Promenade der *Titanic* in der frischen Seeluft in einem Liegestuhl zu rekeln und sich von Ärzten, Schwestern und Bediensteten verwöhnen zu lassen. Denn das Interessante ist ja, dass die Reisen mit diesen Luxusschiffen gerade eben nicht beschwerlich, sondern besonders angenehm waren – erst recht natürlich, wenn man sich die besten Suiten aussuchen konnte. Normalerweise würde man sich die Gelegenheit wohl nicht nehmen lassen, sich vor der reichen Elite des Planeten als Ideengeber und Erbauer der *Olympic*-Klasse feiern zu lassen.

Die Reiseunlust der obersten Führungsebene erwies sich jedoch als äußerst ansteckend, so dass in Morgans Bekanntenkreis plötzlich die Seefahrtsmüdigkeit grassierte. Bisweilen kennt man sogar die Gelegenheit, bei der sich die Bedauernswerten wahrscheinlich infizierten, so dass sie von der Reise mit der *Titanic* Abstand nahmen.

Robert Bacon zum Beispiel, amerikanischer Botschafter in Paris und ein früherer Geschäftspartner Morgans, stornierte samt Frau und Tochter die Reise, »kurz nachdem Morgan sie auf dem Weg nach Aix besucht hatte«.[70] Mr. Bacon fiel ein, dass er seinem Nachfolger im Botschafteramt beim Einziehen helfen müsse.

Auch Henry C. Frick, ein Freund und Stahlmagnat wie J. P. Morgan, sagte ab, weil die Reise auf dem komfortabelsten Luxusliner aller Zeiten für seine schwer leidende Frau (Mrs. Frick hatte sich den Knöchel verstaucht) offenbar als nicht ratsam erschien, und das, obwohl die gebuchte Millionärssuite sogar über eine eigene Promenade verfügte.

Auch Mr. and Mrs. J. Horace Harding von der Investmentbank C. D. Barney & Co bekamen kalte Füße bzw. verzichteten auf die Millionärssuite, um »mit der schnelleren *Mauretania* heimwärts zu reisen.«[71] Wobei man »schneller« allerdings nicht mit »früher« verwechseln sollte. Denn laut Molony fuhr die *Mauretania* erst am 14. April 1912 in Queenstown ab und wäre daher auf jeden Fall später in New York angekommen.

Ziemlich konkrete Vorahnungen

Ebenso enttäuschend für die Schwerreichen an Bord der *Titanic* mag gewesen sein, dass auch andere Mitglieder der amerikanischen Gesellschaft ausstiegen, bevor sie überhaupt eingestiegen waren, zum Beispiel das Ehepaar Mr. George W. und Edith Vanderbilt.

Die Vanderbilts stammten aus dem Dampfschiff- und Eisenbahnimperium Vanderbilt, waren also in denselben Branchen unterwegs wie *Titanic*-Eigner J.P. Morgan. Einem Bericht der *New York Times* vom 30. April 1912 zufolge stornierten die Vanderbilts die Reise wegen dunkler Vorahnungen von Edith Vanderbilts Mutter Susan. Da diese jedoch bereits 1883 verstorben war, kann in Wirklichkeit nur Edith Vanderbilts Schwester gemeint gewesen sein, die ebenfalls Susan hieß.

Nun sind »dunkle Vorahnungen« natürlich eine Sache – Hals über Kopf eine bereits gebuchte Reise abzusagen eine andere. Es muss sich schon um sehr konkrete und überraschende »Vorahnungen« gehandelt haben, denn die Vanderbilts stornierten ihre Reise mit der *Titanic* so kurzfristig, dass keine Zeit mehr blieb, ihr Gepäck oder doch wenigstens ihren Diener Edwin Wheeler vom Schiff zu holen.

Da sich die Vanderbilts und die Morgans kannten, muss die Frage erlaubt sein, ob sie etwa ebenfalls von Morgans plötzlicher Unlust infiziert bzw. »inspiriert« wurden, die Reise ohne Wiederkehr mitzumachen. Wobei solche »Vorahnungen« oder »Träume« natürlich Chiffren für konkrete Informationen oder Warnungen sein können, die man nur ungern beim Namen nennen will.

Ein Mr. Bill und seine Gattin sagten ab, weil Mrs. Bill einen Alptraum gehabt hatte, in dem die *Titanic* unterging.

Interessanterweise ist die oben zitierte Liste von 58 Stornierungen nicht einmal komplett. Vielmehr fehlen darauf weitere hochkarätige Namen, wie beispielsweise der von dem Schokoladenkönig Milton S. Hershey.

Sein Ticket, für das er eine Anzahlung von stolzen 300 Dollar geleistet hatte, ist heute im Hershey Museum in Pennsylvania zu bewundern. »Trotz der saftigen Anzahlung, die Hershey für die Passage mit dem todgeweihten Schiff gezahlt hatte, setzte er nie einen Fuß auf die *Titanic.*«[72] Warum er und seine Frau das nicht taten, ist allerdings unklar. Mal werden dringende Geschäfte angeführt, wegen deren Hershey die drei Tage früher nach New York fahrende *Amerika* für die Passage wählte.[73] Mal werden ganz andere Behauptungen aufgestellt, wie beispielsweise in der deutschen Wikipedia zu lesen: Die Reise kam demnach nicht »zustande, da Hersheys Frau zu diesem Zeitpunkt an einer Krankheit litt«. Zu krank, um drei Tage früher an Bord der *Amerika* zu reisen, war Frau Hershey jedoch offenbar nicht.

Tatsächlich gibt es auch noch eine dritte Möglichkeit. Denn genau wie J. P. Morgan war der Schokoladenfabrikant Hershey kurz zuvor von einer Reise nach Ägypten zurückgekehrt. Da die Zahl der Touristen in Ägypten damals überschaubar war, ist es gut möglich, dass man sich dort über den Weg gelaufen war und ein paar Worte über die Heimfahrt auf der *Titanic* gewechselt hatte. Wenn man sich traf, dann ist es sogar äußerst wahrscheinlich, denn ein Small Talk über die Heimreise gehört nun mal zum Standardgesprächsthema von Landsleuten im Ausland.

Tatsächlich gab es damals ein Ereignis in Ägypten, das die amerikanischen Touristen anzog wie das Licht die Motten. Und zwar die Welturaufführung einer Oper an den Pyramiden. Am 4.3.1912 wurde neben den weltbekannten Baudenkmälern die Oper *Aida* gegeben – ein Pflichttermin, der den damaligen Ägyptenreisenden mit Sicherheit nicht entgangen war. Bereits bei diesem Anlass gaben sich Hunderte Amerikaner ein Stelldichein.

Auch John Jacob Astor, J. P. Morgan und George W. Vanderbilts Nichte waren da, wobei Astor allerdings nicht von der Reise mit der *Titanic* Abstand nahm. Oder kam er da erst auf die Idee, mit der *Titanic* zu fahren? Denn laut einem Zeitungsbericht in *The Washington Herald* vom 21.2.1912 wurde er eigentlich erst Ende Mai in New York zurückerwartet.

Die Morgans und die Vanderbilts wiederum saßen zusammen in Morgans piekfeinem Jekyll-Island-Ferienclub[74] ebenso wie im New York Yachtclub. In diesem Jachtclub musste man die eigene große Segel- oder gar Dampfjacht schon mitbringen, und zwar möglichst im Plural. Laut dem Buch *Americas 60 Families* von Ferdinand Lundberg brachten es allein die Vanderbilts auf nicht weniger als zehn Jachten, die Jachten für den *America's Cup* nicht eingeschlossen. Denn freilich gehörte es zu den Pflichten der segelnden Elite, Amerikas Ehre bei der berühmtesten Regatta der Welt zu verteidigen.

Die Reichen und die Superreichen von Amerika waren aber nicht nur sportlich und geschäftlich, sondern auch familiär verbandelt. Genau genommen gab es im Amerika jener Tage mindestens vier Arten von Familien: die biologischen oder genealogischen, die geschäftlichen, also die Unternehmen, die sportlichen, also die Sportclubs, und natürlich die Clubs. Und all diese »Familien« waren untereinander verschränkt und verzahnt, entweder durch Verwandtschaft oder durch Geschäftsbeziehungen, Partnerschaften und Beschäftigungsverhältnisse. Meistens aber durch beides.

Mrs. Rachel Littleton Vanderbilt zum Beispiel, geschiedene Frau von Cornelius Vanderbilt junior, war mit einem

Neffen von J. P. Morgan, Jasper Morgan, verheiratet. Auch *Titanic*-Kapitän Edward J. Smith gehörte zu dieser Welt. Die High Society, die er über die Weltmeere schipperte, hatte ihn längst in ihre Kreise aufgenommen. Wenn er in den USA war, besuchte er seinen »guten Freund« J. P. Morgan und lebte »ein lebendiges Sozialleben an Land«, schreibt sein Biograph Gary Cooper.[75]

Er besuchte zahlreiche Feten und Partys, »und gemäß einem Zeitungsbericht war er auch ein regelmäßiger Gast in den vielen New Yorker Clubs und Gesellschaften. Er pflegte freundschaftliche Beziehungen zu vielen Schauspielern im New York Lambs Club.« »Kapitän Ted Smith, der verschollene Commodore der White-Star-Flotte, war ein sehr populärer Mann in New Yorks Clubszene«, zitiert Cooper die *Oakland Tribune* vom 20.4.1912.

Mit anderen Worten, es trafen sich an Bord der *Titanic* keine Unbekannten; vielmehr waren es immer dieselben, nämlich jene, die sich auch schon aus der US-High-Society kannten.

Allerdings trennten sich diese Familien anlässlich der Jungfernfahrt der *Titanic* in zwei Gruppen: in eine exklusive, die an Bord blieb und unterging, und eine noch exklusivere, die die Reise kurzfristig absagte. Genau genommen richtete der Untergang der *Titanic* unter der US-High-Society eine Art Pogrom an, dem wichtige Teile der (Finanz-) Elite zum Opfer fielen.

Die Heizer gehen von Bord

Interessanterweise befiel die plötzliche Reiseunlust aber nicht nur Erste-Klasse-Passagiere, sondern auch Menschen, die eigentlich auf die Reise mit der *Titanic* angewiesen waren, weil sie damit ihren Lebensunterhalt bestritten. Eine Liste der angeheuerten Crewmitglieder, die bei der Abfahrt entweder nicht auftauchten oder »desertierten« (wie der Heizer John Coffey, siehe unten) trägt 24 Namen – bei etwa 900 Crewmitgliedern nicht besonders viel.

Diese Liste sagt jedoch noch nicht viel aus. Denn das sind nur die, die im letzten Moment wegblieben. Obwohl um dieselbe Zeit viele Schiffe wegen eines Kohlestreiks im Hafen lagen und demzufolge zahlreiche Seeleute nach Arbeit suchten, hatte bis auf eine Ausnahme zuvor schon die komplette Heizer-Crew die *Titanic* in Southampton verlassen: »Die White Star Line musste eine komplett neue Heizermannschaft für die Jungfernfahrt der *Titanic* anheuern«.[76]

Einfach so auf einen Job zu verzichten war in jenen Tagen fehlender oder schlecht ausgebildeter Sozialsysteme ungewöhnlich. Zumal dann, wenn es für die Heizer wegen mangelnden (Kohle-)Treibstoffs für die Schiffe schwierig war, irgendwo anders anzuheuern. Noch ungewöhnlicher war es, dass praktisch die komplette Mannschaft einer ganzen Schiffsabteilung mitten in der Reise in einem Hafen von Bord ging. Denn natürlich konnte man die Reise der *Titanic* von Belfast über Southampton, Queenstown und Cherbourg nach New York als eine zusammenhängende Reise sehen. Und normalerweise sollte man meinen, dass die Mannschaft sich das Entgelt für die gesamte Reise nicht entgehen lassen würde.

»Der Streik hatte schwere Not über die Leute gebracht, und so mussten sie das Handgeld annehmen«, schreibt Bernhard Waag in seinem 1912 erschienenen Buch *(Der Untergang der Titanic)*. »Aber viele von ihnen haben vorgezogen, weiter zu hungern. Sie wollten nicht an Bord dieses Schiffes, fragt man, warum, so erhält man als Antwort nur ein Achselzucken. Einer der Heizer ging zweimal an Bord des Unglücksschiffes und kehrte immer wieder heim; er wollte nicht mit, er hatte Angst vor dem Schiff. Aber Frau und Kinder hungerten, und so ging er schließlich zum dritten Mal hin und blieb. Er kehrte nie wieder heim und Frau und Kinder werden nun doppelt hungern«.[77]

Ein anderer Heizer, ein gewisser John Coffey, nutzte die allerletzte Gelegenheit, um vor der Atlantiküberquerung von Bord zu kommen.[78] Und das war gar nicht so einfach, denn die *Titanic* befand sich zu diesem Zeitpunkt nicht in einem Hafen, sondern lag zwei Meilen vor Queenstown, Irland, der letzten Station vor der Atlantikreise. Um das Schiff zu verlassen, musste sich Coffey an Bord eines der Tender schmuggeln, die Post und Passagiere zwischen dem Riesenschiff und dem Festland hin- und hertransportierten. Berichten zufolge versteckte sich Coffey zwischen den Postsäcken und schaffte es so, seinem Schicksal zu entgehen.

Hatte auch er von irgendwelchen dubiosen Bedingungen an Bord der *Titanic* Wind bekommen? Verschiedenen Quellen zufolge hatte Coffey Bedenken oder böse »Vorahnungen«, zur See zu fahren, speziell an Bord der *Titanic*.

Oder war alles viel harmloser? Coffey stammte aus Queenstown. Dort habe er seine Mutter besuchen wollen, erzählte später ein überlebender *Titanic*-Heizer namens Jack Podesta. Coffey habe zu ihm gesagt: »›Jack, ich nehme diesen Tender, um meine Mutter zu besuchen.‹ Er fragte, ob irgendjemand zusehe, ich sagte nein und wünschte ihm viel Glück. Nach ein paar Sekunden war er weg.«[79]

Aber sollte es ein Besuch bei der Mutter wirklich wert sein, den lebensnotwendigen Job hinzuwerfen? Wobei auch nicht geklärt ist, ob Coffey aufgrund der Desertion überhaupt seinen Lohn für die kurze Reise erhielt.

Warum Coffey von Bord ging, wurde letztlich nie geklärt, denn weder in der amerikanischen noch in der britischen Untersuchung wurde sein Name auch nur ein einziges Mal erwähnt. Von einer Vorladung ganz zu schweigen.

Wollte er wirklich auf diese Weise seine Mutter besuchen und dabei auf Brot und Lohn verzichten? Oder schob er das gegenüber dem anderen Heizer nur vor, um keine Massenflucht auszulösen? Denn sicherlich war es einfacher, alleine und unauffällig von Bord zu verschwinden, als im Rahmen einer allgemeinen Unruhe unter den Heizern. Denn dann würde die Schiffsführung davon Wind bekommen und alle Wege nach draußen versperren.

Laut Molony nahm Coffey genau wie einige der Erste-Klasse-Passagiere der *Titanic* am 14. April 1912, dem Tag, an dessen Ende die *Titanic* untergehen sollte, in Queenstown die *Mauretania* der Cunard Line. Eine grundsätzliche Abneigung gegen die Seefahrt kann also nicht bestanden haben. Vielmehr sieht es so aus, als habe Coffey im letzten Moment »die Pferde gewechselt«.

Eine Bombe im Bauch – die *Titanic* brennt

Die allermeisten Passagiere wussten natürlich nichts von diesen leisen Absetzbewegungen oder zogen daraus keine Schlüsse. Ausgerechnet Angehörige der beiden sozial wohl am weitesten entfernten Gruppen blieben der Jungfernfahrt fern: einerseits die erlesensten Fahrgäste der ersten Klasse, darunter der Schiffseigner und der Erbauer, andererseits die wohl schmutzigsten Existenzen des ganzen Schiffes: die Heizer aus dem dunklen Bauch der *Titanic*.

Woher könnten die »bösen Vorahnungen« der Erste-Klasse-Gäste und die mit Händen zu greifenden Ängste der Heizer nur gekommen sein? Die Antwort: Im Bauch des neuen Superschiffes lag so einiges im Argen, das speziell den Heizern das Blut in den Adern gefrieren ließ.

In der Literatur wird nur ganz am Rande von einem Feuer in einem der Kohlebunker der *Titanic* berichtet, was sich ganz so anhört, als sei das ausschließlich ein lokales Problem gewesen. Vermutlich liegt es an dieser Begrifflichkeit, dass der »Brand im Kohlebunker« nie richtig bewertet wurde. Erst mit dem Austausch der Begriffe erhält der »Brand im Kohlebunker« plötzlich die richtige Dimension: Wenn ein Kohlebunker der *Titanic* brannte, dann hieß das, dass das Schiff als solches brannte, denn schließlich ist der Kohlebunker ein Teil des Schiffes, und zwar ein besonders gefährlicher. Und zwar brannte der Bunker nicht erst seit gestern, sondern bereits seit der Probefahrt bei Belfast Anfang April 1912.

Dieser Meinung ist beispielsweise der *Titanic*-Forscher Professor Ray Boston, der – ohne nennenswerte Resonanz – damit 2008 an die Öffentlichkeit trat: »Mister Boston glaubt, dass ein Kohlefeuer aus der Zeit der Geschwindigkeitstests in Belfast Lough, zehn Tage später, als das Schiff in Richtung New York aufbrach, immer noch brannte«, hieß es am 13.4.2008 im britischen *Indepen-*

dent. Wenn einer oder gar mehrere der gewaltigen Kohlebunker der *Titanic* brannten, bedeutete das, dass sie sich jederzeit in eine Bombe verwandeln konnten, die das Schiff in Stücke reißen würde (siehe das Kapitel »Explosionen auf der *Titanic*«).

Ein guter Grund, nicht mitzufahren

Die Kesselräume und Bunker (schwarz) der Titanic *von oben. Zeugen sprachen von Bränden in den Bunkern 2, 3, 5 und 6.*

Die *Titanic* hatte sechs Kesselräume und sechs Kohlebunker. Die Kesselräume wurden jeweils von einem Bunker getrennt, durch dessen Mitte ein wasserdichtes Schott lief. Nur vor dem halb so großen Bunker 6 befand sich kein Kesselraum mehr. In Schott und Bunker war jeweils ein Durchgang eingebaut, damit das Personal der Länge nach durch den Schiffsrumpf gehen konnte. Die Türen konnten herabgelassen und wasserdicht verschlossen werden. Von den Bunkern wurde Kohle in die Kessel geschaufelt. Der Rauch wurde von großen Auffangtrichtern gesammelt und in die Schornsteine geleitet. Der hintere Schornstein war lediglich eine Attrappe. Laut Zeugenaussagen brannten mehrere Bunker, darunter auch der vorderste Bunker Nr. 6 (siehe oben).

Wie bereits angedeutet, wird dieses Feuer in der *Titanic*-Literatur entweder gar nicht erwähnt oder nur als Randnotiz über ein lokal begrenztes und zu vernachlässigendes Ereignis, das mit dem Untergang des Schiffes natürlich nichts zu tun haben konnte.

In Wirklichkeit ist ein Schiffsbrand erstens ein zwingender Grund, gar nicht erst abzulegen. Und zweitens – falls die Schiffsführung die Reise doch antreten wollte – für Passagiere und Besatzung in jedem Fall ein guter Grund, nicht mitzufahren. Und da das Feuer offenbar bereits tagelang brannte, ist es gut möglich, dass dieser Umstand erstens die ursprüngliche Heizercrew dazu brachte abzuheuern. Und dass die Nachricht zweitens in eingeweihte Kreise durchsickerte.

Tatsächlich schwebten die Passagiere damit von Anfang an in Lebensgefahr. Schiffsbrände sind schon deshalb viel gefährlicher als Brände an Land, weil man nicht wirklich fliehen kann. Zwar hat ein Schiff Rettungsboote, aber aufgrund der Schachtelkonstruktion des Rumpfes und der Aufbauten kann der Weg leicht durch das Feuer selbst oder die Architektur abgeschnitten werden.

Aufgrund der eigenartigen Konstruktion eines Schiffes sieht die Dynamik eines Brandes auch ganz anders aus: »Auf dem Wasser verläuft ein Brand völlig anders als an Land. So heizen die Flammen die Stahlwände der Wasserfahrzeuge derart stark auf, dass sich das Feuer allein schon durch die Wärmeleitung ausdehnen kann. Die heißen Stahlwände entzünden in anderen Bereichen ebenfalls entflammbare Materialien. Kamineffekte beschleunigen jegliche Brandausdehnung«, heißt es bei den Brandbekämpfungsexperten der Deutschen Gesellschaft für Eigentumsschutz.[80] »Schiffe sind komplexe Gebilde, die Maschinenräume, Küchen, Wohn- und Schlafräume, Elektronik und Lagerung auf engstem Raum vereinen. Jeder dieser Teilbereiche birgt spezifische Brandrisiken, die auf See gemeinsam und nicht, wie an Land, getrennt beachtet werden müssen.«

»Richtig gefürchtet« sei der sogenannte »Flashover«. Dieser entstehe, »wenn die Rauchgase in einem Raum nicht abgeführt werden, sondern sich kontinuierlich erhitzen. Die stark erwärmte Rauchschicht strahlt nun auf die gesamten Einrichtungsgegenstände eine immer weiter steigende Wärmestrahlung aus. Zeitgleich steigt die Temperatur im gesamten Brandraum auf 500–600 °C. Wird die untere Explosionsgrenze erreicht und besteht ein zündfähiges Gas-Luft-Gemisch, kommt es zu verpuffungsartigem Zünden der Rauchgaswolke. Ist der Raum geschlossen, wird in der Praxis das für den Flashover begünstigte Mischungsverhältnis meist nicht erreicht. Die Situation ändert sich jedoch schlagartig durch das Öffnen von Türen, Luken oder Ähnlichem. Die hierdurch ausgelöste Luftbewegung begünstigt das Bilden eines zündfähigen Gemisches.«[81]

Dabei betreffen diese Bemerkungen nur Brände in »normalen« Räumen wie Kabinen, Kombüsen usw. Bei einem Brand in einem Kohlebunker ist die Lage noch weitaus schlimmer. »Wo entzündliche oder gar selbstentzündliche Stoffe lagern«, ist erstens »die Brandgefahr besonders groß«, warnt das Zentrum für Brand- und Explosionsschutz der Essener DMT GmbH, ein Dienstleistungsunternehmen der Bergbauindustrie.

Aber nicht nur das: Dabei kommt es auch »oftmals« zu Explosionen. Daher fassen moderne Brandbekämpfungsexperten einen solchen schwelenden Bunker nur mit ganz spitzen Fingern an. Der bereits erwähnte *Titanic*-Experte Professor Ray Boston war der Meinung, dass das Feuer einerseits vor den Passagieren geheim gehalten worden sei, andererseits aber der Grund für J. P. Morgans Absage gewesen sei. Demnach hätte also Morgan, während er sich der tödlichen Gefahr an Bord bewusst war, die allermeisten Passagiere in den Tod fahren lassen.

Fahrlässigkeit oder Vorsatz

Mit anderen Worten, die hatte *Titanic* bei ihrer Abfahrt aus Southampton eine Bombe im Bauch. Das große Rätsel besteht in der Tat darin, warum diese Bombe nicht nur schon seit Tagen, sondern sogar noch während der Jungfernfahrt geduldet wurde, denn natürlich war die Gefahr solcher Explosionen auch damals schon bekannt.

Der Fahrtantritt mit einem nicht gelöschten Bunkerfeuer und 2200 Menschen an Bord war daher mindestens ein nicht zu überbietender Leichtsinn und eine »bewusste Fahrlässigkeit«: »Bewusst fahrlässig handelt der Täter, der den Eintritt des rechtswidrigen Erfolges (Schadens) für möglich hält, jedoch (pflichtwidrig) darauf vertraut, dass er ausbleibt«, heißt es in einem juristischen Lexikon.[82]

Im besten aller Fälle kann man zugunsten der Schiffsführung also annehmen, dass sie den Schaden (zum Beispiel eine Explosion oder einen ausgedehnten Brand an Bord des Schiffes) »fürchtete«, aber hoffte, dass er nicht eintreten würde. Dass sie also wenigstens noch im Prinzip die Absicht hatte, das Schiff heil nach New York zu bringen, auch wenn sie diesen Erfolg fahrlässig gefährdete.

In früheren Büchern habe ich allerdings bereits über den fließenden Übergang zwischen Fahrlässigkeit und Vorsatz gesprochen: Wer ständig wider besseres Wissen handelt und einschlägige Erfahrungen fortgesetzt missachtet, dessen Verhalten ist irgendwann nicht mehr mit bloßer Fahrlässigkeit zu erklären.

Wer es duldet, dass an Bord eines Schiffes mit 2200 Menschen über fast zwei Wochen hinweg ein Bunkerfeuer brennt, der wird zum Täter durch Unterlassung. Wer nicht nur eine, sondern zehn rote Ampeln überfährt, dem wird der Richter hinterher wohl auch nicht glauben, dass dies fahrlässig geschah, sondern Vorsatz unterstellen. Und interessanterweise überfuhr die *Titanic* Dutzende von roten Ampeln, die quasi auf verschiedenen Straßen oder Plätzen ihrer Reise standen. Einer dieser »Plätze« ist der Bereich des Bunkerfeuers; allein hier wurden mehrere rote Ampeln überfahren. Ein anderer Bereich ist das Thema »Eiswarnungen«, auf das ich noch zu sprechen kommen werde.

Die Jungfernfahrt

Als die *Titanic* am 10. April 1912 um kurz nach zwölf Uhr mittags von der Landestelle 44 im Hafen von Southampton ablegte, wussten die Passagiere also nichts von diesen Vorgängen tief im Bauch des Schiffes.

Auf der Brücke befand sich der Commodore der White Star Line und frühere Kapitän der *Olympic,* Edward J. Smith. Sein Zusammenstoß mit der *Hawke* hatte, wie man daran sieht, keinerlei Konsequenzen für ihn, ganz einfach, weil allen Beteiligten bei White Star klar war, dass ihn an dem Vorfall keinerlei Schuld traf. Dasselbe gilt für den Lotsen George Bowyer, der um etwa 11.30 Uhr in Southampton an Bord gegangen war, so dass nunmehr dasselbe Zweierteam die *Titanic* durch den Hafen von Southampton und die Southampton Waters steuerte, wie damals die *Olympic* bei dem Zwischenfall mit der *Hawke.*

Liegeplatz 44 lag im sogenannten Ocean Dock. Von oben gesehen, sah das Dock aus wie eine »Kerbe« in einer künstlichen, spitzen Landzunge an der Mündungsstelle der beiden Flüsse Itchens und Test. Nachdem die *Titanic* mit 892 Mann Besatzung, 922 Passagieren und 560 Tonnen Fracht aus dem Dock herausgefahren war, wendete sie sich nach Backbord (links), um die Spitze der Landzunge hoch zu fahren. An dem spitz zulaufenden Hafenterminal waren wegen des Kohlestreiks und des daher mangelnden Treibstoffs sehr viele Schiffe festgemacht – da die Liegeplätze nicht reichten, sogar in mehreren Reihen. Bei ihrer Fahrt durch den Hafen riss der Sog der *Titanic* den 170-Meter-Dampfer *New York* los, woraufhin dessen Heck in Richtung *Titanic* schwang. Nur das Eingreifen eines Schleppers bewahrte beide Schiffe vor dem Zusammenstoß.

Durch diesen Zwischenfall am 10. April 1912 verzögerte sich die Weiterfahrt der *Titanic* um etwa eine Stunde. Manche argumentieren deshalb, dass die *Olympic*

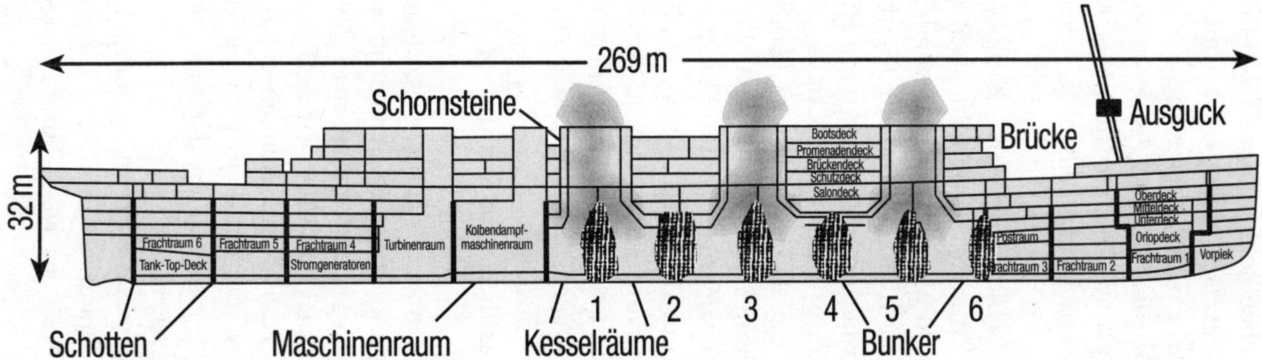

Längsschnitt durch die Titanic: *Zwischen den Kesselräumen 1–6 befanden sich die Kohlebunker 1–5. Über den Kesselräumen führten Sammelkamine nach oben in die Schornsteine. Bunker 6 befand sich vor dem Kesselraum 6, und direkt davor war der Postraum, in dem der erste Wassereinbruch festgestellt wurde.*

damals im Spithead eben doch an dem Zusammenstoß mit der *Hawke* schuld war. Der kleine Unterschied: Die Brücke der *New York* war nicht besetzt und das Schiff ohne Antrieb. Dass die *Olympic* in der Lage gewesen wäre, ein voll unter Kontrolle und Antrieb stehendes Kriegsschiff wie die *Hawke* in ihren Sog zu reißen, darf nach wie vor bezweifelt werden.

Genau wie die *Olympic* bei ihrer Kollision mit der *Hawke* nur wenige Monate zuvor fuhr auch die *Titanic* aus den Southampton Waters heraus, wendete vor der Isle of Wight nach links in den Solent (Spithead), fuhr um die Isle of Wight herum und nahm dann Kurs auf das französische Cherbourg jenseits des Kanals (siehe Skizze im Kapitel »Das Vorspiel: *Olympic* und *Hawke*«). Nach 75 Seemeilen Fahrt kam sie dort am späten Nachmittag an und nahm weitere Passagiere (274) und Fracht auf; 22 Reisende gingen von Bord. Danach, um etwa 20.30 Uhr, fuhr die *Titanic* Richtung Nordwesten um die britische Hauptinsel herum und wendete sich nach Norden in Richtung des irischen Hafens Queenstown (heute Cobh), wo sie am späten Vormittag des nächsten Tages (11. April 1912) vor Anker ging. Dies war die letzte Station vor der Atlantiküberquerung.

Auf diese Weise konnte sie aus zwei großen (Großbritannien, Frankreich) und einem kleinen europäischen Land (Irland) Passagiere und Fracht aufnehmen. Zwei Zubringerschiffe (Tender) brachten 120 weitere Passagiere und 1385 Postsäcke zur *Titanic* und nahmen einige Postsäcke und acht Passagiere wieder mit – einer davon »blind«: der geheimnisvolle Heizer John Coffey, der sich zwischen den Postsäcken versteckt hatte.

Um 13.30 Uhr lichtete die *Titanic* nun mit 1287 Passagieren an Bord den Anker für ihre Reise über den Nordatlantik nach New York. Es wurde eine Reise ohne Wiederkehr.

Das große Rätselraten

Mit der Abfahrt der *Titanic* aus Queenstown beginnt das große Rätselraten. Seit hundert Jahren zermartern sich *Titanic*-Forscher den Kopf angesichts dessen, was nun geschah: Welche Route nahm die *Titanic*? Was wusste der Kapitän von dem Eis? Welche Eiswarnung erreichte überhaupt die Brücke: die erste, dritte und fünfte? Oder doch die zweite, vierte und sechste?

Mehrere entscheidende Geheimnisse wurden uns vorenthalten, um den »Unfall« der *Titanic* verstehen zu können. Eines dieser wichtigsten Geheimnisse ist, wie gesagt, die Navigation. Zunächst mal kennt der Skipper natürlich die Strecke, zumindest die Seegegend, in der er unterwegs sein wird. Das heißt, er informiert sich oder weiß Bescheid über vorherrschende Winde, Untiefen, Strömungen und andere Bedingungen, zum Beispiel Eisberge. Auch ohne eine einzige Eiswarnung gesehen zu haben, wussten Kapitän Smith und seine Offiziere, dass sie auf Eis treffen würden. Ja, die Schifffahrtsrouten über den Nordatlantik waren bereits wegen der Eisgefahr auf eine bestimmte Weise angelegt worden.

Die Route der *Titanic* führte von Irland aus nach Westen. Im Rücken der *Titanic* würden Europa und die Britischen Inseln liegen, vor dem Bug Kanada und die USA und »darüber«, also im Norden, eine der größten Eismassen des Planeten, nämlich Grönland, ein eisiger »Kontinent«, sechsmal so groß wie Deutschland, nur ein Fünftel davon eisfrei. Das Eis ist bis zu 3,4 Kilometer dick.

Grönland hat die für die Schifffahrt unangenehme Eigenschaft, dass es ständig Eis verliert, besonders viel aber im Frühjahr und Sommer. Vereinfacht gesagt, brechen dabei der Eispanzer und die Gletscher an den Küsten ab, wobei das Eis ins Meer stürzt – was man auch »kalben« nennt. Diese jährlich etwa 40 000 Eisberge bleiben nun aber nicht an der

Küste liegen, sondern gehen auf Wanderschaft Richtung Süden. Der »Wanderweg« ist bestens bekannt, weil er seit Ewigkeiten den Meeresströmungen folgt. Die Eisberge driften mit dem Labrador-Strom nach Süden, bis sie schließlich an Neufundland vorbeikommen und in den warmen Golfstrom geraten.

Das heißt, dass Grönland quasi eine regelrechte »Fahne« aus Eisbergen abgibt, die sich in Richtung Süden erstreckt und dabei immer weiter ausdünnt. Man schätzt, dass etwa ein bis zwei Prozent der Eisberge den 48. Breitengrad vor der Küste Neufundlands überqueren, das wären immer noch einige hundert. Da sie häufig über eine enorme Ausdehnung und Masse verfügen, sind sie natürlich eine Gefahr für die Schifffahrt. Und natürlich können die Verhältnisse von Jahr zu Jahr anders sein: Mal finden sich mehr Eisberge südlich des 48. Breitengrads, mal weniger. Mal dringen besonders viele weiter nach Süden vor, mal nur wenige. Gerät man also in den Bereich dieser »Fahne«, heißt es aufpassen.

Wie findet ein Schiff seinen Weg?

Nur weil einem seit hundert Jahren jede Menge Informationen vorenthalten und verschwiegen werden, kam es zu Fragen wie: »Wie konnte der Kapitän nur so blind ins Eis fahren?« Aber dass das Publikum blind gehalten wurde, heißt noch lange nicht, dass der erfahrene White-Star-Kapitän ebenfalls blind war. Denn:

- die Schiffe fuhren in der Regel immer auf derselben Route,
- die Eisberge bewegten sich auch immer auf derselben Route,
- Kapitän Smith fuhr bei einer Nordatlantikreise in der Regel auch immer auf derselben Route.

Für die Hin- und Rückreise gab es genau festgelegte, optimale Routen, fast vergleichbar mit Eisenbahngleisen oder Luftstraßen. Und das hatte enorme Vorteile:

- Die Routen stellten die optimale Verbindung (Sparsamkeit, Geschwindigkeit) zwischen zwei Zielen dar.
- Da es immer dieselben Wege waren, waren die Bedingungen dort bekannt.
- Da die Schiffe auf diesen Routen deshalb nie ganz allein waren, war eine Seereise auch viel sicherer.

Im Prinzip hätte man von Queenstown aus natürlich einfach nur »geradeaus« nach New York fahren können. Diese direkte Route zwischen Irland und New York hätte jedoch an Neufundland und seinen schwimmenden Eisriesen vorbeigeführt. Von Irland aus steuerte man daher lieber einen gedachten Korrekturpunkt sehr weit südlich von Neufundland an, der mit 42 Grad nördlicher Breite (n.B.) und 47 Grad westlicher Länge (w.L.) bereits fast auf dem Breitengrad von New York (40 Grad 43 Min. n.B.) lag. Hatte man diesen gedachten Wendepunkt (»The Corner«) erreicht, nahm man direkten Kurs nach Westen Richtung New York. Auf diese Weise wurde die Nordatlantikroute unterhalb von Neufundland sehr weit nach Süden »gezogen«.

Zwischen dem 24. August und dem 14. Januar (im Winter) lag die Route etwas weiter nördlich, was die Fahrtstrecke um etwas mehr als 100 Meilen verkürzte (je nach Schiff etwa fünf bis zehn Stunden Fahrzeit). Weil es im Sommer wärmer war, brachen auf Grönland mehr Eisberge ab, daher musste die Route in dieser Zeit nach Süden verlegt werden. Jede dieser beiden Routen muss man sich vorstellen wie eine Landstraße mit einer Hin- und Rückspur, die jeweils viele Meilen voneinander entfernt waren. Gemäß der Aussage des Zweiten Offiziers Charles Herbert Lightoller vor dem britischen Untersu-

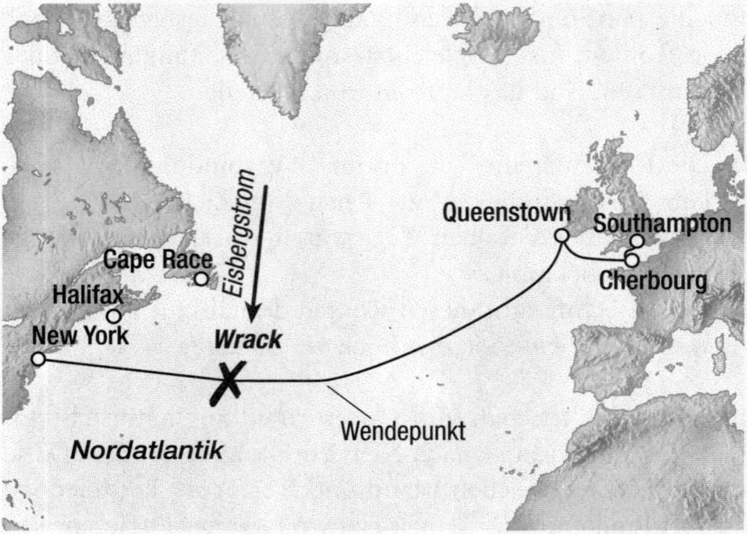

Die gängige Nordatlantikroute, die die Titanic *befuhr, war bereits ein Produkt der Eisberggefahr. Um den von Norden heranströmenden Eisbergen zu entgehen, führte sie nicht direkt von Queenstown nach New York, sondern war unterhalb von Neufundland weit nach Süden »gezogen« worden. Dafür steuerten die Schiffe einen weit südlich gelegenen Wendepunkt an, um dann erst nach Westen Richtung New York zu steuern.*

chungsausschuss nahm die *Titanic* die vorgeschriebene südliche Route (»outward southern route«).[83]

Überraschungen konnte es da nur wenige geben:

- Die Nordatlantikroute zählt zu den »Klassikern« auf den Weltmeeren und war daher einem alten Seebären wie Kapitän Smith nur zu gut bekannt.
- Es war Smith selbstverständlich auch bekannt, warum sie so und nicht anders angelegt worden war. Smith und seine Leute wussten deshalb natürlich auch, warum die Route nach Süden gezogen worden war, nämlich wegen der grönländischen »Eisfahne«.

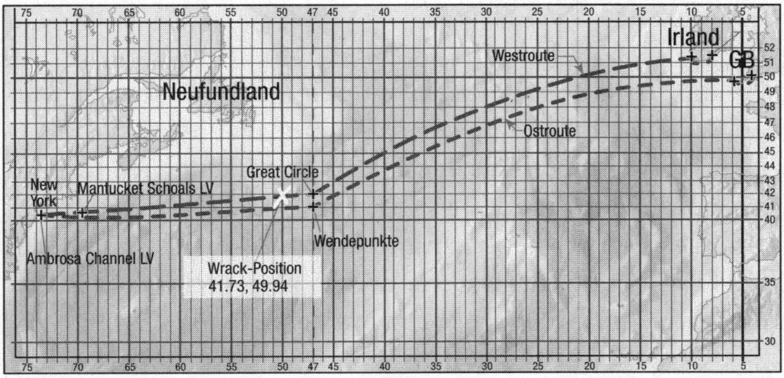

Die Südroute über den Nordatlantik (Hin- und Rückweg)

■ Smith und seine Leute waren die Route unzählige Male gefahren, zuletzt wenige Wochen bevor er in Southampton wieder Richtung New York ablegte – wie ein Busfahrer, der sich auf einer der Hauptstraßen der Stadt bewegt.

Er kannte sich auf der Strecke also so gut aus wie andere Leute auf dem Weg zum Bäcker um die Ecke. Die ganze See und ihre Gefahren lagen vor ihm wie in hellstem Sonnenschein. Schon bevor die *Titanic* abfuhr, wusste Smith im Großen und Ganzen über das Eis im Nordatlantik Bescheid – einfach, weil er diese Strecke dauernd fuhr.

Erfahrung macht eben nicht blind, wie uns die Propaganda absurderweise weismachen will. Auch Kapitän Smith funktionierte wie jeder andere Mensch und folgte der alten Regel: Aus Erfahrung wird man klug. Smith, zum Zeitpunkt des Untergangs der *Titanic* 62 Jahre alt, fuhr seit 32 Jahren für die White Star Line.

Keine Reise ins Unbekannte

Wie die Verhältnisse bei einer bestimmten Reise sein würden, war ebenfalls keine Überraschung, da die Schiffe untereinander, aber auch mit den Häfen und Reedereien laufend Funksprüche austauschten, so dass das Meer quasi unter ständiger Echtzeitbeobachtung stand. Man kann sich das ungefähr vorstellen wie moderne »Staumelder« auf der Autobahn, die ihre Warnungen mit dem Handy weitergeben.

Am siebzehnten Tag der britischen Untersuchung fragte Sir Robert Finlay den überlebenden Vorsitzenden der White Star Line, Bruce Ismay: »Was das Eis betrifft: Bekommt Ihre Linie Informationen von anderen Linien über Eis, das auf der Route von deren Schiffen gesichtet wurde?« Ismay: »Ja, es gibt ein System für den Austausch von Nachrichten zwischen den Kapitänen; wir geben sie untereinander weiter.« Finlay: »Bitte beschreiben Sie diese Abmachung – wird dabei jede Nachricht über Eis von einer Firma an die anderen weitergegeben?« – »Ja.« Finlay: »Geben Sie Ihren Kapitänen vor Reiseantritt alle auf diese Weise erhaltenen aktuellen Nachrichten über Eis weiter?« Antwort: »Sicherlich.«[84]

Über die »Eislage« auf dem Nordatlantik konnte für die *Titanic* daher bereits vor Fahrtantritt nicht der geringste Zweifel bestehen. Noch vor dem Ablegen mussten Kapitän und Offiziere der *Titanic* über die Eissituation auf dem Nordatlantik bestens im Bilde sein, und zwar sowohl allgemein als auch im Hinblick auf diese spezifische Reise.

Die Arbeit der Offiziere bestand nun darin, entsprechend zu navigieren, die Fahrt des Schiffes auf dieser Route zu kontrollieren und gegebenenfalls zu korrigieren. Moment: Wieso »navigieren«? Dachten wir nicht, der Kapitän sitze hauptsächlich mit illustren Gästen beim Dinner und im Gottesdienst herum? Vielleicht – das dachten wir aber nur, weil uns die Medien den Unfall der *Titanic* so erzählt haben. Der Kapitän zum Beispiel tut in all den vielen *Titanic*-Filmen alles Mögliche, aber kein einziges Mal sieht man ihn über eine Seekarte gebeugt. Dabei ist das sein Haupthandwerkszeug.

Doch auch sonst sieht man niemanden mit der Seekarte hantieren. Aber warum nicht? Antwort: Weil dann die absichtsvolle Planung des Geschehens für jeden offensichtlich werden würde. Würde man Kapitän und Offiziere nur einmal bei ihrer täglichen Arbeit zeigen, würde die Geschichte »Kapitän fährt die *Titanic* ahnungslos auf Eisberg, woraufhin sie sinkt« nicht mehr funktionieren.

Aber was könnte an der Navigation so wichtig sein? Nun, auf dem Wasser zu navigieren ist etwas ziemlich anderes, als auf dem Land herumzufahren. Das offene Wasser ist für sich genommen eine Umgebung ohne wirklichen Ort, wie wir ihn von Land her kennen. Wo man ist, weiß man selten durch unmittelbare Anschauung, sondern im Wesentlichen durch Messungen, Berechnungen und Gehirnarbeit. Der »Ort« entsteht auf hoher See nur durch Navigation. Und wenn man sich verrechnet, kann das tödlich sein.

Die Orientierungszentrale

Für die Navigation gab es an Bord von großen Schiffen, auch der *Titanic*, quasi ein eigenes Büro, nämlich den sogenannten Kartenraum. Das war die Orientierungszentrale des Schiffes. Dort gab es Seekarten, Kartentische, Navigationsbesteck und andere Werkzeuge und Hilfsmittel, die man bei der Bestimmung von Kurs und Position eben so braucht. Diesen Kartenraum sieht man in dem Hollywood-Epos *Titanic* kein einziges Mal. Auf einem großen Tisch im Kartenraum lag die Seekarte, und auf dieser Seekarte war groß und breit die jeweilige Route eingezeichnet.[85]

Eine Seekarte ist die Karte eines bestimmten Seegebiets. Darin sind neben Küstenlinie und Küstenorten alle relevanten Daten eingezeichnet: Hindernisse wie Sandbänke, Riffe, Inseln, Felsen und Untiefen. Außerdem sind die Strömungen und Meerestiefen vermerkt und im Küstenbereich alle für die Navigation wichtigen Landmarken. Dazu noch Seezeichen wie Feuerschiffe, Leuchttürme, Bojen und Baken. Außerdem Angaben über die Missweisung des Kompasses (Differenz zwischen magnetisch und geographisch Nord) in dem bestimmten Seegebiet. Und natürlich die jeweiligen Längen- und Breitengrade.

Auf dieser Seekarte (oder den Seekarten) wurde nun die vorgeschriebene Route eingezeichnet. Da die Schiffe wochen- und monatelang dieselbe Strecke fuhren (New York und zurück), lagen bei vielen Schiffen immer dieselben Karten auf dem Kartentisch. Doch im Fall der *Titanic* waren die Karten vielleicht neu, da es sich ja um die Jungfernfahrt handelte. Und dieser Umstand machte die Reise eigentlich noch sicherer, weil sich auf den neuen Karten keine alten Markierungen und Positionen befanden, durch die man hätte durcheinanderkommen können.

Die Hauptaufgabe des Kapitäns und der Offiziere bestand darin, den jeweils gewünschten Kurs (welcher im Wesentlichen der beschriebenen Route entsprach) auf der Karte einzuzeichnen und anschließend diesem Kurs zu folgen. In regelmäßigen Abständen wurde die Position des Schiffes mit Hilfe von Kompassen, Peilscheiben und (auf offener See) Sextanten bestimmt. Hatte man eine Position ermittelt, wurde diese – meistens mit einem kleinen Kreuz – auf der Karte eingetragen. Nun hatte man deutlich vor Augen, ob man sich auf der vorgesehenen Route befand, und wenn nicht, wie weit man davon abgekommen war. Dementsprechend gab es eine Kurskorrektur, um sich der idealen Route wieder anzunähern. Dabei entsprachen die vorgesehene Route dem Sollwert und die ermittelte Position dem Istwert. Und wie das mit

Soll- und Istwerten immer so ist, besteht die Aufgabe darin, den Istwert dem Sollwert möglichst weitgehend anzunähern.

Oft sah man Kapitän und Offiziere daher über Seekarten gebeugt und sorgfältig Route, Kurs und Positionen einzeichnen. Dabei gab es bei dem guten Wetter, in dem die *Titanic* fuhr, nur wenig Raum für Irrtümer und größere Ungenauigkeiten. Man wusste praktisch jederzeit, wo man sich befand – auch zwischen den einzelnen Positionsbestimmungen. Da man wusste, mit welchem Kurs und mit welcher Geschwindigkeit man seit der letzten Positionsbestimmung gefahren war, verfügte man zu jedem gegebenen Zeitpunkt über die aktuelle Position. Freilich nicht auf den Meter, wie im modernen GPS-Zeitalter. Aber doch auf die eine oder andere Meile genau, und das ist in einem 3000 Seemeilen weiten Ozean sehr präzise.

Die Eiswarnungen

Ein Blick auf die Karte, und man war im Bilde. Und das gilt auch für die berühmten »Eiswarnungen«, die die *Titanic* erhalten hatte. Viele Menschen haben von diesen Eiswarnungen eine relativ verschwommene Vorstellung – in etwa so, als habe man die *Titanic* lediglich unbestimmt vor »Eis auf der Route« gewarnt. Das ist aber nicht richtig.

Vielmehr war das »Schöne« an den Eiswarnungen, dass diese genau wie die Schiffspositionen ebenfalls Koordinaten enthielten. Auf ihrer Fahrt zwischen Europa und Amerika gaben die Schiffe ihre Beobachtungen jeweils mit den Koordinaten weiter. Und was macht nun unser Offizier oder Kapitän? Richtig: Er geht mit dem Funkspruch zur Karte und zeichnet die Position des Eises auf der Karte ein! Das gaben später vor dem US-Untersuchungsausschuss sogar selbst *Titanic*-Besatzungsmitglieder zu, zum Beispiel der Offizier Joseph Groves Boxhall. Von den zahlreichen Eismeldungen an dem verhängnisvollen Sonntag, 14. April, wollte er zwar nichts gewusst haben. Aber er räumte doch ein, zuvor ältere Eiswarnungen in die Karte eingezeichnet zu haben. Und das wäre natürlich mit jeder anderen Eiswarnung auch geschehen.

Was ergibt sich daraus? Ganz einfach: Ein Blick auf die Karte, und man wusste genau Bescheid. Vor allem sah man, ob die eigene Kurslinie genau auf das gemeldete Eis zeigte oder nicht. Sie werden mir wahrscheinlich zustimmen, wenn ich sage: Ein solches Bild in einem *Titanic*-Film, und die ganze schöne Geschichte von dem schrecklichen Unfall wäre geplatzt. Es war nämlich so, dass nach diesen Eiswarnungen der Kurs der *Titanic* mit Eis regelrecht verrammelt war. Es gab praktisch kein Durchkommen. Und schon gar nicht bei Nacht und voller Fahrt. Die Offiziere der *Titanic* hatten die Gefahr glasklar vor Augen.

Woher wissen wir überhaupt von den Eiswarnungen? Ginge es nach der überlebenden *Titanic*-Besatzung, insbesondere den Offizieren, wüssten wir praktisch nichts davon. Vor den Untersuchungsausschüssen in New York und London mochten sie sich an kaum eine Eiswarnung erinnern, und wenn, dann bitte nicht zu konkret.

Nehmen wir zum Beispiel den überlebenden Vierten Offizier Joseph Groves Boxhall, der am dritten und am zehnten Tag der US-Untersuchung in New York aussagte. Am Abend der sogenannten Kollision vom 14. April 1912 hatte Boxhall seit 20 Uhr Dienst auf der Brücke. Das heißt, er musste über sämtliche die Navigation betreffenden Tatsachen Bescheid wissen. Selbstverständlich musste er auch das Kartenbild mit den eingezeichneten Kursen und Eiswarnungen vor Augen haben. In die Karte mussten im Laufe des Tages etwa sieben bis acht Eiswarnungen eingezeichnet worden sein, darunter einzelne Eisberge, aber auch riesige Planquadrate, in denen andere Schiffe Eis gesichtet hatten.

Das meiste davon entweder auf der *Titanic*-Route oder in gefährlicher Nähe.

Doch vor dem US-Untersuchungsausschuss versuchte Boxhall die Senatoren regelrecht für dumm zu verkaufen: Er erinnere sich »nicht daran, dass irgendwelche Meldungen am Sonntag [14. April; G.W.] eintrafen«, behauptete er da. Nur an die weit zurückliegende und tatsächlich irrelevante Eismeldung des französischen Schiffes *La Touraine* wollte er sich erinnern[86] (siehe unten). Ja, Boxhall schien geradezu an einer selektiven Amnesie oder Demenz zu leiden, die sich auf die Eiswarnungen dieses Tages bezog. Aber er hatte auch unerwartete lichte Momente, in denen einige der zahlreichen Eiswarnungen ungewollt aus den Tiefen seines Bewusstseins ungestüm nach oben drängten wie ein Korken an die Wasseroberfläche. Auf diese Weise verstrickte sich Boxhall in Widersprüche, indem er beispielsweise zugab, eine wichtige Eismeldung (des deutschen Dampfers *Amerika*, siehe unten) in die Karte eingezeichnet zu haben.

Vor dem britischen Untersuchungsausschuss sprach Boxhall in Bezug auf die Eiswarnungen schließlich gar von »the whole lot of them« – also von dem »ganzen Haufen«.[87] Doch kaum hatte Boxhall seinen fatalen Fehler bemerkt, wollte er den Korken wieder unter die Wasseroberfläche drücken und dem britischen Untersuchungskomitee weismachen, dass er mit »the whole lot of them« nur eine einzelne Eiswarnung gemeint hatte. Woher weiß man also von den Eiswarnungen?

Um das zu beantworten, muss man sich vor Augen halten, wie damals ein Telegramm verschickt wurde: Der gewünschte Wortlaut wurde von dem Absender auf einem anderen Schiff oder einer Landstation auf ein Formular eingetragen oder dem Funker in das Formular diktiert. Anschließend wurde der Wortlaut per Morsecode übertragen, das heißt, der Funker setzte sich an sein Morsegerät und übersetzte die Buchstaben des Telegramms in kurze und längere Pieptöne. Diese Signale wurden übertragen und vom Funker der Gegenstelle (in diesem Fall der *Titanic*) wieder zurückübersetzt und auf ein Telegrammformular gekritzelt. Da das ursprüngliche Formular die sendende Station dabei natürlich nicht verlassen hatte, konnte es aufgehoben werden und blieb so erhalten. Wahrscheinlich wurden diese Funksprüche sogar in ein Funklog eingetragen.

Und schließlich wurden Funksprüche ja auch von Dritten aufgefangen. Daher waren die per Funk übertragenen Eiswarnungen an die *Titanic* sehr gut dokumentiert. Noch heute kann man die Originale als Faksimile im Internet finden. Die auf der *Titanic* eingetroffenen Eiswarnungen des 14. April 1912 habe ich weiter unten nach ihrer wahrscheinlichsten Reihenfolge durchnummeriert. Ganz genau kann man es nicht wissen, da in Bezug auf die Zeitangaben ein gewisses Durcheinander herrschte.

Wie es bei einer Atlantikreise in der Natur der Sache liegt, hatten sowohl der Abfahrts- und der Ankunftsort der *Titanic* als auch die einzelnen Schiffspositionen jeweils ihre eigene Zeit. Auf ihrer Reise über den Atlantik mussten die Schiffe ihre Uhren zwar zu genau vorgegebenen Zeitpunkten umstellen, aber die Auseinandersetzung mit den Angaben zeigt, dass im Nachhinein selbst die Besatzungen und ausgebuffte Navigatoren bei der Rekonstruktion der Reihenfolge der Eiswarnungen durcheinanderkamen. Und das Problem ist ja, dass sämtliche Logbücher und Unterlagen der *Titanic* weg waren, also auch die eingegangenen Eiswarnungen. Daher muss man deren Reihenfolge aus den Unterlagen der sendenden Festland- oder Schiffsstationen rekonstruieren, die jedoch meistens in anderen Zeitzonen lagen.

Da wir (und damals natürlich auch die *Titanic*) aber den Vorzug genießen, regelrecht in Eiswarnungen zu schwimmen, dürfen wir großzügig sein und die ganz genaue Reihenfolge kommenden Doktorarbeiten überlassen. Entscheidend sind die grobe Reihenfolge und die Tatsache, dass alle diese Eiswarnungen rechtzeitig vor der Katastrophe auf der *Titanic* eintrafen.

Weil dies in diesem Kontext wichtig ist, noch ein kurzes Wort zu den Koordinaten. Bekanntlich kann man jeden Ort auf dem Erdball durch seine geografischen Koordinaten definieren. Das Seegebiet, um das es geht, befindet sich nördlich des Äquators (also auf nördlicher Breite; n.B. oder einfach N) und westlich des Nullmeridians von Greenwich, also auf westlicher Länge (w.L. oder einfach W). Sofern die Positionsbestimmung genau genug ist, kann man die Koordinaten in Grad, Minuten und Sekunden angeben, zum Beispiel 41° 43' 55'' N und 49° 56' 45'' W. Oder man kann nach der Gradangabe ein Komma (deutsch) oder einen Punkt (international) setzen und statt der Minuten und Sekunden einen Dezimalwert angeben. 49 Grad und 30 Minuten West wären dann 49.5 Grad West. Daraus wird dann ein minimalistisches System, bei dem sich Länge und Breite nur aus der Reihenfolge der Zahlen und einem Minus- oder Pluswert ergeben. Die oben angegebene Wrackposition der *Titanic* läse sich dann zum Beispiel so: 41.731944, -49.945833. Der erste Wert ist dabei die nördliche Breite, der zweite Wert die westliche Länge (Minuszeichen).

La Touraine: »An Kapitän, *Titanic*«

Fangen wir also mit der ersten Eiswarnung an. Wie ich schon sagte, reihten sich die Handels- und Passagierschiffe auf der Nordatlantikroute wie Perlen auf einer Kette auf. Deshalb befand sich praktisch jedes Schiff in der komfortablen Lage, dass andere Schiffe bereits vorausgefahren, die Lage quasi »sondiert« hatten und ihre Erkenntnisse wie ein »Staumelder« auf der Autobahn per Funk an die nachfolgenden Schiffe weitergeben konnten. Und natürlich gab es auch Eiswarnungen von entgegenkommenden Schiffen.

Nachdem der Kapitän der *Titanic* bereits vor der Abfahrt über die Eissituation auf der Strecke »gebrieft« worden war, ging es auf See weiter. Die bei der Annäherung an die grönländische »Eisfahne« eintreffenden Eiswarnungen waren nicht etwa dramatische Überraschungen, wie es manchmal in Filmen und Büchern dargestellt wird, sondern Routine. Am dritten Reisetag seit Southampton, dem 12. April, traf eine Eiswarnung des französischen Dampfers *La Touraine* ein.

Von der Touraine an den Kapitän der Titanic. Meine Position um 7 Uhr abends GMT: Breite 49.28, Länge 26.28 W. Seit heute Nacht dichter Nebel. Passierten dickes Eisfeld bei Breite 44.58, Länge 50.40 Paris. Sahen ein weiteres Eisfeld und zwei Eisberge bei Breite 45.20 n.B. und Länge 45.09 Paris; sahen ein Wrack bei 40.56 Länge 68.38 Paris. Bitte geben Sie uns Ihre Positionen. Freundliche Grüße und gute Reise. Caussin.[88]

Leider serviert uns der Kapitän der *La Touraine* gleich den kompliziertesten Fall. Zum einen verwendet er das oben erwähnte Dezimalsystem, bei dem die Bogenminuten hinter dem Punkt als Dezimalwert angegeben werden. Zum anderen benutzt er sowohl das Greenwich- als auch das französische Bezugssystem, das den durch Paris führenden Meridian als Nullmeridian verwendet. Daher steht bei der geographischen Länge statt »W« oder »w.L.« auch dreimal »Paris«. Dieser Nullmeridian liegt 2°21' östlich des Greenwich-Nullmeridians. Diesen Wert muss man von den Paris-Längenangaben also abziehen, um auf die übliche Greenwich-Länge zu kommen. Wenn man das umrechnet, ergeben sich folgende Positionen für die in dem Telegramm der *Touraine* genannten Ereignisse:

Text Telegramm *La Touraine*	**Grad/Min.-Darstellung**	**Greenwich-Koordinaten-system**	**Ereignis/ Beobachtung**
49.28 n.B., 26.28 w.L.	*49°16' n.B., 26°16' w.L.*	*49°16' n.B. 26°16' w.L.*	*Position am 12. April 1912 abends*
44.58 n.B. 50.40 Paris	44°34' n.B., 50°24' Paris	44°34' n.B.,48° 3' w.L.	Dickes Eisfeld
45.20 n.B. und 45.09 Paris	45°12' n.B., 45° 5' Paris	45°12' n.B.,42°44' w.L.	Eisfeld, zwei Eisberge
40.56 n.B. und 68.38 Paris	40°33' n.B., 68°22' Paris	40°33' n.B.,66° 1' w.L.	Wrack

Tatsächlich sagte die überlebende Besatzung der *Titanic* wohl ausnahmsweise einmal die Wahrheit, als sie feststellte, dass sich diese Positionen sehr weit nördlich des Kurses der *Titanic* befanden und daher keine Bedeutung für die Reise hatten. Daher hatte sie – im Gegensatz zu anderen Eiswarnungen – auch keine Schwierigkeiten, sich daran zu erinnern. Anscheinend hatte sich die *La Touraine* etwas selbständig gemacht und war weiter nördlich der üblichen Routen gefahren.

Rappahannock: »Fuhren durch ein dichtes Eisfeld«

Im Vorfeld der Katastrophe wird noch eine weitere Warnung erwähnt, nämlich eines Frachtschiffes namens *Rappahannock*. Die *Rappahannock* soll der Titanic am Abend des 13. oder 14. April 1912 begegnet sein, wobei sie per Morselampe folgende Botschaft übertragen habe: »Fuhren gerade durch ein dichtes Eisfeld und mehrere Eisberge.« Koordinaten wurden dabei nicht angegeben.

Weil sich die *Rappahannock* auf Ost- und die *Titanic* auf Westkurs befanden, wirft das jedoch die Frage auf, wie die beiden Schiffe über Morselampen kommunizieren konnten, denn Ost- und Westroute sind durchschnittlich 100 Kilometer voneinander entfernt. Im Fall der *Rappahannock* waren die Routen über die Hälfte der Strecke sogar noch viel weiter voneinander entfernt, weil die *Rappahannock* nicht in New York, sondern viel weiter nördlich in Halifax (Neuschottland) gestartet war. Das heißt, dass sie sich bis etwa zur Mitte des Nordatlantiks überhaupt nicht in die üblichen Routen zwischen Europa und New York einreihen würde, sondern viel weiter nördlich fahren würde – trotz Eis.

Und schließlich bestätigte auch die Reederei der *Rappahannock*, Furness, Whithy & Co., den angeblichen Lichtzeichenaustausch nicht. In einem Brief an das britische Board of Trade vom 14. Juni 1912 erklärte die Reederei, man habe zum Zeitpunkt des Desasters keine Schiffe in der Nähe der *Titanic* gehabt. Wenden wir uns also den Eiswarnungen des 14. April 1912 zu.[89]

1. *Caronia:* »Eisberge, Kälber und Treibeis«

Am frühen Morgen des 14. April, also des Unfalltages, meldete sich Kapitän Barr von dem nach Osten fahrenden Cunard-Liner *Caronia*:

> Kapitän Titanic. Nach Westen fahrende Dampfer melden Eisberge, Kälber und Treibeis auf 42 N von 49 bis 51 West 12. April Grüße. Barr. [=42°N, 49-51°W][90]

Das heißt, dass die *Caronia*, die selbst nach Osten fuhr, vom 12. April stammende Meldungen von nach Westen fahrenden Dampfern aufgenommen hatte und zwei Tage später an die ebenfalls nach Westen fahrende *Titanic* weitergab. Ein übliches Verfahren: Da die Reichweiten der damaligen Funkanlagen begrenzt waren, konnten nicht alle Schiffe die Warnungen aller anderen Schiffe hören, so dass Meldungen untereinander weitergegeben wurden.

Wie wir oben erörtert haben, musste die Eiswarnung nun in die Seekarte eingezeichnet werden. Das Ergebnis: Der genannte Bereich lag in unmittelbarer Nähe der Route! Allein diese am frühen Morgen des 14. April zuerst eintreffende Eiswarnung hätte auf der *Titanic* sämtliche Warnlampen angehen lassen müssen. Die Bereichsangabe »49 bis 51 Grad West« besagte, dass sich das betreffende Eisfeld über eine Ausdehnung von etwa 220 Kilometern von Ost nach West erstreckte. Crewmitglieder, aber auch eifrige Verteidiger der Schiffsführung redeten sich später zwar damit heraus, der in der Eiswarnung genannte Bereich habe nördlich der Route gelegen. Das Problem war nur, dass sich das Eis während der zwei Tage zwischen der Sichtung am 12. April und der Eiswarnung vom 14. April der Route der *Titanic* sehr wohl gefährlich angenähert haben konnte. Auch das musste ein Kapitän wie Smith wissen und damit rechnen, auf dieses Eis zu treffen.

Kapitän Smith bestätigte die Eiswarnung aber lediglich mit einem gleichgültigen »Danke für die Nachricht und Information. Hatte die ganze Zeit wechselhaftes Wetter. Smith.« Konsequenzen? Keine. Jedenfalls keine wirksamen. Denn tatsächlich kam nur etwa 20 Stunden nach dieser Übertragung fast genau in diesem Bereich das Wrack der *Titanic* zu liegen, nämlich auf 41°43'55'' N und 49°56' 45'' W, also etwa 42 Grad n.B. und 50 Grad w.L. Gleich die erste Eiswarnung war also quasi ein »Volltreffer«.

2. *Noordam:* »Viel Eis auf 42 Grad nördlicher Breite«

Als Nächstes meldete sich ein Schiff namens *Noordam:*

An der Kapitän S. S. Titanic. Glückwünsche zu neuem Kommando. Hatten leichte Westwinde gutes Wetter keinen Nebel viel Eis berichtet auf Breite 42.24 N bis 42.45 N und Länge 49.50 W bis 50.20 W.[91]

Als Erstes fällt auch an dieser Meldung auf, dass für Breite und Länge Bereiche angegeben werden, so dass man es mit einem Planquadrat zu tun hat. Da ein Grad etwa 111 Kilometern entspricht, haben wir es mit einer Ausdehnung von etwa 23 mal 80 Kilometern zu tun. Das passt im Wesentlichen zu der vorhergehenden Meldung und bedeutet, dass es sich um eine große Eisansammlung handeln musste. Zwar lag auch dieser Bereich etwas nördlich der *Titanic*-Route. Aufgrund der südlichen Drift des Eises wäre es aber in jedem Fall zu berücksichtigen gewesen.

3. *Amerika:* »Passierte zwei große Eisberge!«

Die dritte an diesem Tag auf der *Titanic* empfangene Eiswarnung kam von dem deutschen Dampfer *Amerika*. Auf ihm fuhren einige Passagiere, die die Reise auf der *Titanic* storniert hatten:

Amerika passierte zwei große Eisberge auf 41°27' N., 50° 8' W., am 14. April.[92]

Dieses Eis befand sich bereits weit südlich der *Titanic*-Route! Das heißt, dass die grönländische »Eisfahne« den Kurs bereits deutlich überquert hatte. Und das wiederum bedeutete, dass man es auf der Route nicht nur mit vereinzelten Ausläufern der grönländischen Eismassen, sondern mit dichteren Eisfeldern zu tun bekommen würde. Wenn man die eingegangenen Meldungen zusammen betrachtete, verdichteten sich auch die Hinweise, dass es sich gar nicht um einzelne Eisfelder handelte, sondern dass man von einem einzigen riesigen Eisfeld sprechen musste, das über der Route der *Titanic* lag – eine regelrechte Barriere also. Schon jetzt zeichnete sich ab, dass die *Titanic* entweder auf eine Art Eisbarrikade treffen oder von riesigen Eisbergen in die Mangel genommen werden würde.

Nicht doch: Den *Titanic*-Apologeten fiel sogleich etwas ein, warum die *Titanic*-Besatzung von dieser Information nichts wissen konnte: Da die *Titanic* für diese Eismeldung nur als Relaisstation benutzt wurde (eigentlicher Adressat war das Hydrographische Institut in Washington), sei sie gar nicht auf der Brücke angekommen, wollten Crewmitglieder bei den anschließenden Untersuchungen Glauben machen.

Allerdings hatte ich schon erwähnt, dass ein Funker, dem sein Leben lieb ist, jede Eiswarnung an die Brücke weitergeben würde, egal, ob explizit an diese adressiert oder nicht. Des Weiteren verplauderte sich wie gesagt auch der Vierte Offizier Boxhall in der amerikanischen Untersuchung und gab zu, die von der *Amerika* durchgegebenen Positionen auf der Karte eingezeichnet zu haben.

4. *Baltic:* »Eis und Eisberge«

Die vierte und fünfte an diesem Tag auf der *Titanic* empfangene Eiswarnung stammten von der *Baltic*. Zunächst sandte *Baltic*-Kapitän Ranson um die Mittagszeit eine Eismeldung an die *Titanic*. Darin erklärte er, »von zahlreichen Dampfern« Meldungen über Eis und Eisberge auf dem Kurs der

Titanic erhalten zu haben. Position: 49°9' W bis 50°20' W.[93] In Zahlen wurde dabei also nur die Länge angegeben; die Breite ergab sich daraus, dass sich die betreffenden Dampfer auf der üblichen Südroute nach New York befanden. Übersetzt hieß das: Direkt auf der Route der *Titanic* befand sich ein 130 Kilometer breites Eisfeld.

Diese Eiswarnung erlangte dadurch traurige Berühmtheit, dass Kapitän Smith sie zwar nachweislich erhielt, sie jedoch – statt sie an die navigierenden Offiziere weiterzureichen – zunächst dem an Bord anwesenden Chef der White Star Line, Bruce Ismay, übergab.

Dieser steckte sie in die Tasche, plauderte mit einigen Passagieren darüber und erklärte später vor dem US-Untersuchungsausschuss, die Eiswarnung bis etwa 19 Uhr Bordzeit bei sich behalten zu haben, bis Smith sie zu Navigationszwecken zurückhaben wollte – und zwar, »um sie im Kartenraum auszuhängen«. Immerhin.

Jedoch gehört eine solche Eiswarnung natürlich weder in die Jacke des Reeders, also eines Passagiers, noch an irgendein Schwarzes Brett im Kartenraum, sondern sofort in die Karte eingezeichnet. Nur so kann man direkt visuell erfahren, was die Eiswarnung für die Reise bedeutet. Und tatsächlich bezeugten Besatzungsmitglieder, dass die Eiswarnungen in die Karte eingetragen wurden.

5. *Baltic:* »Eisberge und Treibeis«

Die fünfte Eismeldung (und zweite der *Baltic*) traf am frühen Nachmittag ein und lautete:

> Hatten seit Abfahrt leichte wechselnde Winde und klares schönes Wetter. Griechischer Dampfer Athenai meldet das Passieren von Eisbergen und großen Mengen Treibeis heute auf Breite 41.51 N Länge 49.52 W … Wünschen Ihnen und Titanic alles Gute.[94]

Die klare Botschaft dieser Eiswarnung lautete: Schon wieder Eis südlich des 42. Breitengrades und damit ziemlich genau auf der Route!

Zeit für eine kleine Zwischenbilanz. Bereits am frühen Nachmittag des verhängnisvollen 14. April 1912 konnte die Schiffsführung der *Titanic* das klare Fazit ziehen: Die Strecke ist ein Minenfeld – vermutlich kein Durchkommen! Wenn überhaupt, dann nur bei ganz langsamer Fahrt. Aber warum? Es fuhren doch andere Dampfer durch das Gebiet, von denen ja schließlich die Eiswarnungen stammten! Schon, aber die *Titanic* würde erst nachts in dem betreffenden Seegebiet unterwegs sein. Und da es damals noch kein Radar gab, würde sie die Eisberge in der mondlosen Nacht, wenn überhaupt, erst sehr spät sehen können.

6. *Californian:* »Drei große Eisberge«

Am Abend des Katastrophentags 14. April 1912 schnappte die *Titanic* eine Eismeldung des White-Star-Liners *Californian* an die *Antillian* auf. Um 18.30 Uhr Schiffszeit habe man auf der Position 42°3' N und 49°9' W »drei große Eisberge fünf Meilen südlich von uns« gesichtet, meldete die *Californian*.[95] Die Länge entsprach ziemlich genau der späteren Fundstelle des *Titanic*-Wracks, die Breite war allerdings signifikant nördlich der *Titanic*-Route. Dabei stellt sich die Frage, was die *Californian* so weit nördlich der Route zu suchen hatte.

In jedem Fall passte auch diese Eiswarnung in das allgemeine Bild eines massiven Eisvorkommens auf oder in der Nähe der *Titanic*-Route. Im Prinzip waren all die Eiswarnungen eine Pünktchenzeichnung: Man musste die Punkte nur verbinden und erhielt die Umrisse eines riesigen Eisfeldes oder mit Eis durchsetzten Gebietes.

Was das Schicksal dieser Eismeldung angeht, verstrickte sich der überlebende *Titanic*-Funker Harold Bride in Widersprüche. Zuerst wollte er sie Kapitän Smith übergeben haben, dann einem Offizier, an den er sich angeblich nicht mehr erinnern konnte. Die überlebenden Offiziere der *Titanic* behaupteten wiederum, die Eismeldung nie gesehen zu haben. Wobei interessant ist, dass Bride damit durchaus anerkannte, dass auch eine nur »aufgeschnappte« Eiswarnung der Schiffsführung zu übergeben ist.

Nebenbei bemerkt, verhielt sich die *Californian* im Angesicht des Eises völlig anders als die *Titanic*. Um 22.21 Uhr befahl ihr Kapitän »Volle Kraft zurück« und dann »Maschinen stopp«, um über Nacht am Rande des Eisfeldes liegen zu bleiben – etwa 19 bis 20 Meilen nordwestlich der *Titanic*.

7. *Mesaba:* »Viel schweres Packeis«

Am späteren Abend des 14. April 1912, etwa zwei bis drei Stunden vor der Katastrophe, traf eine weitere Eiswarnung ein. Sie stammte von der *Mesaba* und richtete sich »an alle nach Osten fahrenden Schiffe«:

Eis-Bericht. Auf Breite 42 N. bis 41.25 N. bis Länge 49 W. bis Länge 50.30 W. Sah viel schweres Packeis und eine große Zahl großer Eisberge, sowie Treibeis. Wetter gut, klar.[96]

Die Meldung bedeutete, dass ein riesiges Planquadrat genau auf der *Titanic*-Route voller Eisberge, Packeis und Treibeis war. Diese Warnung bestätigte insbesondere die Meldungen der *Baltic* (Nr. 5), besagte aber, dass das Eisfeld noch wesentlich größer war als von der *Baltic* angegeben.

8. *Californian:* Im Eis eingeschlossen

Etwa um 23 Uhr meldete sich noch einmal der White-Star-Liner *Californian* mit einer Nachricht, die dem Todeskurs der *Titanic* endgültig ein Ende hätte machen müssen. Darin wollte man der *Titanic* mitteilen, dass man vom Eis aufgehalten und »eingeschlossen« worden sei.

Dass ein Schiff in der Nähe stoppen musste, weil es vom Eis regelrecht eingeschlossen war, war nun wirklich eine brisante Nachricht. Auch der entschlossenste Geisterfahrer hätte nach dem Erhalt dieser Nachricht unmöglich in derselben Manier weiter geradeaus ins Eis rasen können. Doch wie es der Zufall so wollte, wurde ausgerechnet diese Eiswarnung vom Funker der *Titanic* brüsk abgewiesen: Er sei gerade in Verbindung mit der Festlandstation Cape Race und verbitte sich die Störung. Angeblich übermittelte der Mann mitten in der Nacht noch immer derart viele Passagiertelegramme von dem nur halb besetzten Schiff ans Festland, dass er beim besten Willen nicht die Zeit fand, eine selbst für einen Funker erkennbar brisante Eiswarnung entgegenzunehmen.

Der *Titanic*-Funker fragte auch später nicht noch einmal bei der *Californian* nach, was genau sie denn nun gemeint habe. Wobei es ein »Später« eigentlich nicht mehr gab – jedenfalls kein »viel Später«: Etwa vierzig Minuten danach ereignete sich das Unglück.

Interessant dabei ist, dass die in dem Buch *Signals of Disaster* von John Booth publizierte Sammlung von Funksprüchen »keine Funksprüche von der *Titanic* an Cape Race oder vice versa für den fraglichen Zeitraum (21 – 21.15 Uhr New Yorker Zeit) aufführt«, schreibt Susanne Störmer in ihrem Buch über die letzten Stunden der *Titanic*.[97] »Entweder ist die Sammlung von John Booth unvollständig oder die Unterhaltung zwischen Cape Race und der *Titanic* war inoffizieller Natur, so dass sie nicht im Funklog sowie auf den Belegen dokumentiert wurde.«

Das ist seltsam. Denn erstens ist die Sammlung von Booth die umfangreichste Funkspruchsammlung, die es von der *Titanic* überhaupt gibt. Sie umfasst Hunderte von Nachrichten, die zwischen der *Titanic* und anderen Schiffen bzw. Stationen ausgetauscht wurden – und ausgerechnet die Nachricht, die den Funker der *Titanic* davon abgehalten haben soll, eine Eiswarnung der Californian entgegenzunehmen, soll fehlen?

Und zweitens habe ich bereits bemerkt, dass jeder Funkspruch ja nicht nur auf der *Titanic* aufgezeichnet wurde, sondern auch von den anderen beteiligten Funkstationen, in diesem Fall also Cape Race. Offenbar war der Funkspruch dort aber nicht vorhanden. Es gibt daher noch eine dritte Möglichkeit: Nämlich, dass dieser Funkverkehr nie stattfand, sondern nur ein Vorwand war, um eine Eiswarnung abzuwimmeln, die die *Titanic* endgültig zum Halten hätte bringen müssen. Genau deshalb fragte der Funker der *Titanic* später (nach seinem angeblichen Funkverkehr mit Cape Race) auch nicht noch einmal bei der *Californian* nach.

Alles in allem zählen wir für den 14. April 1912, also den Tag des Unglücks, demnach nicht weniger als acht Eiswarnungen, die nicht belegbare Warnung der *Rappahannock* nicht mitgezählt. Alle diese Eiswarnungen müssen gemäß der navigatorischen Praxis in die Seekarte eingezeichnet worden sein. Und wie wir aus Zeugenaussagen wissen (Boxhall), wurde diese Praxis natürlich auch auf der *Titanic* befolgt:

Auf der Titanic am 14. April 1912 empfangene Eiswarnungen:

Nr.	Datum	Zeit	Quelle	Bereich	Schicksal
1	14. April (gesendet, Sichtung am 12. April)	morgens	*Caronia*	42° N, 49–51° W/nur ein paar Meilen nördlich des beabsichtigten Kurses	Erreichte Smith am 14. April morgens bei 43° 35' N und 43° 50' W.
2	14. April	später Vormittag	*Noordam*	42.24 N – 42.45 N, 49.50 W – 50.20 W, etwas nördlich der Titanic-Route	Bestätigt von Kapitän Smith
3	14. April	Nachmit-tag	*Amerika* an Büro für Hydrogra-phie/Washington	41°27' N, 50° 8' W zwei große Eisberge südlich des geplanten Kurses	Erreichte die Brücke, wurde in die Karte ein-gezeichnet.
4	14. April	Nachmit-tag	*Baltic*	49°9' W – 50°20' W Eis und Eisberge auf der Route der *Titanic*	Landete bei Smith, dann bei Ismay, abends wieder bei Smith/Brücke.
5	14. April	Nachmit-tag	*Baltic*	41.51 N, 49.52 W Eisberge und große Mengen Treibeis (heute)	Erreichte die Brücke nachmittags.

Auf der Titanic am 14. April 1912 empfangene Eiswarnungen:

Nr.	Datum	Zeit	Quelle	Bereich	Schicksal
6	14. April	19.30	*Californian* an *Antillian*	42°3' N, 49°9' W drei große Eisberge fünf Meilen südlich	Funker Bride will die Botschaft einem Offizier gegeben haben.
7	14. April	21.40	*Mesaba* an *Titanic*	42–41.25' N, 49–50.30' W Starkes Packeis, viele Eisberge, spätere Unfallstelle	Erreichte die Brücke nach 22 Uhr Schiffszeit.
8	14. April	22.55	*Californian* an *Titanic*	Von Eis aufgehalten und eingeschlossen.	*Titanic* wies die Warnung zurück.

Treffer – versenkt!

Fazit: Auf oder neben der Route der *Titanic* wimmelte es von Eis, und die Schiffsführung wusste darüber genau Bescheid. Dass sich die überlebenden *Titanic*-Offiziere bei den Untersuchungen nur schlecht oder gar nicht an die Eiswarnungen erinnern konnten, widerspricht dem nicht. Denn schließlich bekräftigte jede einzelne erhaltene Eiswarnung nur ihr kriminelles Versagen. Überdies steht von vielen Eiswarnungen zweifelsfrei fest, dass sie die Schiffsführung erreichten, unter anderem deshalb, weil sich Kapitän Smith bei den sendenden Schiffen bedankte.

Mehrere Eiswarnungen beschrieben exakt jenen Bereich, in dem die *Titanic* später ihren Notruf sendete und noch später, 73 Jahre nach dem Untergang, auch das Wrack gefunden wurde. Insbesondere lagen Notruf- und Untergangsstelle

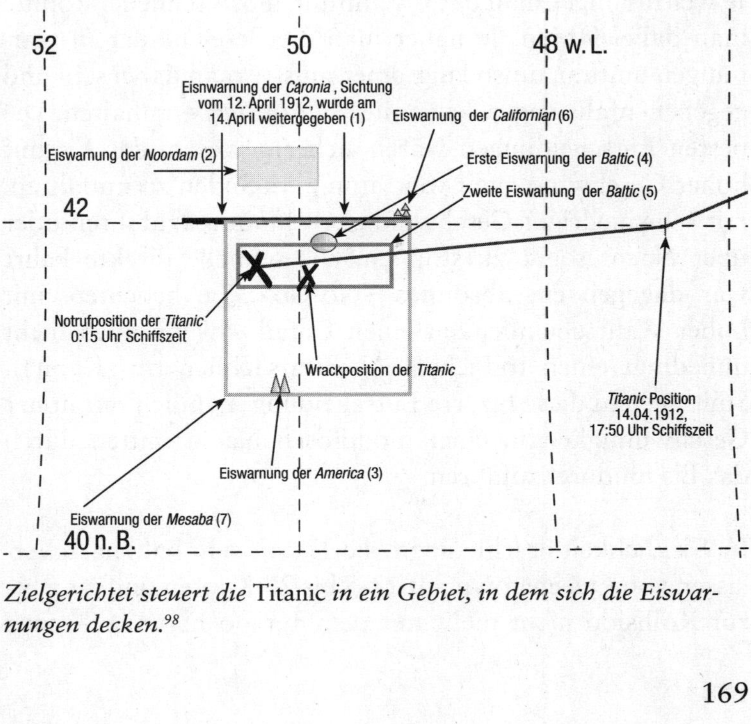

Zielgerichtet steuert die Titanic *in ein Gebiet, in dem sich die Eiswarnungen decken.*[98]

der *Titanic* in den von der *Mesaba* und der *Baltic* genannten Planquadraten, wobei die *Baltic* die Untergangszone quasi besonders genau »vorhergesagt« hatte. Während die *Mesaba* ein großes Quadrat beschrieben hatte, hatte die *Baltic* innerhalb dieses großen Quadrats ein kleineres, langgestrecktes Rechteck beschrieben. Das heißt, dass sich die Eismeldungen von zwei Schiffen – der *Mesaba* und der *Baltic* – in diesem kleinen Rechteck deckten. Hier würde man also besonders sicher auf Eis treffen.

Als die *Titanic* exakt in dieses Gebiet hineinfuhr, gab es auf der Brücke über das, was sich da vor dem Bug zusammenbraute, mit Sicherheit keinerlei Zweifel. Statt dem Eis auszuweichen, steuerte die *Titanic* es an. Und genau zu diesem Zweck nahm der Kapitän der *Titanic* am Abend des verhängnisvollen 14. April 1912 noch eine Kurskorrektur vor.

Die einzig sinnvollen Maßnahmen hätten darin bestanden, Kurs *und/oder* Geschwindigkeit signifikant zu ändern. Je weiträumiger man das Eis umfuhr, umso schneller konnte man dabei fahren. Je näher man die Bereiche der Eiswarnungen umfuhr, umso langsamer musste man dabei sein und gegebenenfalls sogar – wie die *Californian* – anhalten. Die besten Entscheidungen wären sicher gewesen, das Eis mit hoher Geschwindigkeit weiträumig im Süden zu umfahren, mit sehr niedriger Geschwindigkeit hindurchzufahren oder über Nacht sogar zu stoppen. Die schnelle direkte Fahrt war dagegen ein absolutes »No-Go«. Sie bedeutete mit hoher Wahrscheinlichkeit einen Unfall – wenn auch nicht unbedingt einen tödlichen. Aber tatsächlich traf Kapitän Smith genau diese bizarre Entscheidung, nämlich mit hoher Geschwindigkeit in einer mondlosen Nacht mitten durch das Eis hindurchzufahren.

In Wirklichkeit beschleunigte die *Titanic* sehr bald nach Verlassen von Queenstown auf 21,5 bis 23 Knoten und ging bis zur Kollision nicht mehr mit dem Tempo herunter – ganz so, als würde der Kohleverbrauch gar keine Rolle mehr spielen. Dabei war dem Kapitän offenbar auch eine Prämie von immerhin 200 Pfund vollkommen egal, die er bekam, wenn sein Schiff nicht in eine Kollision verwickelt wurde.[99] Kurz: Die *Titanic* fuhr, als gäbe es kein Morgen mehr – oder warum waren Kohleverbrauch und Prämien sonst plötzlich nicht mehr wichtig?

Dabei war das noch nicht alles: Wie bereits gesagt, lag innerhalb eines großen Quadrats *(Mesaba)* etwa in Richtung des *Titanic*-Kurses ein kleines flaches Rechteck (der Bereich, in dem die *Baltic* zuletzt Eis gemeldet hatte), auf dessen Stirnseite die *Titanic* zufuhr. Und wie ebenfalls gesagt, befuhr die *Titanic* einen Südwestkurs, bis sie an einem bestimmten Punkt nach Westen in Richtung New York drehen würde. Wenn man diese Kurskorrektur verschob und weiter Richtung Südwesten fuhr, würde das bedeuten, dass die *Titanic* dem Eisfeld immer weiter nach Süden und Westen ausweichen würde. Der Kurs würde sich dadurch geographisch gesehen weiter »absenken«. Und tatsächlich gab Kapitän Smith die Order, die vorgesehene Kurskorrektur Richtung New York um eine halbe Stunde zu verschieben. Bei einer Geschwindigkeit von etwa 21 Knoten bedeutete das, dass das Schiff etwa zehn Seemeilen weiter nach Südwesten und vielleicht fünf Meilen weiter nach Süden gelangen würde. »Tatsächlich hatte die *Titanic* erst ein wenig hinter dem Korrekturpunkt gedreht, so dass sie sich noch einige Meilen südlicher befand«, heißt es auch bei Wikipedia Deutschland.

»Ob dies eine Vorsichtsmaßnahme sein sollte, ist nicht bekannt.« Von manchen *Titanic*-Apologeten wird das tatsächlich als Beweis des guten Willens des Kapitäns ausgegeben. In Wirklichkeit war es das genaue Gegenteil. Für eine weiträumige und sichere Umfahrung des Eisfeldes waren die paar Meilen (gemeint sind immer Seemeilen) nämlich viel zu wenig. Das Eisfeld, um das es ging, hatte eine Ausdehnung von Dutzenden von Meilen. Laut *Mesaba* (das große

Quadrat) erstreckte sich das Eisfeld noch viel weiter nach Süden als fünf oder zehn Meilen. Selbst zur Umfahrung des flachen, in Fahrtrichtung der *Titanic* liegenden Rechtecks *(Baltic)* reichte die Korrektur nicht aus.

Dem Eis auszuweichen kann also nicht der Sinn dieser Kurskorrektur gewesen sein. Ganz im Gegenteil: In Wirklichkeit bedeutete die Absenkung des Kurses, dass die *Titanic* das flache Rechteck, in dem die Eiswarnungen von zwei Schiffen übereinstimmten, noch zentraler ansteuern würde als zuvor. Und das zeigt: Tatsächlich kamen die Eismeldungen auf der Brücke der *Titanic* an. Sie wurden dort auch nicht ignoriert, sondern das Schiff reagierte auf die Eismeldungen – nur anders, als man sich das vorstellen würde.

Das war schließlich auch bei der britischen Untersuchung aufgefallen: »Herr Generalstaatsanwalt, gehe ich recht in der Annahme, dass sie direkt dort hinfuhr, wo das Eis war, nachdem an sie die Warnung erging, dass sich dort Eis befinde?«, fragte der britische Havariekommissar Lord Mersey den Generalstaatsanwalt Isaacs am dreizehnten Tag der Untersuchung. Anwort: »Ja. Darauf läuft es hinaus.« Es komme nicht auf den genauen Punkt an, stellte Lord Mersey fest, aber wenn die Zahlen korrekt seien, »sieht es so aus, als ob sie sich im Besitz der Eiswarnung ins Eis aufmachte«.[100]

Nur um einmal ein Beispiel zu geben, welche Figur die überlebende Besatzung bei den Untersuchungen bei dem Thema Eis machte, hier ein kurzer Auszug aus der Befragung des überlebenden Zweiten Offiziers Charles Herbert Lightoller:

Senator SMITH: Sie wussten, dass Sie in der Nähe von Eisbergen waren oder nicht?
Mr. LIGHTOLLER: Wasser ist absolut kein Hinweis auf Eisberge, Sir.
Senator SMITH: Das habe ich nicht gefragt. Wussten Sie, dass Sie in der Nähe von Eisbergen waren?
Mr. LIGHTOLLER: Nein, Sir.

Senator SMITH: War Ihnen der Funkspruch der *Amerika* an die *Titanic* bekannt, in dem Sie gewarnt wurden, dass Sie sich in der Nähe von Eisbergen befinden?
Mr. LIGHTOLLER: Von der *Amerika* an die *Titanic*?
Senator SMITH: Ja.
Mr. LIGHTOLLER: Ich weiß nicht, ob ich diese individuelle Nachricht sah.
Senator SMITH: Haben Sie davon gehört?
Mr. LIGHTOLLER: Ich weiß nicht, Sir.
Senator SMITH: Hätten Sie davon hören müssen?
Mr. LIGHTOLLER: Sehr wahrscheinlich, Sir.
Senator SMITH: Wenn das der Fall gewesen wäre?
Mr. LIGHTOLLER: Sehr wahrscheinlich, Sir.
Senator SMITH: Tatsächlich wäre es die Pflicht desjenigen gewesen, der die Nachricht empfangen hätte, sie an Sie weiterzuleiten, da Sie die Verantwortung für das Schiff trugen?
Mr. LIGHTOLLER: Unter dem Kommando des Kapitäns, Sir.
Senator SMITH: Aber Sie haben keinen derartigen Funkspruch erhalten?
Mr. LIGHTOLLER: Ich weiß nicht, ob ich den von der *Amerika* bekommen habe; ich wusste, dass irgendein Funkspruch von einem Schiff gekommen war; ich weiß nicht, ob es die *Amerika* war.[101]

In Wirklichkeit war das Verhalten der *Titanic* in jener Nacht unbegreiflich. Im Rahmen der britischen Untersuchung brachte das selbst den britischen Havariekommissar Lord Mersey völlig aus der Fassung. Nachdem sämtliche der Kommission (und in jener Nacht der *Titanic*) vorliegenden Eiswarnungen vorgelesen worden waren, stellte Lord Mersey dem überlebenden Vierten Offizier Joseph Boxhall die einzig richtige Frage: »Können Sie mir erklären, warum es eine solche Navigation geben sollte?«.

Doch wenn wir uns an den Anfang dieses Kapitels über die Eiswarnungen erinnern, war Boxhall jener Mann mit der selektiven Demenz. Dementsprechend antwortete er nun vor der britischen Kommission: »Ich glaube nicht einen Moment, dass wir im Besitz dieser Nachrichten waren, Mylord.« Wie wir jedoch wissen, waren alle diese Nachrichten wirklich an Bord der *Titanic* angekommen. Boxhall selbst hatte von »einem ganzen Haufen« von Eiswarnungen gesprochen.

»Vorausgesetzt, diese Nachrichten werden bestätigt«, wandelte Lord Mersey seine Frage ab: »Können Sie erklären, warum es der *Titanic* erlaubt wurde, ihren Weg durch eine solche Region zu suchen?« Die Antwort: »Nein, Sir, das kann ich nicht.«

Damit hatte der Offizier nautisch und moralisch komplett abgedankt. Und daher müssen auch wir an diesem Punkt grundsätzlich umdenken. Bisher war in der seit hundert Jahren währenden Diskussion ja schlimmstenfalls die Rede von Schlamperei, Fahrlässigkeit und der Missachtung von Warnsignalen. Bisher war auch davon die Rede, die *Titanic* sei »trotz« der Eiswarnungen weitergefahren. Gemäß dem beschriebenen Bild hatte die *Titanic* die Eiswarnungen jedoch keineswegs ignoriert. Vielmehr war sie »wegen« der Eiswarnungen weitergefahren, was dadurch zum Ausdruck kommt, dass sie den Bereich des dicksten Eises regelrecht ansteuerte. Aus diesem Bereich sendete sie schließlich ihren Notruf, und hier versank sie tatsächlich auch.

Ein feuchtfröhlicher Abend und ein verschwundener Zeuge

Während die *Titanic* direkten Kurs auf das Eis nahm, wurden die Passagiere bei einem fröhlichen Besäufnis »abgefüllt«, wie man so schön sagt. »Es war der bunteste Abend der ganzen Reise«, plauderte später Steward Thomas Whiteley laut *The Washington Herald* (vom 21. April 1912) aus dem Nähkästchen, wobei die Legende von der »Rekordfahrt« wiederbelebt wurde. Das Schiff sei bis dahin sehr schnell gewesen, wahrscheinlich würde man einen neuen

Rekord aufstellen – zumindest wurde das den Passagieren und Besatzungsmitgliedern erzählt. »Es wurde der Befehl erteilt, das Abendessen sollte das feinste sein, das jemals an Bord eines Schiffes serviert wurde, egal, was es kostet, und die Befehle wurden ausgeführt.«

Gegen halb sieben Uhr abends habe es angefangen. *Titanic*-Reeder Ismay habe an einem Tisch in einer Ecke in der Nähe von Herrn und Frau Astor gesessen. »Kurz nachdem das Essen serviert worden war, fing der Spaß an. Am Astor-Tisch wurde Wein serviert, und die Konversation war sehr angeregt. Der Kapitän sprach und scherzte mit Herrn Astor, gelegentlich sagte Herr Ismay etwas. Ein Thema war die Geschwindigkeit des Schiffes. Ich sah den Kapitän keinen Tropfen trinken. Ich glaube, er schlug nie über die Stränge.«

Während der Steward behauptete, das Essen sei gegen 21 Uhr beendet gewesen und Kapitän Smith habe später im eisigen Wasser noch ein Baby vor dem Ertrinken gerettet, erhob der überlebende Major Arthur Peuchen später schwere Vorwürfe wegen des Trinkgelages. Dieses habe bis 22.30 Uhr gedauert, wobei der Wein in Strömen geflossen sei, so Peuchen laut *The Yakima Herald* vom 1. Mai 1912. Demnach waren viele der Erste-Klasse-Passagiere, aber auch Besatzungsmitglieder, als sie einen klaren Verstand gebraucht hätten, betrunken. Eine Stunde und 15 Minuten später sei das Schiff auf den Eisberg gefahren, so die Zeitung.

Auch ein ungarisches Besatzungsmitglied der *Titanic* namens Louis (oder Luis) Klein machte der Schiffsführung später Vorwürfe. Demnach floss reichlich Alkohol an diesem Abend, nicht nur bei der exklusiven Dinnerparty. Vielmehr sei der übrig gebliebene Wein danach an Crewmitglieder ausgeschenkt worden, bis diese total betrunken gewesen seien.

Demnach war die Titanic an diesem Abend weitgehend führerlos; die Ausguckmatrosen hätten friedlich im Krähennest geschlafen; die anderen Besatzungsmitglieder, ob im

Dienst oder nicht, seien mit Champagner abgefüllt gewesen, den die Stewards aus dem Speisesaal mitgebracht hätten. »Ich weiß, dass viele betrunken waren«, so Klein gemäß *The Gazette Times* vom 22. April 1912. Demzufolge wurde die *Titanic* wirklich von einem Eisberg getroffen, allerdings lief das Ereignis etwas anders ab, als es sich Besatzung hinterher mehr schlecht als recht erzählte.

Während er, Klein, so ziemlich der einzige Nüchterne an Deck gewesen sei, habe ein Passagier an der Reling auf etwas gezeigt: »Ich folgte seinem Arm und sah, dass es ein großer Eisberg war, und rannte zur Brücke. Der Dritte Offizier sah mich und rief, was los sei.« Er sei jedoch zu aufgeregt gewesen und zu dem Mast mit dem Krähennest gelaufen, um die Männer im Ausguck zu alarmieren. »Aber ich hörte kein Wort. Also stieg ich hinauf und fand den Ausguck im Tiefschlaf vor. Ich schlug die Alarmglocke selbst.«

Hm – ein einsamer Held will also versucht haben, die *Titanic* zu retten? Ein Wichtigtuer? So einfach kann man es sich jedoch wohl nicht machen. Nach einem Bericht des *Evening Statesman* vom 22. April 1912 war Klein ein ungarischer Jude, der behauptete, sofort nachdem das Rettungsschiff *Carpathia* später in New York angelegt hatte, von der White Star Line aus der Stadt hinaus nach Cleveland befördert worden zu sein. Dort wurde er laut der Zeitung unter anderem vom ungarischen Konsul ins Gebet genommen, wobei es jedoch nicht gelungen sei, seine Geschichte zu erschüttern. Auf Wunsch von Senator William Alden Smith sei Klein daraufhin in Cleveland festgehalten worden, und Smith habe einen Beamten geschickt, um Klein nach Washington vor den Ausschuss zu holen (da Smith keine Befugnis für solche Maßnahmen besaß, kam der Zeuge in Wirklichkeit freiwillig; siehe unten). Das Problem war nur: Als Smith Klein am sechsten Tag der Untersuchung um 15.30 Uhr in Washington als Zeugen aufrief, war Klein nicht da:

Senator SMITH: Ich würde gern den Sergeant vom Dienst fragen, ob der Zeuge Luis Klein, der vorgeladen und vom Marshals Office in Cleveland hierhergebracht wurde, hier ist. Und falls er hier ist, sagen Sie ihm bitte, dass wir bereit sind, ihn zu hören.
Mr. CORNELIUS: Er ist nicht hier, Senator.
Senator SMITH: Wo ist er?
Mr. CORNELIUS: Er verließ gestern Morgen sein Hotel. Wir wissen nicht, wo er ist. Wir konnten ihn nicht finden.[102]

Na, so was – einfach weg, der Zeuge!

Senator SMITH: Haben Sie jede Anstrengung unternommen, um ihn zu finden?
Mr. CORNELIUS: Durch unsere Beamten hier – ja, Sir: durch das Marshals Office hier.
Senator SMITH: Durch die Marshals des Districts of Columbia?
Mr. CORNELIUS: Ja, Sir.
Senator SMITH: Aber Sie hatten keinen Erfolg?
Mr. CORNELIUS: Nein, Sir.
Senator SMITH: Setzen Sie Ihre Bemühungen fort?
Mr. CORNELIUS: Ja, Sir.
Senator SMITH: Dann mögen Sie mit Ihren Bemühungen fortfahren, und falls Sie ihn finden, ist es der Wunsch des Ausschusses, dass Sie das tun sollten.

Am elften Tag befragte Senator Smith dazu den stellvertretenden Marschall Charles H. Morgan:

Senator SMITH: Haben Sie Luis Klein in Ihrer Eigenschaft von Cleveland nach Washington gebracht?
Mr. MORGAN: Ja, Sir.
Senator SMITH: War er dort in Ihrem Gewahrsam?
Mr. MORGAN: Nun, ich war bei ihm, versuchte, bei ihm zu sein – ja, Sir.
Senator SMITH: Hat er dieses Papier unterschrieben (zeigt eine Zeugenerklärung von Klein)?

Mr. MORGAN: Ich sah ihn nicht persönlich, aber ich weiß, dass er es tat, weil es vom Büro kam.

Er hatte Klein also »in Gewahrsam«, war bei ihm oder »versuchte, bei ihm zu sein«, sah ihn aber nicht persönlich? Diesen Formulierungen kann man entnehmen, dass Klein sich natürlich nicht wirklich unter Arrest oder etwas Ähnlichem befand, sondern ganz normal in einem Hotelzimmer wohnte. Als Nächstes verlas Smith denn auch Kleins Erklärung, wonach er bereit sei, freiwillig nach Washington zu kommen und vor dem Ausschuss auszusagen, und fragte dann:

Senator SMITH: Wissen Sie, was aus dem Zeugen geworden ist?
Mr. MORGAN: Nein.
Senator SMITH: Wissen Sie, wann er seine vorübergehende Unterkunft hier verließ?
Mr. MORGAN: Wir kamen hier am Dienstagmorgen an, und ich sah ihn bis zum Dienstagabend 23 Uhr und war bereit, ihn hierher zu bringen. Ich wollte ihn wecken und ihm helfen – ihn um acht Uhr aus dem Bett holen; aber es scheint, dass er das Hotel um sieben Uhr verlassen hat und seine paar Habseligkeiten dagelassen hat. Er ging ohne seinen Kragen und Binder.
Senator SMITH: Und wurde seitdem nicht mehr gesehen?
Mr. MORGAN: Nein, Sir.
Senator SMITH: Haben Sie versucht, ihn zu finden?
Mr. MORGAN: Ja, Sir. Ich habe sofort die Leute hier informiert und befolgte die Anweisungen, um den Mann zu finden.
Senator SMITH: Sie hatten keinen Erfolg?
Mr. MORGAN: Nein, Sir.[103]

Soso – da wird also ein eifriger Zeuge, der Stein und Bein schwor, dass praktisch die gesamte *Titanic*-Crew am Abend der Katastrophe betrunken war, für glaubwürdig befunden und kommt freiwillig nach Washington, um auszusagen –

und verschwindet dann Hals über Kopf aus seinem Hotel, ohne seinen Schlips und Kragen mitzunehmen?

Alles ein Schwindel, meinte ein äußerst vertrauenswürdiger Zeuge vor dem Ausschuss, nämlich der Zweite Offizier Charles Lightoller. So sei Luis Klein gar nicht der wirkliche Klein gewesen, sagte Lightoller – der echte Klein sei ertrunken. Tatsächlich stand ein Luis Klein nicht auf der Besatzungsliste, sondern nur ein Friseur namens Herbert Klein. Auf der anderen Seite waren weder Besatzungs- noch Passagierliste der *Titanic* hundertprozentig zuverlässig. Dafür fügt sich die Schilderung des verschollenen Klein nahtlos in die anderen Berichte von dem Saufgelage, und so bleibt es möglich, dass Besatzung und Passagiere der *Titanic* am Abend der Katastrophe planmäßig betrunken gemacht wurden, während der Kapitän Berichten zufolge nüchtern blieb.

Die Legende vom einsamen Eisberg

Immer wieder können wir lesen, dass die *Titanic* in jener Nacht überraschend auf »einen« Eisberg fuhr, und fast noch öfter können wir in Spielfilmen oder pseudorealistischen Animationen beobachten, wie der Ozeanriese auf einen mutterseelenallein vor sich hin dümpelnden Eisberg trifft. Wie eine Nadel im Heuhaufen soll die *Titanic* dabei mitten im leeren Ozean ausgerechnet diesen einsamen Eisberg gefunden haben, sozusagen wie einen negativen Lottogewinn.

Diesen Legenden zufolge wurde die Reise der *Titanic* am 14. April gegen 23.40 Uhr »jäh unterbrochen, als der Ausguck Frederick Fleet direkt voraus einen Eisberg entdeckte, dreimal die Alarmglocke läutete und die Warnung direkt telefonisch an die Brücke weiterleitete, wo sie vom Sechsten Offizier James P. Moody entgegengenommen wurde«, heißt es in einer typischen Nacherzählung auf Wikipedia Deutschland: »Der Abstand zum Eisberg war aber schon zu gering: Die *Titanic* kollidierte bei voller Reisegeschwindigkeit mit ihrer vorderen Steuerbordseite mit dem circa 300 000 Tonnen schweren Eisgebilde.« (Woher auch immer diese Zahl stammt, denn der »tödliche Eisberg« konnte nie zuverlässig identifiziert geschweige denn gewogen werden.)

So eine Überraschung! Damit konnte doch nun wirklich keiner rechnen! Am allerwenigsten der arme Kapitän Smith! Wenn wir eines inzwischen sicher wissen, dann dies: Diese und ähnliche Darstellungen sind Fiktion. In Wirklichkeit gab es auf der Brücke und im Ausguck der *Titanic* keinerlei Ungewissheiten, wie es in dem betreffenden Gebiet aussehen würde.

Interessanterweise verfügen wir aber auch über anschaulichste Beschreibungen des Eisfeldes von Augenzeugen auf der *Titanic*. Wie das? Wer sollte beschrieben haben, wie die *Titanic* des Nachts in ein dichtes Eisfeld hineinfuhr? Nun – natürlich niemand. Die einen konnten nicht mehr reden, die anderen wollten nicht. Da sich auch die überlebende Schiffsführung alle Mühe gab, das Ganze als unglücklichen Unfall darzustellen, gibt es solche Beschreibungen nicht. Aber dafür gibt es zahlreiche Zeugenaussagen von den Überlebenden in den Rettungsbooten.

Bald nachdem die *Titanic* versunken war, sichteten die Insassen der Rettungsboote Eisberge und hatten regelrecht Schwierigkeiten, den »weißen Riesen« auszuweichen. Rettungsboot Nr. 4 beispielsweise »hatte nächtens eine unangenehme Begegnung mit Eisbergen, denn es wurden viele gesichtet und ihnen unter Schwierigkeiten ausgewichen«, berichtete der berühmte *Titanic*-Überlebende Lawrence Beesley. Auch Boot Nr. 8 »befand sich inmitten von Eisbergen«.[104]

Als nur zwei bis drei Stunden nach dem Untergang der *Titanic* das Rettungsschiff *Carpathia* herandampfte, geriet dessen Fahrt zum regelrechten Eistanz: Wie *Carpathia*-Kapitän Rostron »in seinem Zeugnis sagte, sahen sie zwischen 2.45 Uhr [25 Minuten nach dem Untergang der *Titanic*; G.W.] und 4.00 Uhr auf jeder Seite Eisberge, passierten etwa zwanzig große, hundert bis zweihundert Fuß hoch, und noch viel mehr kleinere, und ›mussten das Schiff dauernd zwischen ihnen manövrieren, um ihnen auszuweichen‹ ...

Schließlich wurde das Schiff gestoppt, mit einem gesichteten Eisberg genau voraus ... So weit das Auge blickte, erstreckte sich im Norden und Westen ein ausgedehntes Eisfeld, aus dem sich Eisberge erhoben und dazugehörige Eisschollen, als würde plötzlich ein Hügel aus der Ebene auftauchen. Voraus und nach Süden zeichneten sich schwimmende Monster durch die fahle Dunkelheit ab, ihre Anzahl wurde größer von Augenblick zu Augenblick, als der Tag anbrach und den Horizont rosa färbte.«[105]

»Habe die Notsignale der *Titanic* um 11.20 Uhr erhalten«, hatte die Retterin *Carpathia* schon zuvor gefunkt. »Sind dann sofort zu der erwähnten Stelle gefahren. Dort angekommen, zu Tagesanbruch, sahen wir ein Eisfeld, 25 Meilen lang, offensichtlich massiv, eine Menge an Wrackteilen und einige Rettungsboote voll mit Menschen.«[106]

»Das Wasser«, beschrieb Beesley das Panorama von Bord der *Carpathia* aus weiter, «erstreckt sich in seiner ganzen Schönheit bis zur Kimm, und dann auf dieser See ein Eisfeld von arktischen Ausmaßen platziert und unzählige Eisberge überall – weiße, rosa getauchte und tödlich kalte – und nahe bei ihnen plötzlich heraufkommende Boote aus der Mitte des Ozeans, um jene herum rudernd und ihnen ausweichend, mit Passagieren, gerettet von dem wunderbarsten Schiff, das die Welt je sah.«[107]

Quod erat demonstrandum: Genau das hatten die Eiswarnungen vorhergesagt. Und genau so sah es also an der Untergangsstelle der *Titanic* aus: Eis und Eisberge, so weit das Auge reichte.

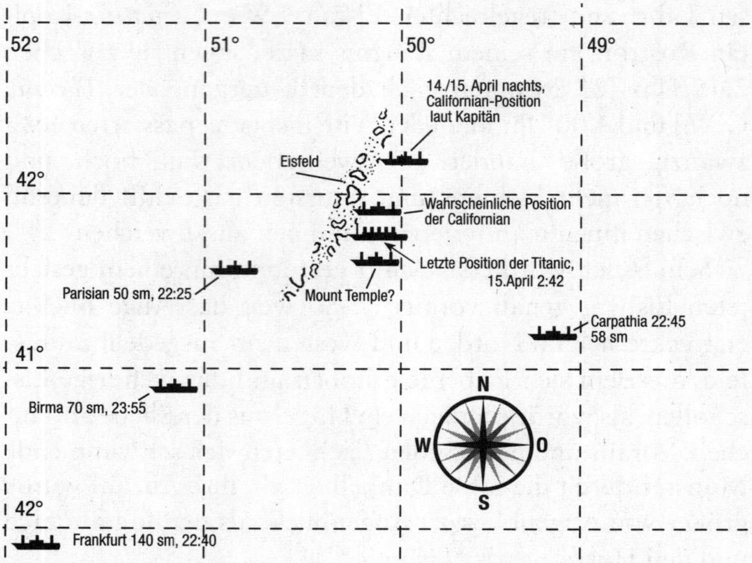

In der Nacht vom 14. auf den 15. April 1912 fährt die Titanic *direkt auf die massive Eisbarriere zu und sinkt. Die nördlich gelegene* Californian *hat gestoppt und treibt über Nacht nach Süden auf die* Titanic *zu. Von vorne (Westen) nähert sich die* Mount Temple, *die sehr viel näher am Ort des Geschehens war, als bisher angenommen. Vermutlich war sie das Schiff, das stundenlang regungslos und abgedunkelt neben der* Titanic *lag und den Untergang beobachtete, ohne den Passagieren Hilfe zu leisten.*

Denn selbstverständlich hatten sich die Rettungsboote in zwei bis drei Stunden nicht weit von der Untergangsstelle entfernt. Es wäre sogar äußerst dumm gewesen. Denn schließlich hatte die *Titanic* ihre letzte Position ja durchgegeben.

Nachdem die *Carpathia* die Überlebenden (also auch Beesley) aufgenommen hatte, fuhr das Schiff am 15. April 1912 »den ganzen Nachmittag am Rand des Eisfeldes, das sich so weit nach Norden erstreckte, wie ein Auge ohne Hilfsmittel sehen konnte«. Das Eisfeld war so massiv und riesig, dass Beesley überlegte, ob man die Passagiere von der sinkenden *Titanic* aus nicht auf das Eisfeld hätte bringen und weitere Überlebende hätte holen können, »wenn wir gewusst hätten, dass es dort gewesen wäre. Ich könnte mir vorstellen, dass es so durchführbar gewesen wäre.«[108]

Nun – Kapitän und Schiffsführung haben das bestimmt gewusst. Da die *Titanic* ja angeblich so verzweifelt auf rettende Schiffe wartete, hätten Kapitän und Besatzung durchaus auf die Idee kommen können, die Insassen auf das umgebende Eis zu retten – so, wie es bei anderen Eisunfällen zuvor auch schon geschehen war.

Als beispielsweise am 27. April 1845 der Schoner *Ellen* 150 Meilen westlich von Cape Race einen Eisberg rammte und sank, brachte sich die Besatzung auf dem Eis in Sicherheit. Als am 3. Mai 1893 die *SS Castlegate* 400 Kilometer östlich von Cape Race einen Eisberg rammte, überlebte die Besatzung auf einer Eisscholle. Als am 27. Juni 1875 der Schoner *Caledonia* auf einen Eisberg auffuhr und innerhalb von 30 Minuten sank, wurden 82 Menschen auf einen Eisberg gerettet, wo sie die Nacht verbrachten.

Es wäre möglicherweise auch auf der *Titanic* eine Option gewesen, die voll besetzten Rettungsboote einfach in Richtung des nächsten Eisberges oder des Treibeises zu schicken, um dort Überlebende abzusetzen und neue zu holen – das geschah aber nicht. Selbst der angeblich gerammte Eisberg wäre dafür in Frage gekommen – immer noch besser, als im eiskalten Wasser zu erfrieren und zu ertrinken.

Tatsächlich ist dies eines der zentralen und vollkommen unbeachteten Rätsel des Untergangs: Während die *Titanic* auf Rettung wartete, war die Rettung längst vor Ort – in Gestalt von Eis. Aber bekanntlich kamen Kapitän und Besatzung ja nicht einmal auf die Idee, die Rettungsboote voll zu machen. Die wirksame Rettung der Passagiere schien überhaupt nicht auf dem Plan zu stehen. Doch dazu gleich mehr.

»Es ist sicherlich ein ungewöhnlicher Anblick«, berichtete Beesley weiter über die Heimfahrt mit der *Carpathia*, »an Deck zu stehen und die See mit festem Eis bedeckt zu sehen, weiß und blendend in der Sonne und an einigen Stellen mit Eisbergen durchsetzt.« Sie seien in etwa 200 bis 300 Metern vorbeigefahren »und dampften parallel zu den Schollen, bis sie nachts irgendwann endeten …« Später sei bekannt geworden, »dass das Eisfeld fast siebzig Meilen lang und zwölf Meilen breit gewesen ist …«[109] Das sind etwa 113 mal 20 Kilometer und damit ziemlich genau die von der *Mesaba* beschriebene nord-südliche Ausdehnung von einem Breitengrad (111 Kilometer). Mit anderen Worten, die *Titanic* traf genau auf das, was nach den Eiswarnungen zu erwarten war – nämlich eine undurchdringliche Eisbarriere.

Im Eis

Nun wissen wir also, wo sich die *Titanic* wirklich befand. Gegen 23.00 Uhr Schiffszeit erreichte sie nicht irgendeinen Eisberg, sondern allmählich jene Zone, die sie die ganze Zeit konsequent angesteuert hatte, nämlich ein gewaltiges Eisfeld aus Treibeis, Eisbergen und -schollen. Berichten zufolge sahen die Männer im Ausguck auch nicht wenige Sekunden vor der Kollision plötzlich einen einzelnen Eisberg. Vielmehr hätten sie das vor der *Titanic* liegende Eis bei der Annäherung schon über längere Zeit wahrgenommen – genau so, wie man sich das eigentlich auch vorstellen muss.

In Wirklichkeit sei »der Eisberg« mindestens eine Viertelstunde vor dem angeblichen Zusammenprall gemeldet worden. Schon am 21. April 1912 schrieb die *New York Times:* »Seemann berichtet: Alarm des Ausgucks wurde ignoriert«. Demnach hatte der Erste-Klasse-Steward Thomas Whiteley nach dem Untergang der *Titanic* in einem der Rettungsboote eine Unterhaltung zwischen den beiden dienstabenden Ausguckwachen mitbekommen. Danach hatten die Leute im Ausguck das Eis eine geschlagene Viertelstunde vor dem Zusammenprall gesehen und die Brücke nicht einmal, sondern dreimal gewarnt: ohne Erfolg.

»Ich hörte einen von ihnen sagen«, berichtete Whiteley, »dass er 15 Minuten vor der Kollision den Ersten Offizier Mr. Murdoch auf der Brücke informiert hatte, dass er glaubte, einen Eisberg gesehen zu haben. Danach hat er Mr. Murdoch noch zweimal vor einem Eisberg voraus gewarnt, sagte der Ausguck. Ich kann mich nicht an die genauen Worte erinnern, aber sie waren sehr aufgebracht darüber, dass ihren Warnungen keine Aufmerksamkeit geschenkt wurde. Einer von ihnen sagte: ›Kein Wunder, dass sich Mr. Murdoch erschossen hat.‹«

1993 entdeckte der Vizepräsident der amerikanischen *Titanic* Historical Society *(THS)*, George Behe, Indizien dafür, dass der Ausguck Frederick Fleet der Brücke sogar eine halbe Stunde »vor der Warnung, die dem Unglück direkt voranging, schon *dreimal* Eis gemeldet hatte – nur um von den diensthabenden Offizieren Murdoch und Moody ignoriert zu werden«.[110] Des Weiteren behauptete Behe, dass die White Star Line dem Ausguck Fleet »finanzielle Sicherheit angeboten habe, wenn er die früheren Warnungen bei den Untersuchungen verschwiege. Doch ob das alles stimmt? Denn wie wir wissen, ist es durchaus fraglich, ob in jener Nacht alle auf ihren Posten waren. So hatte der plötzlich verschwundene Zeuge Luis Klein berichtet, wie die Besatzung am Abend des 14. April betrunken gemacht worden war und wie er selbst in das Krähennest geklettert sei und die dortige Crew schlafend vorgefunden habe, woraufhin er selbst die Glocke geläutet habe. Bevor der Zeuge vernommen werden konnte, verschwand er Hals über Kopf aus seinem Hotelzimmer – oder war er etwa entführt worden? Bei den Untersuchungen wurde der Ausguck Fleet jedenfalls als unbeholfener und sehr defensiver, um nicht zu sagen paranoider Zeuge beschrieben, der offensichtlich unter starkem Stress (und dem Auge Ismays) stand.«[111] Ismay war der überlebende Vorsitzende der White Star Line.

Tatsächlich berichtete die *New York Times* schon am 21. April 1912, »wie die Lippen der *Titanic*-Besatzung vor der US-Untersuchung versiegelt wurden«. Nämlich, indem 25 davon auf dem White-Star-Schiff *Celtic* unter Quarantäne genommen und zum Schweigen verpflichtet wurden (siehe *Die Beeinflussung der Zeugen*).

Der mysteriöse Eisberg

Doch wie verhält es sich nun mit dem eigentlichen »tödlichen Eisberg«, der der *Titanic* den Todesstoß gegeben haben soll? Fragen wir doch am besten mal den überlebenden Ausguck Frederick Fleet, sagte man sich bei der amerikanischen Untersuchungskommission. Da er und sein Kollege Reginald Lee den Eisberg zuerst gesehen haben sollen, müsste er es doch am besten wissen.

Doch zu unserer Überraschung müssen wir erfahren, dass die *Titanic* in jener Nacht nicht nur von »Geisterschiffen« umgeben war (darauf komme ich noch), sondern zuallererst mit einem »mysteriösen Eisberg« konfrontiert wurde. Ganz anders als die Überlebenden in den Rettungsbooten am nächsten Morgen konnten die beiden Ausguckmatrosen den »tödlichen Eisberg« nicht konkret oder anschaulich beschreiben. Und das lag nicht an der Nacht. Denn schließlich muss sich der Eisberg, als er vorbeiglitt, im hellen Licht des erleuchteten Ozeandampfers befunden haben.

Senator SMITH: Ich würde gerne festhalten, wo Sie während Ihres Dienstes stationiert waren.

Mr. FLEET: Ich war im Ausguck.
Senator SMITH: Im Ausguck.
Mr. FLEET: Um die Zeit der Kollision.
Senator SMITH: Im Krähennest?
Mr. FLEET: Ja.
Senator SMITH: Um die Zeit der Kollision?
Mr. FLEET: Ja, Sir.
Senator SMITH: Können Sie mir sagen, wie hoch sich das über dem Bootsdeck befindet?
Mr. FLEET: Ich habe keine Ahnung.
Senator SMITH: Können Sie mir sagen, wie hoch sich der Masttopp über dem Krähennest befindet?
Mr. FLEET: Nein, Sir.
Senator SMITH: Wissen Sie, wie hoch Sie über der Brücke waren?
Mr. FLEET: Ich bin nicht besonders gut im Schätzen.
Senator SMITH: Ich möchte nicht, dass Sie schätzen. Aber wenn Sie es wissen, wäre es mir lieb, wenn Sie es sagen würden.
Mr. FLEET: Ich habe keine Ahnung.
Senator FLETCHER: Das meinen Sie nicht wirklich; Sie haben sicher eine Idee?
Mr. FLEET: Nein, habe ich nicht.[112]

Lustig: Ein Ausguck weiß nicht nur nicht, wie hoch das Krähennest, also sein Standpunkt, ist, er hat nicht einmal »eine Ahnung« davon. So etwas kann man auch nur einer amerikanischen »Landratte« in Gestalt eines Senators erzählen.

Zunächst einmal ist es natürlich von Bedeutung, dass sich das Krähennest möglichst weit oben befindet. Denn da die Erde ja gekrümmt ist, kann man umso weiter schauen, je höher man sich befindet. Das ist ja der Sinn eines Krähennestes. Anhand der Höhe seines Standpunkts kann der Ausguck aber auch abschätzen, wie weit am Horizont auftauchende Objekte noch vom Schiff entfernt sind. Oder besser gesagt: Wie weit der Horizont entfernt ist. Und taucht nun ein Objekt am Horizont auf, weiß der Ausguck damit automatisch auch, wie weit das Objekt noch etwa entfernt ist. Und da die Entfernungsschätzung und Sichtung von Objekten nun mal der Job eines Ausgucks ist, ist es vollkommen abwegig anzunehmen, er wisse nicht über die Höhe seines Standorts Bescheid.

Zwar ist der eigentlich maßgebliche Bezugspunkt für die Sichtweite die Wasserlinie (also wie hoch man sich über der Wasserlinie befindet), aber natürlich könnte ein Ausguck auch sagen, wie hoch er über der Brücke oder über dem höchsten Deck des Schiffes (dem Bootsdeck) hängt. Jeder Seemann in der Schiffsführung oder Navigation des Schiffes muss wissen, wie weit ein Objekt noch entfernt ist, wenn man es im Krähennest, auf dem Bootsdeck, auf der Brücke oder gar auf dem Vordeck sehen kann. Kurz: Die verschiedenen Sichthöhen sind Navigationsdaten – aber nicht das Einzige, wovon der Ausguck »keine Ahnung« hatte:

Senator SMITH: Haben Sie speziell nach Eis Ausschau gehalten?
Mr. FLEET: Ja, Sir.
Senator SMITH: Erzählen Sie uns, was Sie taten.
Mr. FLEET: Nun, ich meldete einen Eisberg voraus, eine schwarze Masse.
Senator SMITH: Wann haben Sie das gemeldet?
Mr. FLEET: Ich kann Ihnen die Zeit nicht sagen.
Senator SMITH: Ungefähr?
Mr. FLEET: Kurz nach sieben Glasen. [Kurz nach 23.30 Uhr Schiffszeit; G. W.]
(…)
Senator SMITH: Wie lange vor der Kollision oder dem Unfall haben Sie Eis voraus gemeldet?
Mr. FLEET: Ich habe keine Ahnung.
Senator SMITH: Etwa wie lange vorher?
Mr. FLEET: Ich kann es bei der Geschwindigkeit nicht sagen.
Senator SMITH: Wie schnell fuhr sie denn?

Mr. FLEET: Ich habe keine Ahnung.
Senator SMITH: Könnten Sie sagen, dass Sie den Eisberg eine Stunde vor der Kollision meldeten?
Mr. FLEET: Nein, Sir.
Senator SMITH: 45 Minuten?
Mr. FLEET: Nein, Sir.
Senator SMITH: Eine halbe Stunde vorher?
Mr. FLEET: Nein, Sir.
Senator SMITH: 15 Minuten vorher?
Mr. FLEET: Nein, Sir.
Senator SMITH: 10 Minuten vorher?
Mr. FLEET: Nein, Sir.
Senator SMITH: Wie weit weg war diese schwarze Masse, als Sie sie zuerst bemerkten?
Mr. FLEET: Ich habe keine Ahnung, Sir.[113]

Nun, das sind ja profunde Aussagen – offenbar hat der Vorsitzende das Gefühl, es mit einem Kleinkind zu tun zu haben, weshalb er dem Ausguck des größten und modernsten Schiffes der Welt die Antworten auch vorkaut wie einem kleinen Baby. Mal ehrlich: Auf keinem Polizeirevier oder Gericht der Welt würde man einem derartigen Zeugen auch nur ein Wort glauben. Fleet konnte praktisch überhaupt nichts Konkretes über die Situation sagen.

Zuvorderst hatte er nicht einmal die geringste Ahnung von den wichtigsten Kennziffern seines Jobs, nämlich, wie hoch er sich befand und wie schnell das Schiff etwa fuhr. Er wusste aber auch nicht, wie weit der Eisberg weg war, als er ihn bemerkte, ob er sich bewegte oder nicht und wie er aussah. Nur von der Höhe (50 bis 60 Fuß/17 bis 20 Meter) hatte er eine Ahnung, aber schon bei der Länge und Breite »verließen sie ihn wieder«. Er sei nicht gut darin, Entfernungen und Abmessungen zu schätzen, sagte der Ausguck der *Titanic* zur Begründung. Nun – wie kam er dann überhaupt zu seinem Job als Ausguck?

Außer dem Begriff »Eisberg« und einer ungefähren Höhenangabe und Größe des Objekts hatte der Ausguck der *Titanic* nichts zu bieten. Der Eisberg gewann einfach keine Gestalt, oder besser gesagt: Er wurde durch die Worte des Ausgucks in keiner Weise plastisch oder »lebendig«. Mit anderen Worten: Die Aussage ist in gar keiner Weise glaubwürdig. Hatte das etwas damit zu tun, dass Fleet betrunken im Krähennest schlief, wie der verschollene Zeuge Klein berichtet hatte? Oder gab es gar keinen Eisberg?

Dazu muss man sich vergegenwärtigen, dass die beiden Wachen im Ausguck über einen einmaligen Logenplatz verfügten. Der Ausguck oder das sogenannte Krähennest hing weit vor der Brücke etwa 20 Meter hoch über dem Vorschiff am vorderen Mast der *Titanic*. Kein Fensterrahmen und kein Glas behinderte die Sicht, und als der durch das Schiff beleuchtete Eisberg zum Greifen nahe an der *Titanic* vorbeischrammte, muss dies ein beeindruckendes Erlebnis gewesen sein. Doch in den Untersuchungen nach dem Unglück vermittelte sich von diesem Erlebnis nichts. Die beiden Wachen berichteten darüber wie von einer Zigarettenkippe, die sie irgendwann einmal auf der Straße gesehen hatten.

Auch in der britischen Untersuchung wurde es nicht besser. Vor der Sichtung des Eisbergs wollte Fleet hier plötzlich einen leichten Dunst wahrgenommen haben. Aber mit dem Dunst verhielt es sich wie mit dem mysteriösen Eisberg: Nix Genaues wusste man nicht.

»Können Sie uns sagen, wie lange vor der Kollision Sie den Dunst bemerkten?«, wollte der Generalstaatsanwalt von Fleet wissen. Antwort: »Nein, das kann ich nicht.« – »Können Sie uns sagen, wie lange Sie etwa im Dienst waren, als Sie den Dunst bemerkten?« Aber auch das konnte Fleet nicht sagen, denn der hatte nicht nur kein Fernglas, sondern auch »keine Uhr«! Nächste Frage: Wer von den beiden Ausgucken, er oder Lee, habe den Eisberg zuerst gesehen. Antwort: »Ich weiß nicht.« Auf die Frage, was er denn gesehen habe, nahm der Eisberg auch hier nur als »schwarzes Objekt« Gestalt an.

Wie weit der Berg entfernt war, als er ihn bemerkte? Keine Ahnung. Wie hoch der Berg war, kann Fleet »nicht sagen«. Wie hoch der Berg das Vorschiff überragte? »Ich weiß es nicht.« Nun, der Berg sei doch dann an Steuerbord an dem Schiff vorbeigeglitten – ob Fleet etwas darüber sagen könne, wie der Berg aussah. Ob es eine große oder kleine Masse gewesen sei. Antwort: »Nun, eine große Masse.« Frage: »Meinen Sie einen großen Block?« Antwort: »Ja.« Frage: »Können Sie sagen, wie hoch er war?« Antwort: »Nein.«[114]

Auch hier fällt auf, dass Fleet den Eisberg schlicht nicht beschreiben kann. Außer abstrakten Begriffen (»Block«, »Masse«) hat er nichts anzubieten, schon bei der Schätzung der Höhe scheitert er. Aber ein Eisberg hat ja noch viel mehr Merkmale: Er kann spitz sein oder flach, er kann über mehrere Spitzen verfügen oder nur über eine, er kann flache Ausläufer haben oder steil aus dem Wasser ragen. Schließlich kann er einem auch Gefühle machen: Er kann mächtig aussehen oder furchterregend, er kann einem Angst einjagen oder bedrohlich wirken usw., usf. Nichts davon erwähnt Fleet.

Mit anderen Worten, wir haben hier nicht wirklich einen konkreten Eisberg vor uns, sondern nur eine abstrakte Idee davon – so, als hätte jemand Fleet die Anweisung gegeben, er solle sagen, die *Titanic* sei mit einem Eisberg kollidiert …

Durch die Vernehmung seines Ausguckkollegen Reginald Lee vor der britischen Untersuchungskommission wurde es auch nicht besser.

Frage: Entfernung des Eisbergs im Moment seiner Entdeckung? »Es könnte eine halbe Meile oder mehr gewesen sein, vielleicht auch weniger. Ich kann Ihnen die Entfernung nicht nennen unter diesen Lichtverhältnissen.« Frage:

»Können Sie uns irgendetwas über die Breite sagen? Wie sah er aus? War es etwas, das über das Vorschiff ragte?« Antwort Lee: »Es war eine dunkle Masse, die durch den Dunst kam, und bis sie längsseits des Schiffes kam, war da kein Weiß zu sehen, bis auf einen Saum an der Spitze.« Abmessungen: Fehlanzeige. Frage: »Es war eine schwarze Masse, die da auftauchte?« Antwort: »Durch diesen Dunst – als er näher kam, war da nur ein weißer Saum an der Spitze. Bis er vorbeischwamm, war das das ganze Weiß, was man sehen konnte. Erst dann konnte man sehen, dass er weiß war; eine Seite erschien schwarz, und die andere Seite erschien weiß. Als ich über das Heck hinterher sah, erschien er weiß.«[115]

Das ist alles. Solche allgemeinen Aussagen haben natürlich den Vorteil, dass sich die Zeugen nicht widersprechen können. Wirklich konkreter wurde der Eisberg dadurch aber nicht. Entfernungen, Abmessungen, sonstige Beschaffenheit und Wahrnehmungen: Fehlanzeige.

Besonders interessant sind Wahrnehmungen, welche die Zeugen nicht beschreiben: Zum Beispiel, dass es in Gegenwart des Eisbergs, der in wenigen Metern vorbeiglitt, kälter geworden sei. Auch von dem typischen und eindringlichen Geruch vieler Eisberge (durch auftauendes organisches Material) erwähnten die beiden Zeugen nichts. Zwar erklärte Lee, die allgemeine Gegenwart des Eises durch seinen Geruch wahrgenommen zu haben, als er um 22 Uhr seinen Dienst antrat, aber als er gefragt wurde, was er damit meinte, antwortete er »eine plötzliche Veränderung der Temperatur«.[116] Als angeblich ein leibhaftiger Eisberg vorbeiglitt, erwähnte er keinen besonderen Geruch oder Temperaturwechsel. Die beiden Ausgucke erwähnten auch nichts von einem Luftzug, als Schiff und Eisberg aneinander vorbeiglitten.

Freilich haben den Eisberg auch noch andere gesehen – zum Beispiel der Steuermann Alfred Olliver. Im Moment des Aufpralls habe er gerade die Brücke betreten, sagte er später.

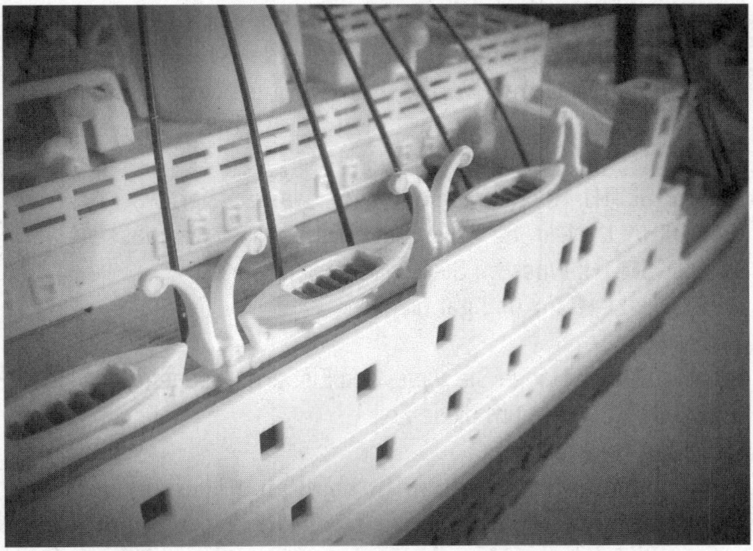

Steuerbord-Bootsdeck der Titanic *(Modell): Hier ging der Vierte Offizier Boxhall nach vorne Richtung Brücke, als rechts von ihm der Eisberg vorbeigekommen sein soll.*

Er habe ein schleifendes Geräusch gehört und dann den Berg gesehen. Dieser Berg muss allerdings ein ganz anderer gewesen sein als der, den angeblich Fleet und Lee gesehen haben. Denn erstens war er nicht weiß oder schwarz, sondern habe eine dunkelblaue Färbung gehabt. Zweitens habe er nicht das Vorschiff, sondern gar das Bootsdeck überragt.

Das ist interessant, denn just im Moment des Zusammenpralls will der Vierte Offizier Boxhall auf der Steuerbordseite des Bootsdecks von hinten nach vorne Richtung Brücke gegangen sein.

Ein idealer Aussichtspunkt auf den an Steuerbord vorbeigleitenden riesigen Eisberg, der nun plötzlich angeblich das Bootsdeck überragte.

Im Moment des Aufpralls habe er die drei Glockenschläge des Ausgucks gehört und sei dann weiter in Richtung Brücke gegangen. Wobei nicht klar ist, wodurch Boxhall »den

Moment des Aufpralls« wahrgenommen hat. Fast um die Zeit der drei Glockenschläge habe er den Maschinentelegraphen und das Kommando »Hart Steuerbord« gehört, was (damals) bedeutete, den Bug nach Backbord zu lenken.

Senator SMITH: Konnten Sie erkennen, was passiert war?
Mr. BOXHALL: Nein, Sir. Ich konnte nicht sehen, was passiert war.
Senator SMITH: Wussten Sie, was passiert war?
Mr. BOXHALL: Ganz und gar nicht.
(...)
Senator SMITH: Haben Sie dabei den Eisberg gesehen?
Mr. BOXHALL: Nicht um diese Zeit.[117]

Um das genau festzuhalten: Boxhall ging also auf der Steuerbordseite auf dem höchsten Deck der *Titanic* von hinten auf die Brücke zu. Dabei befand er sich nicht weit unterhalb des Ausgucks. Gerade als er gleich hinter der Brücke an der Kapitänskajüte vorbeigekommen sei, habe er die drei Glockenschläge und gleich darauf die Steuerkommandos gehört. Das heißt, er befand sich bereits ganz nahe an der Brücke, wobei Ausguck und Brücke in diesem Moment den Eisberg voll im Blick haben mussten; gleich darauf müsste der an der Steuerbordseite des Schiffes vorbeischrammen. Aber irgendetwas stimmt hier nicht, denn Boxhall, dessen Blickrichtung ebenfalls nach vorne zeigte, sah den Berg nicht. Und wenn das stimmt, dann kann es da keinen Eisberg gegeben haben. Oder war Boxhall etwa auch betrunken?

Kurz darauf kam Boxhall nach eigenen Angaben auf der Brücke an, auch sie ein Logenplatz in Sachen Eisberg. Nach dem Aufprall seien er, der Kapitän und der Erste Offizier Murdoch zur Steuerbordseite der Brücke gegangen, um »auf den Eisberg zu schauen«. Der Eisberg musste sich nun zum Greifen nah direkt vor der Nase der Brückenbesatzung befinden – angestrahlt durch die Deckbeleuchtung des Schiffes.

»Haben Sie ihn gesehen?«, fragte Senator Smith Boxhall. Aber Boxhall antwortete: »Ich war mir nicht sicher, ob ich ihn sah. Es sah für mich nur aus wie eine schwarze Masse, die nicht sehr weit aus dem Wasser ragte ... die Größe kann ich nicht beurteilen, aber er lag in meinen Augen sehr, sehr weit unten ... Ich glaube nicht, dass er über die Reling des Schiffes ragte.« Nicht über die Reling des Schiffes? Also demnach auch nicht über das Vorschiff, wie Fleet behauptet hatte, und über das Bootsdeck schon gar nicht. Und auch nicht hoch genug, um Eis auf das Deck zu verlieren. Auch der Vorsitzende der US-Kommission, Senator Smith, konnte nicht fassen, dass Boxhall nicht erkannt haben will, worum es sich handelte:

Senator SMITH: Sie sagen, es sah aus wie ein schwarzes Objekt?
Mr. BOXHALL: Ja.
Senator SMITH: Standen die Sterne am Himmel in jener Nacht?
Mr. BOXHALL: Ja.
Senator SMITH: Und der Mond?
Mr. BOXHALL: Kein Mond.
Senator SMITH: Kein Mond?
Mr. BOXHALL: Nein.
Senator SMITH: War es klar?
Mr. BOXHALL: Klar.
Senator SMITH: Und dennoch wollen Sie so verstanden werden, dass, während Sie so weit vorne wie möglich im Bug des Schiffes standen und direkt auf dieses Objekt hinübersahen, nicht in der Lage waren festzustellen, was es war?
Mr. BOXHALL: Ich stand nicht am Bug des Schiffes, ich stand auf der Brücke.
Senator SMITH: Auf der Brücke?
Mr. BOXHALL: Ja.
Senator SMITH: Aber Sie konnten dieses Objekt sehen oder nicht?
Mr. BOXHALL: Ich bin nicht sicher, ob ich es sah; das will ich sagen. Ich könnte es nicht beschwören. Aber ich meinte, einen kleinen Eisberg [growler] zu sehen.

Senator SMITH: Und er sah dunkel aus?
Mr. BOXHALL: Er schien mir sehr, sehr tief zu liegen.
Senator SMITH: Und dunkel?
Mr. BOXHALL: Ja.
Senator SMITH: Erweckte der Kapitän den Eindruck zu wissen, was Sie gerammt hatten?
Mr. BOXHALL: Nein.

Der Kapitän sah den Eisberg demnach auch nicht oder erkannte nicht, worum es sich handelte.

Senator SMITH: Und Mr. Murdoch?
Mr. BOXHALL: Mr. Murdoch hat es gesehen, als wir es rammten.
Senator SMITH: Sagte er, worum es sich handelte?
Mr. BOXHALL: Ja, Sir.
Senator SMITH: Was sagte er?
Mr. BOXHALL: Er sagte, es war ein Eisberg.[118]

Das kann und/oder will Boxhall aber so nicht bestätigen. Und Murdochs Aussage kennt man nur vom Hörensagen, nämlich durch Boxhall, und man konnte ihn nicht mehr fragen, denn er war genau wie der Kapitän verschollen. Boxhalls Aussage blieb betont vage und ließ sämtliche Möglichkeiten offen: dass da ein Eisberg war oder etwas anderes – oder auch gar nichts. Er selbst wollte jedenfalls nichts gesagt haben …

Der Eisberg aus dem Rauchsalon

Nicht eben überzeugend, die Geschichte vom Eisberg – oder? Der bereits zitierte berühmte Zeitzeuge Lawrence Beesley wunderte sich wie viele andere auch über die auffallend sanfte Begegnung mit dem Eisberg: »Kein krachendes Geräusch oder etwas in der Richtung, kein Eindruck von

Schock, kein Misston, wie er sein könnte, wenn sich zwei schwere Körper treffen.« Während die *Titanic* von dem Eisberg aufgerissen worden sei, habe »kein Ereignis« angezeigt, »dass dieses Desaster j e t z t passierte. Es erfüllt mich noch heute mit Überraschung, wenn ich daran denke …«[119]

Irgendwie muss Beesley – und müssen alle Passagiere und Besatzungsmitglieder, die sich über die nicht oder kaum wahrnehmbare Begegnung mit dem Eisberg wunderten – aus dem Dilemma aber heraus. Denn schließlich behauptete hinterher alle Welt (oder zumindest alle Medien), die *Titanic* sei auf einen Eisberg gefahren. Beesley behilft sich mit der Erklärung, dass der Eisberg die *Titanic* eben »wie Papier« aufgeschlitzt haben muss.

Nicht der eigentliche »Aufprall«, sondern die Tatsache, dass mit einem Mal die Maschinen stoppten, ließ Beesley schließlich von seinem Bett hochschrecken: »Das«, so Beesley, »war der erste Hinweis, dass etwas Außergewöhnliches passiert war.« Beesley verließ seine Kabine und »erklomm drei Stockwerke«, um an Deck zu gelangen, ging hinüber nach Steuerbord und sah – nichts: »Kein Eisberg auf irgendeiner Seite oder hinter uns, jedenfalls so weit man bei der Dunkelheit sehen konnte.« Außer ihm seien noch zwei Männer an Deck gewesen, mit einem von ihnen, einem Schotten, tauschte Beesley seine Erfahrungen aus. Ergebnis: Der Mann »war sofort heraufgekommen« – allerdings nicht, als die *Titanic* einen Eisberg rammte, sondern »als die Maschinen anhielten«. »Niemand von uns konnte etwas erkennen, und alles blieb ruhig, und es bewegte sich nichts, so dass der Schotte und ich auf das nächste Deck hinabgingen.«

Als Nächstes hätten er und der Schotte den Rauchsalon betreten, um sich zu erkundigen, ob die dort Anwesenden »mehr wüssten als wir«. Aber »auch sie hatten kaum mehr mitbekommen als die größere Maschinenanstrengung«.[120]

»Kaum mehr mitbekommen als die größere Maschinenanstrengung?« So ganz passt das zu einer Kollision mit einem Eisberg ja wohl nicht. Aber: »Soweit ich mich erinnere, ist niemand von ihnen hinausgegangen, um nachzufragen; auch nicht, als einer von ihnen einen Eisberg durchs Fenster gesehen hatte, der die Decks überragte.« Der Eisberg habe sodann die allgemeine Aufmerksamkeit auf sich gelenkt, »und alle sahen ihn verschwinden, aber dann hatten sie das Spiel fortgesetzt.«

Auf Beesleys Frage hin konnten sich die Anwesenden jedoch nicht auf die Höhe des Eisbergs einigen. Auch beschrieben wurde der Eisberg nicht. Die allermeisten dieser Zeugen konnte man hinterher nicht mehr befragen, denn es gab sie nach dem Untergang der *Titanic* nicht mehr: »Ich bin heute voller Sorge«, schrieb Beesley, »daran zu denken, dass ich keinen der Mitreisenden aus dem Rauchsalon je wiedersah.«[121]

Also was nun: War da ein Eisberg oder nicht? Lauschen wir Beesley noch einen Moment weiter. Er sei dann für eine Weile wieder in seine Kabine zurückgekehrt, um zu lesen. Schließlich sei er wieder an Deck gegangen, wo sich inzwischen mehr Menschen versammelt hatten, die über die Reling schauten und sich fragten, »warum wir angehalten hatten, aber ohne eine eindeutige Information zu erhalten«. Demnach hatte sich das »Wissen« um den Eisberg erstens merkwürdigerweise noch immer nicht weiterverbreitet. Offenbar hatten also Beesleys Raucher ihren Salon bisher nicht verlassen oder die Nachricht wenigstens weitererzählt. Und interessanterweise erwähnt Beesley, der bei seinem ersten Aufenthalt an Deck noch so locker Kontakt zu dem Schotten aufgenommen hatte, zweitens auch nicht, dass er die jetzt hier Anwesenden über die Begegnung mit dem Eisberg aufgeklärt habe, obwohl er doch im Rauchsalon davon erfahren haben wollte.

Anschließend habe er das offene Deck wieder verlassen und sei über Treppen tiefer in das Schiff hinabgestiegen. Auf dem D-Deck traf er drei Frauen, die ihn fragten, warum das Schiff festliege. Obwohl Beesley zu diesem Zeitpunkt angeblich bereits wusste, dass die *Titanic* einen Eisberg gerammt hatte, erzählte er den Frauen nichts davon. Er sagte nur: »Wir haben angehalten, aber jetzt fahren wir weiter.« Obwohl er eine ganze Weile bei den Damen (die übrigens überlebt hatten) blieb, wobei man gemeinsam den Vibrationen der Maschinen nachspürte, erwähnte er ihnen gegenüber nichts von dem Eisberg.

Als er wieder in den Gang, in dem seine Kabine lag, eingebogen sei, habe er einen Mann erblickt, der gerade seinen Gürtel schloss. Offenbar war er gerade aus einer Kabine gekommen. »Gibt's was Neues?«, habe der Mann gefragt. »›Nicht viel‹ antwortete ich, ›wir fahren langsam voraus, und sie liegt vorn etwas tiefer, aber ich denke nicht, dass es etwas Ernstes ist.‹«

Wieder kein Wort von dem Eisberg. Sie seien dann in die Kabine des Mannes gegangen, wo ein weiterer Mann in seiner Koje gelegen und sich geweigert habe aufzustehen. Man habe ihm dann erklärt, warum es besser sei, die Kabine zu verlassen. Ein Eisberg wurde dabei allerdings weiterhin nicht erwähnt. Als Beesley schließlich das obere Deck erreichte, waren schon viele Menschen dort, die sich unterhielten. Ein Eisberg war dabei kein Thema. Stattdessen beschreibt Beesley »das mangelnde Wissen über die Art des Unfalls« und dass »kein Eisberg erkennbar« gewesen sei, ja, er betont nochmals ausdrücklich »das vollständige Fehlen jeglicher Art von gesicherten Informationen über irgendeinen dieser Punkte«.[122]

Kurz: Mit Beesleys Eisberg-Geschichte aus dem Rauchsalon stimmt etwas nicht. Außer in diesem Rauchsalon schien niemand den Eisberg gesehen zu haben oder auch nur von ihm zu wissen. Aber auch er selbst schien diese Information unmittelbar danach wieder vergessen zu haben: Nach seinem

Besuch im Rauchersalon erwähnte er gegenüber fragenden Mitpassagieren mit keinem Wort einen Eisberg. Die Episode aus dem Rauchsalon erscheint daher als Fremdkörper in seiner eigenen Erzählung, wobei erschwerend hinzukommt, dass Beesley selbst zu verstehen gibt, dass es für diese Episode keine Zeugen (mehr) gebe – weil nämlich niemand aus dem Rauchsalon überlebt habe.

Tatsächlich scheint Beesley die einzige Quelle für diese Episode aus dem Rauchsalon zu sein; bei den beiden Untersuchungen wurde sie mit keinem Wort erwähnt, auch Beesleys Name fiel dort nicht ein einziges Mal. Die Episode wirkt wie nachträglich in sein Buch eingefügt, vielleicht, um das Buch mit einem späteren »Wissen« ex post facto zu vervollständigen, und zwar ohne den Rest der Erzählung redaktionell anzupassen. Zumindest hätte Beesley dem Leser erklären müssen, warum er sein Wissen um den Eisberg nach der Episode im Rauchsalon nicht an die anderen Passagiere weitergab.

Glücklicherweise gab es doch einen Überlebenden aus dem Rauchsalon, seine Aussage unterscheidet sich jedoch wesentlich von der Erzählung Beesleys. Demnach tauchte auch im Rauchsalon der Eisberg nur als Gerücht oder als Wahrnehmung vom Hörensagen auf. Der Zeuge, ein Erste-Klasse-Passagier namens Hugh Woolner, sagte am zehnten Tag der amerikanischen Untersuchung aus:

Mr. WOOLNER: Ich war im Rauchsalon zum Zeitpunkt des Aufpralls.
Senator SMITH: Wer, wenn überhaupt, war noch dort außer Ihnen, den Sie kannten?
Mr. WOOLNER: Mr. Steffanson, ein schwedischer Gentleman, dessen Bekanntschaft ich an Bord machte und der an meinem Tisch saß.
Senator SMITH: Sonst noch jemand?
Mr. WOOLNER: Ja, ein Mr. Kennett.

Senator SMITH: Sonst noch jemand?
Mr. WOOLNER: Ich glaube, aber ich bin nicht ganz sicher, ein Mr. Smith. Er war seit kurzer Zeit bei uns.
Senator SMITH: Haben Sie Mr. Stead an diesem Abend gesehen?
Mr. WOOLNER: Ich kenne ihn nicht.
Senator SMITH: Wann haben Sie als Erstes von dem Aufprall erfahren?
Mr. WOOLNER: Wir haben es unter dem Rauchsalon gespürt. Wir nahmen eine Art Stoppen wahr, eine Art – nicht gerade einen Stoß, aber eine Form von Abbremsen. Und dann fühlte es sich an, als ob etwas aufriss, wobei der ganze Raum in eine leichte Drehung versetzt wurde. Soweit ich sehen konnte, stand jeder auf, und eine Reihe von Männern ging schnell durch die Schwingtüren und rannte auf die Backbordseite hinaus zu dem Geländer hinter dem Mast. Ich glaube, da war ein Mast, und dahinter ein Geländer.
Senator SMITH: Was haben Sie getan?
Mr. WOOLNER: Ich hörte mir die Vermutungen an. Die Leute überlegten, was es sein könnte, und ein Mann rief aus: »Ein Eisberg ist am Heck vorbeigeschwommen.« Aber wer das war, weiß ich nicht. Ich habe den Mann seither nicht mehr gesehen.
Senator SMITH: Was haben Sie dann getan?
Mr. WOOLNER: Ich bin dann gegangen, um nach Mrs. Candee zu sehen, sie war die Dame, an der ich am meisten interessiert war, und ich traf sie vor ihrer Suite.
Senator SMITH: Was geschah dann? Bitte beschreiben Sie, was Sie taten.
Mr. WOOLNER: Ich sagte: »Irgendein Unfall ist passiert, aber ich glaube nicht, dass es etwas Ernstes ist. Lassen Sie uns ein bisschen spazieren gehen.« Wir gingen eine ganze Weile auf dem hinteren Deck spazieren. Als wir an …
Senator SMITH (unterbricht): Wie lange?
Mr. WOOLNER: Ich denke, zehn Minuten oder länger. Als wir an einem der Eingänge zum Korridor vorbeikamen, sahen wir Leute, die mit Schwimmwesten heraufkamen. Also ging ich hinein und fragte den Steward: »Sind das Befehle?«

Senator SMITH: Das heißt, Sie fragten ihn, ob das Anlegen der Schwimmwesten befohlen worden war?
Mr. WOOLNER: Ja, ich rief jemandem zu, der gerade vorbeiging.
Senator SMITH: Einem Mitarbeiter mit einer Schwimmweste?
Mr. WOOLNER: Nein, er stand am Eingang, und er sagte: »Befehle.« Ich ging zurück zu Mrs. Candee und ging mit ihr zu ihrer Suite, wir nahmen die Schwimmweste aus ihrer Garderobe und banden sie ihr um. Dann nahm sie ein oder zwei Sachen aus ihrem Gepäck, kleine Sachen, die sie in ihre Tasche stecken konnte oder so etwas, und sagte: »Wir gehen jetzt hinauf aufs Deck und werden sehen, was wirklich passiert ist.«[123]

Wer glaubte, der Eisberg aus Beesleys Erzählung von seinem Erlebnis im Rauchersalon sei nun endlich plastischer geworden, sah sich durch diese Zeugenaussage getäuscht. In Wirklichkeit widersprach sie Beesleys Eisberg-Erzählungen in zentralen Punkten:

- Niemand hatte den Eisberg durchs Fenster gesehen.
- Niemand beschrieb den Eisberg.
- Die Anwesenden blieben keineswegs sitzen, sondern rannten fast alle hinaus.
- Nur ein Unbekannter rief aus, ein Eisberg sei vorbeigeschwommen, aber Woolner selbst hat ihn nicht gesehen.
- Seiner Bekannten gegenüber sprach Woolner danach nur von »irgendeinem Unfall«.
- Obwohl beide anschließend an Deck spazieren waren und schließlich Leute mit Schwimmwesten trafen, hatten sie noch immer nicht erfahren, was los war.
- Nachdem sie auch selbst ihre Schwimmwesten angelegt hatten, wollten sie an Deck gehen, um nachzusehen, »was wirklich passiert ist«.

Immer noch recht dünn, die Geschichte vom Eisberg. Ein weiterer angeblicher Augenzeuge ist Henry Sleeper Harper.

»Henry Sleeper Harper, ein Abkömmling der amerikanischen Verlegerfamilie, setzte sich in seinem Bett auf und sah den Berg rasch an seinem Fenster vorüberziehen, während Eisstücke von dem Koloss abbröckelten.«[124] Ob das wohl stimmte? Anderen Quellen zufolge wurde das Ehepaar Harper nämlich erst *nach* dem Zusammenstoß geweckt.[125] Sollte das richtig sein, schrammte allerdings wohl auch kaum ein Eisberg an ihren Bullaugen vorbei, denn dann wären sie wohl dadurch erwacht und hätten nicht geweckt werden müssen.

Schließlich gab es da ja noch eine gewisse Edith Louise Rosenbaum Russell aus der ersten Klasse, die eine perfekte Schilderung des Zusammentreffens mit dem Eisberg abgeben konnte:

Unmittelbar vor meiner Suite, A11 [Steuerbordseite; G.W.], gab es einen dumpfen Schlag. Als ich den Türgriff an meinem Zimmer herumdrehte, gab es einen weiteren Stoß. Als ich in mein Zimmer kam, gab es einen dritten Stoß. Einer dieser Stöße ... wie kleine Schubser, nichts Gewalttätiges. Ich warf einen Mantel über mein weißes Satin-Abendkleid und ging direkt aus meinem Zimmer, das eine Tür zum Promenadendeck hatte. Als ich auf das Deck kam, sah ich ein großes, graues Etwas vorbeischwimmen, das für mich wie ein Gebäude aussah. Aber dieses »Gebäude« fuhr fort, an die Brüstung zu stoßen, wobei es kleine Eisstücke verlor, die auf das Deck fielen. Wir hoben das Eis auf und spielten mit den Schneebällen. Wir dachten, es ist ein Spaß. Wir fragten die Offiziere, ob Gefahr bestehe, und sie sagten: »Oh, nein, in keiner Weise, überhaupt nicht. Wir haben nur einen Eisberg gerammt.«[126]

Sehr lustig. Merkwürdig an dieser Schilderung – zum Beispiel gegenüber den verschwommenen Erzählungen des Ausgucks und der Brückenbesatzung – ist aber nicht nur das. Vielmehr erwies sich Rosenbaum Russell auch als treue

Verbündete von Bruce Ismay, dem dubiosen Vorsitzenden der White Star Line, deren offizielle Version natürlich in dem Zusammenstoß mit einem Eisberg bestand. Jener Ismay, der seinen Allerwertesten in ein Rettungsboot rettete, während Hunderte von Männern, Frauen und Kindern sinnlos ertranken.

Während alle Welt Ismay für einen Feigling hielt, schwärmte Rosenbaum hinterher in den höchsten Tönen davon, wie der White-Star-Vorsitzende sich angeblich um die Passagiere bemüht habe. Ja, sie selbst verdanke ihm ihr Leben, indem er sie in ein Rettungsboot bugsiert habe.

Aus verschiedenen Gründen kann Rosenbaums Schilderung nicht stimmen. Colonel Archibald Gracies Suite C 51 befand sich auf Deck C, ebenfalls an Steuerbord: »Ich schlief den Schlaf eines Gerechten, als ich vorne von der Steuerbordseite her von einem plötzlichen Schlag aufgeweckt wurde, den ich sofort als das Ergebnis einer Kollision ansah.« Kurz danach hörte er das Geräusch von entweichendem Dampf. Er zog sich schnell an und ging hinaus auf das Bootsdeck, das höchste Deck des Schiffes und ein perfekter Aussichtspunkt, wo er noch eine »junge Lady« traf.

»Wir strengten unsere Augen an, um herauszufinden, was uns getroffen hatte. Ich suchte das Objekt von Standorten aus, wo die Sicht nicht durch die Rettungsboote beeinträchtigt wurde – aber umsonst. Obwohl ich den näheren und ferneren Horizont absuchte, entdeckte ich nichts. Es war eine wunderschöne wolkenlose Nacht, und die Sterne schienen hell. Die Luft war ziemlich kalt, aber weder war Eis noch ein Eisberg in Sicht. Sollte uns ein anderes Schiff getroffen haben, so gab es keine Spur davon, und für mich sah es ebenfalls nicht danach aus, als ob uns ein Eisberg getroffen habe. Mit einer teilweisen Untersuchung nicht zufrieden, absolvierte ich eine komplette Tour über das gesamte Deck, und suchte jeden einzelnen Grad des Kompasses ab.«[127] Im

Prinzip wird die Story von der Eisbergkollision damit falsifiziert.

Der Eisberg bleibt ein Rätsel

Obwohl eine Kollision mit einem derartigen Eismonster sehr eindrucksvoll sein muss, ist es also – wie man sieht – sehr schwierig, einen »Erlebnisbericht« oder einen Steckbrief des »schuldigen« Eisbergs zu bekommen. War er überhaupt da? Wie groß war er? Wie sah er wirklich aus? Oder waren die Passagiere und die Besatzung vielleicht nicht »ganz klar«?

Halt – volle Kraft zurück: Denn es gab da doch noch eine Gruppe von Leuten, die den Eisberg gesehen haben wollten. Interessanterweise handelte es sich dabei allerdings nicht um jene mit den Logenplätzen, sondern um Menschen aus dem tiefsten Bauch des Schiffes: die Heizer.

Vor der britischen Untersuchungskommission erzählte der Heizer Alfred Shiers, wie er nach dem Aufprall an Deck gegangen sei: »Haben Sie etwas gesehen?«, wurde Shiers gefragt. Doch der sagte nur: »Ich sah den Berg davonschwimmen.«[128] Auch der Heizer Charles Hendrickson gab keine Beschreibung, sondern sah nur einen davonschwimmenden »Eisberg«.[129] Ein Heizer namens Joseph Scarrott wollte den Eisberg ebenfalls gesehen haben.

Tatsächlich erschienen diese Aussagen einigen *Titanic*-Forschern jedoch fragwürdig: »Dies erregt Verdacht. Ohne dass ich das Erinnerungsvermögen dieser Herren schlechtmachen will: Können sie das Deck rechtzeitig erreicht haben, um den Eisberg zu sehen?«, fragt beispielsweise der Physiker Dr. Paul Lee, der sich ausführlich mit den ersten Minuten nach der Kollision auseinandergesetzt hat.

»Scarrott war im Dienst, als das Schiff plötzlich zitterte, als wären die Maschinen auf rückwärts gestellt worden. Er kam erst auf das Welldeck, nachdem er ganz nach unten ins Bad gegangen war, um seinem Kameraden Bescheid zu sagen. Das nächstgelegene Bad war zwei Decks unter ihm. Shiers war in seiner Koje am Lesen und bemerkte das fast nicht wahrnehmbare Rumpeln und ging an Deck. Hendrickson schlief zur Zeit der Kollision und musste vier Treppen hinauflaufen, um an Deck zu kommen. Tatsächlich wurde er bei der britischen Untersuchung gefragt, ob er denn sehr schnell nach oben gekommen sei, und er antwortete nein, er sei hinter den anderen hergelaufen, die hinaufgingen.

Die *Titanic* fuhr mit 22,5 Knoten (22,5 Seemeilen pro Stunde, ca. 42 km/h), und der Eisberg hätte die Seite des Schiffes in 23 Sekunden passiert – erscheint dies nicht als zu kurz, um auch nur einen Treppenabsatz hinaufzulaufen und den Eisberg zu sehen, obwohl diese Zeit dadurch verlängert wurde, dass die *Titanic* als Reaktion auf Murdochs Befehl ›Volle Kraft zurück‹ abbremste? Tatsächlich bemerkte Hendrickson, dass das Schiff zum Stillstand gekommen war. Ein weiteres großes Problem besteht darin, dass jemand, der aus dem Hellen ins Dunkle kommt, für einige Minuten blind sein und gar nichts sehen würde.«[130]

Aber nicht nur das: Es fällt auch auf, dass einige der Eisbergsichtungen ausgerechnet von Heizern stammen, die – wie oben bereits dargelegt – nun wirklich nicht gerade den kürzesten Weg an Deck hatten. Andererseits dürften gerade die Heizer ein gesteigertes Interesse an der Anwesenheit eines Eisbergs gehabt haben, nachdem die brennenden Bunker die *Titanic* in ihre Einzelteile zerlegt hatten (siehe unten).

Fakt ist, dass die Wassereinbrüche nun mal – Eisberg hin oder her – in den Heizräumen und Bunkern auftraten, wo seit vielen Tagen dubiose Feuer gebrannt hatten.

Das sind freilich nur einige Beispiele für die Widersprüche in den Aussagen. Wenn man sie auswertet, stellt man fest, dass die meisten Sichtungen des Eisbergs von Offizieren und der Mannschaft der *Titanic* stammten, also von Angestellten der White Star Line. Und wie wir aus dem Kapitel *Die Beeinflussung der Zeugen* wissen, wurden diese vor dem Beginn der Untersuchungen eindringlich ins Gebet genommen. Außerdem steht wohl außer Frage, dass die White Star Line so oder so für die Katastrophe verantwortlich war. Was lag da näher, als alles auf einen Eisberg zu schieben – also quasi ein »Naturereignis«?

Der Eisberg, der die *Titanic* getroffen haben soll, bleibt jedoch ein Rätsel.

Ja, aber warum denn? Wie wir festgestellt haben, fuhr die *Titanic* doch ins Eis! Der Ausguck hatte das Eis gesehen, und am nächsten Morgen schwammen die Überlebenden inmitten von Eisbergen! Schon, aber viel spricht dafür, dass die Eisberge und das Eisfeld für das, was nun geschah, nur die Kulisse und die Erklärung abgaben. Dass man also, während sich der »Unfall« abspielte, in einiger Entfernung des Eisfeldes anhielt, und erst im Laufe der Nacht weiter darauf zutrieb. Alles in allem konnte man so behaupten, die *Titanic* sei mit einem Eisberg kollidiert. Und genau deshalb hatte man auch die Nähe des Eisfeldes gesucht.

»Ein leichtes Holpern« – der Aufprall

Der Zusammenstoß mit dem Eisberg ist schließlich auch wenig überzeugend. Was die Kollision betrifft, lassen sich einige ganz simple Schlüsse ziehen: Angeblich bewirkte der Zusammenprall mit dem Eisberg, dass der extra verstärkte Bug leckschlug. Daraus folgt, dass dabei eine Menge Energie auf das Schiff eingewirkt haben muss. Daraus folgt, dass das Schiff einer heftigen Negativbeschleunigung (Abbremsung) hätte ausgesetzt sein müssen. Daraus wiederum folgt, dass der Zusammenstoß für jedermann an Bord spürbar gewesen sein muss. Die meisten Passagiere oder Besatzungsmitglieder nahmen den Zusammenstoß jedoch überhaupt nicht wahr, und wenn, dann meistens nicht als gewaltsamen Zusammenstoß, sondern als Geräusch oder Vibration.

Der Dritte Offizier Herbert Pitman sagte, es habe sich angehört »wie eine Kette, die über eine Winde rollt«. Für den Zweiten Offizier Charles Lightoller war es wie »ein leichter Schock, ein leichtes Zittern und ein knirschendes Geräusch« oder »ein Ruck und ein Knirschen«, ein »leichtes Holpern«. Eine Passagierin sagte, es sei gewesen, als sei man über »1000 Murmeln gefahren«. Ein Matrose hatte »nur ein Zittern« gefühlt, andere einen leichten Ruck oder Stoß, wieder andere hatten »das Rollen eines Donners« wahrgenommen. Manche dagegen nur ein Vibrieren oder eine Aktion der Maschinen. Nur wenige beschrieben etwas, was man erwarten würde, wie etwa die Passagierin Martha Stevenson. Sie sei plötzlich »von einem schrecklichen Ruck« geweckt worden, der von reißenden und schneidenden Geräuschen« begleitet worden sei.

Wie jedoch Beesley sehr anschaulich beschreibt, hätte das Ereignis die Passagiere eigentlich aus den Betten werfen müssen: »Da war dieses enorme Schiff, das steuerbordseitig auf einen Eisberg fährt, und ein Passagier sitzt ruhig lesend im Bett, fühlt keine Bewegung oder einen Stoß in die Gegenrichtung oder nach Backbord, und dieser müsste doch gefühlt werden, wenn es mehr als ein gewöhnliches Rollen des Schiffes gewesen wäre in dem ruhigen Wetter, das wir die ganze Zeit über hatten.« Diese Sache ging Beesley nicht aus dem Kopf. Noch einmal betonte er: »Meine Koje war an der Wand der Steuerbordseite festgemacht, und jeder Stoß nach Backbord hätte mich auf den Boden werfen müssen: Ich bin sicher, dass ich ihn bemerkt hätte – wenn es ihn gegeben hätte.«[131]

Wie man sieht, gibt es immer wieder Aussagen, die einen fatalen Zusammenprall mit einem Eisberg falsifizieren. Fragen wir also mal, wie die Leute, die tief unten im Bauch des Schiffes direkt vor Ort waren, den »Zusammenstoß« wahrnahmen. Davon gibt es nicht viele, was natürlich auch daran liegt, dass nicht viele aus dem Rumpf des Schiffes überlebten. Der Wichtigste ist der leitende Heizer Frederick Barrett, den wir bereits als ein weiteres Negativbeispiel für zurückhaltende Aussagen kennengelernt haben. Wir haben bereits eine Kostprobe von der Einstellung des Zeugen gegenüber den Untersuchungen bekommen (siehe Kapitel »Die Zeugen«).

Seinen Angaben vor der britischen Untersuchungskommission zufolge befand sich Barrett im Kesselraum Nr. 6, den man aufgrund seiner Größe wohl besser als »Kesselhalle« bezeichnen sollte. Vier haushohe Kessel, die von vorne und hinten mit Kohle beschickt wurden, standen hier in Fahrtrichtung nebeneinander aufgereiht auf dem doppelten Schiffsboden. Die vordere Kesselhalle befand sich vor dem ersten Schornstein direkt unterhalb der Brücke (freilich durch viele Decks getrennt). Die Wände zwischen den Kesselhallen bestanden aus den Kohlebunkern, so dass die Heizer die Kessel vor sich, die Kohle aber im Rücken hatten (siehe Skizze im Kapitel »Eine Bombe im Bauch – die *Titanic* brennt«).

Frederick Barrett befand sich nach seinen eigenen Aussagen auf der Steuerbordseite der Kesselhalle Nr. 6, direkt vor Bunker Nr. 5. Das Erste, was er bemerkte, war, dass das rote Stopplicht aufleuchtete, woraufhin er den Befehl gab, die Luftzufuhr zu den Kesselfeuern zu schließen. Anschließend sei der »Crash« gekommen. »Wo war der Crash?«, will der Generalstaatsanwalt Sir John Simon wissen: »Was haben Sie gehört oder gesehen?« Antwort: »Wasser ergoss sich einen halben Meter über den Bodenplatten in das Schiff. Die Seite des Schiffes war vom dritten Heizraum [in der Kesselhalle 2; G.W.] bis nach vorne aufgerissen.« (Was nachweislich falsch ist, wie wir anhand des Wracks noch sehen werden.)

Interessant – denn das war weder die Frage, noch konnte Barrett das wissen, denn er befand sich ja nun mal weit vorne im sechsten Kesselraum. Offenbar fasste er hier den Zustand des Schiffes zusammen, wie er sich letztlich dargestellt hatte – oder ihm eingetrichtert worden war. »Wir werden uns dem langsam nähern«, sagt der Generalstaatsanwalt folgerichtig, denn zunächst will er natürlich wissen, was Barrett selbst wahrgenommen hat:

»Lassen Sie uns das noch einmal wiederholen«, fragt Generalstaatsanwalt Simon: »Sie sagten etwas über eindringendes Wasser?« – »Ja.«
»Hat es sich auf Sie ergossen?« – »Ja.«
»Kam es in diese Sektion [Kesselraum; G.W.] Nr. 6, Heizraum Nr. 10?« – »Ja.«
»Sie haben auch etwas darüber gesagt, dass die Seite des Schiffes aufgerissen wurde?« – »Ja.«

Anschließend schaltet sich der Havariekommissar Lord Mersey ein:

»Bevor wir das verlassen: Können Sie mir sagen, woher das Wasser kam?«
»Das wollte ich auch gerade fragen«, pflichtet der Generalstaatsanwalt bei und wendet sich an den Zeugen: »Wo kam das Wasser her?«
Antwort: »Nun, aus dem Meer, nehme ich an.«[132]

Diese dreiste Antwort hatte ich schon erwähnt. Daraus können wir die Haltung des Zeugen gegenüber der Untersuchung eindrucksvoll entnehmen. Er brachte dem Ganzen nicht den geringsten Respekt entgegen. Lord Merseys Frage hatte er bewusst missverstanden, denn dass das Wasser aus dem Meer kam, wusste dieser natürlich selbst. Der entwaffnend frechen Antwort kann man auch einen gewissen Unwillen entnehmen, konkret auf die Frage zu antworten.

Der Sinn der Frage bestand darin herauszufinden, wo das Wasser eindrang oder aus welcher Richtung es auf Barrett zukam. Möglicherweise reagierte Barrett deshalb so patzig, weil es sich hier um einen wunden Punkt – sprich: eine Lüge – handelte. Denn ein anderer Heizer aus Heizraum Nr. 10, George W. Beauchamp, hatte die Sache ganz anders in Erinnerung. Demnach hörte sich der »Aufprall« so an wie »ein Donner, das Grollen eines Donners«, und das Wasser kam durch die Tür des Kohlebunkers.[133]

Laut Barrett ist das Wasser dagegen zwei Fuß über dem Boden seitlich durch die Steuerbord-Bordwand hereingeschossen, außerdem auch an anderen Stellen, wie beispielsweise in einen Bunker (Nr. 5).

Danach sei Barrett nach seinen Angaben durch eine Verbindungstür oder einen Verbindungstunnel geflohen, der rückwärts durch den Bunker Nr. 5 in den Kesselraum Nr. 5 führte (siehe Skizze in »Die Ratten verlassen das sinkende Schiff«).

Da er später auf diesem Weg nicht mehr in den Kesselraum Nr. 6 zurückkehren konnte, versuchte er auf andere Weise, wieder dorthin zu gelangen, um die Lage dort zu beurteilen. Nach einer Weile verließ er also den Kesselraum Nr. 5 über eine Fluchtleiter nach oben und benutzte einen dortigen Verbindungsgang zurück zu Kesselraum Nr. 6, so dass er nun von oben in den Kesselraum hinunterschauen konnte. Das Wasser dort habe inzwischen zweieinhalb Meter (acht Fuß) hoch gestanden.

Barrett redet anschließend noch sehr viel über Wasser und Wasserströme in den Kesselräumen und Bunkern. Später sei er beispielsweise wieder im hinteren Bereich von Kesselraum Nr. 5 gewesen, als plötzlich ein Schwall Wasser von vorne zwischen den Kesseln hervorgeschossen sei (also aus der Richtung des Kesselraums Nr. 6). Daraufhin sei er auch von dort geflohen.

Interessant ist bei dieser Zeugenaussage wieder einmal, wovon Barrett nicht redet. Wie man es auch dreht und wendet: Sollte ein Eisberg die *Titanic* gerammt oder aufgeschlitzt haben, hätte Eis auch in das Schiff eindringen müssen und wäre von den Wasserströmen im Rumpf mitgenommen worden. Entweder wären große Stücke des Eisbergs abgebrochen oder kleinere Stücke von den Stahlplatten des Schiffes abgehobelt worden. Es wäre auch noch eine ganze Weile herumgeschwommen, ohne zu schmelzen, denn das eindringende Wasser war ja ebenfalls eiskalt, etwa minus zwei Grad Celsius. Doch Eis wird in dem eindringenden Wasser an keiner einzigen Stelle erwähnt – weder von Barrett noch von anderen Zeugen, die das eindringende Wasser ebenfalls gesehen haben. Und Wasser stand in kurzer Zeit überall: In den vorderen Heizräumen ebenso wie etwa in der Poststelle, die an die vordere Wand von Bunker Nr. 6 grenzte. Doch nirgends schwamm auch nur ein kleiner Brocken Eis.

Die Zwischenbilanz kann bis hierhin nur lauten: Vielleicht haben einige Passagiere oder Besatzungsmitglieder wirklich irgendwo in der Nähe einen Eisberg gesehen; nach dem, was sich am nächsten Morgen abspielte, war das durchaus möglich. Und der Zusammenhang mit dem sinkenden Schiff war ja geradezu »selbstevident«: Hier war ein sinkendes Schiff, dort drüben schwamm ein Eisberg – also? Was sollte es schließlich sonst gewesen sein? Da die *Titanic* an einem dichten Eisfeld entlangfuhr, ist die Schlussfolgerung, dass sie durch die Kollision mit einem Eisberg sank, ein Zusammenhang, der sich aufdrängt – oder der einem aufgedrängt wird. Und zwar dadurch, dass man die *Titanic* auf ein dichtes Eisfeld zusteuerte, bevor sie sank. Sicherlich gab es also Eisberge in der Nähe, als die *Titanic* unterging. Ob die *Titanic* wirklich mit einem Eisberg kollidierte (wie es beispielsweise die Männer im Ausguck gesehen haben wollen) und vor allem ob sie allein dadurch unterging, ist dagegen eine ganz andere Frage.

Eis auf dem Deck

Nicht doch: Es gibt doch schließlich einen objektiven Beweis für die Kollision, und das ist das Eis auf dem Welldeck. Das Welldeck ist ein abgesenkter Decksteil zwischen dem Vorschiff (forecastle) und den Decksaufbauten. Dort sei es richtig fröhlich zugegangen, berichtet unter anderem Wolf Schneider in seinem Buch über die *Titanic*-Katastrophe. Tonnen von Eis habe der Eisberg abgestreift, »zwei Zoll dick«, mit »fußballgroßen Brocken« darunter. Und dann hätten die Passagiere übermütig damit gespielt.[134]

Dabei ist das mit den »Tonnen« so eine Sache. Tatsächlich gab es in der Geschichte der Eisbergkollisionen zwar derartige Vorfälle, bei denen »Tonnen von Eis« von einem Eisberg abgeschlagen wurden. Allerdings war dies alles andere als ein Spaß.

Als am 13. Mai 1890 beispielsweise die *Beacon Light* einen Eisberg rammte, wurde nicht nur der Rumpf beschädigt, vielmehr krachten auch schätzungsweise 50 Tonnen Eis auf das Schiff und zerschmetterten dabei das Vordeck und die Reling. Denn Eis ist nun mal verdammt dicht und schwer. Tonnenschwere Brocken würden zweifellos großen Schaden anrichten. Die Tatsache, dass die Passagiere der *Titanic* jedoch fröhlich mit kleinen, handlichen Stücken spielten, weist darauf hin, dass es sich nicht um ein dramatisches Ereignis handelte.

Bei der amerikanischen Untersuchung fragte Senator Smith den überlebenden Vierten Offizier Boxhall:

Senator SMITH: Gab es nach der Kollision Ihres Wissens nach irgendwelche Anzeichen von Eis auf den Decks?
Mr. BOXHALL: Nur ganz wenig auf dem unteren Deck. Auf dem offenen Deck habe ich nur sehr wenig gesehen, nicht viel.[135]

Ja, man darf sogar bezweifeln, ob das Eis überhaupt von einem Eisberg stammte. Seltsame Idee – woher sollte das Eis mitten auf dem Atlantik denn sonst kommen? Dazu gleich mehr. Von einem Eisberg konnte das Eis gleich aus mehreren Gründen jedenfalls nicht stammen. Das Erste, was das Eis hätte so abhobeln können, dass es auf das Welldeck gefallen wäre, wäre die Steuerbordreling gewesen. Diese zeigte sich jedoch auch noch mehr als 70 Jahre später bei Untersuchungen des Wracks ab 1985 vollkommen unversehrt.

Wohl deshalb gingen einige Darstellungen der Kollision davon aus, dass das Schiff den Eisberg erst mit der Kante des Welldecks berührte, also da, wo der Schiffsrumpf seine volle Breite erreichte. Das Problem ist nur, dass die Kante des Welldecks nicht glatt war, sondern dass hier eine Plattform mehrere Meter im rechten Winkel über den Schiffsrumpf hinaus über das Wasser ragte. Ein vorbeischrammender Eisberg hätte diese Plattform zweifellos abgerissen. Wie jedoch Fotos und Zeichnungen des

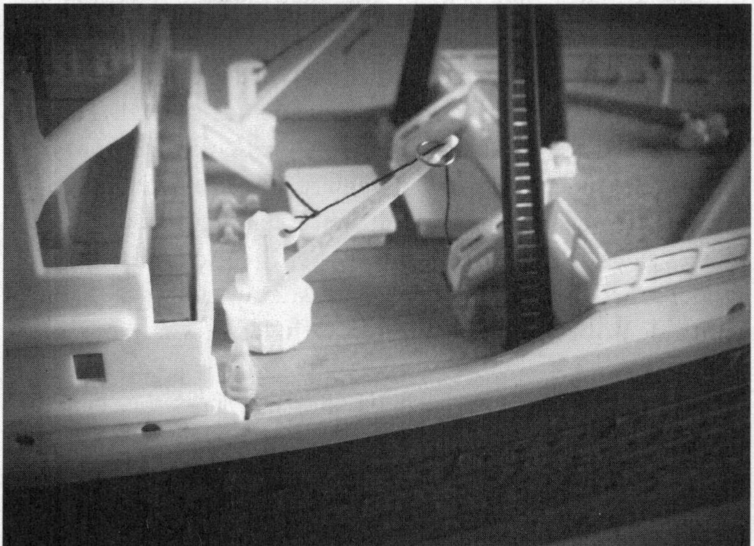

Das vordere Welldeck der Titanic *an einem Modell. Die im Text erwähnte nach außen ragende Plattform ist hier nicht dargestellt.*

Schiffswracks zeigten, war die Plattform viele Jahrzehnte später auf dem Meeresgrund noch exakt an ihrem Platz (siehe auch »Leichenschau am Wrack«).

Es lässt sich also beim besten Willen nicht erkennen, welche Schiffsteile hier Eisbrocken von dem Eisberg hätten abreißen oder abhobeln können, so dass es auf dem Welldeck gelandet wäre. Beobachtet hat den Vorgang schließlich auch niemand.

Kritiker dieser Idee haben deshalb schon immer vermutet, dass das Eis vom Schiff selbst stammte, und zwar vom Vormast. Dazu muss man sich vorstellen, dass das Schiff viele Stunden lang mit etwa 40 Stundenkilometern bei Temperaturen unterhalb des Gefrierpunktes durch sehr feuchte Meeresluft fuhr. Dass bestimmte Schiffsteile dabei zu vereisen begannen, speziell der – im Gegensatz zu den Decksaufbauten – nicht beheizte Vormast, ist mehr als wahrscheinlich.

Ja, aber warum sollte das Eis denn genau bei der Begegnung mit dem Eisberg heruntergefallen sein? Nun, erstens könnte es ja, sollte der Rumpf wirklich mit einem Eisberg kollidiert sein, durch diese Erschütterung heruntergefallen sein – oder auch durch die beschriebenen Vibrationen bei den Maschinenmanövern. Zweitens weiß in Wahrheit kein Mensch, wann und warum das Eis herunterfiel. Vielmehr war es wohl so, dass die Passagiere durch das seltsame Verhalten des Schiffes an Deck gelockt wurden, dort das Eis vorfanden und es dann mit dem Ereignis in Verbindung brachten.

Eine typische Schilderung in diesem Zusammenhang ist die von dem *Titanic*-Überlebenden Frank Prentice. Er befand sich im Inneren des Schiffes in seiner Koje, »als es plötzlich anhielt«. Es war, als hätte man einen Wagen abgebremst. Er sei dann nach vorne auf das Promenadendeck gegangen und habe hinausgesehen, aber er habe über der Wasserlinie nicht den geringsten Schaden entdecken können: »Was ich sah, war Eis auf dem Welldeck. Auf dem vorderen Welldeck. Und ich dachte: ›Hoppla, wir haben einen Eisberg gerammt.‹«[136]

So funktioniert das. Von der Sichtung eines Eisbergs erzählte Prentice allerdings nichts. Und außerdem bleibt ja die Frage, wie das Eis von dem Eisberg auf dem Welldeck landen konnte, wenn die seitlich über das Welldeck hinausragende Plattform vollkommen unbeschädigt blieb (siehe »Leichenschau am Wrack«).

Ganz ähnlich verhielt es sich bei dem Matrosen Frederick Clench. Er sagte bei der US-Untersuchung, er habe geschlafen, als der Unfall geschah, und sei durch ein Mahlen und Knarren aufgewacht. Er sei ein Leichtschläfer gewesen, normalerweise habe eine leichte Berührung genügt, um ihn aufzuwecken. Er habe dann seine Hosen angezogen und sei an der Steuerbordseite (also der »Eisbergseite«) auf das Welldeck gegangen, wo er eine Menge Eis gesehen habe. Das war's. Den Eisberg erwähnte auch er nicht.

Ein schrecklicher Unfall?

Wie wir wissen (oder wie uns gesagt wird), war dieser angebliche Zusammenstoß mit dem Eisberg trotz der regelrecht mutwilligen Fahrlässigkeit, der Hybris, des blinden Gottvertrauens, der angeblichen Eile, des Zuviels an Erfahrung, oder was immer sonst noch als Erklärung für diese Fehlleistung ins Feld geführt wurde, ein bedauerlicher Unfall. Oder etwa nicht? Es gibt eine einfache Methode, das herauszufinden, und das ist das Verhalten der Besatzung nach dem Unfall.

Jeder kennt das von eigenen Fehlleistungen. Jeder war schon einmal mit Blindheit geschlagen und in Routine erstarrt. Resultiert daraus ein Fehler oder Irrtum, funktioniert dieses Ereignis selbst als Weckruf. Wie Schuppen fällt einem plötzlich von den Augen, was man alles falsch gemacht hat.

Nehmen wir nur an, man hat seinen Kaffee zu nahe an der Tischkante abgestellt, und bei der nächsten Handbewegung ergießt sich der Kaffee auf den Schoss des Sitznachbarn. Sofort springt man auf und wedelt mit einem Taschentuch herum, um die Folgen des Desasters wenigstens gering zu halten. Nicht ohne Beteuerungen der eigenen Dummheit und Ungeschicklichkeit, und meistens ist beides ernst gemeint.

Kurz: Solche kleineren, manchmal aber auch größeren Malheure gehen mit einem typischen kognitiven und motivationalen Muster einher:

- Phase der Unaufmerksamkeit und Nachlässigkeit (kognitive Blindheit)
- Weckruf durch das Ereignis, Begreifen der Situation und der vorhergehenden Versäumnisse (kognitives Erwachen)
- Motivationsschub, das Geschehen zu mildern und wiedergutzumachen

Daraus ergibt sich: Der Motivationsschub ist quasi der Prüfstein für die Echtheit des Missgeschicks. Handelt es sich in Wirklichkeit gar nicht um Missgeschick, gibt es auch keinen Motivationsschub. Dann schaut uns der schuldige Kollege im Büro in aller Seelenruhe dabei zu, wie wir uns den Kaffee selbst von der Hose putzen.

Hat man aus einer Mischung aus Blindheit und Blödheit einen ganzen Ozeandampfer mit 2200 Menschen an Bord mit Volldampf gegen einen Eisberg gerammt, sollte das eigentlich einen gewaltigen Motivationsschub auslösen. Jeder normale Mensch würde alle Hebel in Bewegung setzen, um die Sache in den Griff zu bekommen. Nicht so die Besatzung der *Titanic* – im Gegenteil: Sie tat nichts oder zu wenig – und damit alles, damit der »Unfall« die größtmöglichen Folgen haben würde. Kapitän Smith machte, wie Wolf Schneider in seinem Buch über die *Titanic* richtig bemerkte, »weiter einen Fehler nach dem anderen«.[137]

Die Uhr tickt

Nach den Aussagen des Vierten Offiziers Boxhall schickte ihn Kapitän Smith direkt nach dem angeblichen Zusammenprall in die Tiefen des Schiffes. Dabei sei er bis zu den untersten Kabinen der dritten Klasse in den Bug hinabgestiegen, habe aber keinen Schaden entdecken können. Daraufhin sei er auf die Brücke zurückgekehrt, wo ihm Smith befohlen habe, zusammen mit dem Schiffszimmermann erneut nach einem Schaden zu suchen.

Er habe dann einen Postbeamten getroffen, der gesagt habe: »Das Postlager ist voll« oder »... läuft schnell voll«. Er sei dann weiter hinuntergelaufen bis zur Poststelle (nicht zu verwechseln mit dem Funkraum auf dem oberen Deck hinter der Brücke). In der Poststelle wurde gewöhnliche Post gelagert und verwaltet. Die Poststelle bestand aus einem Postbüro und einem Postlager direkt darunter. Und dort habe das Wasser bereits zwei Fuß hoch gestanden, die Postsäcke seien herumgeschwommen, erzählte Boxhall.[138]

»Der Postraum auf dem Orlop-Deck wurde um die Zeit des Crashs geflutet, und innerhalb von fünf Minuten umfloss das eisige Wasser die Knie der Postbeamten, während sie versuchten 200 Säcke voller Einschreiben in das darüber liegende Deck zu transportieren.«[139]

Demnach wurde der erste Wassereinbruch überhaupt im Postlager festgestellt. Ganz in der Nähe musste sich der Schaden also befinden. Postraum und Postlager grenzten direkt an Bunker 6.

Seitdem Wasser in das Schiff lief, tickte für Besatzung und Passagiere die Uhr. Hiermit war klar, dass das Schiff ernsten Schaden genommen hatte und schnell Wasser aufnahm. Im Wesentlichen gab es jetzt zwei Strategien für die Schiffsführung:

- Die *Titanic* so lange wie möglich über Wasser zu halten
- Die verbleibende Zeit optimal zu nutzen

Jede einzelne gewonnene oder optimal genutzte Minute war jetzt kostbar und konnte Leben retten. Da für etwa tausend Menschen kein Platz in den Booten sein würde, musste die *Titanic* selbst so lange wie möglich als Rettungsboot funktionieren.

Erstaunlicherweise stellen wir jedoch fest, dass nichts von alldem geschah. So kehrte Boxhall nach eigenen Aussagen mit den schlechten Nachrichten zum Kapitän zurück, aber der gab nur die Anweisung, die Rettungsboote klar-, das heißt einsatzbereit zu machen – aber noch nicht, sie zu bemannen oder zu wassern. Dabei ist wohl selbstverständlich, dass es bei der Evakuierung von 2200 Menschen keine Zeit zu verlieren gab.

Es kam außerdem darauf an, schwimmfähige Flöße zu improvisieren und auch nach Absetzmöglichkeiten für Passagiere aus den Rettungsbooten zu suchen, um die Boote anschließend neu zu besetzen. Sprich: nach Eis Ausschau zu halten, auf dem man Crew und Passagiere würde in Sicherheit bringen können. Wie zum Beispiel bei dem Schoner *Caledonia,* der am 27. Juni 1875 auf einen Eisberg traf, binnen 30 Minuten sank und trotzdem 82 Überlebende auf einem Eisberg absetzte.

In Wirklichkeit dauerte es jedoch

- 35 Minuten bis zum ersten Notruf,
- 40–50 Minuten zur offiziellen Alarmierung der Passagiere,
- 45 Minuten bis zum Befehl zur Bemannung der Boote (0.25 Uhr),
- 45 Minuten bis zum Befehl zum Starten der Pumpen (0.25 Uhr).

Von der Feststellung der exakten Position und dem anschließenden Notruf hing viel ab. Die gute Nachricht: Der Vierte Offizier Boxhall ermittelte denn auch umgehend eine Position, wie die u.a. in dem *Titanic*-Film zu sehen war, 41°46' N und 50°14' W. Die schlechte Nachricht: Diese Position war falsch oder zumindest äußerst ungenau. Schon wieder ein Indiz, dass auch Boxhall betrunken war?

Das Fatale an dieser Position, die anschließend mit dem Hilferuf über Funk verbreitet wurde, bestand darin, dass sie nach herrschender Meinung etwa 13 Seemeilen (20 Kilometer) zu weit nordwestlich und zweitens auf der anderen Seite der auch auf der *Titanic* bekannten Eisbarriere lag (siehe Skizze im Kapitel *Die Legende vom einsamen Eisberg*). Das heißt, dass Rettungsschiffe, die zu dieser Position dampfen würden, von der wahren Untergangsstelle durch das Eis abgeschnitten sein würden.

Das scheint jedoch noch nicht die ganze Wahrheit zu sein. Das Problem ist nämlich, dass die Titanic ihre Notrufposition gar nicht im Grad/Minuten-System, sondern im Dezimalsystem durchgegeben hat, also nicht 41°46' N, 50°14' W, sondern 41.46 N, 50.14 W. Wie wir jedoch wissen, sind das verschiedene Dinge. Während die Ziffern vor dem Punkt dasselbe besagen, nämlich Grad, bedeuten die Ziffern an dritter und vierter Stelle einmal Minuten und ein andermal Prozentpunkte. Dabei ergeben 0,46 nicht 46 Minuten, sondern 27 Minuten (0,46 mal 60 Minuten).

Dass beides synonym verwendet wurde, dass also die Kapitäne auch bei der Schreibweise mit dem Punkt (Dezimalsystem) Minuten meinten, ist ausgeschlossen. Eine Recherche im britischen Untersuchungsbericht, wo auch die Eiswarnungen nachzulesen sind, ergibt, dass die Kapitäne die Positionen explizit entweder in Grad und Minuten oder in Grad mit zwei Dezimalstellen hinter dem Punkt angaben. Offenbar hing das von den Rechengewohnheiten des Navigators ab. Und wie sich aus den erhaltenen Telegrammen der *Titanic* ergibt, gab sie ihre Notrufposition im Dezimalsystem an. Und das bedeutet, dass die genannte, am häufigsten zitierte Notrufposition der *Titanic* 34 Kilometer von der Wrackposition entfernt liegt. Die zuallererst durchgegebene Position lag sogar 41 Kilometer von der Wrackposition, also dem wahren Standort, entfernt (siehe Tabelle unten).

Mit »Ungenauigkeiten« allein ist das kaum zu erklären. Denn zwar gab es damals natürlich kein GPS-System, mit dem man eine Position auf wenige Meter genau ermitteln konnte, aber trotzdem sollte eine Positionsbestimmung auf wenige Meilen oder Kilometer genau sein. 34 bzw. 41 Kilometer Abweichung sind geradezu spektakulär. Damit wurden die Chancen auf Rettung weiter minimiert, denn eine genaue Position ist in einem Seenotfall natürlich »der Anfang aller Dinge«.

»Shit happens«, besagt eine umgangssprachliche amerikanische Redensart. Aber ist so viel »shit« wirklich wahrscheinlich? Oder reiht sich dieses Versagen nicht vielmehr logisch in das bisherige Vorgehen der Schiffsführung ein?

Uhrzeit	Ereignis	Zeit seit Kollision
23:40	Zusammenstoß	
00:05	Befehl zum Klarmachen der Boote	25 Min.
00:10	Befehl zum Ausschwingen der Boote	30
00:15	1. Notruf 41.44 N 50.24 W Wrackposition: 41.731944 N, -49.945833 W Distanz: 22 Seemeilen/41 km	35
00:17	2. Notruf 41.44 N 50.24 W	37
00:20	3. Notruf 41.46 N 50.14 W Distanz z. Wrack: 18 Seemeilen/34 km	40

Uhrzeit	Ereignis	Zeit seit Kollision
00:20–00:30	Alarmieren der Passagiere	40–50
00:250	Befehl zum Starten der Pumpen	45
00:45	1. Rettungsboot wird gefiert	65
00:45/00:50	1. Signalrakete	65
01:40	Ankerlöcher gehen unter Wasser	
Siehe: The Final Wireless Transmissions aboard the R.M.S. Titanic, auf www.rms.enchantedtitanic.com		

Etwa dieselbe Zeitspanne, die bis zur Versendung der Notrufe verging, wurden die Passagiere über die Situation im Unklaren gelassen. Es dauerte »40 oder 50 Minuten, bis die Passagiere von irgendeiner Gefahr in Kenntnis gesetzt wurden«, zitiert Michael Davie in seinem Buch über die *Titanic*-Katastrophe den Erste-Klasse-Passagier und damaligen Tennisstar Karl H. Behr.

Obwohl die Schiffsführung sehr schnell über den verheerenden Wassereinbruch im Bilde war, wiegte sie die Passagiere in Sicherheit: »Mrs. Futrelle, die Gattin eines amerikanischen Schriftstellers, bestätigte Behrs Angaben über die verzögerte Information der Passagiere; von einem Offizier wurde ihrem Ehemann versichert, dass nicht die geringste Gefahr bestehe. Den ersten Eindruck, dass irgendetwas nicht stimmte, bekamen die Futrelles nicht durch irgendwelche Informationen der Schiffsführung, sondern dadurch, dass Stewards an Deck Männer von Frauen trennten.«[140]

Ja, noch schlimmer: Geradezu gespenstische Erfahrungen machte der Dritte-Klasse-Passagier Eugene Daly aus Newark. Als er an Deck kam, »traf er auf eine Gruppe von Stewards, die rauchten und lachten. Als er versuchte, in ein Rettungsboot zu steigen, wurde er von einem Offizier mit der Waffe bedroht. Er sah zwei Männer an Deck liegen, woraufhin ihm erklärt wurde, die beiden seien erschossen worden.«[141]

Eine Frage: Was lief hier eigentlich? Ein Unfall? Oder ein Attentat? Handelte es sich wirklich um ein Schiff? Oder um eine Todesfalle? Hatte man es hier mit einer treusorgenden Besatzung zu tun? Oder vielmehr mit einer Bande von Kriminellen und Betrunkenen?

Wo ist der Moment der Umkehr?

James Camerons *Titanic,* mein liebster Propagandafilm über das Ereignis, besagt über den Untergang: »Wasser strömte herein und setzte die ersten fünf Schotts so schnell unter Wasser, dass die Pumpen nichts mehr ausrichten konnten.« So funktioniert die Sache jedoch nicht. Vielmehr handelt es sich dabei um eine Frage der Mathematik: das eindringende Wasser gegen die Pumpleistung.

Und auch wenn man den Effekt nicht unmittelbar sehen kann, so muss die Pumpleistung doch von der Menge des eindringenden Wasser subtrahiert werden. Und das heißt, dass die Pumpen in jedem Fall kostbare Minuten herausschinden können, wenn sie sofort angeworfen werden.

Auf der *Titanic* dauerte es jedoch nicht weniger als 45 Minuten, bis Kapitän Smith den Befehl dazu gab. Sollte das wirklich stimmen, ist das gleichbedeutend mit Sabotage. Denn je früher die Pumpen angeworfen werden, umso besser. Die Pumpen anzuwerfen schadet auch nichts. Es kann keine Fehlentscheidung sein, weil dadurch weder Kosten oder Schäden entstehen noch Beunruhigung oder Panik unter den Passagieren. Auch Außenstehende (z.B. andere Schiffe oder die Öffentlichkeit) bekommen davon nichts mit.

Aber ich greife vor. Wie bereits oben ausgeführt, gibt es bei einem echten »Missgeschick« den Moment des »Erwachens« und der Umkehr: Man begreift, was man angerichtet hat, und versucht, den Schaden zu minimieren oder ungeschehen zu machen.

Das Interessante ist, dass man auf der *Titanic* diesen Moment des Erwachens oder der Umkehr nicht beobachten kann. Und das ist mindestens genauso interessant wie all die technischen Diskussionen. Tatsächlich verhielten sich Kapitän Smith und seine Leute nach dem Unfall genauso grob fahrlässig und gleichgültig wie davor. Und das ist für einen »Unfall« äußerst untypisch. Normalerweise wird bei einem Unfall das eigene schädliche Verhalten erkannt und eingestellt bzw. umgekehrt.

So merkwürdig es klingt, aber das sofortige Schließen der wasserdichten Schott-Türen durch den Ersten Offizier Murdoch war nur im ersten Moment richtig. Bei einem kleinen Leck hätte man so verhindern können, dass das Wasser in die anderen Abteilungen überläuft, und dadurch das Leck bekämpfen und abdichten können.

Bei einem großen Leck, das auch sonst nicht bekämpft wurde, war es genau das Falsche: Weil das Wasser so nicht mehr nach hinten abfließen konnte, liefen die vorderen Abteilungen voll, was zu einem starken Absacken des Bugs führte. Weil das Wasser immer weiter stieg, lief es schließlich über die Schottwände hinweg. Damit setzte ein sich exponentiell beschleunigender Prozess ein. Denn je mehr Wasser überlief, umso mehr neigte sich das Schiff über Bug und umso mehr Wasser lief über die Schottwände. Ergebnis war ein regelrechtes Abtauchen.

»Das Überlaufen des Wassers über die vorderen Schottwände wurde durch die sich verschlimmernde Neigung nach vorne verstärkt, die wiederum die überlaufende Menge des Wassers erhöhte«, so J. David Rogers von der Missouri University of Science and Technology in einem Vorlesungspapier zum Untergang der *Titanic.*

»Deshalb wäre es besser gewesen, die wasserdichten Türen offen zu lassen, um dem Seewasser zu gestatten, in die Heizräume und den Maschinenraum einzudringen. Durch die Verteilung des Wassers nach hinten wäre die Neigung nach vorne verringert und die Wasseraufnahme verringert worden, indem der Bug so hoch wie möglich über Wasser geblieben wäre. Dadurch wäre das Schiff zwar nicht gerettet, aber das Sinken um zwei bis vier Stunden verzögert worden.«[142]

Siehe da! Allein damit hätte kein einziger Mensch sein Leben verlieren müssen, denn am Ende fehlten nur etwa zwei Stunden vom Untergang der *Titanic* bis zur Ankunft des Rettungsschiffes *Carpathia* an der Unglücksstelle!

Leckbekämpfung Fehlanzeige

Das erste Mittel hätte natürlich darin bestanden, den Wassereinbruch zu bremsen oder zu stoppen. Das Erstaunliche im Zusammenhang mit der *Titanic* ist, dass in der bisherigen Diskussion nicht ein einziges Mal ein bestimmter Begriff auftauchte, der normalerweise zu jedem Schiff dazugehört wie das kleine Einmaleins – zumindest aber wie die Feuerwehr oder die Brandbekämpfung. Und dieser bisher unterschlagene Begriff heißt »Leckbekämpfung«.

Auffällig ist, dass das Thema Leckbekämpfung im Zusammenhang mit dem Untergang der *Titanic* nicht ein einziges Mal erwähnt wird – so ähnlich wie das Thema Logbuch und Seekarten –, weder in den vielen tausend Seiten starken Untersuchungsberichten noch in der Tausende Bände starken *Titanic*-Literatur. Ganz so, als müsste man ein Leck einfach hinnehmen und als gäbe es die Möglichkeit der Leckbekämpfung gar nicht. Nirgendwo wird auch nur ein einziger

Gedanke auf dieses Thema verschwendet. Ein interessanter Fall von kollektiver Blindheit und Verdrängung.

Sie meinen, die Lecks in der *Titanic* seien eben einfach zu groß gewesen? Erstens ist das fraglich, denn angeblich haben Berechnungen ergeben, dass die Lecks nur sehr klein waren. Zweitens ist diese Feststellung normalerweise erst das Ergebnis einer versuchten Leckbekämpfung. Auf manchen Schiffen, insbesondere Kriegsschiffen, gab und gibt es deshalb nicht nur eine Feuerwehr, sondern auch eine »Leckwehr« – speziell ausgebildete Crewmitglieder, die im Bekämpfen von Lecks erfahren sind. Aber auch ohne eigene Leckwehr gab es unter der Besatzung jedes Schiffes natürlich ein vorhandenes Know-how und eine Strategie zur Leckbekämpfung. Denn das Leck ist schließlich einer der schlimmsten Feinde des Seemanns.

Als erstes Gegenmittel wäre da das Lecksegel zu nennen: Ein manchmal auch mit Draht verstärktes mehrlagiges Segel, das an der Bordwand herabgelassen werden und sich so über das Leck legen kann. Der Druck des eindringenden Wassers drückt das Lecksegel auf die Bordwand, das sich so auch im Leck verknäueln und es verstopfen kann.

Tatsächlich wissen wir aus der Aussage des Matrosen Frederick Clench, dass die *Titanic* Segeltuch mitführte. Etwa zehn Minuten nach dem Zusammenstoß habe er auf dem Vorschiff nach unten in eine Ladeluke geblickt und ein dort lagerndes Segeltuch gesehen, das sich unter dem einströmenden Wasser nach oben gewölbt habe.

Ein Lecksegel hatte den Vorteil, dass so auch große Lecks abgedichtet werden oder so weit verschlossen werden konnten, dass die Leckbekämpfung von innen in Angriff genommen werden konnte. Dabei ging es nicht einmal in erster Linie darum, das Leck völlig »trocken« zu bekommen, sondern wenigstens die Durchflussgeschwindigkeit zu verringern und damit Zeit zu gewinnen. Oder die Durchflussgeschwindigkeit sogar so weit zu verringern, dass sie unterhalb der Leistung der Pumpen lag, die das Wasser aus dem Schiffsrumpf pumpten.

Im Fall der *Titanic* ging es um zwei Stunden, die der Untergang hätte hinausgezögert werden müssen. Angeblich führten selbst viel spätere, moderne Ozeanriesen wie die *Queen Mary* solche Lecksegel mit. Interessanterweise wird im Fall der *Titanic* aber nicht über einen einzigen Versuch zur Leckbekämpfung berichtet, nicht einmal der Gedanke wurde überliefert. Freilich: Bekämpft werden natürlich nur Lecks, die man *nicht* haben will.

Dabei gab und gibt es noch viele weitere Techniken, einen Schiffsuntergang wie diesen hinauszuzögern – und gerade weil die Rettungsboote bei weitem nicht für alle Passagiere und Besatzungsmitglieder reichten, wären sie in diesem Fall zwingend anzuwenden gewesen. Unerklärlicherweise wurde aber darauf verzichtet.

Als im Juni 1880 die *Cordelia,* im Mai 1885 die *Jeranos,* im März 1887 die *Hartville,* im Juni 1894 die *Fri* und im Juni 1897 die *Furtor* einen Eisberg rammten, wurden Teile der Ladung über Bord geworfen, um das Sinken zu verzögern. Die *Titanic* dagegen warf noch nicht einmal ihren schweren Anker und die Ankerketten ab, um den Bug zu entlasten. Noch heute kann man an dem Wrack zum Beispiel den auf dem Bug liegenden zentralen Anker sehen, der etwa 50 Tonnen wiegt.[143] Und auch die beiden seitlichen Anker kann man in ihrer ursprünglichen Lage bewundern (was übrigens auch gegen einen Steuerbordaufprall auf einen Eisberg spricht; siehe unten).

Dass die Pumpen erst 45 Minuten nach dem Beginn des Wassereinbruchs angeworfen wurden, kann man im Grunde überhaupt nicht mehr erklären – jedenfalls nicht mit dem Verhalten bei einem Unfall. Schon eher mit dem Verhalten im Vollrausch. War die *Titanic*-Katastrophe also schlicht ein Alkoholunfall? Dieser Meinung könnte man fast sein, wenn da nicht die vielen Vorahnungen, die brennenden Bunker und die nüchterne Zielstrebigkeit gewesen wären, mit der das Eis angesteuert wurde. Für diese Navigation war man offenbar nicht zu betrunken. Schon eher diente der Alkohol dazu, Besatzung und Passagiere handlungsunfähig zu machen.

Rettungsboote: Normal ist das nicht ...

Nächstes Beispiel: die Wasserung der Rettungsboote. Nur noch einmal zur Erinnerung: Als die Rettungsoperation in der Unglücksnacht begann, hatte es die Besatzung lediglich mit 2200 Menschen und 20 Booten zu tun. Eigentlich konnte die *Titanic* jedoch 3500 Menschen und 68 Rettungsboote (64 Rettungsboote und 4 Klappboote) an Bord nehmen. Das logistische Problem war also viel kleiner, als es hätte sein können.

Wie bereits früher beschrieben, war diese Tatsache Gegenstand der Diskussion vor der britischen Untersuchungskommission. Am zwanzigsten Tag wurde dort der *Titanic*-Konstrukteur Alexander Carlisle ausführlich zum Thema Rettungsboote befragt, wobei er erklärte, dass es kein Problem gewesen wäre, 64 bzw. 68 Rettungsboote mitzuführen (also vier pro Davitpaar). Aber dann kam man auch auf das Bemannen und Fieren der Rettungsboote zu sprechen. Hätte man diese Boote denn auch problemlos einsetzen können, wurde Carlisle gefragt:

Frage: Hätte es irgendwelche Schwierigkeiten gegeben, diese Boote mit Passagieren zu füllen?
Carlisle: Das würde sehr stark vom Wetter abhängen; bei schlechtem Wetter wären die Boote von geringem oder gar keinem Nutzen.[144]

Klar: Bei schwerem Seegang wäre es sehr schwierig gewesen, die Boote mit den Passagieren heil ins Wasser zu bringen.

Nun wissen wir aber, dass das Wetter in der Unglücksnacht ausgezeichnet war: klarer Himmel, weder Wind noch Wellen – ideale Bedingungen also zum Aussetzen der Rettungsboote. Und natürlich war das Rettungsbootsystem exakt für den Zweck konstruiert worden, so viele Passagiere in so kurzer Zeit wie möglich von Bord zu bringen – am besten zu vergleichen mit den heutigen Notrutschen im Flugzeug. Daher schätzte Konstrukteur Alexander Carlisle vor dem britischen Untersuchungsausschuss auch, dass man die ursprünglich geplanten 64 Rettungsboote mit ihrer Kapazität von über 4000 Passagieren problemlos in einer Stunde (!) hätte zu Wasser bringen können.

Die erforderliche Zeit für die Wasserung von 32 Rettungsbooten (also zwei pro Davitpaar) mit 2100 Passagieren schätzte er sogar nur auf eine halbe Stunde. Da ein Boot ja bereits an den Davits hing, wäre es sehr einfach gewesen, dieses zu fieren, die Leinen zurückzuholen, an dem zweiten Boot festzumachen und anschließend dieses zu fieren.

Tatsächlich aber hatte es die Besatzung der *Titanic* noch viel einfacher, denn sie musste nur die Hälfte dieser Rettungsboote fieren (oder ein Viertel der ursprünglich geplanten Menge von 64), nämlich 16. Insbesondere entfiel dabei der zeitraubende Arbeitsgang, die Leinen von dem gewasserten Boot für das zweite zu fierende Boot zurückzuholen. Da diese 16 Rettungsboote bereits an den Davits hingen, mussten sie lediglich abgedeckt, ausgeschwungen, gefüllt und gefiert werden. Schließlich hatte man es ja auch nur mit etwa 1200 Personen zu tun. Mehr passten ja nicht in die Boote.

In jener Nacht brachte es die Besatzung der *Titanic* jedoch fertig, für die Wasserung der insgesamt 20 Boote (16 Rettungsboote, 4 Klappboote) netto eine Stunde und 20 Minuten zu brauchen. Rechnet man die Zeit mit, die nach der Kollision verstrich, bis man das erste Boot zu Wasser ließ (0.45 Uhr), dauerte es von der Kollision um 23.40 Uhr bis zur Wasserung des letzten Bootes um 2.05 Uhr sogar zwei Stunden und 25 Minuten. Eine reife Leistung.

Der fehlende Wille zur Rettung

Und dabei waren die Boote nicht etwa voll. Trotz dieser enorm langen Zeitspanne schaffte es die Besatzung nicht, die Boote vollständig zu bemannen, sondern viele Boote wurden nur zur Hälfte oder drei Vierteln mit Passagieren besetzt und so zahlreiche Menschen völlig sinnlos dem Ertrinken überlassen. Es ist wohl nicht übertrieben, diese »Leistung« als völlig indiskutabel zu bezeichnen. Sie reiht sich indessen nahtlos in das bisher schon kriminelle Verhalten der Schiffsführung ein, das spätestens damit begann, mit einem brennenden Schiff den Hafen zu verlassen.

Der Ausguckwächter Frederick Fleet, der solche Schwierigkeiten gehabt hatte, den Eisberg, mit dem die *Titanic* kollidiert war, zu beschreiben, hatte auch Probleme beim Zählen. Genau wie zuvor der Steward Crawford (Boot Nr. 6) erzählte er dem US-Ausschuss, sein Rettungsboot (Nr. 8) sei voll gewesen, hätte aber »weiter vorne, wo ich saß, noch einige aufnehmen können«. Voll, aber »hätte noch einige aufnehmen können«? Wie viele denn an Bord gewesen seien, wollte Senator Smith wissen. Etwa 30, antwortete Fleet. Ob es denn ein reguläres Rettungsboot gewesen sei, fragte Smith, der inzwischen offenbar wusste, wie viele Personen ein solches Rettungsboot an Bord nehmen konnte, nämlich 65. Eines der hölzernen Rettungsboote, bestätigte Fleet. »Sie nahmen 30 Menschen an Bord, und anschließend wurde es zu Wasser gelassen?«, fragte Smith ungläubig. »Ja, Sir«, kam die lapidare Antwort.

Wie immer folgten darauf aber keine Konsequenzen, keine Rüge und schon gar nicht irgendein Verfahren. Vielmehr ging Smith einfach zur Tagesordnung über und fragte, was dann geschah.

Hier eine typische Aufstellung der Belegung der Rettungsboote:

Boot	**Position**	**Gefiert um**	**Kapazität**	**Crew**	**Frauen/ Kinder**	**Männer**	**Belegung**
1	Steuerbord	1.10	40	7	2	3	–28
2	Backbord	1.45	40	4	21	1	–14
3	Steuerbord	1.05	65	15	25	10	–15
4	Backbord	1.55	65	4	35	1	–25
5	Steuerbord	0.55	65	1	41 Passagiere	ggf. inklusive	–23
6	Backbord	0.55	65	2	26	–	–37
7	Steuerbord	0.45	65	3	8	10	–44
8	Backbord	1.10	65	4	28	–	–33
9	Steuerbord	1.20	65	8	42	6	–9
10	Backbord	1.20	65	5	48	2	–10
11	Steuerbord	1.25	65	9	60	1	+5
12	Backbord	1.25	65	2	40	–	–23

Boot	Position	Gefiert um	Kapazität	Crew	Frauen/ Kinder	Männer	Belegung
13	Steuerbord	1.35	65	5	55	4	–1
14	Backbord	1.30	65	8	53	2	–2
15	Steuerbord	1.35	65	13	57 Passagiere	ggf. inklusive	+5
16	Backbord	1.40	65	6	49	1	–9
A	Steuerbord	2.20	47	5	1	10	–31
B	Backbord	2.20	47	Inklusive	–	30	–17
C	Steuerbord	1.40	47	6	31	6	–4
D	Backbord	2.05	47	3	40	3	–1
Gesamt			1178	ca. 110	ca. 662	ca. 90	–316
Gesamt Gerettete						862	

Nach: Adams, S. 35

Demnach hätten allein aufgrund der Unterbelegung der Rettungsboote 316 Menschen sinnlos ihr Leben verloren und wären 862 Menschen gerettet worden. Das Problem ist jedoch, dass selbst diese Zahlen wohl noch zu hoch gegriffen sind. Denn nach der Untersuchung des US-Senats wurden lediglich 706 Menschen von der *Titanic* gerettet, etwa 1500 kamen ums Leben. Was nur heißen kann, dass selbst die oben stehende verheerende Rettungsbootbilanz noch geschönt oder zu optimistisch sein muss.

Von 1178 Rettungsbootplätzen sind in Wirklichkeit offenbar nur 706 besetzt gewesen (von einigen, die an Bord starben, abgesehen), das ergäbe eine Gesamtauslastung der Rettungsboote von 60 Prozent. Etwa 70 Prozent der Menschen (Passagiere und Besatzung) auf der nur zur Hälfte mit Passagieren belegten *Titanic* kamen ums Leben. Wären die Rettungsboote voll ausgelastet worden, hätte die Todesrate »nur« etwa 52 Prozent betragen. Wären die Rettungsboote – was in diesem Fall wohl nahegelegen hätte – vorsichtig überladen worden, beispielsweise um 10 Prozent, hätten noch einmal etwa 112 Menschen gerettet werden können, was die Todesrate von 70 auf 42 Prozent verringert hätte.

Das bringt uns zu einer überraschenden Überlegung. Wir haben, wie gesagt, mit der Muttermilch eingesogen, dass bei dem Untergang der *Titanic* deshalb so viele Menschen ums Leben kamen, weil die *Titanic* zu wenige Rettungsboote mitführte. In Wirklichkeit ist das jedoch falsch. Richtig wäre es nur dann gewesen, wenn alle vorhandenen Rettungsboote vollständig besetzt gewesen wären. Dann wäre die Rettung weiterer Menschen tatsächlich an der zu geringen Zahl der Boote gescheitert.

In Wirklichkeit wurden die vorhandenen Boote jedoch bei weitem nicht ausgenutzt. Ihre mangelnde Zahl war deshalb gar nicht das eigentliche Problem. Das uralte Klischee von den fehlenden Rettungsbooten lenkt deshalb von dem eigentlichen Problem ab – der absoluten Verantwortungslosigkeit der Schiffsbesatzung.

Die Wahrheit ist: Es kamen nicht wegen der mangelnden Zahl an Rettungsbooten so viele Menschen ums Leben, sondern wegen des fehlenden Willens zur Rettung.

Das Problem ist, dass niemand den *Titanic*-Untergang in menschlichen Kategorien misst: Fahrlässigkeit, Verantwortung, Mitgefühl, Wiedergutmachung – das alles schien keine Rolle zu spielen.

Ob denn jemand kontrolliert habe, dass überhaupt alle Passagiere geweckt worden sind, fragt zum Beispiel Wolf Schneider in seinem Buch. Wohl nicht: »Vermutlich hat also auch Mrs. Eloise Hughes recht, wenn sie sagt: Sie habe vom Rettungsboot die Schreie der Zwischendeckpassagiere gehört, die ›den Untergang verschlafen‹ haben«. »Hilft denen da unten, soweit sie wach sind, irgendeiner, die Treppenschächte zu finden und sich nicht zu verlaufen in den sieben Kilometer langen Korridoren?«[145]

Schneider hat den »Verdacht, die Stewards könnten sich hier mit dem Wecken nicht ausreichend Mühe gegeben haben«.[146] Die Wahrheit ist: Da ohnehin nicht genügend Boote vorhanden waren und es außerdem darum ging, das Bootsdeck zu kontrollieren, konnten Offiziere und Besatzung die Masse der 1500 Passagiere überhaupt nicht auf dem Bootsdeck gebrauchen. Schon gar nicht, wenn sie weiter ihren merkwürdigen Plan verfolgen wollten, (bestimmte) Männer vom Einbooten in die Rettungsboote abzuhalten. Bei dem zu erwartenden Chaos mit 2000 Menschen auf dem Bootsdeck wäre das wohl kaum möglich gewesen. Die Offiziere wären schlicht überrannt worden.

Die Stewards und auch Angehörige der übrigen Besatzung verfügten über ein gewisses Herrschaftswissen, nämlich, dass die *Titanic* sinken würde. Des Weiteren konnten sie rechnen: 20 Boote bei 2200 Menschen würden gerade einmal gut für die Hälfte reichen. Also warum noch die Konkurrenz um die lebenswichtigen Plätze wecken? Aus Sicht der Mannschaft und der Stewards wäre das der reinste Irrsinn gewesen.

»Ein paar Matrosen versuchten, uns unten festzuhalten«, erzählte der Dritte-Klasse-Passagier Daniel Buckley: »Als einer von uns die Tür im Treppenhaus der dritten Klasse öffnen wollte, hat so ein Kerl ihn runtergestoßen und die Tür abgeschlossen. Da haben wir sie eingetreten.«[147]

Herrn L.s absurde Erzählungen

Aber auch die, die es an Deck schafften, wurden bei weitem nicht alle gerettet, denn laut Überlieferung wussten die Offiziere der *Titanic* ja nicht, dass man die Rettungsboote voll besetzt fieren konnte. Welche Kapazität bzw. Tragkraft die Boote hätten, je nachdem, ob sie an den Davits hingen oder sich im Wasser befänden, fragte der US-Senator Smith den Zweiten Offizier Charles Lightoller bei der amerikanischen Untersuchung. Lightoller beaufsichtigte auf der Backbordseite des Bootsdecks zusammen mit Kapitän Smith das Fieren der Rettungsboote. Antwort: Bei brandneuen Booten könne man davon ausgehen, dass man sie mit 20 bis 25 Insassen fieren könne. Boot Nr. 4 hatte gemäß der oben zitierten Aufstellung 40 Personen an Bord, Boot Nr. 6 28, Boot Nr. 8 32, Nr. 10 55, Nr. 12 42, Nr. 14 63 und Nr. 16 56. Demnach hätte Lightoller die Boote also nach seinen eigenen Maßstäben überladen.

Aber wie wir ebenfalls gelernt haben, waren die oben genannten Zahlen geschönt und wahrscheinlich viel weniger Menschen an Bord der Rettungsboote. Es ist jedoch auch völlig ohne Rechenkunststücke klar, dass Lightollers Aussagen in dieser Beziehung reiner Unsinn sind. Denn der Sinn dieses Rettungssystems bestand, wie erwähnt, darin, das Schiff so schnell wie möglich leer zu bekommen. Wie hätte man denn die übrigen Passagiere retten sollen?

Angeblich war man davon ausgegangen, dass bei einem Unfall ohnehin andere Schiffe in der Nähe sein würden, um die Passagiere aufzunehmen, so dass man die leeren Boote anschließend zu dem Havaristen hätte zurückrudern können. Denken wir das einmal zu Ende:

- Ein Boot wird also mit 25 Insassen gefiert,
- zu einem anderen Schiff gerudert,
- dort entladen,
- zurückgerudert,
- an Bord des Havaristen gehievt,
- erneut mit 25 Insassen beladen,
- wieder gefiert
- usw.

Vorausgesetzt, der Havarist wartet freundlicherweise so lange mit dem Sinken. Natürlich nicht, und deshalb ist das vollkommener Blödsinn. Als Begründung für die Unterbesetzung der Boote reicht das nicht. Und natürlich musste auch Lightoller als hoher Offizier sehr gut wissen, dass das Rettungssystem zu keinem anderen Zweck da war, als das Schiff in kürzester Zeit zu evakuieren. Dies auch noch vor dem Hintergrund, dass die zivilen Ozeandampfer bereits im Hinblick auf einen Einsatz als Truppentransporter geplant und gebaut wurden.

Es ist klar, dass eine Evakuierung von Truppen etwa im Kampfeinsatz ohne Zeitverlust über die Bühne gehen muss. Unter Beschuss oder unter Kampfbedingungen hätte man wohl kaum die Zeit, gemütlich halb leere Boote umherzurudern.

Eine vierschrötige Figur

Schließlich hatte der Zweite Offizier Charles Herbert Lightoller, eine buchstäblich »mit allen Wassern gewaschene«, vierschrötige Figur, auch bereits jede Menge Erfahrung mit

Schiffsuntergängen und sogar mit Bunkerfeuern. Wer im 19. Jahrhundert an Bord von Segelschiffen auf Dauer überleben wollte, brauchte einen eisernen Willen und eine brutale Durchsetzungsfähigkeit (die durchaus in seinen Gesichtszügen erkennbar war). Nicht nur gegenüber den Schiffskameraden, sondern auch gegenüber den Elementen.

1874 geboren, fuhr Lightoller bereits mit 13 als Schiffsjunge für vier Jahre zur See. Auf einer seiner Reisen verlor das Schiff *(Holt Hill)* gleich zweimal in einem Sturm die Masten: das erste Mal bei einem Unwetter im Südatlantik, das zweite Mal nach einer behelfsmäßigen Reparatur in Rio de Janeiro bei einem Sturm im Pazifik, woraufhin Lightoller und seine Kameraden wie weiland Robinson Crusoe auf einer winzigen Insel strandeten, von der sie acht Tage später gerettet wurden.

Lightoller wurde der reinste Überlebenskünstler der Meere. Nachdem er auf einem weiteren Schiff einen Zyklon überlebt hatte, fing auf einem wieder anderen Schiff die Kohlenladung Feuer: Und siehe da: Lightoller hatte ein Händchen für brennende Kohle und erwies sich als Experte bei deren Löschung.

Der Zweite Offizier der Titanic,
Charles Herbert Lightoller

Ganz anders als später auf der *Titanic* gelang es Lightoller, das Feuer zu löschen und das Schiff zu retten, wofür er prompt zum Zweiten Offizier befördert wurde.

1898 wurde Lightoller jedoch wie Millionen andere auch vom Goldrausch gepackt und kehrte der Seefahrt vorübergehend den Rücken, um als Goldsucher am Yukon sein Glück zu versuchen. Da die Geschäfte nicht liefen wie erwartet, sattelte er kurzfristig auf Cowboy um und kehrte schließlich als Hobo (Eisenbahntramper) aus Kanada an die Ostküste zurück, wo er auf einem Viehtransporter als Viehbändiger anheuerte und vollkommen mittellos wieder in Europa ankam. Als eine Art Ledernacken zur See, der sich ständig im Kriegszustand befand, heuerte er wieder auf Schiffen an, und bald darauf begann Lightollers Karriere bei der White Star Line, wo er meistens auf der *Majestic* unter dem Kommando des späteren *Titanic*-Kapitäns Edward J. Smith fuhr. Lightoller wurde ein enger Mitarbeiter und Vertrauter von Smith und sprach meistens als »E. J.« von ihm.

Vor diesem Hintergrund ist Lightollers Behauptung, er habe nicht gewagt, die Boote voll zu besetzen, einfach absurd. Normalerweise handelte er äußerst effektiv und entschlossen. Und er wird, wie die wenigen Boote beweisen, die problemlos voll besetzt gefiert wurden, durch die Tatsachen widerlegt.

Der Schwindel von den schwachen Booten

Bei der britischen Untersuchung wurde der Schiffsarchitekt von der *Olympic*- und *Titanic*-Werft Harland & Wolff, Edward Wilding, nach diesem Problem befragt. Und siehe da: Er konnte erschöpfend Auskunft geben. Demnach wurden die Rettungsboote des *Titanic*-Schwesterschiffes *Olympic* am 9. Mai 1911 einem Test unterzogen, bei dem man sie mit dem 65 Insassen entsprechenden Gewicht fierte und wieder an Bord holte – und zwar insgesamt sechsmal.

Und das tat man nicht einmal, um die Stabilität der Boote zu testen. Das Ziel des Tests bestand vielmehr darin, die Leistung der elektrischen Winden auf die Probe zu stellen. Die Stabilität der Boote stand ohnehin außer Frage. Wilding habe selbst gesehen, wie eines der Boote wieder nach oben auf das Schiff gekommen sei: »Es fehlte überhaupt nichts daran; es war wasserdicht. Ich glaube nicht einen Moment, dass es irgendeinen Zweifel gab, dass die Boote stabil genug waren, mit der vollen Zahl der Passagiere gefiert zu werden. Und ich glaube, wir haben sogar ein Boot mit dem Gewicht von 70 Passagieren zu Wasser gelassen.«

Ob er die Boote für diesen Zweck konstruiert habe, wurde Wilding gefragt – also für den Zweck, voll besetzt gefiert zu werden. Antwort: »Wir haben sie für diesen Zweck konstruiert.« Frage: »Sie wurden dafür gebaut, diese Anzahl von Passagieren aufzunehmen?« Antwort: »Diese Anzahl und dabei herabgelassen zu werden – ausreichend stabil, um mit dieser Anzahl gefiert zu werden.«[148]

Und das wusste natürlich jeder Offizier an Bord der *Titanic*. Nicht nur, weil einige davon zuvor auf der *Olympic* gefahren waren, wie beispielsweise Kapitän Smith – sondern weil der obigen Tabelle zufolge auch auf der *Titanic* zwei Boote mit 70 Insassen gefiert wurden, nämlich Nummer 11 und Nummer 15.

Lightollers Schwindel von den schwachen Booten blieb übrigens vollkommen ohne Konsequenzen für den Offizier. Denn erstens gab es ohnehin keine Strafverfahren. Und zweitens bestand zumindest die amerikanische Untersuchungskommission nicht aus Seeleuten, sondern aus Politikern.

Die Frage ist nur: Warum behauptete der Mann so einen hanebüchenen Unsinn? Und warum wollte er die Boote beim Untergang der *Titanic* partout nicht voll machen?

Bei der mangelnden Beladung der Boote ging es nicht darum, sie vor dem Umkippen oder Auseinanderbrechen zu bewahren. Als die *Titanic* sank, kämpften Lightoller und einige andere Besatzungsmitglieder auf der Backbordseite vielmehr mit Zähnen und Klauen darum, keine Männer an Bord der Rettungsboote zu lassen. Wieso »keine Männer« – »Frauen und Kinder zuerst«, hieß es doch!

Auch dabei handelte es sich keineswegs um ein Gesetz oder eine Vorschrift an Bord von Schiffen. Niemand zwang die Schiffsführung, so zu verfahren. Vielmehr entsprach es lediglich den damaligen Gepflogenheiten, Frauen und ihre Kinder zuvorkommend und fürsorglich zu behandeln und ihnen bei allen möglichen Gelegenheiten den Vortritt zu lassen. So wurde es bei den nachfolgenden Untersuchungen auch als selbstverständlich betrachtet, dass an Bord der sinkenden *Titanic* scheinbar nach diesem Grundsatz verfahren wurde.

Doch was einem als natürlich und »gentlemanlike« erscheint, war in Wirklichkeit alles andere als das. Denn eigentlich hätte es ja heißen müssen: »Passagiere zuerst«. Tatsächlich wäre dies nicht nur ein Gebot der Höflichkeit, sondern auch der Fürsorge der Besatzung gegenüber ihren Schutzbefohlenen gewesen.

Die Passagiere waren die Gäste an Bord des Schiffes. Sie waren mit Hilfe von Werbung und allerlei Versprechen dazu gebracht worden, diese Reise zu buchen. Wenn jemand an Bord der *Titanic* also unverschuldet in diese gefährliche Lage geraten war, dann waren das die Passagiere – und zwar alle. Und wenn jemand dafür Verantwortung trug, dann die Besatzung. Wenn es zu jemandes Berufsrisiko gehörte, mit einem Schiff unterzugehen, dann für die Besatzung. Und wenn jemand mit einer Notlage auf einem sinkenden Schiff zurechtkommen würde, dann ebenfalls die Besatzung.

Auch der *Titanic*-Überlebende und Untergangschronist Lawrence Beesley sah das »ungeschriebene Gesetz, dass Passagiere der Mannschaft vorgehen«.[149] Das heißt: Was einem hier als Ausdruck von Höflichkeit und Ritterlichkeit der Besatzung, aber auch der betroffenen Männer verkauft wurde, hatte damit gar nichts zu tun. In Wirklichkeit stellte es Höflichkeit und Ritterlichkeit auf den Kopf. Und es führte möglicherweise dazu, dass die Besatzung nur unzureichend um das Schiff kämpfte, da einige darunter ohnehin vorhatten, in die Rettungsboote zu steigen.

»Warum überleben eigentlich 192 Männer der Besatzung, aber nur 146 männliche Passagiere?«, fragt Wolf Schneider zu Recht. [150] Waren also doch nicht alle Männer gleich, und standen die männlichen Passagiere unterhalb der männlichen Besatzungsmitglieder?

Auch Beesley wundert sich darüber, dass Stewards statt männlicher Passagiere in die Boote gelassen wurden: Wäre den Männern gestattet worden, »mit ihren Familien in diese Boote zu gehen, so wären die Boote vernünftig bemannt gewesen und viele Menschenleben zusätzlich gerettet worden, statt dass man diesen Stewards erlaubte, sich in Sicherheit zu bringen unter dem Vorwand, dass sie rudern könnten, und dabei hatten sie keine Ahnung.« Schließlich hätten sich unter den Passagieren jede Menge reiche Müßiggänger befunden, »die erstklassige Sportler waren (Rudern eingeschlossen) und wahrscheinlich körperlich besser geeignet als ein Steward, stundenlang auf offener See zu rudern«.[151]

Demnach hätten es also nicht nur Anstand und ungeschriebene Gesetze geboten, mehr Männer an Bord der Rettungsboote zu lassen, sondern auch sachliche Argumente. In Wirklichkeit wurden, kaum hatten die Boote abgelegt, mitunter sogar auch die Frauen zum Rudern gezwungen: »Eine im Gegensatz zu den Geschichten von

Heldentum und Opfermut, die über das *Titanic*-Desaster erzählt wurden, brutale Geschichte wurde heute Abend von der überlebenden Frau J. J. Brown [die berühmte »Molly« Brown; G. W.] aus Denver wiedergegeben«, schrieb am 20. April 1912 der *San Francisco Call:* »Vier Stunden lang musste sie die Ruder selbst bedienen. ... ›Ich ruderte, bis meine Arme so schmerzten, als würden sie gleich abfallen‹, fuhr sie fort. ... Als die Frauen in dem Boot baten, einen Mann zu retten, der in der Nähe zu ertrinken drohte, habe der Offizier angelehnt und gehöhnt ›Wir werden diesen reichen Yankee-Weibern schon noch beibringen, dass wir hier das Sagen haben.‹ Das Rettungsboot sei mit mehreren freien Plätzen zu Wasser gelassen worden, wobei jedoch einige Dritte-Klasse-Passagiere einen Platz bekamen. Nachdem das Boot etwas weiter weg gerudert worden war, kämpfte in einigen Fuß Entfernung ein Mann um sein Leben. Die Passagiere flehten den Offizier an, anzuhalten und ihn an Bord zu nehmen, doch der lehnte ab und befahl den Männern weiterzurudern, als ein Insasse rief ›Retten Sie ihn, oder wir werfen Sie über Bord!‹. Nachdem die anderen in den Schrei eingestimmt hätten, gab der Offizier den Befehl zum Wenden. Doch als das Boot ankam, war der Mann verschwunden.« (*San Francisco Call,* 20. April 1912)

Bei dem Offizier handelte es sich wahrscheinlich um den Steuermann Robert Hichens. »Ich werde vor den Untersuchungsausschuss des Senats gehen und alles bezeugen, was ich gesagt habe«, zitierte die Zeitung »Molly« Brown. »Hunderte von Menschenleben wurden in dieser Katastrophe unnötig geopfert, und ich möchte sehen, dass der Gerechtigkeit Genüge getan wird«.

Wie wir wissen, war das jedoch ein frommer Wunsch, denn niemand wurde für dieses »Massaker« bestraft. Und vor den Untersuchungsausschuss geladen wurde Molly Brown auch nicht.

»Ich erschieße dich wie einen Hund!«

In Wirklichkeit wurde der berühmte Alarmruf »Alle Mann von Bord!« bei der *Titanic* umgedreht. Dort hieß es stattdessen nur »Frauen und Kinder von Bord!« Männer, die in die manchmal nur halb vollen Boote steigen wollten, wurden vor allen Dingen auf Lightollers Backbordseite sogar mit Waffengewalt zurückgehalten. Sieht man sich die Tabelle am Kapitelanfang an, stellt man fest, dass es Männer auf der Backbordseite nur ganz vereinzelt in die Boote schafften, während auf der Steuerbordseite durchaus auch einmal zehn Männer in ein Boot gelangen konnten. Die Männer blieben häufig genug eben nicht aus Ritterlichkeit zurück oder weil es so elegant ist, für andere zu sterben, sondern weil sie mit Waffengewalt dazu gezwungen wurden.

Tatsächlich erfuhr das Verhältnis zwischen Schiffsführung und Besatzung auf der einen und Passagieren auf der anderen Seite während des Untergangs der *Titanic* eine unheimliche Wandlung. Während die Boote gefiert wurden, bewaffnete sich die Schiffsführung.

Chefoffizier Wilde erschien bei Lightoller »und fragte, wo die Waffen gelagert seien«. Vor der Abfahrt aus Southampton war Lightoller für die Lagerung der Schießeisen zuständig gewesen: »Er führte Wilde, William Murdoch und Kapitän Smith zu dem Spind in Murdochs Kabine, in dem die Waffen gelagert waren.« [152]

Nun mag man das angesichts einer möglicherweise drohenden Panik vielleicht als normal ansehen; aber dennoch sollte man diese Wandlung im Verhältnis zwischen Schiffsführung und Passagieren im Auge behalten. Ab jetzt waren die Passagiere vollkommen in der Gewalt der Schiffsführung; jeder, der nicht spurte, wurde explizit oder implizit mit der Waffe bedroht.

Angesichts des bisherigen skrupellosen Verhaltens der Schiffsführung ist es nicht leicht zu entscheiden, ob sich die

Passagiere nun in den Händen einer verantwortungsvollen Schiffsführung oder aber einer bewaffneten Bande befanden. Tatsächlich gibt es wie bereits erwähnt einige Berichte, die einen Schusswaffengebrauch an Bord der *Titanic* oder der Rettungsboote bestätigen. So berichtete etwa Colonel Archibald Gracie, der Zweite Offizier Lightoller habe seine Pistole abgefeuert, um Dritte-Klasse-Passagiere aus einem der Rettungsboote zu vertreiben.

Nachdem sie mit Gewalt von ihrem Ehemann losgerissen worden war, fand sich Charlotte Collyer in Rettungsboot Nr. 14 wieder: »Das Boot war praktisch voll, und es waren keine weiteren Frauen mehr in der Nähe, als der Fünfte Offizier Lowe an Bord sprang und befahl, es hinunterzulassen. … Ein Junge, kaum älter als ein Schuljunge, fast klein genug, um als Kind zu gelten, stand in der Nähe der Brüstung. Er machte keinen Versuch, sich in das Boot zu drängeln, obwohl seine Augen flehentlich an dem Offizier hingen. Als er begriff, dass man ihn wirklich zurücklassen wollte, verließ ihn der Mut, und mit einem Schrei stieg er auf die Brüstung und sprang hinunter in das Boot.

Er fiel zwischen uns Frauen und versteckte sich unter einem Sitz. Ich und eine andere Frau versteckten ihn unter unseren Kleidern. Wir wollten dem armen Jungen eine Chance geben, aber der Offizier stellte ihn auf seine Füße und befahl ihm, zurück auf das Schiff zu gehen. Er bettelte um sein Leben. Ich erinnere mich, wie er sagte, er würde ja nicht viel Platz brauchen. Aber der Offizier zog seinen Revolver und drückte ihn ihm ins Gesicht: ›Ich gebe dir nur zehn Sekunden, um auf das Schiff zurückzugehen, bevor ich dir das Gehirn rausblase!‹, schrie er. Der Junge bettelte nur umso eindringlicher, und ich dachte, er würde auf der Stelle erschossen.

Aber plötzlich änderte der Offizier seinen Ton. Er senkte seinen Revolver und sah dem Jungen direkt in die Augen: ›Um Gottes willen, sei ein Mann!‹, sagte er freundlich. ›Wir müssen Frauen und Kinder retten. Wir müssen an den tieferen Decks anhalten und Frauen und Kinder an Bord nehmen.‹ Der kleine Junge drehte sich um und kletterte ohne ein weiteres Wort über die Brüstung zurück. Er machte einige unsichere Schritte und legte sich dann mit dem Gesicht nach unten neben einem aufgerollten Seil hin. Er wurde nicht gerettet.«(*The San Francisco Call,* 2. Juni 1912)

Frauen und Kinder wurden in Wirklichkeit natürlich auch nicht mehr aufgenommen: »Tatsächlich hielten wir an keinem anderen Deck mehr an, um weitere Frauen und Kinder an Bord zu nehmen« – wobei sich Frau Collyer mit der Bemerkung tröstet, dass es wohl »nicht möglich gewesen« wäre.

In Wirklichkeit hatte Lowe den Jungen nur hereingelegt; tatsächlich waren in dem Boot Nr. 14 noch mindestens zwei Plätze frei; die *Encyclopedia Titanica* listet sogar nur 37 Insassen auf. Wobei das gar keine Rolle spielt: Einen Jungen, der unter einer Bank Platz hatte, hätte man sogar in einem überfüllten Boot mitnehmen können.

Wer war hier also der »Mann«? Der Fünfte Offizier und »hero« Harold Lowe oder der kleine Junge, der zurück an Bord der *Titanic* ging, um zu sterben? Von unzähligen Helden, die auf dem sinkenden Schiff zurückblieben, oft auch deshalb, damit in diesem Umfeld von offener Willkür und Gewalt wenigstens ihre Frauen und Kindern »begnadigt« wurden, wird jedoch viel zu wenig geredet.

Der Maschinist Frederick Scott, der am sechsten Tag der britischen Untersuchung aussagte, hatte einen Offizier schießen sehen – wahrscheinlich Lowe. Er sei vom Maschinenraum nach oben auf das Bootsdeck gekommen; der Maschinenraum sei vollständig trocken gewesen. Er habe über die Reling geschaut, berichtete Scott, und dabei zwei Boote auf der Backbordseite im Wasser gesehen (Nr. 14 und 16, wie die Kommission vermutete). In einem davon habe ein Offizier einen Revolver gezogen, zwischen Rettungsboot und

Bordwand der *Titanic* gefeuert und gesagt: »Wenn irgendjemand in das Boot springt, werde ich ihn erschießen wie einen Hund.«

In Boot 16 war noch Platz für mindestens neun Personen.

Der überlebende Offizier Lowe selbst bestätigte den Schusswaffeneinsatz. Am dreizehnten Tag der britischen Untersuchung sagte er, er feuerte seinen Revolver ab, als während des Fierens zwei Männer vom Bootsdeck aus in das Boot springen wollten. Anschließend habe er bei jedem Deck, an dem sie vorbeigekommen seien, nochmals geschossen, um die Leute davon abzuschrecken, in das Boot zu springen. Die Frage ist nur: Warum feuert jemand auf Menschen, die in ein Boot springen wollen, in dem noch Plätze frei sind?

Laut Lowe seien jedoch 64 Menschen an Bord gewesen, und er habe befürchtet, das Boot könne umkippen.

Die überlebende Frau von Emil Taussig und ihre Tochter erklärten später, Taussig sei zusammen mit dem Theatermanager Henry B. Harris ebenfalls unnötig geopfert worden: »Sie sagten, dass Taussig, der nach der Kollision zusammen mit seiner Frau an Deck geeilt war, und Henry B. Harris mit Revolvern bedroht worden waren, als sie versuchten, in eines der Boot zu kommen, obwohl noch jede Menge Platz war. Frau Taussig erklärte, dass das Boot, in das sie zusammen mit ihrer Tochter und Frau Harris gesetzt worden war, mit zahlreichen leeren Plätzen von der *Titanic* ablegte und dass sie der Meinung ist, dass der Theatermann und ihr Gatte vollkommen sinnlos geopfert wurden. Das Letzte, was Frau Taussig von ihrem Mann und Harris sah, geschah wenige Momente vor dem Untergang. Die beiden Männer, sagte sie, legten sich die Arme um die Schultern und standen Seite an Seite, während sie ihren Familien Lebewohl winkten.«[153]

Passagiere, die nicht von den Untersuchungskommissionen befragt wurden, haben von gespenstischen Szenen berichtet, in denen geschossen wurde und Erschossene auf den Decks lagen. Einer davon ist der erwähnte Passagier Eugene Daly aus Newark, der gesehen haben wollte, wie zwei erschossene Männer an Deck lagen.

Anderen Quellen zufolge hat Daly selbst gesehen, wie ein Offizier die beiden Männer erschoss. So wird Daly in der *Encyclopedia Titanica* zitiert: »Ein Offizier zielte mit einem Revolver und sagte, sollte irgendein Mann versuchen, in das Boot zu gelangen, würde er ihn auf der Stelle erschießen. Ich sah, wie der Offizier zwei Männer erschoss, weil sie versuchten, in das Boot zu steigen. Danach hörte ich einen weiteren Schuss, und ich sah den Offizier an Deck liegen. Man hat mir erzählt, er habe sich erschossen, aber das habe ich nicht gesehen.«

Es wäre allerdings ebenso möglich wie verständlich, wenn Passagiere zurückgeschossen hätten, denn tatsächlich trugen auch einige von ihnen Schusswaffen. Dalys Tochter Marion K. Joyce schrieb später: »Ich hörte wie mein Vater erzählte, dass er mit der Waffe zurückgehalten wurde, als er in die Rettungsboote steigen wollte. Und dass er sah, wie Männer erschossen wurden.«[154]

»Die Besatzung benutzte ihre Waffen, um die Männer zurückzuhalten, damit Frauen und Kinder an Bord der Boote gehen konnten«, berichtete auch der Passagier Edward Beane.

Das scheint jedoch nicht in jedem Fall zu stimmen – denn oft waren gar keine Frauen und Kinder mehr in der Nähe, die in die Boote steigen wollten. Daher wurden die Boote auch mit leeren Plätzen gefiert. »Ich sah, wie ein Mann niedergeschossen wurde, der durch [unleserlich] durchbrechen wollte«, berichtete Beane. Außerdem habe er gesehen, wie Mündungsfeuer einem anderen Passagier die Finger verbrannt habe. (*Rochester Democrat and Chronicle*, 15. April 1931) »Auf den Ruf ›Nein, nur Frauen!‹ blieb Beane zurück, während seine Braut in einem der Rettungsboote untergebracht wurde«, schrieb die *New York Times* am 21. April

1912. »Aber als er mannhaft zurückblieb, sah er, dass das Boot nur halb voll war, als es gefiert wurde. Daraufhin sprang er ins Wasser und schwamm zu dem Boot, wo er von Ethel Beane hineingezogen wurde.«

»Augenzeugen erklären«, schreibt auch Waag in seinem Buch, »dass die aufsichtsführenden Offiziere und Mannschaften eine Unfähigkeit an den Tag legten, die unter Umständen geradezu verbrecherisch war.«[155]

»Gegen 1.20 Uhr hatten sechs Rettungsboote die *Titanic* verlassen; keines davon war mit der zulässigen Zahl von Insassen beladen«, so auch Marschall und Lynch in ihrem Buch *Titanic – Königin der Meere*. »Auf der Steuerbordseite wurden jetzt auf dem Achterschiff rasch immer mehr Menschen zum schnellen Einstieg in die Rettungsboote gedrängt. Kate Buss, die mit Marion Wright und Douglas Norman über die Rettungschancen sprach, brachte es nicht über sich, die Boote auch nur anzusehen. Während sie voller Angst warteten, trat Dr. Alfred Pain, ein weiterer Freund dieses Kreises, hinzu. Als jemand rief: ›Meine Damen, bitte hier entlang‹, führten Pain und Norman die beiden Frauen eilig zum Boot Nr. 9. Als Miss Wright dann über den Abgrund zwischen der Reling und dem zerbrechlich erscheinenden Boot hinwegsprang, sagte sie nicht einmal ›Auf Wiedersehen‹, in dem irrigen Glauben, ihre Freunde bald wiederzusehen. Kate Buss, die bereits in dem Rettungsboot saß, forderte die beiden Männer auf zuzusteigen. In dem Rettungsboot befanden sich nämlich bereits einige Männer aus der zweiten Klasse.«[156]

Laut der oben zitierten Aufstellung standen in Boot Nr. 9 sechs männlichen Passagieren 42 Frauen und acht Besatzungsmitglieder gegenüber. Insgesamt befanden sich also 56 Menschen an Bord, womit mindestens noch neun Plätze frei waren. »Aber als Douglas Norman tatsächlich einsteigen wollte, wurde er von Besatzungsmitgliedern barsch zurückgehalten, während das Boot nach unten entschwebte. ›Warum haben Sie meine Freunde nicht mitgenommen?‹, stellte Miss Buss den Kommandanten des Bootes zur Rede.« Seine verblüffende Erklärung: Er habe »Befehl gehabt, wegzufieren und dass man ihn bei Zuwiderhandlung erschießen und einen anderen Mann an seine Stelle setzen würde. ›Und trotzdem hätte man ihre Freunde nicht auf das Boot gelassen‹, fügte er dann noch fast entschuldigend hinzu.«[157]

Man hätte ihn erschossen, wenn er zwei Männer in ein Boot gelassen hätte, in dem noch neun Plätze frei waren? Was wurde beim Untergang der *Titanic* eigentlich wirklich gespielt?

Als das letzte Boot D zu Wasser gelassen wurde, zog Lightoller seine Pistole »und befahl einigen Besatzungsmitgliedern, mit eingehängten Armen einen Halbkreis vor dem Boot zu bilden, um zu verhindern, dass die noch zahlreich auf dem Bootsdeck vertretenen Männer das Boot stürmten«.[158] Meine Güte – so wichtig war es Lightoller, dass keine Männer an Bord kamen?

Als das Boot abgefiert wurde, war es wieder nicht voll. »Lightollers Beharren darauf, dass unter keinen Umständen Männer an Bord der Boote durften, selbst wenn nicht genügend Frauen und Kinder in der Nähe waren, um die Boote zu füllen, trug zweifellos zu den hohen Opferzahlen bei«, urteilt Gardiner ganz richtig.[159]

Einem anderen Mann schoss ein Offizier, wahrscheinlich Lightoller, den Kiefer weg. Als die Schüsse verhallten, »fiel ein großer Mann über die Reling ins Wasser«, heißt es in Logan Marshalls *Sinking of the Titanic and Great Sea Disasters*. »Ein anderer fiel stöhnend auf das Deck. Sein Kiefer war weggeschossen worden.«[160] Ob mit Schusswaffe oder nicht: Insgesamt dürfte Lightoller Hunderte von Männern auf dem Gewissen haben, darunter einige der reichsten und wichtigsten Männer der USA, wenn nicht sogar der Welt.

Freilich gaben sich die überlebenden Offiziere alle Mühe, so zu tun, als hätten sie nur Warnschüsse abgegeben. Doch erstens fällt es schwer, den überlebenden Offizieren überhaupt etwas zu glauben. Zweitens scheint das, wie die zitierten Schilderungen nahelegen, nicht zu stimmen. Drittens bestätigten offenbar auch Bestattungsunternehmer das Vorhandensein von Schusswunden an den geborgenen Leichen.

So berichtete Steven Santini in seinem Buch *Titanic – Touchstones of a Tragedy* von einem Bestatter namens Thad Stevens, der aus Hampton, New Brunswick, nach Halifax gerufen worden sei, um an den *Titanic*-Opfern zu arbeiten. Dabei sei er auch dem dort ansässigen Bestatter John Snow begegnet, der ihm von Anzeichen für Schusswunden an einigen der geborgenen Opfer erzählt habe.[161] Tatsächlich war John Snow der maßgeblich für die *Titanic*-Opfer zuständige Bestatter (siehe Kapitel *Milliardäre sterben früh*).

Nur Frauen und Kinder: Wenn aus Rettung Mord wird

In Wirklichkeit erfuhr der Grundsatz »Frauen und Kinder zuerst« an Bord der sinkenden *Titanic* eine kleine, aber bedeutende Abwandlung. Denn auf der Backbordseite des Schiffes wurde unter dem Kommando des Kapitäns und des Zweiten Offiziers Charles Lightoller daraus plötzlich »Nur Frauen und Kinder«.

Kapitän Smith »ging völlig darin auf«, »auf der Backbordseite die Einbootung zu überwachen«.[162] Wobei man sich fragt, was das sollte: Hatte der Kapitän nichts Besseres zu tun? Zum Beispiel die Bekämpfung des oder der Lecks zu leiten? Oder durch Fahrmanöver das Fluten des Schiffes zu verzögern? Durch langsame Rückwärtsfahrt hätte man das Volllaufen des Rumpfes vielleicht verlangsamen können. Man hätte sich auch in die Nähe der offenbar zahlreichen Eisberge oder des Packeises manövrieren können, um Besatzung und Passagiere dort abzusetzen. Schließlich hätte man Anker, Ankerketten und anderen Ballast abwerfen können. Oder wie wär's mit der Sicherstellung und Einschiffung der Logbücher? Aber nein: Der Kapitän leitete persönlich das Fieren der Rettungsboote.

Das muss man sich mal vorstellen: Der Commodore der White Star Line, Kapitän Edward J. Smith, übernahm auf seinem sinkenden Schiff persönlich Matrosenarbeit, indem er die vorderen Leinen eines Rettungsbootes fierte. Wenn das stimmt, dann waren das Einsteigen und das Fieren der Boote auf der Backbordseite offenbar Chefsache und für Kapitän Smith in diesem Moment das Wichtigste, was es für ihn zu tun gab.

Der Befehl »Nur Frauen und Kinder« wurde auf der Backbordseite also mit allen Konsequenzen befolgt. Aber warum gingen die Männer dann nicht einfach auf die Steuerbordseite? Antwort: Vereinzelt mag das vielleicht vorgekommen sein, aber zunächst einmal war das Deck der *Titanic* etwa 30 Meter breit. Die beiden Seiten waren durch Aufbauten und Relings voneinander getrennt, so dass man erstens nicht mitbekam, was auf der anderen Seite lief und zweitens nicht einfach hinübergehen konnte. Und schließlich gibt es ja noch so etwas wie einen »Bankschaltereffekt«: Bewirbt man sich um einen Platz in einem Boot, gibt man diese Position nicht so einfach auf, wenn man nicht genau weiß, was man dafür bekommt.

Um 0.50 Uhr (also eine Stunde und zehn Minuten nach der Kollision) sei das zweite Rettungsboot zu Wasser gelassen worden – »ohne männliche Passagiere«, wie Wolf Schneider schreibt: »Denn dieses Boot wird backbord abgefiert, dort, wohin der Kapitän die Frauen und Kinder beordert hat und wo er selbst mit dem Megaphon die Aufsicht führt.« Von den 65 Plätzen seien wiederum nur 28 belegt gewesen. Mindestens 37 Menschen sterben also ohne jeden Grund. »Frauen, die zum Einsteigen bereit wären, sind nicht in Sicht«. Erste Fragen, warum denn nicht die Männer einsteigen könnten, führen nicht zum Erfolg. Vielmehr passt ein weiterer Offizier geradezu hysterisch auf, dass nur kein Mann an Bord kommt: »›Kein Mann jenseits dieser Linie!‹, ruft der Sechste Offizier Moody unter den Augen von Kapitän Smith.«[163]

Nirgends wird dieser Irrsinn so offensichtlich wie bei dem Drama um das Backbord-Rettungsboot Nr. 4, das der reichste Mann Amerikas, John Jacob Astor, und seine schwangere Frau Madeleine besteigen wollen. Astor war der steinreiche Erbe des Immobilienimperiums der Astors, dem große Teile von Manhattan gehörten. Er machte als Immobilienentwickler, Autor, Rennfahrer und Erfinder von sich reden. In Manhattan baute er zwei Luxushotels, darunter das »Astoria«, aus dem später das »Waldorf-Astoria« hervorging. Astor wurde im Angesicht der Rettung eiskalt dem Ertrinken überantwortet.

Zwischendurch schien der Kapitän auch an Steuerbord sein Unwesen zu treiben: »Einige Männer, die sich hineindrängelten, wurden auf der Stelle von Kapitän Smith' Revolver gestoppt«, erinnerte sich die Passagierin Lady Duff Gordon, »wobei mehrere fielen, bevor die Ordnung wiederhergestellt wurde. … Das Boot wurde ein Stück hinabgelassen, und gerade als es frei kam, setzte ein Mann zum Sprung in das Boot an und wurde erschossen. Er wurde offensichtlich sofort getötet. Seine Leiche fiel in das Boot zu unseren Füßen, und da niemand Anstalten machte, sie über Bord zu werfen, blieb sie da, bis wir von der *Carpathia* aufgesammelt wurden.«[164]

In Lady Duff Gordons Boot (Nr. 1) waren mindestens noch 28 Plätze frei.

Ich hatte ja vorhin über die Zeiten geredet, die veranschlagt wurden, die Rettungsboote zu bemannen und zu fieren. Bei

64 Booten veranschlagte der Schiffsarchitekt von Harland & Wolff, Wildener, eine Stunde, bei 32 Booten eine halbe Stunde. Wir hatten es hier jedoch nur mit 16 regulären Rettungsbooten und vier Klappbooten zu tun. Die 16 Rettungsboote hingen bereits an den Davits, so dass man sie im Grunde nur abdecken, ausschwenken, die Passagiere hineinspringen lassen und fieren musste.

Das Pech der Passagiere auf der Backbordseite und insbesondere der Männer bestand jedoch darin, dass hier Kapitän Smith und der Zweite Offizier Lightoller das Kommando führten. Mit Boot Nr. 4 zum Beispiel beschäftigte sich Lightoller geschlagene 70 Minuten, bevor es zum endgültigen Fieren abgefertigt wurde.

Zuerst hatte er versucht, es vom Bootsdeck zu Deck A herabzulassen, um die Passagiere von dort zusteigen zu lassen. Wie bereits dargestellt, hatte es jedoch zu den merkwürdigen Baumaßnahmen in letzter Minute gehört, die Promenade des A-Decks mit sogenannten Gischtfenstern zu verrammeln, die nur von der Besatzung mit speziellen Werkzeugen geöffnet werden konnten. Für die Schiffsführung hatte das allerdings den Vorteil, dass Passagiere diese Boote nur vom darüber gelegenen Bootsdeck aus besteigen konnten – so dass die Offiziere das Einsteigen in diese Boote voll unter Kontrolle haben würden. Entweder hatte Lightoller diese bauliche Gegebenheit vergessen, oder er betrieb ohnehin Obstruktion.

So hing also das von Lightoller abgefierte Boot Nr. 4 plötzlich vor den Gischtfenstern von Deck A, ohne dass jemand zusteigen konnte. Daraufhin ließ Lightoller das Boot wieder zum Bootsdeck hochziehen, um es sich kurz darauf wieder anders zu überlegen und es wieder zu dem verschlossenen A-Deck hinunterzulassen. Ein Matrose sollte nun das Spezialwerkzeug suchen, um die Fenster zu öffnen: »Frauen aus der ersten Klasse samt Anhang bildeten eine ordentliche Schlange vor dem Boot 4, doch der [mit nur acht

Backbordrettungsbooten! G. W.] emsig beschäftigte Offizier kehrte erst nach über einer Stunde zurück.«[165] Also nach jener Zeit, in der es nach den Darlegungen des Schiffsarchitekten gedauert hätte, 64 Rettungsboote zu fieren.

Unter den Wartenden am Boot Nr. 4 waren auch die Astors. Dazu gleich mehr.

Die Geisterschiffe

Titanic-Kennern werde ich wahrscheinlich nichts Neues verraten, aber alle anderen wird es vielleicht überraschen, wenn ich feststelle, dass es nach all den vielen unfassbaren Versäumnissen und Skandalen noch einen weiteren gab. Nämlich, dass die *Titanic* im Moment ihrer verzweifelten Agonie, während die Rettungsboote gefiert und gleichzeitig 1500 Menschen mehr oder weniger mutwillig dem Tod durch Ertrinken überlassen wurden, nicht allein war. In Wirklichkeit wimmelte es um die *Titanic* herum vor anderen Schiffen, die weder auf Notsignale reagierten noch irgendeinen Finger krumm machten, um dem angeschlagenen Riesendampfer zu Hilfe zu kommen. Manchmal sah man nur die weißen Topplichter auf den Masten, dann wieder sogar die roten und grünen Back- und Steuerbordlaternen. Manchmal wurde die Entfernung des oder der Schiffe(s) auf zehn Meilen geschätzt, dann wieder auf fünf, manchmal schienen sie zum Greifen nah zu sein.

Im Prinzip waren (und sind) andere Schiffe durch ihre Lichterführung nachts leicht zu erkennen. Dabei bedeutet:

- ein weißes, helles, oben am Mast angebrachtes Licht, dass man ein maschinenbetriebenes Fahrzeug vor sich hat (das sogenannte Dampferlicht).
- zwei weiße, helle Masttopplichter in unterschiedlicher Höhe, dass man es mit einem großen Motorfahrzeug oder Dampfer zu tun hat.

Dazu kommt noch das »Fahrlicht«, das einem sagt, dass und wie sich das Fahrzeug bewegt. Sieht man zusätzlich zu den Topplichtern:

- eine rote Laterne, fährt das Schiff mit seiner Backbordseite an einem vorbei,

- eine grüne Laterne, fährt das Schiff mit seiner Steuerbordseite an einem vorbei,
- backbord eine grüne Laterne und steuerbord eine rote, kommt das Schiff auf einen zu.

Kämmt man zum Beispiel die Zeugenaussagen vor dem amerikanischen Untersuchungsausschuss durch, kommt man auf 31 dort geschilderte Sichtungen von anderen Schiffen (was natürlich nicht gleichbedeutend ist mit 31 Schiffen).

Da andere Schiffe nachts immer als Lichter wahrgenommen werden, habe ich das 1200 Seiten starke Protokoll der Aussagen vor dem US-Ausschuss nach dem Wort »Licht« durchsucht. Sicher gibt es noch viel mehr Sichtungen, denn es wurden ja bei weitem nicht alle Überlebenden befragt.

Zu diesen 31 »offiziellen« Sichtungen muss gesagt werden, dass es hier natürlich in jeder Hinsicht Unschärfen gibt, insbesondere, was die jeweilige Zeitangabe angeht. Teilweise haben die Zeugen selbst Zeiten genannt, die jedoch aufgrund der Bedingungen und aufgrund der unterschiedlichen Wahrheitsliebe der Zeugen unsicher sind. Teilweise habe ich die Zeit aus anderen Umständen geschlossen (siehe Spalte »Original Zeitangabe«). Die Wahrnehmung von Kapitän Smith wurde natürlich nur überliefert, da er ja seit dem Unglück verschollen war.

Aufgrund der Vielzahl der Sichtungen ist jedoch anzunehmen, dass falsche Angaben zwar eine gewisse Unschärfe bewirken, aber das Bild nicht komplett verfälschen können. Sprich: dass sich hier ein – wenn auch unscharfer – Trend erkennen lässt, wo und wie die *Titanic* einem oder mehreren fremden Schiffen begegnete.

Sichtung/Zeuge	Beobachtung	Ort	Uhrzeit	Original Zeitangabe
1. Rowe	Dampfer/Topplichter und später rotes Seitenlicht/ruderten darauf zu, aber da war es nur noch ein weißes Licht, er sah es auch schon vor dem Crash voraus.	Brücke/Boot C steuerbord (sb)	23:30	Ab/vor dem Crash
2. Buley	Beim Crash war ein Schiff an Backbordbug, 2 Topplichter, es kam vorbei, und sie dachten, das Schiff werde sie retten. Alle hätten gerettet werden können, man konnte sehen, dass es ein Dampfer war. Es hatte seine Dampferlichter an.	Boot Nr. 10 backbord (bb)	23:50	Beim/kurz nach dem Crash und für weitere Stunden
3. Boxhall	Dampfer/Topplichter und später rotes Seitenlicht, kurz nach dem Crash. Später sah er beide Seitenlichter, er war äußerst konkret.	Brücke voraus	23:40	Kurz nach dem Crash
4. Lightoller	Licht zwei Strich Backbordbug/Er gab Boot Nr. 6 Anweisung, auf das Licht zu zu rudern, wusste aber nicht, was es war.	*Titanic* bb	00:45	Beim Fieren der Boote ca. ab 0:45

Sichtung/Zeuge	Beobachtung	Ort	Uhrzeit	Original Zeitangabe
5. Kapitän Smith	Dampfer/Topplichter und später rotes Seitenlicht	Brücke	00:45	Ab 0.45
6. McGough	Er sah Lichter, aber es wurde ihm gesagt, das seien die anderen Rettungsboote (RB).	Boot Nr. 7 sb	00:45	Nach 0.45
7. Olliver	Er sah ein Licht, konnte aber nicht sagen, ob es ein Schiff oder ein Stern war.	Boot Nr. 5 sb	00:55	Nach 0.55
8. Pitman a)	Ein weißes Licht ohne Bewegung	Boot Nr. 5 sb	01:00	Ca. 1.00 oder 1.30
9. Moore, George	Er sah ein helles Licht, war sich ganz sicher. Er dachte an ein Fischerboot, es war nur ein helles Licht, er sah es die ganze Zeit bis zum Morgengrauen	Boot Nr. 3 sb	01:05	Nach 1.05
10. Crawford	Bekam von Kapitän Smith die Anweisung, auf ein weißes, helles Licht zu zu rudern. Es waren zwei Lichter, stehende Mastlichter, er war sicher, dass es ein Dampfer sei.	Boot Nr. 8 bb	01:10	Ca. 1.10

Sichtung/Zeuge	Beobachtung	Ort	Uhrzeit	Original Zeitangabe
11. Fleet	Ruderten in Richtung eines hellen, weißen Lichts auf Anweisung von Lightoller	Boot Nr. 6 bb	01:10	Nach 1.10
12. Peuchen a)	»Imaginäres Licht«/Steuermann Hichens glaubte ein Licht zu sehen, glaubte aber nicht an ein Schiff, sondern an eine Reflexion oder einen Schein, es war kein unterscheidbares Licht.	Boot Nr. 6 bb	01:10	Nach 1.10
13. Peuchen b)	Alle möglichen Lichter von Rettungsbooten, aber eines mit einem blauen Licht. Er dachte zuerst, es sei ein Dampfer.	Boot Nr. 6 bb	01:10	Nach 1.10
14. Hichens	Sah ein »imaginäres Licht«, er glaubte an ein Fischerboot. Es kam nicht näher/ siehe Peuchen.	Boot Nr. 6 bb	01:10	Nach 1.10
15. Jones, Thomas	Kapitän Smith sagte ihm, er solle zu einem Licht rudern und dann zurückkommen. Er ruderte 2 Stunden zu dem Licht, aber es kam nicht näher.	Boot Nr. 8 bb	01:10:00	Ca. 1.10

Sichtung/Zeuge	Beobachtung	Ort	Uhrzeit	Original Zeitangabe
16. Stengel	Sie ruderten in Richtung eines Lichts am Bug der *Titanic*, die meisten Boote ruderten da hin, aber als sie ein grünes Licht sahen, ruderten sie dort hin, weil dies ein RB mit einem Offizier gewesen sein soll.	Boot Nr. 1 sb	01:10	Nach 1.10
17. White	Sie wurden strikt angewiesen, auf ein Licht zu zu rudern; es war irgendein Schiff, um die Passagiere abzusetzen und zurückzukommen, aber es war offensichtlich unmöglich, es zu erreichen.	Boot Nr. 8 bb	01:10	Nach 1.10
18. Smith, Lucian	Er sah ein kleines Licht am Horizont, zu dem sie hinrudern sollten, aber sie schafften es nicht, und sie meinten, es sei ein Stern. Manche sagten aber, es seien zwei Lichter.	Boot Nr. 6 bb	01:10	Nach 1.10
19. Wheelton	Sie ruderten zu einem Licht, kamen aber nicht näher.	Boot Nr. 11 sb	01:25	Nach 1.25

Sichtung/Zeuge	Beobachtung	Ort	Uhrzeit	Original Zeitangabe
20. Andrews, Charles	Er sah ein Licht hinter der *Titanic*, etwa eine Stunde nach dem Abfieren. Er dachte, es sei ein Rettungsschiff, aber das Licht verschwand.	Boot Nr. 16 bb	01:30	Ca.1.30
8. Pitman b)	Er sah ein weißes Licht ohne Bewegung.	Boot Nr. 5 sb	01:30	Ca. 1.00 oder 1.30
21. Taylor	Sie ruderten »mit den anderen Booten« zu einem Licht, mal wusste er nicht, ob es ein Schiff war, dann wieder doch, später verschwand es.	Boot Nr. 15 sb	01:35	Nach 1.35
22. Ismay	Sie sahen ein Licht und versuchten hinzurudern.	Boot C sb	01:40	Nach 1.40
23. Archer	Sie glaubten, ein Licht zu sehen, und ruderten darauf zu; er glaubte, es sei ein Dampfer.	Boot Nr. 16 bb	01:40	Nach 1.40

Sichtung/Zeuge	Beobachtung	Ort	Uhrzeit	Original Zeitangabe
24. Osman	Er sah etwa 1 Stunde ein Mastlicht, aber der Offizier war nicht sicher, ob es eines war. Die anderen Boote fuhren hin, er selbst dachte, es komme von den Banks-Untiefen, aber es segelte davon.	Boot Nr. 2 bb	01:45	Nach dem Fieren 1:45
25. Collins, John a)	Er sah ein grünes Licht, als er auf Boot B stand. Er dachte, es sei ein Rettungsboot, sie schrien, aber es reagierte nicht.	Bootsdeck	02:00	Ca. 2:00
26. Bright	Er sah ein weißes Licht querab vom Backbordbug, es sah nach einem Segelschiff/Fischerboot aus, aber man konnte keine Decklichter sehen. Es verschwand plötzlich.	Boot D bb	02:05	Nach 2.05
27. Woolner	Er sah die meiste Zeit ein grünes Licht, wohl Boxhalls Boot. Es hatte anscheinend ein grünes Licht gesetzt (es war das Signalboot, dem alle folgen sollten).	Boot D bb	02:05	Nach 2.05

Sichtung/Zeuge	Beobachtung	Ort	Uhrzeit	Original Zeitangabe
28. Collins, John b)	Er sah ein grünes Licht, als er auf Boot B stand. Er dachte, es sei ein Rettungsboot; sie schrien, aber es reagierte nicht.	Boot B bb	02:20	Nach 2.05
29. Etches	Nach dem Untergang ruderten sie auf ein Licht zu. Manche sagten, es sei ein Stern, andere, es sei ein Schiff.	Boot Nr. 5 sb	02:20	Nach 2.20
30. Gracie	Er sah Lichter eines Schiffes oder Dampfers in der Entfernung, auch später im RB glaubten sie, Lichter zu sehen, aber das waren wohl die Lichter der RBe, darunter eines mit grünen Lichtern.	A-Deck Boot B bb	O. A.	O. A.
31. Abelseth	Er sah ein Licht von der BB-Seite der *Titanic* aus, das vordere Mastlicht. Ein Offizier sagte, ein Schiff werde kommen.	bb *Titanic*	O. A.	O. A.

Das *Californian*-Rätsel

Die beiden Hauptverdächtigen waren die *Mount Temple,* auf die ich gleich zu sprechen komme, und natürlich die *Californian,* die der *Titanic* um 23 Uhr vergeblich versucht hatte mitzuteilen, dass sie über Nacht im Eis Halt machen würde. Danach legte sich ihr Funker Evans aufs Ohr, so dass der Notruf der *Titanic* nicht empfangen wurde.

Die *Californian* war ein vergleichsweise kleiner Frachter der Leyland Line, die ebenfalls J. P. Morgan gehörte. Sie war etwa 136 Meter lang und 15 Meter breit und brachte es auf etwa 6200 Tonnen. Am 5. April 1912 war sie von Liverpool nach Boston aufgebrochen und benutzte dafür in etwa dieselbe Nordatlantikroute wie die *Titanic.*

Wie bereits gesagt, fing man auf der *Titanic* zwei Eiswarnungen von der *Californian* auf:

- Eine am Abend des 14. April 1912, in der die *Californian* die *Antillian* über gesichtetes Eis informierte. Um 18.30 Uhr Schiffszeit habe man auf der Position 42°3' N und 49°9' W »drei große Eisberge fünf Meilen südlich von uns« gesichtet. Die Länge entsprach ziemlich genau der späteren Fundstelle des *Titanic*-Wracks, die Breite war zwar signifikant nördlich der *Titanic*-Route. Allerdings sichtete die *Californian* die Eisberge ja fünf Meilen südlich, also in Richtung der *Titanic*-Route, und außerdem würden die Eisberge bis zur Ankunft der *Titanic* auf dieser Länge noch stundenlang weiter nach Süden treiben.
- Und jene, bei der die *Californian* um 23 Uhr Schiffszeit die *Titanic* versuchte, direkt darüber zu informieren, dass man im Eis angehalten hatte. Weil er jedoch angeblich gerade mit Cape Race kommunizierte, wies der Funker der *Titanic* den Funker der *Californian* barsch ab – wobei sich später allerdings herausstellte, dass es um diese Zeit

gar keinen Funkverkehr zwischen der *Titanic* und Cape Race gegeben hatte. Trotz der Abfuhr für die *Californian* ist davon auszugehen, dass man auf der *Titanic* verstanden hatte, dass sich die Schiffe quasi bereits an dem auf der Route liegenden Eisfeld »stauten«.

Wer sah wen und warum?

Der Kapitän der *Californian*, Stanley Lord, notierte die Halteposition mit 42°5' N, 50°7' W und bezifferte die Entfernung zur *Titanic* auf etwa 19 Seemeilen. Gibt man die Koordinaten und die Position des 1985 gefundenen Wracks (41°43'55''N, 49°56'45''W) in einen Entfernungs-Kalkulator ein[166], kommt man sogar auf etwa 22 Seemeilen oder 41,5 Kilometer.

Wenn die *Californian* also wirklich so weit entfernt war, konnte sie, selbst wenn die Positionsbestimmung ungenau gewesen sein sollte, weder von der Brücke noch von den Booten der *Titanic* aus gesehen worden sein. Und umgekehrt genauso wenig.

Zwei Schiffe oder eins?

Allerdings driftete die *Californian* im Laufe der Nacht mit dem Eis nach Süden. Und schließlich wurden von Bord der *Californian* aus sogar zwei Schiffe in südöstlicher Richtung gesichtet:

- Ein kleineres Schiff (von Kapitän Lord, dem Dritten Offizier Groves und dem Zweiten Offizier Stone). Zunächst sah man ein Masttopplicht, das zuerst für einen Stern gehalten wurde, später aber angeblich auch die grüne und die rote Seitenlaterne. Da diese wesentlich tiefer hängen als die Masttopplichter konnte das Schiff demnach nicht sehr weit weg gewesen sein. Auch die Deckbeleuchtung wurde gesehen. Die Entfernung wurde auf vier bis fünf Meilen Südsüdost geschätzt. Das Schiff feuerte eine oder mehrere weiße Raketen (Lord), schien aber nicht in Not zu sein. Dem Zweiten Offizier zufolge hatten die Raketen ihren Ursprung aber möglicherweise weit hinter diesem Schiff. Es gab vergebliche Kontaktversuche mit dem Morsescheinwerfer. Der Dritte Offizier der *Californian* sah im Gegensatz zum Kapitän und dem Zweiten Offizier jedoch zwei Maststopplichter, wie bei einem größeren Dampfer zu erwarten.[167]

- Ein großes Schiff. Als der Heizer Ernest Gill etwa um Mitternacht an Deck kam, sah er an Steuerbord »einen sehr großen Dampfer, ungefähr zehn Meilen entfernt«, samt Deckbeleuchtung und beobachtete ihn etwa eine Minute lang: »Er fuhr Höchstgeschwindigkeit.« Stellt man Navigationsfehler und Drift in Rechnung, konnte dies die *Titanic* sein. Als Gill etwa 40 Minuten später nochmals an Deck kam, sah er weiße Raketen aufsteigen und war der Meinung, dass es sich um einen Notfall handelte. Da er annahm, dass sich die Schiffsführung der Sache schon annehmen werde, ging er wieder in seine Koje. Tatsächlich hatte der Zweite Offizier Stone diese Lichterscheinungen und Raketen auch wahrgenommen, war aber angeblich davon ausgegangen, dass die Lichterscheinungen nicht auf einen Notfall hinwiesen und ihren Ursprung möglicherweise weit hinter dem beobachteten kleineren Schiff hatten.[168]

Ein Passagierdampfer kommt näher

Verwirrend, nicht? Etwas klarer sieht man, wenn man sich die Zeugenvernehmungen vor dem britischen Untersuchungsausschuss ansieht, wo etwas mehr nautisches Know-how vorhanden war als vor dem US-Ausschuss.

Bei diesen Vernehmungen machte die Schiffsführung der *Californian* keine besonders gute Figur. Insbesondere schien die Einschätzung des anderen Schiffes von der Stellung in der Bordhierarchie abzuhängen. Je höher man in der Hierarchie kam (Kapitän, Zweiter Offizier), umso kleiner und unbedeutender wurde das andere Schiff. Und je tiefer man kam (Dritter Offizier, Heizer Gill), umso mehr wurde daraus ein großer Passagierdampfer.

Während der Kapitän und der Zweite Offizier die ganze Zeit nur ein Masttopplicht gesehen haben wollten (entspricht einem kleinen Dampfer), schilderte der Dritte Offizier Groves eine Begegnung, die mit einem Zusammentreffen mit der *Titanic* zu vereinbaren gewesen wäre: Nachdem er um 23.10 Uhr zunächst in zehn bis zwölf Meilen Entfernung ein Licht gesehen hatte, sah er ungefähr um 23.25 Uhr zwei weiße Lichter, also das, was man bei der Annäherung eines großen Dampfers erwarten würde. Er bezeichnete die Lichter explizit als »zwei weiße Masttopplichter«. Kapitän Lord habe ihn sogar gefragt, ob er irgendetwas aus den Lichtern schließen könne, und er habe geantwortet »Ja, es ist offenbar ein Passagierdampfer, der sich uns nähert.«

Nachfrage: Haben Sie ihm gesagt, warum Sie dachten, dass es ein Passagierdampfer ist?
Groves: Ja. Ich sagte ihm, dass ich die Deckbeleuchtung sehen konnte, und das veranlasste mich zu der Bemerkung, dass es sich offenbar um einen Passagierdampfer handelte.
Nachfrage (zitiert Groves): »Ich sagte, ich sah die Deckbeleuchtung« – ist das richtig?
Groves: Sicher, Mylord.
Frage: Wie viele Decklichter hatte es? War sie hell beleuchtet?
Groves: Ja, sehr hell. Für mich gab es überhaupt keinen Zweifel, dass es sich um einen Passagierdampfer handelte.[169]

Auf Befehl des Kapitäns habe er dann versucht, mit Hilfe der Morselampe Kontakt aufzunehmen. Dabei habe er ein flackerndes Licht gesehen, das er zunächst als Antwort interpretiert, diese Idee anschließend aber verworfen habe.

Um 23.40 Uhr, also etwa um die Unfallzeit der *Titanic,* habe der Passagierdampfer gestoppt, wobei die Deckbeleuchtung ausgegangen sei. (Um dieselbe Zeit stoppten tatsächlich die Maschinen auf der *Titanic*. In der Kommission wurde darüber diskutiert, welche Lichter bei einem Stopp der Maschinen auf der *Titanic* ausgehen würden.) Es könne aber auch sein, so Groves, dass er die Deckbeleuchtung nicht mehr gesehen habe, weil das Schiff gedreht habe. Nachdem die Deckbeleuchtung nicht mehr zu sehen gewesen sei, sei der Kapitän auf die Brücke gekommen, und man habe über die Art des anderen Schiffes diskutiert, wobei er, Groves, dem Kapitän gesagt habe, dass er glaube, dass es sich um einen Passagierdampfer handle (siehe oben). Daraufhin habe der Kapitän geantwortet: »Der einzige Passagierdampfer in der Nähe ist die *Titanic.*«

Etwa um 0.15 Uhr (bevor die Raketen zu sehen waren) sei Groves von dem Zweiten Offizier Stone abgelöst worden, wobei er auch ihm gesagt habe, dass er glaube, dass das andere Schiff ein Passagierdampfer sei. Anschließend sei er zum Funkraum gegangen. Dort habe er den Funker Evans geweckt und gefragt, mit welchen Schiffen er Kontakt habe, worauf Evans geantwortet habe: »Nur mit der *Titanic.*« Was sich offenbar nicht auf einen Notruf, sondern auf die vergebliche Übermittlung der Eiswarnung bezog. Er, Groves, habe sogar kurz die Kopfhörer aufgesetzt, aber nichts gehört. Dann sei er ins Bett gegangen.

Besonders peinlich war die Befragung des Zweiten Offiziers Herbert Stone, der nach Groves auf der Brücke der *Californian* war und der die weißen Raketen partout nicht als Notsignale gewertet haben wollte. Was sie denn sonst gewesen sein sollten, wurde er gefragt: Ob es sich vielleicht um einen Spaß gehandelt haben könnte? Oder vielleicht um Konzernsignale (manche Schiffe kommunizierten untereinander mit bestimmten Raketen)? Da er beides verneinte, blieben als Alternative nur Notraketen übrig. Diesen Schluss wollte Stone in der Nacht aber partout nicht gezogen haben.

Ein Dampfer wird klein geredet

So drängt sich der Eindruck auf, dass der Kapitän und der Zweite Offizier Stone im Nachhinein versuchten, das nachts gesichtete Schiff kleinzureden, während die Aussagen des Heizers Gill und des Dritten Offiziers Groves ganz klar auf die *Titanic* hinwiesen.

Sie beide sahen um dieselbe Zeit in der Richtung, in der sich auch die *Titanic* befinden musste, in zehn bis zwölf Meilen Entfernung einen großen Passagierdampfer. Sowohl die *Titanic* als auch das von der *Californian* aus gesehene Schiff sendeten Notraketen und möglicherweise auch Morsesignale aus. Der einzige Passagierdampfer, der in dieser Nacht in der Nähe war, war die *Titanic.*

Für einen riesigen Ozean sind das der Zufälle denn doch zu viele. Aus meiner Sicht steht daher fest, dass die *Titanic* von der *Californian* aus gesehen, aber nichts zu deren Hilfe unternommen wurde. Wobei die eigentliche Frage lauten muss, warum Kapitän Lord nicht einfach seinen Funker weckte, um im Äther nachzufragen, ob es irgendwo Schwierigkeiten gibt. Dies ist in der Tat unerklärlich. Denn selbst Kapitän Lord war der Meinung, dass der einzige Passagierdampfer in der Nähe die *Titanic* war. Selbst wenn der Kapitän das andere Schiff nicht als *Titanic* ansah, musste die klare Einschätzung des Dritten Offiziers genügen, um die Lage vorsichtshalber per Funk aufzuklären.

Erst um sechs Uhr am nächsten Morgen, als die *Titanic* bereits drei Stunden und vierzig Minuten untergegangen war, erfuhr man auf der *Californian* von dem Unfall. Unter der Besatzung habe es einige Unruhe wegen der Nichtbeachtung der Raketen und der Behandlung des Vorfalls durch den Kapitän gegeben, erklärte der Heizer Gill, der inzwischen sicher war, dass er nachts die *Titanic* gesehen hatte. Auch den Zweiten Ingenieur hörte Gill fragen: »Warum, zur Hölle, haben sie den Funker nicht aufgeweckt?«

In einer eidesstattlichen Versicherung, die auch vor dem britischen Ausschuss verlesen wurde, vertrat der Heizer die Meinung, dass man sich wesentlich näher als die von der Schiffsführung geschätzten 19 Meilen an der *Titanic* befunden habe, nämlich maximal zehn Seemeilen (18,5 Kilometer): »Denn ich konnte sie sehr deutlich sehen.«[170]

Von trivial bis konspirativ

Was war also auf der *Californian* passiert? Warum eilte sie nicht zu Hilfe? Und warum klärte sie die Lage nicht wenigstens per Funk auf? Nun, die Erklärungen reichen von höchst trivial bis höchst konspirativ. Vielleicht war man über die brüske Abweisung des letzten Funkspruchs an die *Titanic* schlicht wütend und beschloss daher, sich bei einem Drink zu entspannen, den Funk abzuschalten und sich nicht weiter um die arrogante *Titanic* zu scheren. Oder man ließ die *Titanic* ganz bewusst und planmäßig absaufen – warum, das muss vorerst freilich im Dunkeln bleiben.

Als sich am nächsten Morgen herausstellte, dass die *Titanic* gesunken war, herrschte jedenfalls helle Aufregung. Die Besatzung war kurz vor einer Meuterei, während die Schiffsführung beschloss, das nachts gesichtete Schiff kleinzureden. Und daraus wiederum resultierten weitere Mythen, wie beispielsweise die eines dritten Schiffes zwischen der

Californian und der *Titanic*. Wenn die Schiffsführung nicht die *Titanic,* sondern ein kleines Schiff gesehen hatte, dann musste es wohl noch ein drittes Schiff gegeben haben.

Wenn man die *Titanic* von der *Californian* aus so deutlich gesehen hat, dann hat man von der Brücke der *Titanic* oder sogar von ihren Rettungsbooten an Steuerbord aus wahrscheinlich auch die *Californian* gesehen. Das Ganze führt also zu einer Neubewertung der gegenseitigen Sichtbarkeit, die ja bisher nur auf theoretischen Berechnungen beruhte. Mit zehn bis zwölf Meilen (20 Kilometer) war die *Californian* allerdings zu weit entfernt, um sie mit den Rettungsbooten zu erreichen.

Mount Temple

Bei den Steuerbordsichtungen kann es sich also gut um die *Californian* gehandelt haben, obwohl hier nur ein (Masttopp-)Licht gesehen wurde. Da sich die Maststopplichter in verschiedenen Höhen befinden, kann es sein, dass nur das höhere gesehen wurde – zumal die Sichtungen häufig von den niedrigen Rettungsbooten aus erfolgten. Das Problem ist nur: Die *Californian* ist noch nicht unser eigentliches »Geisterschiff«.

Wie sich aus den oben dargestellten Zeugenaussagen ergibt, wurden auch an Backbord Schiffe gesichtet. Hier gab es sogar noch viel mehr Sichtungen als an Steuerbord. Bei den Backbordsichtungen muss es sich um ein anderes Schiff gehandelt haben, das bereits vor dem Zusammenstoß oder Ereignis von vorne auf die *Titanic* zuhielt.

Zu Erinnerung:

1. Rowe	Dampfer/Topplichter und später rotes Seitenlicht/ruderten darauf zu, aber da war es nur noch ein weißes Licht, er sah es auch schon vor dem Crash voraus.	Brücke/ Boot C sb	23:30:00	Vor dem Crash und danach
2. Buley	Beim Crash war ein Schiff an Backbordbug, 2 Topplichter, es kam vorbei, und sie dachten, das Schiff würde sie retten. Alle hätten gerettet werden können, man konnte sehen, dass es ein Dampfer war. Es hatte seine Dampferlichter an.	Boot Nr. 10 bb	23:50:00	Beim/ kurz nach dem Crash und für weitere Stunden
3. Boxhall	Dampfer/Topplichter und später rotes Seitenlicht, kurz nach dem Crash. Später sah er, beide Seitenlichter, er war äußerst konkret.	Brücke voraus	23:40:00	Kurz nach dem Crash
4. Lightoller	Licht zwei Strich Backbordbug/Er gab Boot Nr. 6 Anweisung auf das Licht zu zu rudern, wusste aber nicht, was es war.	*Titanic* bb	00:45:00	Beim Fieren der Boote ca. ab 0:45

Wie bei einem näher kommenden Schiff zu erwarten, sahen Rowe und Boxhall zunächst nur die hoch an den Masten angebrachten Topplichter und anschließend ein Seitenlicht (das rote). Wenn das fremde Schiff von vorne kam, hieß das, dass es nun an die Backbordseite der *Titanic* fuhr. Umgekehrt hieß das, dass man von dem Dampfer aus wahrscheinlich auch die *Titanic* sehen konnte. Und diese feuerte nicht nur Notraketen ab, die mehrere Dutzend Meter in den Himmel stiegen. Vielmehr sei das Schiff auch nahe genug gekommen, nämlich auf etwa fünf Meilen, um eine Kontaktaufnahme mit Hilfe von Lichtsignalen zu versuchen, so Boxhall. Mit Hilfe von Morsezeichen habe er mehrmals »come at once«(»kommen Sie sofort«) gesendet.

Und nun wird es noch mysteriöser, denn während er keine Antwort erkennen konnte, seien um ihn herum einige der Meinung gewesen, das Schiff habe auf die Raketen und die Lichtzeichen reagiert. Wenn das stimmen würde, dann hätte man dort drüben aber auch das »come at once« verstehen müssen, und die einzig mögliche Reaktion darauf wäre eben gewesen, sofort zu kommen. Das Schiff kam aber nicht.[171]

Wie bereits gesagt, sah Boxhall zunächst die Masttopplichter und dann das rote Backbordlicht. Da die meisten Sichtungen von Backbordbooten (bb) aus erfolgten, ist davon auszugehen, dass sich dieses Schiff anschließend tatsächlich auf die Backbordseite der *Titanic* bewegte. Mindestens ein Zeuge (der Matrose Edward Buley) sagte explizit, dass das dort gesichtete Schiff an Backbordbug »vorbeikam«: »Man konnte sehen, dass es ein Dampfer war, es hatte seine Dampferlichter an.«

Boxhall hatte den Eindruck, dass sich das Schiff drehte, da er irgendwann nur noch das Hecklicht und anschließend das grüne Steuerbordlicht sehen konnte. Buley dagegen lieferte wohl die eindrucksvollste Schilderung dieser Begegnung vor dem US-Untersuchungsausschuss:

Mr. BULEY: Es gab da ein Schiff, das an uns vorbeikam, als der Unfall geschah. Wir dachten, es komme zu uns, und wenn es gekommen wäre, hätte jeder an Bord gehen können. Man konnte sehen, dass es ein Dampfer war; die Dampferlichter brannten [die Masttopplichter; G. W.]. Bei der Kollision befand es sich jenseits unseres Backbordbugs, und wir machten uns alle in Richtung desselben Lichts auf, so dass die Boote zusammengehalten wurden.
Senator FLETCHER: Aber Sie haben nie wieder etwas von diesem Schiff gehört?
Mr. BULEY: Nein. Bei Tageslicht am Morgen konnten wir es nicht mehr sehen. Es befand sich die ganze Nacht an derselben Stelle. Ich bin mir absolut sicher, dass es etwa drei Stunden lang an derselben Stelle stand, um sich dann davonzumachen.
Senator FLETCHER: Wie weit war es entfernt?
Mr. BULEY: Schätzungsweise drei Meilen.
Senator FLETCHER: Warum konnte es Ihre Raketen nicht sehen?
Mr. BULEY: Es musste sie sehen. Es war nahe genug, um unsere Lichter und das Schiff selbst zu sehen, also auch die Raketen. Es konnte gar nicht anders, als sie zu sehen.
Senator FLETCHER: Sie sind sicher, dass es ein Schiff war?
Mr. BULEY: Ja, Sir; es war ein Schiff.
Senator FLETCHER: Wie viele Lichter haben Sie gesehen?
Mr. BULEY: Ich sah zwei Masttopplichter.
Senator FLETCHER: Keine Hecklichter?
Mr. BULEY: Man konnte die Hecklichter nicht sehen. Man konnte die Buglichter nicht sehen. Wir waren im Boot um diese Zeit.
Senator FLETCHER: Haben Sie das Schiff gesehen, bevor Sie im Wasser waren?
Mr. BULEY: Ja, Sir; ich sah es vom Schiff aus. Wir haben das den Passagieren gesagt. Wir sagten: »Da kommt ein Dampfer zu Hilfe.« Dadurch blieben sie ruhig, glaube ich.
Senator FLETCHER: Kam es Ihnen mit dem Bug voraus entgegen?
Mr. BULEY: Ja, Sir; Bug voraus zu uns. Und dann stoppte es, und die Lichter schienen sich an uns vorbeizubewegen.
(…)

Mr. BULEY: Es stand da gegenüber unserer Backbordseite für etwa drei Stunden. Und als wir im Boot waren, ruderten wir alle darauf zu, und es fuhr vorbei. Die Nordlichter sind fast wie Suchscheinwerfer; es verschwand achteraus [nach hinten; G. W.], vom Ort des Untergangs aus gesehen.
Senator FLETCHER: Es gab kein Signal?
Mr. BULEY: Überhaupt keins. Ich weiß nicht, ob es von der Brücke aus ein Signal gab. Man konnte das von uns aus aber nicht sehen.
(...)
Senator FLETCHER: Musste man dort drüben wissen, dass die Titanic in Schwierigkeiten war?
Mr. BULEY: Man musste es wissen. Sie konnten die Raketen sehen und müssen gewusst haben, dass es Probleme gab.
Senator FLETCHER: Hatte die Titanic Sirenen?
Mr. BULEY: Ja; sie hatte Sirenen, aber sie benutzte sie nicht. Sie schossen Raketen.
Senator FLETCHER: Sie benutzten weder die Sirenen noch das Horn?
Mr. BULEY: Nein, Sir.
Senator FLETCHER: Aber der Dampf entwich und machte ziemlichen Krach?

Nach dem Zusammenstoß wurde der Befehl gegeben, den Dampf aus den Kesseln abzulassen, was an Deck einen enormen Lärm verursachte.

Mr. BULEY: Ja, Sir; man verstand sein eigenes Wort nicht. Das beruhigte sich aber. Die Heizer gingen runter und löschten fast alle Feuer [in den Kesseln; G. W.].
Senator FLETCHER: Als sie sank, brannten keine Feuer mehr in ihrem Inneren?
Mr. BULEY: Wenn, dann nur sehr wenige.
Senator FLETCHER: Wann haben Sie dieses Boot am Bug zuerst gesehen? Wie lange, bevor Sie die Boote zu Wasser ließen?
Mr. BULEY: Als wir die Boote hinausschwenkten. Ungefähr zehn Minuten nach dem Zusammenprall.

Senator FLETCHER: Schien sich dieses Schiff zu entfernen?
Mr. BULEY: Nein, es schien näher zu kommen.
Senator FLETCHER: Sie haben gute Augen?
Mr. BULEY: Ich kann 21 Meilen weit sehen, Sir.
Senator FLETCHER: Es war eine klare Nacht ohne Nebel?
Mr. BULEY: Eine klare Nacht ohne Nebel.
Senator FLETCHER: Eine ruhige See?
Mr. BULEY: Ja, Sir.
Senator FLETCHER: Sie sind sich ganz sicher, dass es sich nicht um eine Täuschung handelte?
Mr. BULEY: Es musste ein Schiff sein, Sir. Es war zu niedrig für einen Stern. Wir waren uns auch sicher, weil es an uns vorbeifuhr, als wir in den Booten waren. Wir dachten, es komme, um uns aufzunehmen.
Senator FLETCHER: Wie weit entfernt war es?
Mr. BULEY: Drei Meilen, sollte ich meinen.

Eine sehr konkrete Beschreibung – nur die farbigen Seitenlichter fehlten. Warum? War es also doch ein anderes Schiff als das, das Boxhall und andere von der Brücke aus auf die *Titanic* hatten zukommen sehen? Oder hatte Buley die Seitenlichter nur nicht erwähnt? Kaum anzunehmen, denn er war ja explizit gefragt worden, wie viele Lichter er gesehen hatte. Die farbigen Seitenlichter hätte er bei seiner Antwort sicher nicht vergessen.

Die fehlenden Seitenlichter ergänzen sich jedoch mit Buleys Feststellung, dass das fremde Schiff angehalten hatte und stundenlang in einiger Entfernung von der *Titanic* verharrte. Denn die roten und grünen Seitenlichter sind nur Fahrlichter. Hält das Schiff an, werden sie gelöscht. Zwei Masttopplichter vertragen sich bestens mit einem stillliegenden Dampfer.

Die Wahrnehmungen von Boxhall und Buley ergänzen sich sinnvoll. Demnach konnte es sich gut und gerne um dasselbe Schiff handeln, das Boxhall und andere auf die *Titanic* hatten zukommen sehen.

Vergegenwärtigen wir uns einen Moment, was das andere Schiff demnach machte:

- Es kam, als der Unfall geschah.
- Es näherte sich von vorne dem Backbordbug der *Titanic*.
- Es hat sowohl die *Titanic* als auch deren Notsignale deutlich sehen müssen.
- Es fuhr auf die Backbordseite und hielt an, wobei die Seitenlichter erloschen.
- Es verharrte drei Stunden in Sichtweite (etwas mehr als die Zeitspanne vom Beginn des Ereignisses bis zum Untergang der Titanic).
- Anschließend fuhr es davon.

Zwar erwähnte Buley auch dabei die farbigen Seitenlichter nicht. Je nachdem, wann er hinsah, könnte es jedoch sein, dass diese aufgrund der Entfernung (da sie viel tiefer liegen als die Masttopplichter) bereits nicht mehr sichtbar waren.

Das Verhalten des Schiffes erweckt den Eindruck, dass es nicht zufällig hier war. Und das liegt erstens daran, dass es »pünktlich« zu Beginn der Katastrophe auftauchte. Zweitens liegt es daran, dass es zwischen der *Titanic*, dem fremden Schiff und auch der *Californian* eine Verbindung gab. Und diese Verbindung (oder Gemeinsamkeit) war die unterlassene Hilfeleistung. Das fremde Schiff knüpfte nahtlos an die an Bord der *Titanic* und der *Californian* geübte unterlassene Hilfeleistung an. Es machte »keinen Finger krumm«, um den Menschen auf dem todgeweihten Schiff zu helfen.

Zeitgenossen sahen das genauso: »Matrosen sahen Schiff, das die Hilfe verweigerte«, fasste beispielsweise die *New York Times* am 27. April 1912 Buleys Aussagen zusammen. Es ist wohl nicht übertrieben, wenn man das Verhalten des fremden Schiffes so subsumiert, dass der Dampfer den Untergang der *Titanic* beobachtete und, nachdem sie gesunken war, davonfuhr.

Und siehe da: Tatsächlich gibt es – genau wie von der *Californian* – noch von einem anderen Schiff in jener Nacht eine »Innenperspektive«, die zu Buleys Schilderung perfekt passt.

Die Beobachtungen des Dr. Quitzrau

Der andere »Hauptverdächtige« für die »Geisterschiffe« war die bereits erwähnte *SS Mount Temple* (Tempelberg), ein 9000-Bruttoregistertonnen-Schiff, das seit dem 3. April 1912 mit etwa 1500 Passagieren auf dem Weg von London nach St. John in der kanadischen Provinz New Brunswick unterwegs war, wo es am 19. April ankommen sollte.

Nach der Ankunft (und damit nach dem Untergang der *Titanic*) in Kanada unternahm ein Passagier der *Mount Temple* etwas, was man nur macht, wenn man wirklich etwas Ungeheuerliches mitbekommen hat. Der Reisende namens Dr. Friedrich Carl Quitzrau begab sich am 29. April 1912 zu einem Notar in Toronto und gab eine eidesstattliche Erklärung ab. Quitzrau war ein 24-jähriger deutscher Arzt, der in Toronto ein Aufbaustudium absolvieren wollte. Die Aufzeichnung des Notars lautete wie folgt:

Dr. F. C. Quitzrau sagt, ordnungsgemäß vereidigt, unter Eid aus, dass er ein Zweiter-Klasse-Passagier auf dem Dampfer *Mount Temple* war, der Antwerpen am 3. April 1912 verließ;
Dass er um Mitternacht am Sonntag, 14. April, durch das plötzliche Stoppen der Maschinen geweckt wurde; dass er sich umgehend zur Kabine *[vermutlich der Salon der zweiten Klasse; G. W.]* begab, wo sich bereits mehrere Stewards und Passagiere aufhielten, die ihn über einen Funkspruch der *Titanic* informierten, dass die *Titanic* einen Eisberg gerammt hatte und um Hilfe rief.
Sofort wurden Befehle gegeben, und die *Mount Temple* änderte ihren Kurs direkt in Richtung *Titanic*.

So weit – so normal. Was dann kam, war allerdings nicht normal.

Um drei Uhr New Yorker Zeit, zwei Uhr Schiffszeit, wurde die *Titanic* von einigen Offizieren und Besatzungsmitgliedern gesichtet.
Dass, sowie die *Titanic* gesehen wurde, sämtliche Lichter der *Mount Temple* gelöscht, die Maschinen gestoppt wurden und das Schiff etwa zwei Stunden lang regungslos dalag;
Dass, sobald der Tag anbrach, die Maschinen angeworfen wurden und die *Mount Temple* die Position der *Titanic* umkreiste, worauf die Offiziere bestanden hatten, während der Kapitän befohlen hatte weiterzufahren.

Vor mir unterschrieben und beeidigt am heutigen 29. April 1912.

WILLIAM JAMES ELLIOTT,
Öffentlicher Notar der Provinz Ontario.

Kurz und gut: Quitzrau beschrieb exakt das Schiff, das der *Titanic*-Matrose Buley gesehen hatte:

- Sämtliche Lichter wurden gelöscht, man sah nur noch die Masttopplichter.
- Die Maschine stoppte, also verloschen auch die farbigen Seitenlichter, und das Schiff blieb stehen.
- Das Schiff lag regungslos mehrere Stunden lang da.
- Erst bei Tagesanbruch setzte es sich in Bewegung.

Die eidesstattliche Erklärung schickte Quitzrau an den Vorsitzenden der US-Untersuchungskommission, Senator William Alden Smith, mit dem Hinweis, dass er gerne bereit wäre, vor der Kommission auszusagen, falls das für nötig befunden würde.

Es wurde aber nicht für nötig befunden, sondern das Dokument wurde nur verlesen und zu den Akten genommen.

Allerdings gibt es ein paar Fragen zu Quitzraus Darlegungen. Zunächst einmal beschrieb er keine eigenen Beobachtungen, sondern nur das, was er auf dem Schiff »mitbekam«, wahrscheinlich im Salon der zweiten Klasse. Zeitungsberichten zufolge hatte der Kapitän den Passagieren den Aufenthalt auf dem obersten Deck in jener Nacht verboten (*News-Plaindealer* vom 26. April 1912, siehe unten).

Des Weiteren begannen Quitzraus Schilderungen nicht erst mit der eidesstattlichen Versicherung, sondern bereits mit Zeitungsberichten. Im *Toronto Star* vom 23. April 1912, also sechs Tage vor seiner eidesstattlichen Versicherung, wurde Quitzrau beispielsweise zitiert, der Funker der *Mount Temple* habe die Entfernung zur *Titanic* beim Empfang des Notrufs auf 40 Meilen geschätzt.

Damit würde Quitzrau die eigenen Aussagen ad absurdum führen, denn da die *Mount Temple* gerade einmal 11 Knoten (Seemeilen pro Stunde) schaffte, hätte sie bei dieser Entfernung unmöglich vor dem Sinken der *Titanic* vor Ort sein können. Für 40 Seemeilen brauchte sie mindestens dreieinhalb Stunden. Die *Titanic* sank aber etwa zwei Stunden nach ihrem Notruf. Der Kapitän der *Mount Temple*, Moore, teilte der Zeitung mit, das Ganze müsse ein Irrtum sein, denn zum Zeitpunkt des Notrufs habe er sich 50 Meilen südwestlich der *Titanic* befunden und sei erst um 4.30 Uhr am nächsten Morgen am Unfallort eingetroffen.

Meuterei auf der *Mount Temple*

Es fanden sich jedoch auch auf der *Mount Temple* Zeugen, die die *Titanic* mit eigenen Augen gesehen hatten. Einer davon ist Ernst Wilhelm Zurch, ein weiterer Passagier des Schiffes, der die Anweisungen des Kapitäns zusammen mit zwei anderen missachtet und die *Titanic* vom Deck der *Mount Temple* aus beobachtet hatte.

Die Behauptung von Dr. Quitzrau, »dass Passagiere und Crew der Meinung waren, die Lichter der unglücklichen *Titanic* gesehen zu haben, wird durch Herrn Zurch bestätigt«, schrieb der *News-Plaindealer* aus Alberta am 26.4.1912.[172] »Er ist ziemlich sicher, dass sie die Masten der *Titanic* sahen und ist nicht bereit, die Behauptung zu akzeptieren, dass sie 40 Meilen von dem verunglückten Schiff entfernt gewesen seien.«

Genau wie auf der *Californian* kam es Zurch zufolge auch auf der *Mount Temple* beinahe zu einer Meuterei, als die Offiziere überlegten, kurzfristig das Kommando zu übernehmen, um auf die Hilferufe der *Titanic* zu reagieren. Eine solche drastische Maßnahme (»Meuterei«), die mit erheblichen persönlichen Risiken verbunden ist, ziehen Offiziere nicht jeden Tag in Betracht. Sie zeugt von einem manifesten Notstand an Bord der *Mount Temple,* der darin bestand, dass sich der Kapitän offenbar strikt weigerte, der *Titanic* zu helfen. Genau wie die *Californian* hielt sie offenbar Funkstille und löschte – besonders perfide – sogar noch die Decksbeleuchtung, stellte sich also quasi tot.

Ganz offenbar war Zurch eine der Quellen für Passagiere wie Quitzrau, die sich im Inneren des Schiffes aufhielten und das Geschehen von dort aus mitverfolgten. Das alles könnte sich zu einem schlüssigen Bild entwickeln, wenn da nicht die »verflixten« 40 Meilen Entfernung zur *Titanic* wären, die Quitzrau als Aussage des Funkers der *Mount Temple* zitiert hatte.

Im Sommer 1912 schrieb jedoch ein gewisser William Henry Baker, der nach dem Untergang der *Titanic* als Vierter Offizier auf der *Mount Temple* gefahren war, an den Kapitän der *Californian,* Stanley Lord, einen Brief. Weil Lord von aller Welt beschuldigt wurde, der *Titanic* die Hilfe verweigert zu haben, befand er sich in erheblichen Schwierigkeiten. In seinem Brief schilderte Baker, was ihm die Besatzung der *Mount Temple* über die Unglücksnacht berichtet hatte:

Die Offiziere und andere erzählten mir, was sie in jener ereignisreichen Nacht gesehen hatten, als die *RMS Titanic* unterging, und dass sie 10 bis 14 Meilen von ihr entfernt gewesen seien, als sie ihre Signale sahen. Dem Gesagten entnehme ich, dass der Kapitän Angst hatte, durch das Eis zu fahren, obwohl es nicht sehr dick zu sein schien. Sie sagten mir, sie sahen nicht nur ihre Deckbeleuchtung, sondern auch mehrere grüne Lichter zwischen ihnen und dem, was sie für die *RMS Titanic* hielten. Einige Zeit nach ihrer Sichtung gab es zwei laute Knallgeräusche, die sie für das Ende der *RMS Titanic* hielten. Wie ich gehört habe, sagte der Kapitän bei der Untersuchung in Washington, dass er 49 Meilen entfernt war – aber die Offiziere behaupten, dass er nicht mehr als 14 Meilen weit weg war. Ich muss Ihnen sagen, dass diese Männer sehr empört waren, dass sie nicht aufgefordert worden waren, beizeiten auszusagen, denn sie waren über das Verhalten des Kapitäns in der Angelegenheit äußerst erbost. Der Arzt hatte alle Vorbereitungen getroffen, Kabinen waren in Krankenzimmer verwandelt worden etc. Und die Mannschaft stand bereit, an Deck zu helfen, beobachtete ihre Lichter und die grünen Lichter in den Booten. Bei unserer Ankunft in Gravesend wurde nach dem Kapitän und dem Funker verlangt, außerdem nach den beiden Logbüchern, dem Scrap-Log und dem des Leitenden Offiziers. Was sie mit dem Scrap-Log wollten, verstehe ich nicht, denn über die vier Stunden standen nur etwa eineinhalb Zeilen darin und im Buch des Leitenden, das ich selbst gesehen habe, vielleicht eine halbe Seite (…).[173]

Interessant – hier waren es plötzlich nicht mehr 40, sondern 14 Meilen Abstand zur *Titanic*, womit sich die Möglichkeit eröffnete, dass die *Mount Temple* tatsächlich beim Untergang der *Titanic* zugegen gewesen sein könnte. Aber wie konnte es zu dem Widerspruch zwischen 40 und 14 kommen? Die Lösung ist aus meiner Sicht denkbar einfach: Wie bereits gesagt, war Dr. Quitzrau ein Zeuge »vom Hörensagen«, der sich mit dem begnügen musste, was er im Inneren des Schiffes von der Mannschaft und anderen Passagieren aufschnappte. Und da kann – insbesondere für einen Deutschen – aus »fourteen« schon mal »fourty« werden. Zwischen beiden Wörtern besteht phonetisch nur ein winzig kleiner Unterschied, nämlich ein »n«.

In jedem Fall bedeuteten die nun von einem ehemaligen Offizier der *Mount Temple* genannten »10 bis 14 Meilen«, dass sich die *Mount Temple* zum Zeitpunkt des Notfalls tatsächlich in Sichtweite der *Titanic* befand. Mit Bakers »10 bis 14 Meilen« ist das Ende der Fahnenstange aber noch nicht erreicht. Interessanterweise hing es auch hier von der Hierarchie des Schiffes ab, welche Version man von der fraglichen Nacht zu hören bekam.

Laut einem Bericht des *St. John Globe* vom 15. April 1912 redeten einfache Besatzungsmitglieder der *Mount Temple* sehr offen über ihre Empörung, dass der *Titanic* nicht geholfen worden war. Danach war die *Mount Temple* zum Zeitpunkt des Unfalls sogar nur fünf bis zehn Meilen von der *Titanic* entfernt. Demnach erklärten zum Beispiel »Matrosen, Heizer und andere«, »dass sie stundenlang an Deck saßen und zusahen, wie die *Titanic* Raketen und rote und grüne Lichter abfeuerte, bis die *Mount Temple* so weit wegfuhr, dass man die Signale nicht mehr sehen konnte.« Ein Hilfsarbeiter aus dem Maschinenraum sagte, dass er, als seine Schicht vorüber gewesen sei, an Deck gegangen sei und sich mit vielen anderen, Passagieren und Besatzung, über die Reling gelehnt und den fast unaufhörlichen Strom von Raketen beobachtet habe, der von der *Titanic* aus abgeschossen worden sei. Trotz der kalten Nacht sei er bis fast zwei Uhr an Deck geblieben, bis die Signale in der Ferne verschwanden.[174]

Wenn diese beiden Angaben – »stundenlang« und »bis zwei Uhr« – stimmen, dann trifft sich das einmal mehr mit Buleys Wahrnehmung, dass ein anderes Schiff mehrere Stunden lang neben der *Titanic* gelegen habe. Es passt auch zu der Darstellung des *Mount Temple*-Passagiers Quitzrau, wonach sich das Schiff zwei Stunden lang in der Nähe der *Titanic* befunden habe.

Und noch ein weiterer Zeuge bestätigt den Vorgang im Kern. Ein *Mount Temple*-Passagier namens Willem Keurvost beschuldigte den Kapitän später, für den Verlust von 1600 Menschenleben verantwortlich zu sein. Auch Keurvost zufolge war die *Mount Temple* nur fünf Meilen von der *Titanic* entfernt, als sie stoppte und seelenruhig zusah, wie Hunderte von Menschen ertranken. Auch Keurvost bestätigte einen Konflikt zwischen dem Kapitän und anderen Mitgliedern der Schiffsführung. Während dem Kapitän eine Annäherung an die *Titanic* wegen des Eises als zu riskant erschienen sei, teilten einige seiner Offiziere diese Einschätzung jedoch offenbar nicht.

Wir befinden uns jetzt an dem Punkt, an dem die *Titanic* leckgeschlagen im Wasser liegt, die Rettungsboote das Schiff verlassen und in unmittelbarer Nähe mindestens zwei Schiffe den Untergang beobachten, ohne einzugreifen. Sie senden nicht nur ihrerseits keine Raketen aus, sondern wahren Funkstille und löschen die Lichter. Das heißt, sie tun alles, um von der *Titanic* aus nicht bemerkt und nicht in das Geschehen involviert zu werden.

Ihre Kapitäne reden sich hinterher mit merkwürdigen Ausflüchten heraus und erfinden (im Fall der *Californian*) wahrscheinlich sogar ein Schiff, das zwischen ihnen und der *Titanic* gelegen haben soll. Ja, in Wirklichkeit scheint es zwischen den beiden Schiffen und der *Titanic* eine stillschweigende Übereinkunft gegeben zu haben, so viele Passagiere des Riesendampfers wie möglich ertrinken zu lassen. Denn in Wirklichkeit stimmen die Schiffsführungen der drei Schiffe in einem Punkt auf geheimnisvolle Weise überein, und dieser Punkt ist die unterlassene Hilfeleistung.

Man könnte geradezu den Eindruck gewinnen, dass sich das Desaster der *Titanic* ohne Eingreifen von außen ungestört entfalten sollte. Dieser Eindruck wird dadurch verstärkt, dass – während die nahe gelegenen Schiffe schwiegen – ausgerechnet ein Schiff auf die Hilferufe der *Titanic* reagierte, das für eine umfassende Hilfeleistung viel zu weit entfernt war, nämlich die *Carpathia*. Dazu später mehr.

So weit, so schlecht. Bis hierher haben wir erfahren:

- wie bei der Planung der *Titanic* ein Rettungsboot nach dem anderen gestrichen wird.
- wie der Reeder persönlich das A-Deck unterhalb der vorderen Rettungsboote mit komplizierten Fenstern verrammeln lässt.
- wie ein irrer Kapitän mit Volldampf sehenden Auges in das Eis rast.
- wie andere Schiffe den Untergang der *Titanic* aus geringer Entfernung beobachten, ohne einen Finger krumm zu machen.
- wie Männern der Zutritt zu halb oder dreiviertel vollen Rettungsbooten verweigert wird.
- wie diese Boote anschließend mit insgesamt etwa 300 leeren Plätzen zu Wasser gelassen werden.
- wie sich die Kommandanten derselben Rettungsboote anschließend strikt weigern, im Wasser treibende Überlebende an Bord zu nehmen.

»Alle diese Dinge ereigneten sich nach einem scheinbar geheimen Drehbuch und verbanden sich zu einem unabänderlichen Fahrplan Richtung Untergang«, schrieben Eaton und Haas in ihrem Buch *Titanic – Legende und Wahrheit*.[175] So ist das.

Milliardäre sterben früh ...

Kommen wir damit zurück zur Situation auf der *Titanic*. Wie gesagt, war die Schiffsführung mit dem Fieren von 16 Rettungsbooten komplett überfordert. Während normalerweise eine Stunde gereicht hätte, um 64 Rettungsboote zu Wasser zu bringen, vertrödelte die Schiffsführung der *Titanic* etwa zwei Stunden, um 16 Boote zu fieren (plus 4 Faltboote). Dabei brachte sie es auch noch fertig, diese Boote nur zu etwa 60 Prozent zu füllen.

Normale menschliche Verhaltensweisen wurden dabei auf den Kopf gestellt. Wo man üblicherweise (ob man das nun gutheißt oder nicht) den Reichen und Berühmten den Vortritt lassen würde, achtete man an Bord der *Titanic* streng darauf, dass die reichsten Männer an Bord in kein Rettungsboot kamen. Während fast 100 Prozent der Frauen aus der ersten Klasse überlebten, schafften es nur etwa 33 Prozent der Männer.

Statt sich um die Situation seines Schiffes zu kümmern, überwachte der Kapitän sogar höchstpersönlich das Einsteigen bzw. Nichteinsteigen in die Rettungsboote. Während es für manche Männer so unmöglich war, einen Platz in einem Rettungsboot zu ergattern, war dies für andere Männer kein Problem, wie zum Beispiel für den Boss der *Titanic*-Reederei Bruce Ismay und sogar für den gnadenlosen Zweiten Offizier Charles Herbert Lightoller, der Männern auf keinen Fall den Zutritt zu den Booten erlauben wollte.

Zu der Frage, wo eigentlich die oberste Schiffsführung (Kapitän, Leitender Offizier, Erster Offizier) nach dem Untergang der *Titanic* geblieben war, komme ich noch. Beschäftigen wir uns nun mit dem Schicksal der Crème de la Crème an Bord der *Titanic* – den drei reichsten Männern der USA und wahrscheinlich der damaligen Welt, John Jacob Astor, Benjamin Guggenheim und Isidor Straus.

Mord an John Jacob Astor?

Gegen Viertel vor zwei am Morgen des 15. April 1912 dauerte das Theater um das Rettungsboot Nr. 4 (von vorne aus gesehen das vierte auf der Backbordseite), das sich John Jacob Astor mit seiner jungen schwangeren Frau Madeleine ausgesucht hatte, bereits mindestens eine Stunde. Fast hatte man den Eindruck, als wäre mit dem Boot ein nettes kleines Versteckspiel gespielt worden. Zunächst wurde es – natürlich leer oder fast leer – vom Bootsdeck hinabgelassen, wobei man den Passagieren wohl erzählt hatte, sie könnten von Deck A aus einsteigen. Kaum hing das Boot jedoch vor Deck A, stellte sich »überraschenderweise« heraus, dass dieses vorne ja komplett mit Fenstern verschlossen war, die sich nicht von Hand öffnen ließen. Daraufhin ließ Lightoller das Boot wieder zum Bootsdeck hochziehen. Aus irgendeinem Grund war er jedoch auch damit wieder nicht zufrieden (vielleicht weil sich nun wieder Passagiere näherten, die er auf keinen Fall mitnehmen wollte), darum ließ er das Boot wieder zum verschlossenen A-Deck hinab. Nun sollte das Spezialwerkzeug gesucht werden, das benötigt wurde, um die Fenster zu öffnen: »Frauen aus der ersten Klasse samt Anhang bildeten eine ordentliche Schlange vor dem Boot vier, doch der [mit nur acht Backbordrettungsbooten; G. W.] emsig beschäftigte Offizier kehrte erst nach über einer Stunde zurück.«[176]

Eine Stunde zum Fieren eines Rettungsbootes ist auf einem sinkenden Schiff natürlich eine quälend lange Zeit. Und tatsächlich wurde Boot Nr. 4 schließlich erst um 1.55 Uhr als letztes reguläres Rettungsboot gefiert – 25 Minuten vor dem Untergang der *Titanic*.

Unter den Wartenden auf Boot Nr. 4 waren auch die Astors. Das Ehepaar Astor kam von einer langen Hochzeitsreise zurück. Astors junge Gattin Madeleine war in anderen Umständen. Daher blieb Astor auch in der Nähe und half Lightoller, die Frauen und Kinder an Bord von Boot Nr. 4 zu bringen. Anschließend fragte er, ob er nun ebenfalls zusteigen könne, »da das Boot nicht einmal zu zwei Dritteln gefüllt sei, doch der Offizier blieb hart: Nur Frauen und Kinder.«[177]

Da haben wir es wieder: Es hieß also nicht »Das Boot ist voll« oder »Das Boot kann nicht mehr Insassen tragen«. Es hieß auch nicht etwa »Frauen und Kinder zuerst«, sondern »Nur Frauen und Kinder«. Und das ist ein wichtiger Unterschied. Denn das heißt übersetzt: Männer auf keinen Fall. Dass dies kein Missverständnis oder Hörfehler einiger Zeugen war, kommt darin zum Ausdruck, dass jede Menge Boote lieber nur zur Hälfte oder drei Vierteln besetzt gefiert wurden, als auch nur einen Mann an Bord zu lassen. Oder einen Mann zu viel. Von »Frauen und Kinder zuerst« oder einem Dienst an den Frauen konnte in Wirklichkeit gar keine Rede sein – denn worin bestand der Dienst an einer frisch gebackenen, schwangeren Ehefrau, sie von ihrem Mann »zu befreien«? Mit Ritterlichkeit hatte das überhaupt nichts zu tun. Auf der gegenüberliegenden (Steuerbord-)Seite wurden insgesamt 16 Ehepaare mit Kind und Kegel in die Boote gelassen, auf der Backbordseite kein einziges. Hier wurden Männer konsequent von ihren Frauen getrennt.

Nicht doch, verteidigte vor der amerikanischen Untersuchungskommission der erwähnte Archibald Gracie, der mit Lightoller später im selben Rettungsboot (Klappboot B) überlebt hatte, den Zweiten Offizier. Archibald Gracie IV war ein 54 Jahre alter strammer Militär aus einer wohlhabenden New Yorker Familie und Absolvent der Militärakademie von West Point. Seine Vorfahren waren die Erbauer von Gracie Mansion, noch heute die Residenz des Bürgermeisters von New York. Gracie stand der Mannschaft der *Titanic* nahe. Auf der Fahrt von New York nach Europa auf der *Oceanic* hatte er sich mit Herbert Pitman angefreundet, der jetzt als Dritter Offizier auf der *Titanic* fuhr und das Desaster – genau wie Lightoller und Gracie – ebenfalls überlebte. Lightoller, so Gracie vor der US-Kommission, habe gar nicht gewusst, dass es sich bei dem Anwärter um einen Platz in Boot Nr. 4 um John Jacob Astor gehandelt habe.

Das ist jedoch sehr unwahrscheinlich: John Jacob Astor gehörte nicht nur zu den reichsten und bekanntesten Männern der Welt, sondern war auch der reichste Mann an Bord. Oder würde man es heute dem Offizier eines Luxusdampfers glauben, dass er es nicht merken würde, wenn Bill Gates neben ihm stünde? Zusammen mit seiner Frau bewohnte er an Backbord eine der luxuriösesten Unterkünfte des Schiffes. Normalerweise wissen insbesondere die hohen Offiziere eines Schiffes sehr gut über die »VIPs« an Bord Bescheid – zumal bei einer Jungfernfahrt, bei der die »Promis« an Bord besonders wichtig sind, weil sie mit ihrer Anwesenheit die öffentliche Aufmerksamkeit auf das Schiff lenken und um Vertrauen für den neuen Ozeanriesen werben. Normalerweise ist das Wohlergehen dieser Leute extrem wichtig für die Reputation einer Reederei oder eines Schiffes.

Darüber hinaus war die Heirat des 47-jährigen geschiedenen Astor mit der 18-jährigen Madeleine *der* Gesprächsstoff der US-High-Society. Fotos der Astors waren damals in jeder Zeitung zu sehen. Aber der Zweite Offizier der *Titanic* will Astor nicht gekannt haben? Wegen Madeleines Zustand reisten die Astors mit einer eigenen Krankenschwester, die vor Lightollers Augen zusammen mit Madeleine das Boot Nr. 4 bestieg. Und schließlich war Madeleine bereits im fünften Monat, was einem Beobachter beim Einsteigen wohl kaum entgangen sein kann.

Kein Hahn kräht nach J. J. Astor

Immerhin räumte auch Gracie ein, Astor habe Lightoller gefragt, ob er an Bord kommen dürfe, »um seine Frau zu beschützen« (»to protect his wife«). Lightoller habe geantwortet »Kein Mann darf an Bord dieses oder eines anderen Bootes kommen, bevor die Frauen von Bord sind« (»until the ladies are off«). Von Bord? Also *an* Bord der Rettungsboote? Das konnte jedoch nicht gemeint sein, denn in diesem Sinne waren »die Ladies« ja bereits von Bord der *Titanic*. An Backbord ließ Lightoller die Männer auch dann nicht einsteigen, wenn gar keine Frauen und Kinder mehr in der Nähe waren. Stattdessen ließ er die Rettungsboote lieber mit leeren Plätzen zu Wasser. Mit »until the ladies are off« konnte also nur gemeint sein, »bevor die Frauen weg sind«. Wenn die Frauen allerdings »weg« sind, sind die Männer zum Ertrinken verurteilt. Um welche Sorte »Männer-Allergie« handelte es sich eigentlich bei Lightoller und Kapitän Smith? Waren sie gegen alle Männer allergisch – oder nur gegen bestimmte?

Obwohl Lightoller in beiden Untersuchungskommissionen als höchstem anwesendem Offizier der *Titanic* insgesamt etwa 1600 Fragen gestellt wurden, wurde merkwürdigerweise keine einzige davon den Umständen des Todes von John Jacob Astor gewidmet. Nicht ein einziges Mal wurde Lightoller danach gefragt, wie es dazu kam, dass der reichste Mann der Welt unter seiner Obhut dem Ertrinkungstod ausgeliefert wurde. Das wäre in etwa so, als hätte ein Feuerwehrmann der Feuerwehr von New York den Milliardär George Soros in ein brennendes Hotel zurückgeschickt und sei danach nicht ein einziges Mal nach dieser merkwürdigen Entscheidung gefragt worden.

Astor-Biographien schildern den Vorgang denn auch anders als Gracie. Nachdem seine schwangere Frau Madeleine mit ihrer Krankenschwester im Boot Platz genommen hatte, stieg Astor demnach auch selbst in das Boot. Daraufhin sagte Lightoller, er habe Befehl, »nur« Frauen und Kinder einsteigen zu lassen. Daraufhin widersprach Astor: »Aber meine Frau ist in anderen Umständen, ich kann sie doch unmöglich alleine lassen.« Ein Äußerung, die man gerne glauben mag. Dennoch erhob sich Astor demnach von seinem Sitz und ging zurück an Deck.[178] Was durchaus mit dem martialischen Auftreten der Besatzung zu tun gehabt haben mag (auch Lightoller war bewaffnet, siehe unten).

Allerdings hatte Lightoller damit noch nicht gewonnen, denn er musste Ärger befürchten: Astor fragte ostentativ nach der Nummer des Rettungsbootes. Zwar wurde dies in der späteren *Titanic*-Literatur so gedeutet, dass Astor nur seine Frau leichter habe wiederfinden wollen. Aber in Wirklichkeit verstand Lightoller dies als Drohung: Lightoller sei sich sicher gewesen, »dass Astor sich die Nummer hatte nennen lassen, weil er später eine Beschwerde vorbringen wollte«, glauben auch Marschall und Lynch in ihrem Buch über die *Titanic*[179]. Mit anderen Worten waren Astor und Lightoller spätestens nach diesem Vorfall nicht mehr die besten Freunde.

Astor wurde also nicht an Bord des Rettungsboots gelassen, obwohl

- seine schwangere Frau an Bord war,
- genügend Plätze frei waren,
- weder Frauen und Kinder noch Männer um diese Plätze konkurrierten,
- das Boot mit mindestens 25 freien Plätzen davonfuhr,
- diese freien Plätze nach dem Wassern des Boots für immer verloren waren und niemandem zugutekamen, zumal die Kommandeure der Rettungsboote zum Teil sogar schwimmende Passagiere mit Waffengewalt davon abhielten, in die Boote zu steigen,
- Astor selbst Seemann und Jachtbesitzer war und demnach an Bord hätte von Nutzen sein können, während viele Besatzungsmitglieder noch nie ein Ruder in der Hand hatten und schließlich Frauen rudern ließen.

Den ganzen Irrsinn um das Ableben von John Jacob Astor und anderer Männer können wir nur deshalb nicht mehr erfassen, weil er längst in der Kakophonie und im Informationsschlamm des *Titanic*-Desasters untergegangen ist. Die Situation ist untergegangen wie eine kleine informationelle *Titanic* im Meer der Situationen, Geschichten und Anekdoten vom Untergang des Riesenschiffes.

Astor den Einstieg an der Seite seiner schwangeren Frau zu verweigern war ein bewusster Akt der Barbarei und ein doppelter Irrsinn – erstens menschlich, zweitens logistisch. Weder menschlich noch logistisch ist dieses Vorgehen nachvollziehbar. Wenn sich dieses nicht ganz nahe am Mord bewegte – welches dann?

Übertragen wir das einmal auf eine andere Notlage, zum Beispiel auf ein brennendes Hotel in einer x-beliebigen Großstadt, wo sich mehrere Personen auf einen Balkon im vierten Stock gerettet haben. Sagen wir: zwei Frauen sowie Bill Gates mit seiner schwangeren Frau. Nehmen wir an, die Feuerwehr kommt nun mit einer Hydraulikdrehleiter vorbei und nimmt die drei Frauen an Bord des Korbs, Gates aber nicht, obwohl noch ein Platz frei gewesen wäre. Der Mann wird zurück in die Flammen geschickt und kommt daraufhin ums Leben. Der Aufschrei um dieses Drama wäre wohl gewaltig. Nicht nur hätte die Feuerwehr zumindest ein Verfahren wegen unterlassener Hilfeleistung und fahrlässiger Tötung am Hals – wenn nicht wegen Mordes, denn dem Mann den einen freien Platz zu verweigern, wäre ein derart offensichtlicher Gewaltakt, dass man kaum noch von Fahrlässigkeit würde ausgehen können. Auch die Boulevardmedien wären voll mit dieser menschlichen Monstrosität.

Oder ein noch kürzeres Beispiel: Jemand hätte das Hotel in Brand gesteckt und versperrte nun den reichsten und mächtigsten Gästen den Weg nach draußen. Bill Gates, Steve Jobs und Warren Buffet kämen dabei ums Leben. Wäre das normal? Würde man danach nicht nach dem Warum und

Wieso fragen? Und ob! Nach dem »Massaker« unter Amerikas reichsten Männern an Bord der *Titanic* aber nicht.

Die Kakophonie um die *Titanic* saugte diese schillernde Monstrosität einfach auf wie ein Schwamm. Sie wird als eine von vielen erzählt, ohne dass irgendjemand groß Notiz davon nimmt. Es bleibt aber unterlassene Hilfeleistung, fahrlässige Tötung – vielleicht sogar Mord. Denn was sehr wichtig ist: John Jacob Astor wurde die Rettung ja nicht nur ohne jeden ersichtlichen Grund verweigert, sondern er wurde sogar entgegen äußerst triftiger Gründe nicht an Bord des Rettungsboots gelassen. Alle Argumente, sofern welche angegeben wurden, ihn nicht mitzunehmen, waren null und nichtig. Und das kann nur heißen, dass wir den wahren Grund noch nicht kennen.

Auch nach Meinung von Hinterbliebenen anderer *Titanic*-Opfer konnte »die Tatsache, dass Passagieren der Zugang zu den Booten verwehrt wurde … nicht mehr als fahrlässig, sondern vielmehr als vorsätzlich betrachtet werden«.[180] Also als Mord.

Während laut der oben gezeigten Tabelle an Steuerbord immerhin mindestens 46 Männer an Bord der Rettungsboote gelangten (Boote, deren Insassen nicht nach Geschlecht aufgeschlüsselt wurden, nicht mitgezählt), schafften es an Backbord, wo sich die Kabinen der meisten Milliardäre befanden – wenn überhaupt –, nur ein bis drei männliche Passagiere an Bord eines Rettungsboots, insgesamt auf dieser Schiffsseite nur zehn.

Drei Zeugen und eine Leiche

Was geschah nun weiter mit den Astors? Nun, die schwangere Madeleine fuhr mit ihrer Krankenschwester auf dem Rettungsboot davon, wurde Stunden später von der *Carpathia* aufgefischt und überlebte. John Jacob Astor aber blieb zurück.

Es kommt jedoch noch dicker. Denn offenbar hatten vor manchen Männern an Bord der sinkenden *Titanic* nicht nur Frauen, Kinder und Besatzungsmitglieder den Vortritt, sondern auch Hunde. So wurde ein Passagier an Bord des Rettungsboots Nr. 4 (25 freie Plätze) bisher noch gar nicht erwähnt: der King-Charles-Spaniel von Frau Astor. Während sein Herrchen und dessen Airdale an Bord des untergehenden Schiffes bleiben »durften«, schaffte es der King Charles mit Madeleine Astor offenbar an Bord des Rettungsschiffes *Carpathia*. Das berichtete jedenfalls *The Times Dispatch* vom 20. April 1912. Während ihr das Schicksal von Mitreisenden herzlich egal gewesen sei, habe der Hund ihre ganze Aufmerksamkeit beansprucht. Demnach sorgte sich Frau Astor um niemanden so sehr wie um ihren Hund, der im Speisesaal der *Carpathia* sogar neben ihr auf einem Stuhl sitzen durfte: »Frau Astor hatte eine besondere Verpflegung für ihren Hund vorbereitet, die ihm serviert wurde, als sei er ein leidender Passagier. Viele beschwerten sich darüber, dass der Speisesaal kein Platz für Tiere sei.«

Tja – so sind sie eben, die reichen Snobs. Aber was gegenüber den Mitpassagieren kaltherzig und gleichgültig erscheint, könnte schlicht Ausdruck des Schocks über das Ereignis und den Verlust ihres Gatten gewesen sein. Immerhin war die Frau mit ihren 18 Jahren noch ein halbes Kind und außerdem in anderen Umständen. In John Jacob Astor hatte sie gerade erst nicht nur einen Mann, sondern auch eine Art Vaterfigur gefunden. Nur ein halbes Jahr zuvor, am 9. September 1911, hatten die beiden geheiratet. Frau Astors Verhalten und die Vermenschlichung des Hundes sind derartig auffällig, dass man fast den Eindruck gewinnt, sie könnte in dem Hund ihren verstorbenen Mann gesehen und sich so vorgemacht haben, dass er gerettet worden sei.

Mindestens vier Hunde überlebten den Untergang der *Titanic* in den Rettungsbooten. Neben Frau Astors King Charles überlebte auch Elizabeth Rothschilds Pomeranian (Rettungsboot Nr. 6, 37 freie Plätze), Margaret Hays Pomeranian (Rettungsboot Nr. 7, 44 freie Plätze) und Henry Sleeper Harpers Pekinese (Rettungsboot Nr. 3, 15 freie Plätze). In Wirklichkeit waren es aber wohl noch viel mehr: »Es gab 30 Hunde an Bord der *Titanic,* die den Erste-Klasse-Passagieren gehörten«, hieß es in der *Sun* vom 27. April 1912: »Eine Überlebende und Hundeliebhaberin sagte gestern, dass sie schätzt, dass die Hälfte gerettet wurden. Der Metzger des Schiffes hatte auf die Hunde aufgepasst und sie gefüttert, und als der Zusammenstoß kam, ließ er sie laufen, damit sie für sich selbst sorgen könnten. Einer der Passagiere, der einen wertvollen Bernhardiner besaß, sah ihn über das Deck rennen und ihn suchen, woraufhin er ihn in eines der Rettungsboote warf. Er selbst schaffte es an Bord eines anderen Bootes, und als sie längsseits der *Carpathia* gingen, hörte er als Erstes das sonore Begrüßungsbellen des Hundes, der auf dem Deck aufgeregt mit seinem geretteten, aber beschmutzten Schwanz wedelte.«

Die üblichen *Titanic*-Mythen wollen uns weismachen, dass die reichsten Männer an Bord quasi freiwillig zurückblieben, um wie Gentlemen in den Tod zu gehen. Im Fall Astor ist dieser Mythos bereits bei näherer Betrachtung nicht mehr haltbar. Wenn, dann wollte er dadurch Gentleman sein, dass er seine schwangere Frau begleitete. Der Mann wurde stattdessen gegen seinen Willen dem Ertrinken ausgeliefert. Und dann? »Astor gab auf und unternahm keinen Versuch, seinen Reichtum ins Spiel zu bringen«, besagt die gängige Version laut Wikipedia. »15 Minuten nachdem das Boot abgefiert worden war, ging die *Titanic* unter. Die Schornsteine brachen einer nach dem anderen ab und erschlugen viele Passagiere, darunter auch Astor.« Was ganz so klingt, als wäre es für John Jacob Astor nach dem Abfieren des Rettungsbootes Nr. 4 »gelaufen« gewesen und als habe dieser keinen weiteren Rettungsversuch unternommen. Aber ist das wirklich wahrscheinlich? Würde nicht jeder normale Mensch versuchen, noch an Bord irgendeines anderen Bootes zu kommen? Natürlich würde er das.

Der White-Star-Mutterkonzern IMM charterte in Halifax nach der Katastrophe insgesamt vier Bergungsschiffe, um die Leichen zu suchen. Die Barbarei war nun vorbei, und die Zivilisation durfte zurückkehren. Das erste Schiff (ab dem 17. April 1912) war der Kabelleger *Mackay-Bennett*, das zweite die *Minia*, das dritte die *Montmagny* und das vierte schließlich die *Algerine*. Insgesamt bargen die Schiffe 325 Tote, wovon 116 auf See bestattet wurden. Nur 209 wurden nach Halifax gebracht.[181]

Laut der gängigen Überlieferung wurde Astors Leiche zerschmettert und über und über mit Ruß bedeckt von dem Dampfer *Mackay-Bennett* aufgefischt. Mithin sei Astor wohl von dem vorderen Schornstein, der beim Sinken des Schiffes umfiel und ins Wasser krachte, erschlagen worden, hieß es. Doch diese Geschichte stammte ausgerechnet von dem Lightoller-Apologeten und -Rettungsbootskameraden Archibald Gracie. Unter Umständen, die noch Thema sein werden, war Gracie zusammen mit Lightoller an Bord desselben Rettungsboots gelangt (Klappboot B). Gracie war es, der in seinem Buch *The Truth about the Titanic* auf Seite 31 behauptete, Astors Leiche sei zerquetscht gewesen, als sie von der *Mackay-Bennett* nach Halifax gebracht worden war.

Der *Titanic*-Experte und Buchautor George Behe ist jedoch anderer Meinung. Er fand drei verschiedene Aussagen von Zeugen, die Astors Leiche keineswegs entstellt gesehen hatten. Und diese drei Zeugen sind extrem wichtig, denn zwei davon waren an der Bergung der Leiche unmittelbar beteiligt. Dabei handelte es sich um ein Besatzungsmitglied des Bergungsschiffes *Mackay-Bennett*, das die Astor-Leiche aus dem Wasser zog, einen an Bord anwesenden Bestatter und drittens um den Kapitän von Astors Privatjacht.

Das Besatzungsmitglied von der *Mackay-Bennett* und damit der Mann, der von den dreien wohl am nächsten dran war, war der Elektriker Gerald Ross. »Ich sah die Bergung von Colonel Astors Leiche«, berichtete er. »Wie die anderen hing sie in einer Schwimmweste. Die Arme zeigten nach oben. Das Gesicht war geschwollen, sein Kiefer war verletzt. Seine Leiche war in einen Geschäftsanzug und braune Schuhe gekleidet. Seine teure, mit Diamanten besetzte Uhr baumelte aus der Tasche.«[182]

Der Nächste war der an Bord anwesende Bestatter John Snow: »Colonel Astors Leiche war in einem exzellenten Erhaltungszustand. Er war in seinem besten Abendanzug gekleidet. Colonel Astors stattliche Taschenuhr baumelte an einer Kette aus einer seiner Taschen, als hätte er noch darauf gesehen, bevor er den letzten Sprung ins Wasser tat. Es befanden sich 2500 Dollar in seiner Tasche.«[183]

Der dritte von Behe zitierte Zeuge ist Richard Roberts, der Kapitän von Astors Privatjacht, der die Leiche erst sah, nachdem sie nach Halifax gebracht worden war. Die Gesichtszüge seien unverletzt gewesen, das Gesicht nur blass von der Liegezeit im Wasser.[184] Bei der Bergung habe sich die Leiche in gewöhnlicher Kleidung mit den Initialen Astors befunden, berichtete demnach Roberts, *der hier allerdings nur vom Hörensagen erzählt, da er bei der Bergung nicht dabei war*. Der Körper sei auch anhand von persönlichen Gegenständen wie einem Gürtel mit einer goldenen Schnalle oder persönlichen Dokumenten identifiziert worden. Außerdem habe er eine beachtliche Menge Bargeld bei sich gehabt.

Obwohl sich diese drei Berichte in einzelnen Details unterscheiden, schreibt Behe, würden doch alle darin übereinstimmen, dass Astors Leiche nicht zerschmettert und mit Ruß bedeckt oder sonst wie entstellt war, was nahegelegt hätte, dass er von einem Schornstein getroffen worden wäre. Das ist erstens richtig. Zweitens bin ich der Meinung, dass die kleinen Unterschiede in den Schilderungen leicht nachzuvollziehen sind.

Der Einzige von den dreien, der die Leiche im Originalzustand sah und dies auch so weitergab, war der *Mackay-Bennett*-Elektriker Ross. Da er offenbar unmittelbar dabei war, als der Körper aus dem Wasser gezogen wurde, hatte noch niemand Hand an die Leiche gelegt. Er beschrieb (neben der Uhr, auf die ich gleich zurückkomme) Astors geschwollenes Gesicht und seinen verletzten Kiefer.

Der Nächste war der Bestatter, der den exzellenten Erhaltungszustand der Leiche erwähnte. Damit bezieht sich ein Bestatter weniger auf mögliche Verletzungen als vielmehr auf den Grad der Verwesung. Und in diesem Sinne war die Leiche nach acht Tagen in eiskaltem Wasser vermutlich tatsächlich ausgezeichnet erhalten – eine bessere Aufbewahrung für eine Leiche ist eigentlich kaum denkbar. Des Weiteren sind Bestatter keine Gerichtsmediziner; sie decken keine Verletzungen auf, sondern beschönigen und kaschieren sie. Außerdem sind sie der Diskretion und Pietät verpflichtet. Daher hat Snow vermutlich nichts von Astors Verletzungen erwähnt.

Sehr wahrscheinlich »steckt« der Bestatter vielmehr auch hinter der dritten Beschreibung von Astors Leiche durch Kapitän Roberts, der den Toten als Letzter von den dreien sah und die Gesichtszüge als unverletzt beschrieb. Genau diesen Eindruck zu erreichen ist nun wiederum die vornehmste Aufgabe eines Bestatters. Zu seinem Berufsethos gehört es, Freunde und Hinterbliebene nicht mit der Hässlichkeit des Todes zu konfrontieren. Sehr wahrscheinlich hatte er die Astor-Leiche also bereits an Bord des Bergungsschiffes »hergerichtet«.

Darauf können auch die leichten Unterschiede in der Beschreibung der Kleidung bei der Bergung zurückgehen. Wobei es hier nur zwei sich leicht widersprechende Versionen gibt, nämlich die des Elektrikers (»Geschäftsanzug«) und die des

Bestatters (»bester Abendanzug«). Die dritte Beschreibung von Kapitän Roberts stammt nur vom Hörensagen. Als Roberts am 30. April 1912 nämlich an Bord des Bergungsschiffes *Mackay-Bennett* kam, sah er Astors Leiche lediglich in Unterwäsche.[185] Und was den Widerspruch zwischen dem *Mackay-Bennett*-Elektriker und dem Bestatter angeht: Die Klassifizierung von Kleidung (Abendanzug/Geschäftsanzug) ist nicht jedermanns Sache und gehört nicht unbedingt zu den Fähigkeiten eines Elektrikers. Zu denen eines Bestatters aber schon; da sie häufig Leichen an- und ausziehen und für die Beerdigung festlich kleiden, sind Bestatter wahre Experten in Sachen Kleidung. Was die korrekte Klassifizierung der Kleidung angeht, wäre dem Urteil des Bestatters also eher zu vertrauen.

Die bisherige Analyse bringt uns bereits zu einem wichtigen Befund, nämlich, dass die drei Zeugenaussagen trotz oder gerade wegen ihrer kleinen Unterschiede ein stimmiges und logisches Ganzes ergeben. Und diese Feststellung ist sehr wichtig, wenn wir uns nun der wichtigsten Übereinstimmung zuwenden, nämlich John Jacob Astors Uhr.

Die Uhr des John Jacob Astor

Beide Zeugen, die auf der *Mackay-Bennett* vor Ort waren (Elektriker und Bestatter), beschreiben die aus John Jacob Astors Tasche baumelnde wertvolle Uhr. Als Material erwähnen die beiden Diamanten (der Elektriker) und Gold (der Bestatter), was natürlich kein Widerspruch ist, sondern sich wiederum sinnvoll ergänzt: Das Gold oder die Vergoldung ist bei einer kostbaren Uhr lediglich das Trägermaterial für weitere Zutaten, wie beispielsweise kostbare Edelsteine.

In seiner kurzen und knappen Beschreibung der Leiche hält es der Elektriker aber nicht nur für erwähnenswert, dass John Jacob Astors Uhr auf 3.20 Uhr stehengeblieben war, sondern auch, dass die Uhren der anderen geborgenen Leichen praktisch alle um 2.10 Uhr stehengeblieben waren, also um die Untergangszeit der *Titanic.*[186]

Was hier wie beiläufig von dem Elektriker erwähnt wird, sagt er erstens gerade nicht beiläufig. Denn der Elektriker gibt uns ganz bewusst zum Vergleich die Uhrzeiten der anderen Uhren mit. Das heißt, dass er damit etwas sagen will. Und das ist zweitens, dass Astor viel später – nämlich etwa eine Stunde – ins Wasser gelangte als die anderen Opfer. Und das ist wiederum eine Feststellung mit weitreichenden Konsequenzen.

Aber kann die Uhr nicht einfach noch eine Stunde weitergelaufen und erst dann stehengeblieben sein? Die Frage nach der Aussagekraft der Uhrzeit auf stehengebliebenen Uhren von Wasserleichen tauchte bei dubiosen Todesfällen immer wieder auf. Insbesondere, als Uhren noch nicht wasserdicht waren. Im Zusammenhang mit einem anderen zweifelhaften Todesfall, dem von König Ludwig II., stellte ein Fernsehteam von *Welt der Wunder* 2008 einen Versuch an. Das TV-Team begab sich zu dem Münchner Spezialisten für alte Uhren, Ralf Meertz. Der Mann sollte prüfen, »ob es überhaupt möglich ist, dass eine Uhr aus dem 19. Jahrhundert im Wasser noch eine Stunde weiterläuft«. Der Uhrenexperte suchte eine entsprechende Uhr aus und versenkte sie im Wasser. Ergebnis: Bereits nach 17 Sekunden blieb sie stehen. Technisch gesehen handelte es sich auch bei Astors Chronometer noch um eine »Uhr des 19. Jahrhunderts«. Denn erstens stammte die Uhr wahrscheinlich nicht aus dem Jahr 1912, sondern wurde schon früher gekauft. Zweitens gab es zwischen 1900 und 1912 keine wesentlichen Entwicklungen im Hinblick auf die Wasserempfindlichkeit. Die erste wasserdichte Uhr wurde erst 1926 von Rolex patentiert.

Theoretisch gibt es noch eine ganz einfache Erklärung für die andere Uhrzeit auf Astors Uhr – nämlich, dass er vergessen hatte, sie umzustellen. Während sich die *Titanic* nach Westen bewegte, wurde die Schiffszeit jeden Tag zurückgestellt, um schließlich, nach fünf oder sechs Tagen, bei New Yorker Zeit anzukommen. Bei dieser Zeitumstellung wurden nicht nur die Uhren auf der Brücke, sondern sämtliche Hauptuhren auf dem Schiff zurückgestellt, so dass die Passagiere ihre Uhren ebenfalls auf die Schiffszeit umstellen konnten. Und das muss Astor eben in der Aufregung einfach vergessen haben, so dass seine Uhr noch die »alte« Zeit von 3.20 Uhr (zum Beispiel vom Vortag) und die Uhren der anderen eben 2.10 Uhr anzeigten.

Tatsächlich erklärte der Dritte Offizier Herbert Pitman vor dem amerikanischen Untersuchungsausschuss, die Uhren seien immer um Mitternacht umgestellt worden. Und da die *Titanic* über zwei Stunden nach Mitternacht sank, musste also kurz zuvor die Schiffszeit umgestellt worden sein. Dass das nicht mehr alle mitbekommen haben, ist natürlich kein Wunder. Das Problem ist jedoch: Die letzte Uhrenumstellung fand nicht um Mitternacht vom 14. auf den 15. April statt, sondern vom 13. auf den 14. April – also 24 Stunden zuvor. In der Unglücksnacht wurde die Zeitumstellung schlicht vergessen oder nicht mehr beachtet. Vor dem US-Untersuchungsausschuss wurde Pitman dazu von Senator Smith befragt:

Senator SMITH: Wann wurden die Schiffsuhren umgestellt, wissen Sie das?
Mr. PITMAN: Jede Nacht um Mitternacht.
Senator SMITH: Sie wurden um Mitternacht umgestellt?
Mr. PITMAN: Jede Nacht.
Senator SMITH: Und wurden sie Sonntagnacht umgestellt?
Mr. PITMAN: Nein, wir hatten etwas anderes zu tun.[187]

Demnach müsste es Astor also geschlagene 24 Stunden lang versäumt haben, seine Uhr umzustellen.

Das nächste Problem: Wenn das stimmen würde, dürfte Astors Uhr nur um 47 Minuten vorgehen, denn tatsächlich war die Uhr in der Nacht zuvor nur um 47 Minuten zurückgestellt worden.[188] Demnach hätte Astors Uhr also nicht 3.20 Uhr, sondern 2.57 Uhr anzeigen müssen. Das heißt: Die plausibelste Erklärung für die Uhrzeit auf Astors Uhr lautet, dass Astor erst um 3.20 Uhr ins Wasser geriet, also etwa eine Stunde nach dem Untergang der *Titanic* (2.20 Uhr Schiffszeit vom 15. April 1912).

Und das ist eine Information von großer Tragweite, die nicht nur das Schicksal John Jacob Astors neu beleuchtet, sondern auch das der anderen *Titanic*-Opfer:

- Da damalige Taschenuhren nicht wasserdicht waren, stellten sie ihren Dienst sofort ein, wenn sie unter Wasser gerieten. Daher war die auf der Uhr einer Wasserleiche angezeigte Zeit ein wichtiger Hinweis auf den Todeszeitpunkt oder zumindest auf den Zeitpunkt, an dem der Betreffende ins Wasser geriet (denn gestorben sein kann er ja auch noch später).
- Da die Uhr erst um 3.20 Uhr stehenblieb, heißt das, dass sich Astor bis zu diesem Zeitpunkt noch im Trockenen befand.
- Da die *Titanic* zu diesem Zeitpunkt bereits etwa eine Stunde untergegangen war (wie auch die Uhrzeiten bei den anderen Opfern beweisen), kann sich Astor nicht mehr an Bord der *Titanic* aufgehalten haben.
- Wenn sich Astor im Trockenen befand, dann heißt das, dass er sich sehr wahrscheinlich in einem Rettungsboot aufhielt.
- Wenn sich Astor in einem Rettungsboot befand, heißt das, dass er nicht willenlos in den Tod gegangen war, sondern es zunächst geschafft hatte, sich zu retten.
- Wenn die Uhr schließlich doch um 3.20 Uhr stehenblieb, heißt das, dass Astor um diese Zeit ins Wasser gelangte.

- Weil Rettungsboote bei spiegelglatter See aber nicht einfach von selbst umkippen oder Menschen nicht einfach von selbst aus einem solchen Rettungsboot fallen, heißt das, dass jemand nachgeholfen haben muss.

Denn schließlich wären da auch noch das geschwollene Gesicht und der verletzte Kiefer John Jacob Astors. Das erlaubt uns Rückschlüsse darauf, wie Astor wahrscheinlich ins Wasser gelangte und starb: Nämlich indem er ge- oder erschlagen wurde. Tatsächlich war dies auch das Ergebnis der durch Astors Sohn Vincent angestrengten Obduktion. Demnach starb John Jacob Astor nicht durch Ertrinken und auch nicht durch Erfrieren, sondern durch Erschlagen.[189] Zwar führte man dies auf den Schornstein der *Titanic* zurück – doch wie wir nun wissen, kann das nicht stimmen, denn gemäß dem Befund der Uhrzeit auf Astors Uhr war die *Titanic,* als Astor ins Wasser kam, ja schon längst untergegangen. Außerdem hätte der Schornstein Astor sicherlich zerschmettert und in nicht nur im Gesicht verletzt. Die Botschaft all dieser Tatsachen ist klar: Das Ganze riecht nach Mord.

Freilich hörte diese Botschaft niemand bzw. wollte sie niemand hören – bis auf den heutigen Tag. Nicht einmal der Sohn scheint diese Spur weiterverfolgt zu haben. Obwohl er die Obduktion sicher nicht nur aus emotionalen Gründen durchführen ließ (angeblich weil er wissen wollte, ob sein Vater leiden musste). Wahrscheinlicher ist, dass auch ihm die merkwürdige Zeit auf der Uhr seines Vaters, die der Sohn übrigens sein Leben lang bei sich trug, aufgefallen war.

Dass Vincent Astor offiziell keinen Mordvorwurf erhob, ist nicht etwa seltsam, sondern normal. Nach meinen langjährigen Recherchen über Attentate und meinen Erfahrungen mit Hinterbliebenen stellen sich nur wenige Hinterbliebene dem unerhörten Kampf um die Wahrheit über den Tod ihres Angehörigen. Und zwar häufig aufgrund des Schocks, der Trauer und der Resignation durch das Ereignis selbst. Eine der ganz wenigen heutigen Ausnahmen ist Michael Buback, der Sohn des 1977 unter dubiosen Umständen von sogenannten RAF-Terroristen ermordeten deutschen Generalbundesanwalts Siegfried Buback. Obwohl die Täter- oder zumindest Drahtzieherschaft praktisch bei allen RAF-Morden dubios ist, hat meines Wissens kein anderer Angehöriger den Kampf um die Wahrheit aufgenommen.

Im Fall Astor spielte bei der britischen und amerikanischen Untersuchung die Frage, wie der reichste Mann der Welt ums Leben gekommen war, nicht die geringste Rolle. Nicht, dass die Todesumstände dabei nicht aufgeklärt wurden: Es wurde nicht einmal danach gefragt. Der Name »Astor« taucht gerade mal ein halbes Dutzend Mal beiläufig in den vielen tausend Seiten der Protokolle der US-Untersuchungskommissionen auf. Seinem Schicksal wurde nicht weiter nachgegangen. Der Zweite Offizier Lightoller, immerhin der Mann, der Astor unbestritten zumindest dem Tod durch Ertrinken auslieferte, wurde bei den Untersuchungen kein einziges Mal nach Astor befragt.

Benjamin Guggenheim – Gentleman-Tod auf der *Titanic*?

Wie gesagt, lassen uns diese Befunde das ganze Schicksal der *Titanic* in einem neuen Licht betrachten. Wenn wir es in einem wichtigen Fall wie dem von John Jacob Astor mit Mord zu tun haben – haben wir es dann vielleicht noch mit weiteren Morden zu tun? Was ist mit den anderen Superreichen, die angeblich so heldenhafte Tode gestorben sind – Isidor Straus und Benjamin Guggenheim zum Beispiel? Guggenheim, der sich seinen besten Abendanzug anzieht, um wie ein Gentleman zu sterben? Oder Straus, der klaglos an Bord zurückbleibt und dessen Frau ihm heldenhaft im

Tode Gesellschaft leistet? Wie bereits Wolf Schneider feststellte, überlebte »von den vier Männern an Bord, die nach heutigem Geld Milliardäre wären, nicht einer«.[190]

Auch die Schicksale und das heroische Verhalten dieser Menschen haben wir längst mit der Muttermilch eingesogen, so dass sie nur noch weitererzählt, aber nicht mehr hinterfragt werden. Sie gelten als fest zementierte geschichtliche Tatsachen. Doch sind sie das wirklich?

Ein James Bond, bevor James Bond erfunden wurde

Nehmen wir als Nächstes Benjamin Guggenheim. »Benjamins Tod ist legendär«, heißt es beispielsweise im Programmtext zu einer 3sat-Dokumentation über die Familie Guggenheim. Und das ist nicht übertrieben. Kaum etwas wurde so schön ausgeschmückt wie der Tod von Benjamin Guggenheim an Bord der *Titanic*. 3sat hat in dieser Hinsicht jedoch quasi den Vogel abgeschossen: »Am 15. April 1912 auf der untergehenden *Titanic* räumte der Erste-Klasse-Passagier seinen Platz im Rettungsboot für Damen aus der zweiten Klasse.« Donnerwetter: Da räumt dieser First-Class-Gentleman also seinen Platz nicht nur »für Damen«, sondern auch noch für welche »aus der zweiten Klasse«.

Nach allem, was wir wissen, konnte Guggenheim, der seine Kabine auf der Backbordseite der *Titanic* hatte, jedoch erst gar nicht an Bord eines Rettungsbootes gelangen. Und wenn, dann hat er seinen Platz wohl kaum freiwillig geräumt, sondern wurde von Lightoller und seinen Männern aus dem Boot geworfen. Aber lauschen wir dieser öffentlich-rechtlichen TV-Poesie noch einen Moment weiter: »Gemeinsam mit seinem Butler half er frisch parfümiert und im Smoking« den Damen ins Boot »und verabschiedete sich dann salutierend mit den Worten ›Nun sind wir angemessen gekleidet und bereit, wie Gentlemen unterzugehen‹

von der Welt«. Wow – dieser Guggenheim! Ein James Bond, bevor James Bond überhaupt erfunden wurde! Bis auf das fehlende Happy End natürlich …

Tatsächlich ist dies die kitschigste Variante der Guggenheim-Legende, die mir bisher begegnet ist. Der ursprüngliche Kern dieses Mythos besagt, der Steward Henry Etches habe Guggenheim und seiner Begleitung Schwimmwesten angeboten, aber der habe mit den Worten abgelehnt: »Wir sind angemessen gekleidet und bereit, wie Gentlemen unterzugehen. Aber wir hätten gerne einen Brandy.« Dabei habe er es regelrecht genossen, sich als unerschrockenen Gentleman zu inszenieren, und sich gekleidet wie für einen festlichen Empfang. Später sieht man ihn auf diese Weise in dem Cameron-Film *Titanic,* was den Eindruck erweckt, als hätten ihn viele Menschen dabei beobachtet. Ebenfalls Gegenstand der offiziellen Legende ist die angeblich letzte Nachricht Guggenheims an seine Frau.

Ein Steward erzählt

Kann jemand wirklich so »cool« vom Leben Abschied nehmen und auf den grausamen Tod durch Ertrinken warten? Vielleicht. Aber das ist wohl eher die Ausnahme. Wie gesagt, wirkt diese Version einfach zu schön, um wahr zu sein. Des Weiteren gefällt mir an der Geschichte nicht, dass sie dem Opfer die Schuld an seinem Tod selbst in die Schuhe schieben will. Nach dem Motto: Man habe den Mann ja retten wollen, aber der habe es selbst abgelehnt.

All diese Versionen und Erzählungen über Guggenheims Tod erwecken den Eindruck, als könnten sie von vielen Menschen bestätigt werden: den »Damen« in den Rettungsbooten beispielsweise, aber auch den Menschen, die Guggenheim mit einem Brandy sahen. Überraschenderweise gibt es für das

Ende Guggenheims jedoch nur ganz wenige Zeugen – vor allem den überlebenden Kabinensteward James Etches:

»James Etches, Hilfssteward in der ersten Klasse der *Titanic,* erschien gestern Morgen im St. Regis Hotel und fragte nach Mrs. Benjamin Guggenheim«, berichtete die *New York Times* am 20. April 1912. »Er sagte, er habe eine Nachricht von Benjamin Guggenheim, einem der Opfer des Seeunglücks. Er sagte, sie müsse persönlich überbracht werden.« Mrs. Guggenheim, berichtete die *New York Times*, sei in der Obhut von Daniel Guggenheim gewesen, dessen Appartements sich im St. Regis Hotel befänden. Der Steward sei vorgelassen worden, aber nicht zu Mrs. Guggenheim persönlich, die vom Kummer niedergestreckt worden sei. Der Steward habe darauf bestanden, seine Nachricht persönlich zu überbringen, aber letztlich zugestimmt, dass die Botschaft durch Mrs. Guggenheims Schwager (Daniel Guggenheim) überbracht werden kann.

»Wir waren fast bis zum Ende zusammen«, habe der Steward demnach gesagt. »Ich wurde gerettet, er ging mit dem Schiff unter. Aber das ist nicht das, was ich Mrs. Guggenheim sagen will.« Dabei habe Etches ein Stück Papier hervorgeholt, auf dem der Steward eine Nachricht von Guggenheim aufgeschrieben hatte, um sie sich besser merken zu können: »Wenn mir irgendetwas passieren sollte, sagen Sie meiner Frau in New York, dass ich alles getan habe, um meine Pflicht zu erfüllen.« Das sei alles, habe der Steward gesagt, für mehr sei an Bord der *Titanic* keine Zeit gewesen.

Stück für Stück habe Guggenheims Bruder Daniel die ganze Geschichte vom Tod seines Bruders aus dem Steward herausgeholt, berichtete die *New York Times*. Es seien die ersten konkreten Nachrichten von seinem Bruder gewesen. »Mr. Guggenheim war eine meiner Aufgaben«, habe der Steward gesagt. »Er hatte seinen Sekretär bei sich, ich glaube, sein Name war Giglio, ein Armenier, ungefähr 24 Jahre alt. Beide starben wie Soldaten. Als der Crash passierte, weckte ich sie auf und sagte ihnen, sie sollen sich anziehen. Einige Minuten später ging ich in ihre Kabinen und half ihnen beim Fertigmachen. Ich zog Herrn Guggenheim eine Schwimmweste an; er sagte, sie schmerze am Rücken. Es war noch jede Menge Zeit, also zog ich sie ihm aus, machte sie zurecht und zog sie ihm wieder an. Um diese Zeit war noch alles in Ordnung. Sie wollten ganz dünn gekleidet an Deck gehen, aber ich zog einen dicken Pullover über Herrn Guggenheims Schwimmweste, dann gingen sie beide raus. Sie blieben zusammen, und ich konnte verfolgen, was sie taten. Sie gingen von einem Rettungsboot zum anderen und halfen den Frauen und Kindern. Herr Guggenheim rief: ›Frauen zuerst‹, und war eine große Hilfe für die Offiziere. Zuerst standen die Dinge nicht so schlecht, aber als ich Herrn Guggenheim eine Dreiviertelstunde nach dem Zusammenstoß sah, herrschte große Aufregung. Was mich überraschte, war, dass Herr Guggenheim und sein Sekretär in ihre Abendgarderobe gekleidet waren. Sie hatten ganz gewusst ihre Pullover ausgezogen, und soweit ich mich erinnere, trugen sie auch keine Schwimmwesten. ›Was soll das?‹, fragte ich. ›Wir haben unsere besten Sachen angezogen‹, antwortete Herr Guggenheim, ›und sind darauf vorbereitet, wie Gentlemen unterzugehen.‹ Um diese Zeit gab mir Herr Guggenheim die Nachricht an seine Frau auf, und deshalb bin ich jetzt hier. Kurz nachdem die letzten Boote gefiert und ich von einem Offizier an die Ruder befohlen worden war, winkte ich Herrn Guggenheim Auf Wiedersehen, und das war das letzte Mal, dass ich ihn und seinen armenischen Sekretär sah.«

Daniel Guggenheim habe der *New York Times* gesagt, so das Blatt, dass sein Bruder in der zweiten Klasse auch einen Chauffeur namens Pernot an Bord gehabt habe, von dem man nichts gehört habe. »Herr Guggenheim sagte, dass Frau Guggenheim durch die Nachricht von ihrem Mann sehr getröstet worden sei.«

Eine merkwürdige Geschichte

Eine sehr, sehr merkwürdige Geschichte. Zunächst einmal ist die Faktenlage lange nicht so gut, wie wir bisher immer dachten. Von Benjamin Guggenheim selbst existiert in Wirklichkeit kein letztes Abschiedsdokument, weder eine handgeschriebene Nachricht noch ein Telegramm, wie manchmal ebenfalls irrtümlich angenommen wird. Vielmehr gibt es da einen Zimmersteward, dem er seine Nachricht mündlich anvertraut haben soll. Dieser Steward und nicht Guggenheim hat die Nachricht aufgeschrieben, um sie anschließend mündlich weiterzugeben, und zwar nicht an Frau Guggenheim selbst, sondern an deren Schwager und Benjamins Bruder Daniel.

Der weitverbreitete Eindruck einer schriftlichen Nachricht Guggenheims täuscht also. Schriftlich existierte die Nachricht nur als selbstgeschriebene Gedächtnisstütze des Stewards. Wenn überhaupt. Denn die Geschichte vom Besuch des Stewards im St. Regis Hotel und seiner Nachricht erzählte nicht er selbst der *New York Times,* sondern eben Guggenheims Bruder Daniel. Erst dieser Daniel ist die Quelle der *New York Times* und damit wohl die eigentliche Quelle der ganzen Geschichte um den heldenhaften Tod von Benjamin Guggenheim – nach Lage der Dinge eine Geschichte vom Hörensagen. Bestenfalls. Ebenso gut könnte sie von Daniel Guggenheim ausgeschmückt oder gar erfunden worden sein. So konnte Benjamin Guggenheim beispielsweise dem Steward in dem Rettungsboot kaum zugewinkt haben. Denn »Etches verließ die *Titanic* bereits um 0.55 Uhr in Boot Nr. 5 zu einem Zeitpunkt, in dem Guggenheim mit größter Wahrscheinlichkeit noch nicht an Deck war, und wenn doch, dann kaum auf dem vorderen Teil des Bootsdecks«.[191] Demnach wäre also das ganze schöne Guggenheim-Epos ein Schwindel.

Der Steward Henry Samuel Etches wurde am neunten Tag der amerikanischen Untersuchung befragt, also am 27. April 1912. Er sei für Herrn Guggenheim und dessen Sekretär in Kabine 84 zuständig gewesen, berichtete Etches da. Als der Zusammenstoß kam, habe er geschlafen. Er sei durch »irgendetwas« geweckt worden und habe sich bei seinen Zimmergenossen nach der Uhrzeit erkundigt. Da keine Antwort kam, habe er sich umgedreht, um weiterzuschlafen, doch da hörte er den Ruf: »Alle wasserdichten Schotten schließen!« Er habe dann Schwimmwesten an die Passagiere verteilt und auch beim Anlegen derselben geholfen:

Senator SMITH: Was war mit Herrn Guggenheim, seinem Sekretär und anderen?
Mr. ETCHES: Sie waren in ihrer Kabine. Ich nahm die Schwimmwesten heraus. Die Schwimmwesten waren in der Garderobe, einem kleinen Regal, und die Kabine war nur von zwei Personen bewohnt. Es gab drei Schwimmwesten dort, ich nahm sie heraus und zog eine Herrn Guggenheim an. Er war offenbar gerade in seine Kabine gegangen, denn er öffnete beim ersten Klopfen. Er sagte: ›Das wird weh tun‹. Ich sagte: ›Sie haben viel Zeit, ziehen Sie etwas an, ich bin in ein paar Minuten zurück.‹
Senator SMITH: Kamen Sie zurück?
Mr. ETCHES: Ja, Sir.
Senator SMITH: War er da?[192]

Ja, antwortete Etches. Guggenheim sei da gewesen und ihm gefolgt, als er anschließend zu anderen Kabinen gegangen sei. Ja, und dann? Nichts »und dann«. Hier enden die Aussagen Etches über Guggenheim vor dem Untersuchungsausschuss: keine Damen der zweiten Klasse in den Rettungsbooten, keine festliche Abendkleidung, kein gentlemanliker Untergang, keine letzte Nachricht an die Gattin – gar nichts. Weder wird Etches nach den weiteren Umständen von Guggenheims Tod gefragt, noch erzählt er von selbst vor dem Untersuchungsausschuss etwas darüber. Stammten diese heroischen Geschichten also tatsächlich gar nicht von ihm, sondern von Guggenheims Bruder Daniel? Und die angebliche Nachricht an die Gattin auch? Es fällt schließlich auf, dass die Nachricht absolut nichts Persönliches enthält. Was heißt: »Sagen Sie meiner Frau in New York, dass ich alles getan habe, um meine Pflicht zu erfüllen«? Diesen nichtssagenden Inhalt könnte sich jeder ausgedacht haben.

Schließlich wäre da noch eine Kleinigkeit, die in der schönen Geschichte vom pflichtbewussten Ehemann, der der trauernden Gattin eine letzte Nachricht zukommen lässt, nicht vorkommt. Guggenheim war eine ähnliche Medienfigur wie Astor mit seiner jungen, schwangeren Frau Madeleine. Sein Sekretär und sein Chauffeur waren keineswegs die einzigen in Guggenheims Entourage. Sondern da wären noch seine 24-jährige Geliebte Léontine Pauline Aubart (auch »Ninette« genannt) und deren Dienerin Emma Sägesser.

Am 14. April seien sie und ihre Dienerin um 23 Uhr zu Bett gegangen, heißt es in der *Encyclopedia Titanica*. Emma sei sofort eingeschlafen, aber wenig später durch zwei kurze Stöße aufgewacht. Während sie im Bett geblieben sei, habe Madame Aubart recherchiert, was passiert sei. Sie sei sehr ruhig zurückgekommen und wieder ins Bett gegangen. Wie es weiterging, kann man in Günter Bäblers Buch *Reise auf der Titanic* nachlesen. Ein Steward habe schließlich die beiden Frauen gebeten, die Schwimmwesten anzuziehen und sich zu den Booten zu begeben. Zuerst gingen sie jedoch zu den Backbordkabinen B-82, B-84 und B-86, wo noch immer Guggenheim und sein Sekretär Giglio schliefen. Der habe Sägesser ausgelacht: »Eisberg? Na und? Was ist schon ein Eisberg?«

Demzufolge waren es die beiden Frauen, die die Männer überredeten, »sich anzuziehen und mit an Deck zu kommen.

Während die Männer sich ankleideten und ihre Gesichter puderten, riskierten die jungen Frauen Blicke in die offen stehenden benachbarten Kabinen.«[193] In dieser Version kommt der Steward an der Stelle überhaupt nicht vor. Sondern dem zufolge waren es Guggenheims Geliebte Aubart und deren Dienerin Sägesser, die Guggenheim und seinen Sekretär an Deck lotsten.

Auf dem Bootsdeck hätten sie sich getrennt; Aubart und Sägesser seien in Rettungsboot Nr. 9 gestiegen, und Guggenheim habe gesagt: »Wie sehen uns bald wieder! Es ist nur eine Reparatur. Morgen fährt die *Titanic* weiter!« Wie es aussieht, ist *dies* der letzte von Guggenheim zuverlässig überlieferte Satz, nicht die angebliche Botschaft an seine Frau. Von wegen »bereit, wie ein Gentleman zu sterben«.

Wie kann es zu diesen Widersprüchen kommen? Ganz einfach: Die Hinterbliebenen Guggenheims betrieben aktive PR und bastelten an Guggenheims Sterbemythos als Gentleman. Angeblich haben sie dessen Geliebte dafür bezahlt, Stillschweigen über die Angelegenheit zu bewahren. Tatsächlich verlor diese kein Wort über ihren Abschied von Guggenheim: Stattdessen schwärmte Mme. Aubart von irgendwelchen geheimnisvollen und anonymen Engländern beim Ablegen vom Deck der *Titanic:* »Diese Engländer! Wie mutig, wie gefasst, wie schön! Ich, als patriotische Französin, werde diese Gruppe von Engländern nie vergessen – jeder von ihnen ein perfekter Gentleman –, wie sie ganz ruhig ihre Zigaretten und Zigarren pafften und zusahen, wie Frauen und Kinder in den Booten untergebracht wurden. So habe ich sie in Monte Carlo gesehen – den phlegmatischen Engländer in seiner nobelsten Erscheinungsform. Marie stieg in das Rettungsboot und anschließend ich. Wir waren die letzten Frauen, die das Schiff verließen. Mein letztes Bild von den oberen Decks war immer noch diese Gruppe von Engländern, immer noch mit ihren Zigaretten im Mund, die dem Tod so ruhig und mutig entgegensahen, dass es schon wieder schrecklich war.«[194]

Aber wieso schwärmte Guggenheims Geliebte von »Engländern«? War Benjamin Guggenheim nicht Amerikaner? Und warum nannte sie ihre Gouvernante nicht Emma, sondern »Marie«? Zweifellos war Aubart um die Zeit dieses Zeitungsberichts (13. Mai 1912) jedoch bereits bei den Guggenheims unter Vertrag und zum Schweigen verpflichtet worden. Also konnte sie unmöglich vom tränenreichen Abschied von ihrem geliebten Benjamin erzählen. Stattdessen verpasste sie den Beteiligten lieber Decknamen und konnte so ihrem verlorenen Geliebten doch noch eine heimliche Hommage widmen. Weder Aubart noch Sägesser wurden von den Untersuchungskommissionen befragt.

Demnach war es bei Guggenheim also ganz ähnlich wie bei Astor. Während ersterer seine junge, schwangere Frau in einem Rettungsboot unterbrachte und zurückbleiben musste, tat Guggenheim wahrscheinlich dasselbe für seine Geliebte. Nur reden durfte man darüber noch weniger als bei Astor, der mit seiner jungen Frau wenigstens offiziell verheiratet war. Also gab es offenbar Bemühungen der Familie Guggenheim selbst, Benjamins und den Ruf der Familie zu retten, indem die Erzählungen des Stewards über das heroische Ende Guggenheims und seines Sekretärs entweder erfunden oder zumindest aufgehübscht und zurechtgebogen wurden. Schließlich war Benjamin ohnehin schon das schwarze Schaf der Familie, das nicht nur dauernd durch neue Affären von sich reden machte, sondern der Familie auch den Rücken gekehrt und sich seine Vermögensanteile hatte ausbezahlen lassen.

Darüber hinaus gibt es keine Erkenntnisse über das weitere Schicksal Guggenheims. Außer Etches wurden keine weiteren Zeugen über das Schicksal Guggenheims befragt – nicht in der amerikanischen und schon gar nicht in der britischen Untersuchung. Auch Guggenheims Leiche wurde nie gefunden, zumindest aber nicht identifiziert. Benjamin Guggenheim verschwand ab einem bestimmten Punkt einfach von der Bildfläche, ohne irgendwelche Spuren zu hinterlassen – weder im Gedächtnis von Mannschaft und Passagieren noch in der physischen Welt. Benjamin Guggenheims Tochter, die berühmte Peggy Guggenheim, hat die Geschichte vom »Gentleman-Tod« ihres Vaters »nie ernst genommen. Sie interpretierte es so: In Kenntnis des Guggenheimschen Vermögens habe der Steward gehofft, eine schön erfundene Geschichte werde sich für ihn rentieren.«[195]

Isidor Straus: Milliardäre müssen draußen bleiben

»Die Milliardäre werden abgewiesen«, beobachtete Wolf Schneider in seinem Buch über die *Titanic*.[196] Und interessanterweise starben die drei mächtigsten Männer an Bord alle unter der Fuchtel des Zweitens Offiziers Lightoller.[197] Der nächste Superreiche auf der Backbordseite der *Titanic*, den dieses Schicksal traf, war der dritte finanzielle Dinosaurier an Bord, Isidor Straus (manchmal auch »Isador Strauss« geschrieben), Teilhaber des New Yorker Kaufhauses Macy's. Fast war es so, als arbeitete jemand die Rangliste der reichsten Männer an Bord ab.

Auch der Tod von Straus wird verklärt, ja geradezu romantisiert. Wobei – auch das muss hier erwähnt werden – dies schließlich ein gängiges Phänomen ist. Nirgends wird so oft gelogen und beschönigt wie beim Ableben eines Berühmten. Schon Goethe verlangte mit seinem letzten Atemzug nicht nach »mehr Licht«, wie es die Legende will, sondern nach seinem Nachttopf.[198] Aber an Bord der *Titanic* gibt es noch eine weitere Komponente: Auch Straus wird die Schuld am eigenen Tode selbst in die Schuhe geschoben. Nach dem Motto: Er hätte mitfahren können, aber er wollte ja nicht. Der Überlieferung nach versuchte das Ehepaar Straus auf der Backbordseite (also Lightoller-Seite) des Bootsdecks an Bord eines Rettungsbootes (Nr. 8) zu gelangen.

Der Steward Alfred Crawford schilderte das bei der amerikanischen Untersuchung so:

Senator SMITH: Kannten Sie Herrn und Frau Straus?
Mr. CRAWFORD: Ich stand an dem Boot, in das sie nicht einsteigen wollten.
Senator SMITH: Stieg Frau Straus in das Boot?
Mr. CRAWFORD: Zuerst versuchte sie einzusteigen, ging dann aber zurück. Ihr Mädchen stieg in das Boot.
Senator SMITH: Was meinen Sie mit »sie versuchte« einzusteigen?
Mr. CRAWFORD: Sie setzte an, um vom Deck in das Boot zu steigen, ging dann aber zurück zu ihrem Mann.
Senator SMITH: Betrat sie das Boot?
Mr. CRAWFORD: Stieg in das Boot, auf die Bordwand, Sir. Dann ging sie zurück.
Senator SMITH: Was passierte dann?
Mr. CRAWFORD: Sie sagte »Wir haben so viele Jahre zusammengelebt, und wo du hingehst, gehe ich auch hin.«
Senator SMITH: Zu wem sagte sie das?
Mr. CRAWFORD: Zu ihrem Mann.
Senator SMITH: War er neben ihr?
Mr. CRAWFORD: Ja, er stand im Hintergrund, als sie wieder aus dem Boot stieg.
Senator SMITH: Sie haben gesagt, da war auch ein Mädchen?
Mr. CRAWFORD: Ein Mädchen stieg ins Boot und wurde gerettet, ja, Sir.
Senator SMITH: Hat das Mädchen Frau Straus in das Boot geleitet?
Mr. CRAWFORD: Frau Straus sagte dem Mädchen, sie solle in das Boot steigen, sie würde nachkommen; dann änderte sie ihre Meinung und ging zurück zu ihrem Mann.
Senator SMITH: Welches Boot war das?
Mr. CRAWFORD: Nummer 8, auf der Backbordseite.[199]

Und etwas später sagte der Steward Crawford:

Mr. CRAWFORD: Das war Nr. 8. Mr. Wilde, der Leitende Offizier, war dort. Wir füllten das Boot zunächst mit Frauen. Frau Isidore (Isodor) Straus und ihr Mann waren da, und sie machte einen Versuch, zuerst in das Boot zu steigen. Zuvor hatte sie ihr Mädchen in dem Boot untergebracht. Sie gab ihrem Mädchen eine Decke, dann ging sie zurück, schmiegte sich an ihren Mann und sagte »Wir waren all die Jahre zusammen. Wo du hingehst, gehe ich auch hin.« Danach kam Kapitän Smith zu dem Boot und fragte, wie viele Männer darin seien. Da waren zwei Matrosen. Er sagte mir, ich solle einsteigen und in Richtung eines Lichtes rudern …[200]

Wie man sieht, wurde das Fieren der Backbordboote also tatsächlich nicht nur von dem Zweiten Offizier Lightoller geleitet, sondern auch von der höchsten Autorität an Bord überwacht – dem Kapitän.

Auch bei dem amerikanischen Untersuchungsausschuss wunderte man sich darüber. Wer das Einsteigen beaufsichtigt habe, wollte Senator William Alden Smith wissen. Der Leitende Offizier Wilde und er selbst, antwortete Crawford. Und das Abfieren? »Kapitän Smith«, kam Crawfords Antwort. Frage: »Alle Rettungsboote auf der Backbordseite?« Antwort Crawford: »Kapitän Smith und der Leitende Offizier; Kapitän Smith und der Steward fierten die vorderen Leinen des Bootes, in dem ich saß.« Das heißt, »der Kapitän des Schiffes überwachte persönlich das Einsteigen und Abfieren«, wunderte sich Senator Smith. Jedenfalls von Boot Nr. 8, in dem er selbst saß, antwortete Crawford.[201] Kapitän Smith überwachte also persönlich das Einsteigen in Boot Nr. 8 und half dabei mit, es nur mit 28 Frauen und vier Besatzungsmitgliedern an Bord zu fieren.

Dabei ließ er es offenbar zu, dass eine betagtere Dame wieder ausstieg, weil ihr ebenfalls betagter Ehemann in das halb leere Boot nicht einsteigen durfte. Dabei oder danach erzählte der Kapitän den Insassen, sie sollten auf die Lichter eines Schiffes in der Ferne zu rudern, die Frauen aussteigen lassen und wieder zu der sinkenden *Titanic* zurückkommen. Zweifellos der reine Irrsinn: Wie weit war das fremde Schiff weg? Existierte es überhaupt? Wie lange würde es dauern, die Frauen dort auszuladen und zurückzukommen? Würde die *Titanic* bis dahin nicht gesunken sein? Tatsächlich hätten sie gerudert und gerudert, das fremde Schiff aber nicht erreichen können, sagte Crawford. Obwohl sie bis zum Morgengrauen immer weiter gerudert seien, seien sie dem Licht nicht näher gekommen.[202] Zur *Titanic* zurückgekehrt, um nun wenigstens die restlichen Bootsplätze zu füllen, ist das Boot freilich auch nicht. Nach seinem (»hilfreichen«) Einsatz an Boot Nr. 8 sei Smith wohl zu Boot Nr. 10 (Backbordseite) gegangen, vermutete Crawford.

Wie man an Crawfords Aussage sehen kann, gaben sich die Crewmitglieder alle Mühe, den Umstand, dass sie wehrlose Menschen ertrinken ließen, zu vertuschen:

Senator SMITH: Wie viele Seeleute oder Besatzungsmitglieder wurden in Boot Nr. 8 gesetzt?
Mr. CRAWFORD: Vier, Sir; zwei waren bereits drin, und Kapitän Smith befahl mir einzusteigen.
Senator SMITH: Zwei waren drin?
Mr. CRAWFORD: Zwei Matrosen waren zuerst im Boot.
Senator SMITH: Und Kapitän Smith befahl Ihnen einzusteigen?
Mr. CRAWFORD: Ja, Sir – ich und ein Koch stiegen ein. Wir waren die Letzten, die einstiegen – da waren so viele Frauen, dass kein Platz mehr darin war.
Senator SMITH: Wie viele Passagiere waren in dem Boot?
Mr. CRAWFORD: Ich denke mal, 35, Sir.

»So viele Frauen, dass kein Platz mehr darin war«? 35 Passagiere und vier Besatzungsmitglieder ergeben 39 – ein bisschen wenig für ein Rettungsboot. Was Senator Smith zu der Frage veranlasst:

Senator SMITH: War das ein reguläres Rettungsboot oder eines von den zusammenklappbaren Canvas-Booten?

In diese passen offiziell nämlich nur 47 Personen, was diese Ungeheuerlichkeit in einem etwas milderen Licht hätte erscheinen lassen. Aber Crawford antwortet wahrheitsgemäß, dass es sich bei Boot Nr. 8 um ein normales Rettungsboot gehandelt habe:

Mr. CRAWFORD: Nein, Sir, es war ein reguläres Rettungsboot.[203]

Da ein solches Boot jedoch 65 Insassen aufnehmen kann, war Boot Nr. 8 also keineswegs so voll, »dass kein Platz mehr darin war«. Vielmehr klaffte nach der Zählung Crawfords eine enorme Lücke von 26 Personen (65–39). In Wirklichkeit waren gemäß oben genannter Aufstellung jedoch wahrscheinlich noch weniger Menschen an Bord, nämlich insgesamt nur 32 (4 Besatzungsmitglieder und 28 Frauen). Demnach waren also 33 Plätze frei, das Boot mithin halb leer.

Eine schaurige Selektion

Ein Erster-Klasse-Passagier namens Hugh Woolner, der in dem Klappboot D überlebte, half beim Besetzen der Boote und schilderte das Geschehen um das Ehepaar Straus genauso. Wie Crawford habe er jedoch noch zu Herrn Straus gesagt: »Ich bin sicher, niemand würde sich daran stören, wenn ein älterer Herr wie Sie einsteigen würde. Es scheint noch Platz in diesem Boot zu sein.« Darauf habe Straus geantwortet: »Ich will nicht vor den anderen Männern gehen.« Schuld hat also Herr Straus. Obwohl man ihm angeboten hatte, für ihn eine Ausnahme zu machen, blieb er quasi ohne Not zurück, um mit den anderen Männern zu sterben. Und seine Frau blieb wiederum zurück, um mit ihm zu sterben. Und so sieht man sie denn auch in dem Cameron-Film *Titanic* eng umschlungen auf dem Bett in ihrer Kabine liegen, während auf dem Boden bereits das Wasser sprudelt. Andere Berichte behaupten, sie hätten sich in Deckstühlen niedergelassen, um auf den Tod zu warten.

Man sollte hier jedoch klar trennen: Dass Passagiere eine Ausnahme für Isidor Straus machen wollten, heißt noch lange nicht, dass die Besatzung auch eine gemacht hätte. Dies ist in Wirklichkeit nicht überliefert; von einer Genehmigung für Straus zum Besteigen des Bootes weiß man nichts. In Wirklichkeit fand auf der Backbordseite eine schaurige Selektion statt: »Kein Mann hinter dieser Linie!«, befahl beispielsweise der Sechste Offizier James Moody. Passagiere wie Woolner boten sich lediglich an, die Offiziere zu fragen, ob Straus aufgrund seines Alters nicht einsteigen dürfe. Alle stimmen darin überein, dass Straus dies abgelehnt habe, so dass genau wie bei Guggenheim (allerdings mit mehr Zeugen) der Eindruck entsteht, hier sei einer (oder zwei) quasi ganz freiwillig in den Tod gegangen, und niemand könne etwas dafür.

Was einen daran misstrauisch stimmt, ist, dass es für die Überlebenden die bequemste Lösung darstellt. Aber auch nach dieser Schilderung hätte Straus zumindest um sein Leben betteln und bei den Offizieren eine Art Gnadengesuch einreichen müssen – was sicher nicht jedermanns Sache ist. Ob sie es genehmigt hätten, ist außerdem äußerst fraglich. Wie bereits gezeigt, kannten sie nicht einmal Gnade bei den Ehemännern von werdenden Müttern. Und auch dass Kapitän Smith, der sich selbst in die Besetzung von Boot Nr. 8 einmischte, einen Finger krumm gemacht hätte, um Isidor Straus zu retten, ist nicht überliefert.

»Freiwillig« in den Tod gegangen ist das Ehepaar Straus also nicht. Es sei denn, der Begriff »freiwillig« würde ganz neu definiert. Denn es blieb vielen an Bord dieses Tollhauses, das einmal die *Titanic* war, einfach nicht viel anderes übrig. In Wirklichkeit war es auch hier die Geschichte vom brennenden Hotel, aus dem bestimmte Gäste nicht herausgelassen, sondern in die Flammen zurückgeschickt wurden. Das berühmte letzte Bild der beiden aus dem Cameron-Film *Titanic* romantisiert das Ende des Ehepaars Straus und erweckt den Eindruck eines besonders innigen Sterbeerlebnisses – so, als könnte man nicht schöner sterben als Arm in Arm an Bord eines sinkenden Schiffes. Das Problem ist, dass an dieser Stelle mit den Beweisen endgültig Schluss ist. Ganz im Gegenteil spricht eine Menge gegen diesen einvernehmlichen und friedlichen Tod.

So ist es schwer vorstellbar, dass jemand an Bord eines sinkenden Schiffes tiefer in den Rumpf hinabsteigt, in eine Kabine geht und sich dort ins Bett legt, um auf den Tod zu warten. Normalerweise würde man vor dem drohenden Ertrinken nach Bewegungsfreiheit und Luft verlangen. Stiege man in den Rumpf hinab, würde man das eigene Schicksal vor der Zeit besiegeln. Normalerweise lebt aber jeder Mensch so lange wie irgend möglich – bis auf einen Selbstmörder. Aber Selbstmörder waren das Ehepaar Straus ja ganz im Gegensatz zu dem immer wieder erweckten Eindruck nun mal nicht.

Nächste Frage: Wären beide wirklich inniglich umarmt in ihrer Kabine gestorben – wären sie dann überhaupt gefunden worden? Wohl kaum. Wenn sich Straus mit seiner Frau tief unten im Schiff in seiner Kabine befand – wie konnte es dann sein, dass seine Leiche geborgen wurde? Etwa eine Woche nach der Katastrophe fischte das Bergungsschiff *Mackay-Bennett* die »Leiche Nr. 96« aus dem Wasser:

NR. 96 MÄNNLICH – GESCHÄTZTES ALTER, 65 – VORNE GOLD-ZAHN (teilweise) – GRAUES HAAR UND SCHNURRBART

KLEIDUNG – Pelzbesetzter Mantel; graue Hosen und Weste; gestreiftes Hemd; braune Schuhe; schwarze Seidensocken.

WERTSACHEN – Notizbuch; Golduhr; Platin- und Perlenkette; goldenes Federmäppchen; silberne Trinkflasche [»Flachmann«; G. W.]; silberner Salzstreuer; £40 in Noten; £4 2s 3d in Silber.

ERSTE KLASSE – NAME – ISADOR STRAUSS[204]

Und diese Bergung konnte wohl nur deshalb gelingen, weil Straus eine Schwimmweste trug. Hatte er sich also mit Schwimmweste mit seiner Frau ins Bett gelegt? Und wie war er dann aus dem sinkenden Wrack freigekommen? Seine Frau aber nicht? Denn im Unterschied zu Isidor Straus' Leiche wurde Ida Straus' Körper nicht geborgen. Oder wurde sie – wie eine ganze Reihe von Toten – nur nicht identifiziert? Meistens trugen die Reichen an Bord jedoch unverwechselbare Wäsche und Wertsachen bei sich. Auf Schmuck und Kleidungsstücken befanden sich häufig Namen oder Initialen, so dass auch arg entstellte Leichen identifiziert werden konnten. Ein Porträt des Ehepaares zeigt Frau Straus mit einem Ring am linken Ringfinger.

Ganz im Gegensatz zu der verbreiteten Legende können die Strausens kaum nahe beieinander gestorben sein. Die am Untergangsort vorherrschenden Meeresströmungen sind ja keine Strudel, die die Körper durcheinanderwirbeln könnten, sondern großräumige, langsame Bewegungen. Dass nahe beieinander schwimmende Leichen von diesen großen Meeresströmungen getrennt wurden, ist eher unwahrscheinlich. Die Passagiere des Dampfers *Bremen,* der am 20. April 1912 an dem Feld der schwimmenden Leichen vorbeikam, berichteten, »dass sie einzelne Personen hätten unterscheiden können. So sahen sie eine weibliche Leiche, die noch zwei Kinder in den Armen hielt, und ein Ehepaar, das sich dicht umschlungen hatte«.[205] Das Ehepaar Straus war das aber nicht. Insgesamt deutet das alles darauf hin, dass Isidor und Ida Straus eben nicht am selben Ort und in derselben Situation gestorben sind – weder in der Kabine noch in Stühlen auf dem Deck.

Die *Titanic*-Katastrophe richtete ein regelrechtes »Massaker« unter den Reichsten Amerikas an. Zumindest war die Backbordseite ihres Bootsdecks, die vor allem Morgan-Freund Kapitän Smith und Charles Lightoller kontrollierten, für sie äußerst ungesund. Während an der Steuerbordseite viele vollzählige Familien in die Boote kamen, war der Nächste, der an Backbord seine Frau abliefern durfte (Rettungsboot Nr. 4), um anschließend zusammen mit seinem Sohn zu sterben, George D. Widener, der viertreichste Mann an Bord. Widener war der Sohn des schwerreichen Transport- und Straßenbahn-Tycoons Peter Arell Brown Widener, Geschäftspartner von J. P. Morgan in dessen Schifffahrtskonzern IMM und Mitbegründer des Stahlkonzerns U. S. Steel. Ein weiterer Tycoon, dessen Frau an der Backbordseite einen Platz im Rettungsboot fand, der selbst jedoch sterben musste, war John Borland Thayer, Vizepräsident der Pennsylvania Railroad. Weitere einflussreiche Männer, die bei der Katastrophe ums Leben kamen, waren der Präsidentenberater Major Archibald Butt, Howard Brown Case (Direktor der Vacuum Oil Company), Börsenmakler Clarence Moore und andere. Oder um es anders zu sagen: Selten dürften so wenige unwichtige Männer (wie die Offiziere der *Titanic)* so viele wichtige Männer auf einmal befehligt und auf dem Gewissen gehabt haben.

Die wundersame Rettung des Charles Herbert L.

In der *Titanic*-Literatur wird der Offizier Charles Herbert Lightoller als Held und als disziplinierter Mann gefeiert, der streng seine Befehle oder auch nur seine Auffassung von Ritterlichkeit durchsetzte. Wobei der Held (»hero«) in der neueren amerikanischen »tragedy« oft genauso falsch ist wie die »tragedy« selbst. Denn schließlich besteht die gesamte amerikanische Begrifflichkeit im Grunde nur aus Abziehbildern der traditionellen europäischen Begriffe: »Love« ist nicht zu verwechseln mit »Liebe«, »character« ist nicht zu verwechseln mit »Charakter«, und »tragedy« ist eben nicht zu verwechseln mit »Tragödie«. Eine Phalanx aus toten und lebendigen »heroes« ist jedoch wichtig, um den Mythos der »tragedy« psychologisch abzuriegeln und zu schützen. Wer traut sich schon, Helden zu kritisieren – zumal dann, wenn sie selbst ums Leben kamen?

Aber machen wir doch die Gegenprobe: Was wurde denn aus dem edlen Helden Lightoller? Verfuhr er mit sich selbst genauso gnadenlos wie mit den anderen Männern und seinem Opfer John Jacob Astor? Gab Lightoller sein Leben für eine Frau? Wie kam es überhaupt, dass Lightoller vor den Untersuchungskommissionen aussagen konnte? Wenn Lightoller wirklich »nur Frauen und Kinder« an Bord der Rettungsboote lassen wollte, wie hat er dann selbst überlebt?

Nun, erzählte Lightoller, das war natürlich reiner Zufall. Dass er, nachdem er so viele Männer geopfert hatte, einfach ein Rettungsboot bestieg und davonfuhr, konnte er ja schlecht sagen. Stattdessen erzählte er eine abenteuerliche Geschichte. Demnach sei er, als das Schiff unter seinen Füßen gesunken sei, in der Nähe des vorderen Schornsteins einfach ins Wasser gelaufen. Womit der Vorstellung entgegengewirkt wird, Lightoller sei trockenen Fußes einfach in ein Boot gestiegen.

Neben dem vorderen Schornstein lagen auf dem Dach der Offizierskabinen gleich hinter der Brücke allerdings die beiden Klappboote A und B. Da sie auf dem Dach der Offizierskabinen waren, befanden sie sich also in Griffweite der Offiziere und waren demnach von Anfang an für die Offiziere reserviert gewesen. Es waren die einzigen Boote, die sich nicht an den Davits befanden, sondern auf Ständern aufrecht auf dem Dach standen. Bewegt werden konnten sie mit einem Flaschenzugsystem, das nur einen kleinen Schönheitsfehler hatte, nämlich den, dass es an Bord der Titanic gar nicht vorhanden war: »Obwohl ich ein solches Flaschenzugsystem an Bord der *Olympic* gesehen habe«, schreibt der *Titanic*-Experte Dan Cherry, »habe ich es nicht ein einziges Mal auf einem *Titanic*-Foto gesehen«. Nur die Vorrichtungen dafür habe man sehen können.[206] Hm – wieso waren die Boote dann nachweislich bei der *Titanic*-Katastrophe vorhanden? Darauf komme ich noch. Fest steht jedenfalls, dass uns der Zweite Offizier Lightoller weismachen will, er sei auf dem Dach der Offizierskabinen neben einem der Offiziersboote lieber ins eiskalte Wasser gegangen, als einzusteigen. Begründung: Beim Klarmachen des Bootes habe es irgendein Missgeschick gegeben, wobei es umkippte.

Weil das Wasser sehr kalt gewesen sei, sei Lightoller dann in Richtung des aus dem Wasser ragenden Krähennests (Ausguck) geschwommen, bis ihm klargeworden sei, dass das natürlich überhaupt keinen Sinn ergeben würde. Deshalb habe er die Richtung gewechselt, um in Richtung Steuerbord von dem sinkenden Schiff wegzuschwimmen. Dabei – nachdem er also bereits einige Zeit im Wasser war – sei er von dem in das Schiff einströmenden Wasser am vorderen Schornstein gegen ein Lüftungsgitter gesaugt und unter Wasser gezogen worden. Eine Weile sei er gegen dieses Gitter gedrückt, aber schließlich von plötzlich ausströmender Luft nach oben geblasen worden. Dabei sei er drei bis vier Minuten unter Wasser gewesen. Schon das ist eine reife Leistung.

Erst nach seiner kleinen Schwimmodyssee und dem angeblichen Tauchgang habe er sich an der Oberfläche wiedergefunden, und zwar neben dem umgekippten Klappboot B von der Backbordseite! Also just neben jenem Boot, neben dem er heldenhaft ins Wasser gegangen sein will. Er habe sich an irgendetwas festgeklammert, als der vordere Schornstein umgefallen und ungefähr zehn Zentimeter neben dem Boot auf die Wasseroberfläche geknallt sei. Hier muss also John Jacob Astor gewesen sein, der ja durch den Aufprall des Schornsteins getötet worden sein soll. Allerdings war er nicht zerschmettert, wie nach dem Zusammentreffen mit einem Schornstein zu erwarten, sondern nur am Gesicht verletzt.

Durch den Aufprall des Schornsteins, der sozusagen als Astors »Mörder« verkauft wird, sei das umkippte Klappboot B mehrere Meter weit weggeschleudert worden, erzählte Lightoller. Danach sei etwas Zeit vergangen, und er habe sich erneut zu diesem Boot aufgemacht. Als er ankam, sollen inzwischen etwa ein halbes Dutzend Menschen auf dem umgekippten Boot gestanden haben, und auch er habe sich nun daran hochgezogen. Im Laufe der Nacht seien noch weitere Menschen dazugekommen, bis am Morgen etwa 28 bis 30 Menschen auf dem gekenterten Boot gestanden hätten. Bei Tagesanbruch seien sie von einem Rettungsboot übernommen worden.

Erstaunlicherweise erzählte Lightollers Freund Colonel Gracie, der ihn bereits in der Astor-Geschichte entschuldigt hatte (Lightoller habe nicht gewusst, dass der Mann, der in Boot Nr. 4 steigen wollte, Astor war), eine ganz ähnliche Geschichte. Er beschrieb detailliert, wie er zuletzt auf dem Dach der Offizierskabinen (also neben den Offiziersbooten A und B) gestanden habe und dann unter Wasser gesaugt worden sei, wobei er erst wieder aufgetaucht sei, als die *Titanic* bereits unter Wasser verschwunden war. Er habe nur noch eine Art Blubbern von dem Schiff gehört. Das Problem: Wenn diese Geschichte wahr wäre, hätte der 54-jährige Gracie die Qualitäten eines Supermannes entwickeln müssen. Denn von dem Zeitpunkt, an dem die Offizierskabinen untergingen, bis zum Versinken des Hecks vergingen mindestens noch fünf bis zehn Minuten. Fünf bis zehn Minuten untergetaucht in dem minus zwei Grad kalten Wasser hätten jedem anderen sicherlich den Garaus gemacht. Gracie behauptete dagegen, nicht den geringsten Kräfteverfall gespürt zu haben, Geistesgegenwart und Mut hätten ihn nicht einen Moment verlassen. Nach dem Auftauchen habe er sich an eine hölzerne Kiste geklammert, dann sei er zu dem gekenterten Boot B geschwommen und habe sich genau wie Lightoller hochgezogen, bis er auf dem umgekippten Rumpf zu stehen kam.

Der Nächste, der eine solch unwahrscheinliche Geschichte erzählte, ist der Funker Harold Bride. Er will sich gar unter dem umgekippten Klappboot B wiedergefunden haben, wo er angeblich eine Dreiviertelstunde in einer Luftblase überlebte.

Diese ähnlichen Erzählungen darf man getrost ins Reich der Phantasie verweisen. Im Laufe des Abends und der Nacht fiel die Wassertemperatur unter den Gefrierpunkt auf bis zu minus zwei Grad. Die ins Wasser gefallenen Menschen schwammen zwischen Eisbergen. Viele starben bereits durch den Schock des eiskalten Wassers: »Mit dem Eintauchen in kaltes Wasser werden Nervenendigungen (Kälterezeptoren) in der Haut gereizt und lösen unmittelbar eine reflexartige Reaktion aus«, schreibt Dr. med. Frank Praetorius in einem Papier über das *Überleben im (eis-)kalten Wasser.*[207] »Alle betroffenen Personen beginnen sofort mit einem extrem tiefen Atemzug (ein richtiges ›Schnappen‹ nach Luft), der direkt zum Ertrinken führen kann – zum Glück nicht immer muss. Häufig folgt ein vom Willen nicht unterdrückbares schnelles Atmen (Hyperventilation), durch das es sogar zu Krämpfen (Tetanie) kommen kann.«

Die Fähigkeit zu tauchen ist interessanterweise besonders eingeschränkt: Schon bei einer Wassertemperatur von 15 Grad Celsius ist die Fähigkeit zum Luftanhalten um 70 Prozent reduziert, bei zehn Grad könne man nur noch für etwa zehn Sekunden die Luft anhalten. »Wenn das kalte Wasser in die Ohren eindringt, wird zusätzlich das Gleichgewichtsgefühl beeinträchtigt. Die Folge kann ein fataler Verlust der Orientierung unter Wasser sein« – statt aufzutauchen, könne es passieren, dass man noch tiefer taucht.

Wie und warum kippte Boot B?

Wie mag das erst bei minus zwei Grad kaltem Wasser sein? So gesehen, waren Gracie, Lightoller und die anderen Insassen von Boot B also wirklich die reinsten Supermänner. Nach ihren Schwimm- und Tauchkunststücken schafften sie es auch noch, sich patschnass auf das umgekippte Klappboot zu ziehen und dort die restlichen Stunden total durchnässt bei Lufttemperaturen unter dem Gefrierpunkt auszuharren. Dabei ist ebenfalls bekannt, dass Menschen in eiskaltem Wasser sehr schnell die Kräfte verlieren und dass viele daher sogar in unmittelbarer Nähe von rettenden Booten oder dem Ufer erfrieren oder ertrinken. Einfach weil die Lähmung durch die Kälte zu stark wird.

Interessanterweise glichen sich die Geschichten der Menschen, die sich an Bord von Boot B gerettet hatten, wie ein Ei dem anderen. Ein weiteres Beispiel ist der Chefbäcker Charles Joughin. Er will von dem sinkenden Heck aus ins Wasser gelaufen sein, ohne dass sein Haar dabei nass geworden sei, und er behauptete, sich stundenlang an das umgekippte Boot B geklammert zu haben, ohne an Bord gekommen zu sein – und ohne irgendwelche gesundheitlichen Folgen davongetragen zu haben. Kein nasses Haar und auch keine sonstigen Probleme klingen jedoch nicht danach, als sei der Mann überhaupt länger im Eiswasser gewesen.

Oder nehmen wir den Küchenjungen John Collins. Auch er muss sich auf dem Bootsdeck zunächst noch in der Nähe von Klappboot B aufgehalten haben. Wie Lightoller sei auch er während des Sinkens der *Titanic* vom Bootsdeck gespült und von irgendeinem Wrackteil für zwei bis drei Minuten unter Wasser gehalten worden, bis er sich schließlich frei machen und auftauchen konnte. Da sah er Boot B, auf dem sich bereits ein Mann befunden habe: »Ich kam an die Oberfläche, blickte mich um, und ich sah nur die Lichter und weiter nichts. Ich sah dann nach vorne und sah das Klappboot und begab mich dorthin.«[208] Er sei hinübergeschwommen und habe sich ebenfalls auf das gekenterte Boot gezogen.

Zwei bis drei Minuten in minus zwei Grad kaltem Wasser tauchen? Die meisten von uns schaffen das wohl noch nicht einmal in lauwarmem Adriawasser. In eiskaltem Wasser ist das, wie bereits dargelegt, unmöglich, da die Fähigkeit, die Luft anzuhalten, extrem nachlässt. All diesen Geschichten ist das Element des langen Untertauchens gemein.

Interessanterweise wird dadurch vollkommen ausgeblendet, wie und warum Boot B eigentlich umkippte. Die langen Tauchgänge und die regelrechten Abenteuer unter Wasser sind die Erklärung, warum sie nicht mitbekamen, was mit Boot B geschah, nachdem es angeblich von Bord gespült worden war.

Als Lightoller und Gracie aus der Versenkung auftauchten, lag Boot B ja angeblich bereits umgestürzt im Wasser. Über das Klappboot A auf der Steuerbordseite der *Titanic* werden ähnlich unwahrscheinliche Geschichten erzählt. Zwar sei dieses Boot aufrecht über Bord gegangen, allerdings seien dabei die flexiblen Bordwände des Klappbootes nicht hochgezogen worden. Dadurch sei es voll Wasser gelaufen, so dass diejenigen, die es schließlich schafften, an Bord zu gelangen, stundenlang bis zur Taille im Eiswasser gesessen hätten.

Lauter Leichen in Schwimmwesten

Auch Gardiner hat bereits festgestellt, dass man den Überlebenden an Bord von Boot A und B kein Wort glauben kann: »Man wird sich daran erinnern, dass es eine sehr kalte Nacht war, mit Luft- und Wassertemperaturen unterhalb des Gefrierpunktes. Kein Mensch kann mehr als einige Minuten in so kaltem Wasser überleben, und durchnässt wie sie waren, wären sie selbst an Bord von Boot B oder Boot A nicht besser dran gewesen. Deshalb müssen alle, die diese Nacht angeblich auf oder in Boot B oder A überlebt haben, lügen. Die Frage ist: warum?«[209]

Tja – warum? Interessanterweise behaupten die Überlebenden beider Boote, dass sich niemand darin befand, als sie an Bord kletterten – dass sie die Boote also niemandem »weggenommen« haben. Doch die Wahrheit ist: Als Boot B Tage später gefunden wurde, schwammen rund herum lauter Leichen in ihren Schwimmwesten: »Viele dieser Toten hatten ganz offensichtlich nicht vor, weit zu schwimmen, um ihr Leben zu retten«, meint Gardiner. »Einige davon waren dick angezogen mit Pyjamas, mehreren Hemden, zwei Paar Hosen, zwei Westen, zwei Jacketts und einen Mantel. Manche hatten sich die Taschen mit Fleisch und Keksen vollgestopft. Ganz offenbar hatten diese Leute jede Menge Zeit, um sich darauf vorzubereiten, das todgeweihte Schiff in einem Rettungsboot zu verlassen… Die Leichen von Besatzungsmitgliedern hatten die Taschen voller Tabak und Streichhölzer. Wobei uns allen klar ist, dass nasse Streichhölzer wertlos sind und sich triefend nasser Tabak schlecht paffen lässt. Diese Besatzungsmitglieder hatten offensichtlich nicht vor, ins Wasser zu gehen.«[210] Die einzig logische Erklärung sei darin zu suchen, dass es sich bei den in der Nähe von Klappboot B gefundenen Toten um dessen ursprüngliche Insassen handelte. Was auch erklären würde, warum all die Geschichten derjenigen, die schließlich an Bord dieser Boote überlebten, so unwahrscheinlich klangen – nämlich weil sie die wahren Umstände, wie sie an Bord und die ursprünglichen Insassen von Bord gelangten, ausklammerten.

Wie die ursprünglichen Insassen genau ins Wasser gelangten, wissen wir vorerst nicht – sehr wohl aber, wann: Denn einer der Toten, die neben dem von Lightoller, Gracie und anderen eroberten Klappboot B schwammen, war John Jacob Astor. Seine Uhr blieb bei 3:20 Uhr stehen.

Mein Tipp: Wahrscheinlich war Astor Lightoller, der kurz zuvor Astors Frau mit dem Boot Nr. 4 auf die Reise geschickt hatte, nicht von der Seite gewichen, um doch noch einen Platz in einem Boot zu bekommen. Tatsächlich schaffte er es auch an Bord des »Offiziersbootes« B, wo er den Untergang der *Titanic* um eine volle Stunde überlebte. Aus einem nicht bekannten Grund kam es jedoch irgendwann zu einem Kampf, bei dem Astor im Gesicht oder am Kopf verletzt wurde und das Boot umkippte. Ob Astor sterben musste, weil er in einem Boot saß, das andere haben wollten, oder ob er regelrecht gezielt ermordet wurde, muss dahingestellt bleiben.

Der Untergang: Wodurch sank die *Titanic*?

Der 45 000-Tonnen-Dampfer *Titanic* trifft angeblich auf einen Eisberg und sinkt binnen zweieinhalb Stunden. Was uns nach hundert Jahren Propaganda als selbstverständlich erscheint, ist alles andere als normal. Denn wie wir bereits erfahren haben, hat das Schwesterschiff *Olympic* im Jahr 1911 sogar den direkten Angriff eines Kriegsschiffes mit einem Rammsporn überstanden. Schlimmer geht's eigentlich kaum. Dennoch liefen nur zwei Rumpfabteilungen voll, das Heck sank etwas tiefer ins Wasser – das war's. Am nächsten Tag fuhr sie aus eigener Kraft in die Werft. Sollte ein Eisberg tatsächlich so viel effektiver arbeiten als ein Kriegsschiff? Und zwar so effektiv, dass der Riesenliner in kürzester Zeit sinkt? Kaum zu glauben.

Warum überlebte die *Niagara*?

Und dabei bin ich keineswegs der Erste, der sich darüber wundert. Was uns heute als völlig normal erscheint, tausendmal wiedergekaut, war 1912 noch nicht selbstverständlich: »Wie konnte dieses großartige Schiff, das größte und beste von allen, vermutlich die Speerspitze des modernen Schiffbaus, mit seinen wasserdichten Abteilungen, Kollisionsschotten, doppeltem Boden, Doppel- und Dreifachschrauben – wie konnte dieses Schiff so leicht dem Zusammenstoß mit einem Eisberg zum Opfer fallen?«, fragte am 16. April 1912 fassungslos die New Yorker *Evening Post*. Denn: »Viele vermutlich viel schwächere Schiffe haben eine solche Kollision überlebt, namentlich die *Niagara*, die am Sonntagabend den Hafen erreichte.«

Wie sich herausstellte, waren tatsächlich auch andere Schiffe in das Eisfeld gefahren, das der *Titanic* angeblich zum Verhängnis wurde. Eines davon haben wir schon kennengelernt: die *Californian.* Sie drehte am »Katastrophenabend« der *Titanic* bei und blieb über Nacht antriebslos liegen. Ein weiteres Schiff war die erwähnte *Niagara,* die sich auf dem Weg von Le Havre nach New York befand. Sie kollidierte schon am 11. April 1912, also drei Tage vor der *Titanic,* nur zehn Meilen von deren späterer Unfallstelle entfernt mit einem Eisberg. Der Unfall verlief jedoch ganz anders als bei der *Titanic.*

Um die Zeit der Kollision habe dichter Nebel geherrscht, hieß es am 17. April 1912 in der *La Chronique de Bayonne.* In den Salons purzelten die Gläser durcheinander, und die Passagiere rannten an Deck. »Der Schock war so heftig, dass der Kapitän sofort per Funk um Hilfe rief.« Nach einer kurzen Inspektion stellte der Kapitän fest, dass das Schiff die Reise nach New York fortsetzen konnte. Das Schiff hatte lediglich zwei Lecks abbekommen; das eindringende Wasser konnte von den Pumpen leicht bewältigt werden. Laut einer Liste des Versicherers Lloyds vom April 1912 wurden um dieselbe Zeit außerdem ein voll getakeltes (Segel-)Schiff und ein Fischkutter vollständig vom Eis eingeschlossen.

Eisberge sind selten tödlich

Was war also mit dem White-Star-Liner passiert, fragte sich die *Evening Post:* »Wurde die *Titanic* rücksichtslos mit einer Geschwindigkeit gefahren, die den zerstörerischen Effekt der Kollision verstärkt hatte? Wurden die erforderlichen Temperaturmessungen des Wassers vorgenommen, um die Nähe von Eisbergen anzuzeigen?« Diese »offensichtlichen Fragen« zeigten, »dass es irgendwo einen schwerwiegenden Fehler gegeben haben muss«, so das Blatt. »Von den acht oder zehn Schiffen, von denen man nie wieder etwas hörte, seitdem vor 80 Jahren die transatlantische Dampfschifffahrt begann, nimmt man an, dass sie ihrem Schicksal in Gestalt eines Eisbergs begegneten. Unter den bekanntesten davon war der Inman-Liner

City of Glasgow, der, nachdem er Liverpool 1854 mit 480 Menschen an Bord in Richtung New York verlassen hatte, spurlos verschwand. Aber dies waren zerbrechliche Hülsen im Vergleich zu den modernen Schiffs-Leviathanen, die auf eine Weise konstruiert wurden, von der man glaubte, dass sie ein Sinken unmöglich machen würde, es sei denn, der Boden würde von einem unterseeischen Riff aufgerissen.«

Weitere Recherchen bestätigen die Einschätzungen dieses Artikels. Die *Database of Ship Collisions with Icebergs* des kanadischen Institute for Ocean Technology enthält etwa 670 Einträge von Eisbergkollisionen zwischen dem Jahr 1700 und heute (Stand: Juni 2011). Die überwiegende Mehrzahl der Begegnungen mit einem Eisberg lief demnach glimpflich ab. Die meisten Einträge beschreiben lediglich den angerichteten Schaden am Schiff (meistens am Bug). In der Rubrik »Verlust an Menschenleben« heißt es in der Regel »keine« oder »unbekannt«.

Das Ende der *Glasgow*

Der Totalverlust eines Schiffes durch eine Eisbergkollision ist selten. Noch seltener sind der Totalverlust des Schiffes *und* hohe Verluste unter Mannschaft und Passagieren. Der angeblich durch einen Eisberg verursachte Untergang der *Titanic* ist, wie bereits aus dem oben zitierten Artikel hervorgeht, tatsächlich vollkommen beispiellos. Nicht zuvor und nicht danach sank ein auch nur annähernd so großes Schiff so schnell durch einen Eisberg und riss so viele Menschen in den Tod.

Bis dahin waren die traurigen Rekordhalter die *City of Boston* (29./30. Januar 1870, 192 Tote) und die oben erwähnte *City of Glasgow* (1. März 1854, 480 Tote). Aber erstens lagen zwischen diesen Schiffen und der *Titanic* 35 bis 50 Jahre Schiffbauentwicklung. Zweitens waren auch das schon bemerkenswerte Ausnahmen. Und drittens sind selbst diese Ausnahmen keineswegs verbürgt. Denn wie wir dem oben zitierten Artikel ebenfalls entnehmen können, ist der Zusammenstoß mit einem Eisberg bloß eine Vermutung, die durch das plötzliche und spurlose Verschwinden heraufbeschworen wurde. Was, wenn nicht die Kollision mit einem Eisberg, sollte diesen auf geheimnisvolle Weise verschwundenen Schiffen sonst zugestoßen sein? In Wahrheit gibt es aber gar keinen Beweis für die Kollision eines dieser Schiffe mit einem Eisberg.

Der Umstand, dass von den genannten Schiffen keine Rettungsboote, keine Trümmer und keine Leichen auftauchten, spricht in Wahrheit eher gegen den Zusammenstoß mit einem Eisberg und eher für ein noch plötzlicheres Ereignis. Wie schon erwähnt, bleibt bei der Kollision mit einem Eisberg normalerweise eine längere Reaktionszeit. So kann man zum Beispiel Rettungsboote ausbringen oder sogar eine Eisscholle oder ein Eisfeld ansteuern, um die Insassen darauf abzusetzen. In Wirklichkeit ist der Fall *Titanic* also vollkommen beispiellos.

Titanic – ein beispielloser Unfall

Einen schnellen Totalverlust wie den der *Titanic* kennen wir kaum aus dem Bereich der Eisunfälle, sondern eher aus dem Bereich der Kriegführung, des Waffeneinsatzes (Minen, Torpedos) oder der internen Sprengung (*Maine* 1898; *Lucona* 1977). Eine nicht nur damals sehr gängige Praxis, einen Versicherungsbetrug zu begehen und sich mit dem Kassieren der Versicherungssumme aus geschäftlichen Schwierigkeiten zu retten.

Das letzte spektakuläre Beispiel dieser Art war der Fall *Lucona:* 1977 belud der österreichische Kriminelle Udo Proksch den Frachter *Lucona* mit Eisenschrott, den er als Uranerz-Aufbereitungsanlage ausgab und hoch versicherte.

Am 23. Januar 1977 wurde das Schiff in der Nähe der Malediven durch eine Sprengung versenkt, wobei sechs Menschen ums Leben kamen, woraufhin Proksch die Versicherungssumme einforderte. Weil die Sache schließlich aufflog, kam Proksch ins Gefängnis, wo er 2001 starb.

Man denke auch an den Untergang des deutschen Flüchtlingsschiffes *Wilhelm Gustloff*, das 1945 von einem sowjetischen U-Boot versenkt wurde, wobei über 9000 Menschen starben – also etwa sechsmal so viele wie beim Untergang der *Titanic*.

Je größer die Schiffe wurden, umso weniger konnten sie durch einen Eisunfall sinken. Der verheerende Eisbergunfall der *Titanic* ist daher in Wirklichkeit unerklärlich. Auch Kapitän Smith hätte die Möglichkeit, dass sein Schiff durch einen Eisberg sinken könnte, früher vehement bestritten. Noch nach dem *Hawke*-Zwischenfall hatte Smith Passagieren versichert, »dass, selbst wenn die *Titanic* oder *Olympic* in zwei Hälften zerschnitten worden wäre, jede für sich alleine weiterschwimmen würde«.[211] Um ein Schiff der *Olympic*-Klasse zu versenken, musste man sich also schon erheblich anstrengen. Und nahm man Smith beim Wort, bedeutete das zweitens, dass die *Titanic* auch in jener Nacht nicht hätte sinken dürfen. Denn tatsächlich wurde die *Titanic* in zwei Hälften zerrissen. Und das bedeutete ferner, dass dem Schiff tatsächlich etwas sehr Spektakuläres passiert sein musste. Wenn Sie mich fragen: wesentlich spektakulärer als die Kollision mit einem Eisberg.

Leichenschau am Wrack

Aber ich greife vor: Wodurch sank die *Titanic* nun wirklich? Wie ich bereits festgestellt habe, gibt es nur wenige Zeugenaussagen und Beweise für die Kollision mit einem

Eisberg. Wichtige Zeugen, wie der Vierte Offizier Boxhall, der nach der angeblichen Kollision an Steuerbord von der Brücke nach unten spähte, waren sich »nicht sicher«, ob sie überhaupt einen Eisberg sahen. Die Kollision selbst ist von kaum jemandem als solche wahrgenommen worden.

Nun sind wir ja in der glücklichen Lage, dass wir seit 1985 über das Wrack verfügen. In diesem Jahr wurde die *Titanic* durch eine von der US Navy finanzierte Expedition gefunden (unter der Leitung von Robert Ballard und Jean-Louis Michel), deren eigentlicher Zweck darin bestand, zwei verschollene amerikanische U-Boote aufzuspüren. Die Suche nach der *Titanic* war dafür nur die zivile Tarnung. Aber wie auch immer: In jedem Fall wurde die *Titanic* dabei gefunden.

Ein Gerichtsmediziner würde sagen: Hurra! Damit sollte man die Todesursache eigentlich feststellen können. Und das ist ja ein großer Glücksfall, mit dem überhaupt niemand gerechnet hat – jedenfalls nicht damals. Denn rein zufällig ging die *Titanic* an einer der tiefsten damals bekannten Stellen des Nordatlantiks unter, nämlich kurz bevor sie auf den kanadischen bzw. nordamerikanischen Kontinentalschelf auffuhr, die sogenannte Neufundlandbank. Diese Bank oder diesen Schelf muss man sich vorstellen wie ein unterseeisches Hochplateau, das in einiger Entfernung von der Küste plötzlich abbricht und Tausende Meter tief steil abstürzt. Über die Unterwassertopographie wusste man damals durchaus Bescheid. Schon 1521 hatte beispielsweise der Weltumsegler Ferdinand Magellan auf hoher See ein 700 Meter langes Seil in die Tiefe gelassen.

Vom Atlantik kommend, ging die *Titanic* kurz vor Erreichen dieses Hochplateaus unter, also kurz bevor sich die Wassertiefe von etwa vier Kilometern auf nur noch 63 bis 300 Meter verringert. 100 Meter Wassertiefe sind bei einem 50 Meter hohen Schiff freilich gar nichts. Wäre die *Titanic* nur noch etwas weiter gefahren, hätten sich ihre obersten

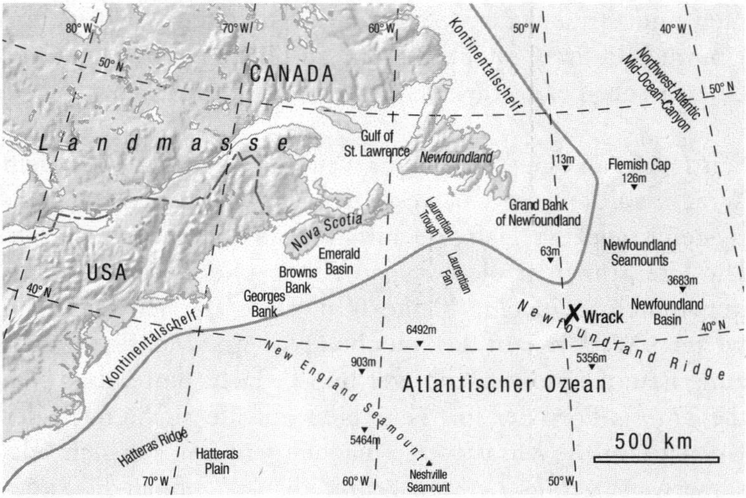

Die Titanic *sank in etwa 3800 Meter Wassertiefe, »gerade noch rechtzeitig« vor der Neufundlandbank (graue Linie), wo sich die Wassertiefe teilweise bis auf 63 Meter verringert.*

Aufbauten nur noch wenige Meter unter der Wasserlinie befunden, womit sie sich in der Reichweite damals verfügbarer Tauchtechnologie befunden hätten.

Die ersten Tauchglocken wurden bereits Ende des 17. Jahrhunderts erprobt. Um 1900 hatte ein Kapitän namens John Ernest Williamson eine flexible Eisenröhre entwickelt, an der Tauchglocken bis in eine Tiefe von 80 Metern hinuntergelassen werden konnten. 1912 hatten seine Söhne die Erfindung in eine Vorrichtung für Unterwasserfilmaufnahmen umgebaut. Mit anderen Worten: Wäre die *Titanic* in jener Nacht nur noch ein bisschen weiter gefahren, hätte das Wrack in kürzester Zeit gefunden und erforscht werden können – noch zu Lebzeiten der Beteiligten.

So aber sank die *Titanic* auf etwa 3800 Meter Wassertiefe, wodurch sie nicht nur erst siebzig Jahre später ausführlich erforscht werden konnte, sondern auch zahlreiche Spuren des Geschehens vom Zahn der Zeit bzw. von den Mechanismen und Organismen der Tiefsee beseitigt worden waren. Um im Bild der Gerichtsmedizin zu bleiben, war damit aus einer frischen eine stark verweste Leiche geworden.

Seit 1985 gab es fast jedes Jahr weitere Expeditionen zu dem Wrack, so dass die Überreste der *Titanic* zu den am häufigsten besuchten Tiefsee-Schiffswracks überhaupt gehören. Die Literatur über diese Expeditionen und das Wrack füllt inzwischen wohl eine kleine Bibliothek, der ich hier kein weiteres Werk hinzufügen möchte. Nur eine wichtige Ergänzung ist notwendig. Denn wer nun gedacht hatte, dass sich die *Titanic*-Forscher mit Feuereifer auf die Suche nach der Ursache für die Katastrophe machen würden, sah sich seltsamerweise getäuscht. Statt kriminalistisch gingen die Expeditionen fast ausschließlich museal an das Wrack der *Titanic* heran. So filmten sie beispielsweise »bis zum Erbrechen« das Deck und seine Aufbauten und Kabinen, aber kein einziges Mal ist mir eine systematische Fahrt am Rumpf entlang begegnet. Egal, welche Dokumentation man auch sieht, immer wieder sieht man bis zum Abwinken museale Gegenstände, aber niemals die Stellen, um die es eigentlich geht, nämlich die Bruchstellen und Verletzungen am Rumpf.

Der Rumpf der *Titanic* wird in der Berichterstattung vielmehr sorgsam ausgeblendet. Daher betrachte ich das Wrack nun allein unter dem Gesichtspunkt der »Todesursache«, das heißt der Ursache für den Untergang. Auch das haben zwar schon manche Buchautoren getan, allerdings immer und ausschließlich mit der Prämisse, dass die *Titanic* durch den Zusammenstoß mit einem Eisberg unterging. Von Anfang an lautete dabei die Fragestellung, wo »der Eisberg« die *Titanic* traf, wo »der Eisberg« das Schiff »aufschlitzte« usw. Um im Bild zu bleiben, gleicht das dem Verhalten eines Gerichtsmediziners, der schon vor der Öffnung der Leiche weiß, woran der Mensch gestorben ist bzw. der jede Verletzung von vorneherein als Folge einer bestimmten Einwirkung betrachtet und für andere Befunde nicht mehr offen ist. Meines Wissens ist bisher niemand mit der Frage an das Wrack herangetreten, ob die *Titanic* überhaupt von einem Eisberg getroffen wurde.

Ja, aber ist das nicht eine seltsame Frage? Ich selbst habe doch festgestellt, dass sich die *Titanic* in dichtem Eis befand! Schon, aber damit ist die Ursache für den Untergang ja noch nicht festgestellt. Denn schließlich konnten nicht einmal die überlebende Ausguckbesatzung und die überlebende Schiffsführung eine überzeugende Beschreibung des Zusammenstoßes liefern. Lag es wirklich nur am Alkohol? Oder müssen wir auch die Möglichkeit in Betracht ziehen, dass die Eisberge nicht die Ursache für den Untergang der *Titanic* darstellten, sondern nur eine Nebenrolle spielten, wenn nicht sogar lediglich die Kulisse waren?

Aber langer Rede kurzer Sinn: Wir haben ja das Wrack. Dabei sind wir in der Situation eines Gerichtsmediziners, dem die Kriminalpolizei eine verweste Leiche auf den Tisch legt. Sämtliche Schilderungen, wie fragwürdig auch immer, stimmen ja darin überein, dass der Eisberg die *Titanic* tangential von vorne traf – dass er das Schiff also im vorderen Steuerbordbereich zuerst berührte und anschließend daran entlangschrammte. Dabei soll Eis abgehobelt und auf das Deck gefallen sein. Doch als 1985 erstmals eine Tauchexpedition das Wrack der *Titanic* besuchte, zeigten sich am Steuerbordrumpf nicht die geringsten Spuren vom Zusammenprall mit einem Eisberg. So fand man den riesigen Steuerbordanker akkurat in seiner Position vor. Er hatte von dem Eisberg offenbar nichts mitbekommen. Den Anker sieht man sowohl auf Fotos als auch auf den Darstellungen des quasi offiziellen *Titanic*-»Hofmalers« Ken Marschall, der nach dem Foto- und Videomaterial der Expedition Totalansichten des Wracks anfertigte. Selbst die Reling auf dem Vorschiff ist auf den Bildern der Expedition von 1985 komplett erhalten. Ein gewaltiger Eisberg, der hier entlangschrammt, sollte wohl seine Spuren hinterlassen – insbesondere wenn das Schiff angeblich sogar Eis aus ihm herausbricht oder von ihm abhobelt.

Fast noch wichtiger ist die bereits erwähnte, gerade nach außen stehende Plattform am Welldeck, also da, wo angeblich Eis auf das Deck fiel. Die Plattform, die vollkommen intakt ist, hätte beim Kontakt mit einem Eisberg abgerissen werden müssen. Außerdem sollte man am Steuerbordrumpf eine Reihe von horizontalen Schrammen oder Dellen finden. Stattdessen sieht man nicht die geringsten horizontalen Spuren eines Eisbergs. Nur unten klaffen ein paar Stahlplatten auf, deren Verbindungen sich im Laufe der Zeit gelöst haben. Zwar wurde das als Eisbergschaden ausgegeben; Schrammen oder der Abdruck eines Eisbergs finden sich dort aber nicht. Vielmehr sind das offenbar Setzungs- und Korrosionsschäden.

Das einzig Spektakuläre sind senkrechte Anomalien, nämlich die Setz- und Beugefalten, die durch die Setzung des Bugs im Ozeanboden entstanden sind. Aber die Planken- oder Plattenstruktur des Rumpfes zeigt sich ansonsten vollkommen unbeschädigt. Von einem großen Loch, das mit einem Eisberg nichts zu tun hat, einmal abgesehen. Doch dazu später mehr.

Neben den detaillierten Marschall-Darstellungen gibt es noch fotografische Draufsichten des *Titanic*-Wracks. Diese entstanden, indem man einen sogenannten Fotoschlitten über das *Titanic*-Wrack gleiten ließ, der in regelmäßigen Abständen Fotos machte. Hinterher wurden die Bilder zu einer Gesamtansicht zusammengesetzt. Dabei sieht man also den Grundriss des Decks aus der »Vogelperspektive«, wobei einem zum Beispiel Unregelmäßigkeiten oder Dellen im Bereich des Steuerbord-Vorschiffs auffallen müssten. Der gesamte Grundriss ist jedoch makellos; für den Aufprall eines

Eisbergs gibt es nicht das geringste Anzeichen. Die »Leiche« der *Titanic* zeigt sozusagen, wie es in der Rechtsmedizin so schön heißt, »keinerlei Zeichen von äußerer Gewalteinwirkung«.

Das Geheimnis des Bilgenkiels

Diese Befunde lassen sich also nicht mit den Berichten von einem großen Eisberg vereinbaren, der die *Titanic* seitlich traf und dabei Eis auf den Decks verlor. Ja, aber: Was ist denn mit dem Bereich unter der Wasserlinie? Kann man das nicht so erklären, dass der Eisberg die *Titanic* eben nur unter der Wasserlinie aufgerissen hat? Dass also die *Titanic* nur mit der unteren Rumpfkante an dem Eisberg entlangschrammte?

Theoretisch ja, denn bekanntlich liegen ja etwa 90 Prozent eines Eisbergs unter Wasser, in etwa so wie bei einem schwimmenden Schneeball, den man in einen Teich wirft. Nur gibt es an der unteren Rumpfkante ein bzw. zwei (Steu-

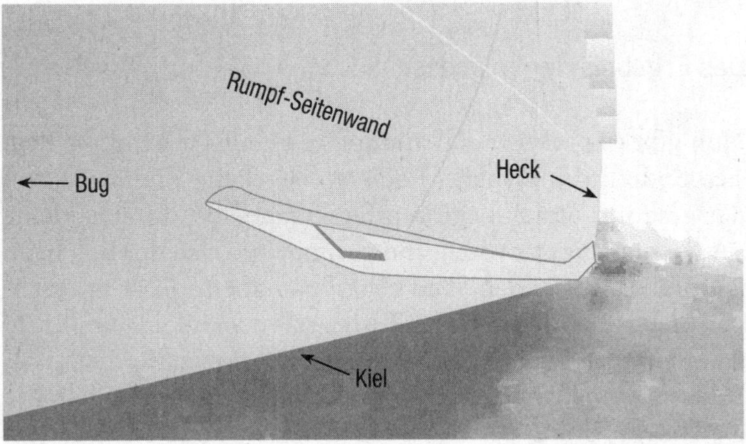

Der Bilgenkiel (hier eine schematische Darstellung) würde beim Entlangschrammen an einem Eisberg abgerissen werden

erbord und Backbord) Bauteile, die uns ein derartiges Rendezvous anzeigen müssten: die sogenannten Bilgenkiele. Die Bilgenkiele (benannt nach der »Bilge«, dem tiefsten Bereich des Schiffes) sind zwei etwa 100 Meter lange »Flossen«, die im Winkel von etwa 45 Grad von den beiden unteren runden Rumpfkanten des Schiffes abstehen. Diese »Flossen« dienten zur Verbesserung der Seitenstabilität des Schiffes und verhinderten oder milderten zum Beispiel das Schlingern. Die Bilgenkiele begannen in Höhe der Brücke und zogen sich etwa 100 Meter nach hinten. Nach dem, was die vagen Schilderungen besagen, muss der Rumpf auch in diesem Bereich an dem Eisberg entlanggeschrammt sein.

Interessanterweise aber wurde den Bilgenkielen an der *Titanic* »kein Haar gekrümmt«. Den unbeschädigten Steuerbord-Bilgenkiel des Bugteils sieht man sogar auf den Bildern von Ken Marschall. 2005 fand die amerikanische Tauchexpedition von John Chatterton und Richie Kohler zwei große, vollständige Bodenteile der *Titanic* einschließlich der unversehrten Bilgenkiele. Auch auf anderen Bildern der Expedition sieht man unversehrte Bilgenkiele.

Das Ergebnis der Leichenschau

Nun gibt es praktisch überhaupt keinen Platz mehr, an dem sich Spuren des Eisbergs noch »verstecken« können. Denn das gesamte Wrack liegt ja offen zutage. Bis auf eine kleine »Aufschüttung« am Steuerbordrumpf, wo sich der Bug beim Aufprall etwas in den Sand gegraben haben soll. Ausgerechnet hier sollen Spuren des Eisbergs vorhanden sein. 1996 will man hier bei einer Sonaruntersuchung mehrere schmale Risse gefunden haben. Das funktioniert ganz ähnlich wie die Untersuchung des Bauches einer Schwangeren: Aus dem Echo von (Ultra-)Schallwellen lässt sich ein Bild der darunter liegenden Strukturen herstellen.

Das Problem ist nur: Diese angeblichen Sonarbilder der *Titanic*-Lecks sind nicht auffindbar. Kein einziges der Dutzenden von Büchern, TV-Dokumentationen und keiner der Tausenden von Artikeln, die ich zu dem Thema *Titanic* gelesen habe, enthielt auch nur ein Sonarbild der Risse. Stattdessen gibt es nur Skizzen. Wobei Sonarbilder ohnehin nie so gut sind, wie eine direkte Inaugenscheinnahme oder eine Fotografie. Weshalb sich auch die Frage stellt, warum die kleine »Aufschüttung« oder »Düne« am Steuerbordbug niemals abgetragen wurde. Die entsprechenden U-Boote und Roboter sind schließlich vorhanden. Zahlreiche *Titanic*-Forscher zerbrechen sich so den Kopf über Fragen, die eigentlich ganz einfach zu beantworten wären. Das Wrack würde dabei nicht beschädigt werden, und wenn man es ganz genau nähme, könnte man diese kleine »Düne« am Bug der *Titanic* anschließend ja auch wieder aufschütten. Was soll also der Eiertanz mit der angeblichen Sonaruntersuchung?

Die Frage ist außerdem, wie es der Eisberg schaffte, das Schiff nur hier und sonst nirgends zu berühren. Schließlich wird das Schiff dahinter ja immer breiter, und dazu steuerte die Brücke die *Titanic* ja angeblich auch noch nach Backbord, wodurch der Steuerbordrumpf auf den Eisberg

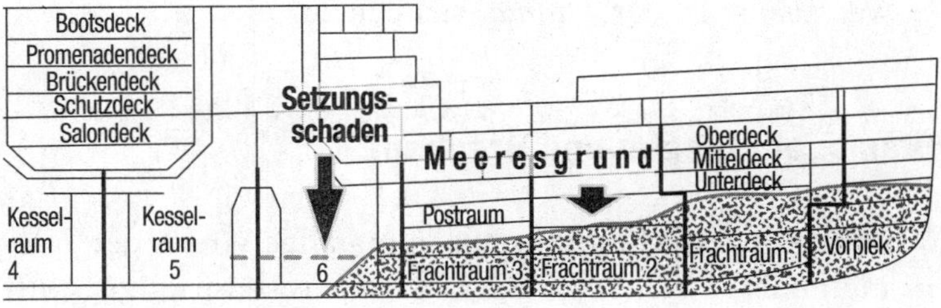

Die angeblichen Lecks der Titanic *verstecken sich zum größten Teil unter Sand. Sichtbar ist nur der »Riss« links, der jedoch kein Riss ist, sondern ein Setzungsschaden, wo Korrosion und Setzungsdruck im Laufe der Zeit einige Stahlplatten aufklaffen ließen. Spuren eines Eisbergs sieht man hier nicht.*

gedrückt worden sein müsste. Aber auch wenn die Brücke nicht nach Backbord gesteuert hätte, hätte bei dem Aufprall der Bug nach Backbord, Mittelteil und Heck aber nach Steuerbord auf den Eisberg zu gedreht. Aus meiner Sicht handelt es sich bei den versteckten Rissen lediglich um Phantome, die – nachdem das gesamte Schiff keinerlei Spuren eines Eisbergs aufweist – die Eisbergtheorie retten sollen.

Fassen wir die Wrackbefunde zusammen:

- Steuerbordanker unverändert in Position
- Steuerbordreling am Vorschiff vollständig erhalten
- keine Schrammen oder Dellen am Steuerbordrumpf
- Grundriss des Steuerbordbugs unbeschädigt (Draufsicht)
- horizontal nach außen abstehende Plattform am Welldeck unbeschädigt (siehe auch Kapitel »Eis auf dem Deck«)
- alle gefundenen Bilgenkiele unversehrt

Dass es im Steuerbordbug der *Titanic* wirklich mehrere schmale Risse gibt, müssen wir dagegen glauben. Ansonsten lautet das Ergebnis der »Leichenschau«, dass man am Wrack keine einzige Spur einer Eisbergbegegnung sehen kann.

Was also stieß der *Titanic* wirklich zu?

Titanic: auf Biegen und Brechen?

Was dagegen sofort auffällt, wenn man das Wrack der *Titanic* mit anderen Wracks vergleicht, ist, dass das riesige Schiff etwa in der Mitte in zwei Hälften gerissen wurde. Die beiden Teile (Bug und Heck) liegen in etwa 600 Meter Entfernung auf dem Meeresgrund. Unglaublich. Nach all den bisherigen Zumutungen im Zusammenhang mit diesem »Unfall« ist dies nun die nächste dicke Kröte, die es zu schlucken gilt: der Riesendampfer – einfach in zwei Teile gerissen? Wie konnte so etwas passieren? Ist das normal? Wer oder was hatte diese hochfeste Stahlkonstruktion einfach zerschnitten? Der Eisberg? Kaum, denn als Folge einer Eisbergkollision taucht so etwas nirgends in der Literatur auf. Aber wodurch sonst? Vielleicht durch die berühmten Biege- und Hebelkräfte, die dadurch entstanden, dass das Heck quasi über dem Wasser schwebte?

Tatsächlich ist dies die gängige Erklärung für dieses bizarre Ereignis. Um dies plausibel zu machen, ragt auf Darstellungen des Untergangs hinten häufig die Hälfte oder zwei Drittel des Schiffes steil aus dem Wasser – so, als könnte die *Titanic* mit dem Bug im Ozean stecken, wie ein Stück Holz im Erdboden. Wasser ist jedoch kein stabiles Medium, in dem ein Schiff »stecken« kann wie in festem Lehm oder Beton. In Wirklichkeit konnte nur ein kleiner Teil des Hecks aus dem Wasser ragen, der auf diese Weise auch nur eine geringe Hebelwirkung entfalten konnte.

Wie konnte das Schiff also auseinanderbrechen? Die Antwort: eigentlich gar nicht. Wenn, dann brechen nur große, lange Tanker »auf natürliche Weise« auseinander. Für einen Durchbruch bringen sie entscheidende Merkmale mit: Im Vergleich zu großen Passagierschiffen wie der *Titanic* sind sie nicht nur unglaublich lang, sondern auch vergleichsweise hohl. Während die *Titanic* wabenartig gebaut war und von zahlreichen tragenden und versteifenden Konstruktionen wie beispielsweise Gängen durchzogen wurde, enthalten Tanker innen große, leere Hohlräume. Und auch wenn die Tanks voll sind, haben sie keine vergleichbare tragende oder versteifende Funktion, weil die enthaltende Flüssigkeit natürlich nicht steif und fest ist. Fährt nun so ein Tanker zum Beispiel in einem Sturm mit dem vorderen und hinteren Ende auf einen großen Wellenberg, während die Mitte »durchhängt«, wirken die beiden Enden wie große Hebel, die das Schiff auseinanderbrechen:

- Im Dezember 1999 brach der Tanker *Erika* in einem Sturm vor der Küste der Bretagne auseinander und sank. »Der 180 Meter lange, einwandige Tanker sei verunglückt, weil er von Rost ›zersetzt‹ und nicht ausreichend instand gehalten worden sei, stellten die Richter fest«, berichtete die Website Freie Presse.de am 30. März 2010.
- Am 19. November 2002 brach der mit 70 000 Tonnen Öl beladene Tanker *Prestige* vor der Iberischen Halbinsel auseinander und sank.
- Am 28. August 2009 brach der Öltanker *Elli* im Roten Meer kurz vor der Einfahrt zum Suezkanal in drei Teile und sank.

Ob das Schiff dabei wirklich auseinanderreißt und in kürzester Zeit sinkt wie die *Titanic*, ist freilich noch einmal eine andere Frage. Möglicherweise bleiben die Hälften auch noch durch einzelne Bauteile verbunden.

- Nun herrschte in jener Nacht des 14. April 1912 allerdings kein Sturm, sondern die See war spiegelglatt.
- Demnach gab es also keinen Seegang und auch kein plötzliches Auftreten von Hebelkräften wie beim Auffahren auf Wellenberge oder ein Riff.
- Vielmehr gestaltete sich der Sinkvorgang zunächst allmählich und äußerst ruhig.
- Die *Titanic* war auch kein langer, innen hohler Tanker, sondern ein innen von zahlreichen tragenden und versteifenden Konstruktionen durchzogenes Passagierschiff.
- Während beim »Wellenbergunfall« eines Tankers beide Hälften des Schiffes in ihrer vollen Länge als Hebel wirken können, bestand der Hebel der *Titanic* nur aus ihrem kurzen, aus dem Wasser ragenden Heck.

So wie in der eingangs beschriebenen Animation des *Titanic*-Spielfilms kann es also nicht gewesen sein: Der Bug sinkt immer tiefer, während sich das Heck aufstellt und abbricht. Nach dem Augenzeugenbericht des jungen Überlebenden Jack Thayer spielte sich das Ganze denn auch anders ab. Demnach ragten die beiden Hälften der *Titanic* aus dem Wasser, wie die beiden Klingen einer Schere. Ein Passagierschiff wie die *Titanic,* das auf diese Weise auseinandergerissen wird, spricht eher für eine Sprengung, oder sagen wir neutraler: eine Explosion.

Als man am 5. Februar 1991 am Boden des Indischen Ozeans in 4700 Meter Tiefe zum Beispiel das Wrack des im Rahmen eines Versicherungsbetrugs gesprengten Frachters *Lucona* fand, stellte sich heraus, dass auch dieses Schiff in der Mitte auseinandergerissen war. »Der Bug des Schiffes mit Ankerkette und Klüse fand sich in einiger Entfernung vom restlichen Wrack, der vordere Laderaum war glatt durchtrennt, das Hinterschiff wies hingegen nur relativ geringe Schäden auf.«[212] Genau wie bei der *Titanic* fand man

- den Bug
- das Heck
- ein Trümmerfeld

Das riesige Trümmerfeld der *Titanic* wird meistens nicht ausreichend gewürdigt. Zwar ist es normal, dass es bei einem Schiffsuntergang auch Trümmer gibt, speziell wenn der Rumpf beschädigt ist. Nicht normal ist dagegen, dass an dem Wrack eine riesige Rumpfsektion fehlt, die sich komplett in ein Trümmerfeld verwandelt hat. So etwas ist nur möglich, wenn das Schiff regelrecht »in die Luft fliegt«.

Während das Auseinanderbrechen des Schiffes damals von vielen Augenzeugen in den Rettungsbooten beobachtet wurde, hatten ausgerechnet die überlebenden Verantwortlichen der *Titanic* davon angeblich nichts mitbekommen. Am ersten Tag der US-Untersuchung befragte Senator William

Alden Smith den überlebenden Vorsitzenden der White Star Line, Bruce Ismay:

Senator SMITH: Wie weit waren Sie vom Schiff entfernt?
Mr. ISMAY: Ich weiß nicht, wie weit wir entfernt waren. Ich saß mit dem Rücken zum Schiff. Ich ruderte die ganze Zeit. Wir ruderten weg.

Womit sich Ismay im Prinzip bereits der Lüge überführt hatte. Denn wie bei jedem anderen Ruderboot auch, blickten auch die Ruderer in den Rettungsbooten der *Titanic* nach hinten, also zurück.

Senator SMITH: Sie ruderten?
Mr. ISMAY: Ja; ich wollte sie nicht untergehen sehen.
Senator SMITH: Sie machten sich nichts daraus, sie untergehen zu sehen?
Mr. ISMAY: Nein. Ich bin froh, dass ich es nicht sah.
Senator SMITH: Als Sie sie zuletzt sahen: Gab es da Anzeichen, dass sie in zwei Teile zerbrochen war?
Mr. ISMAY: Nein, Sir.

Und etwas später:

Mr. ISMAY: Ich habe nicht hingesehen, Sir. Ich habe ihr den Rücken zugewandt. Ich habe mich nur einmal umgesehen, um ihr rotes Licht zu sehen – ihr grünes Licht, besser gesagt.[213]

In Wirklichkeit musste »Ismay, der selbst an einem der Ruder saß, während der ganzen Zeit sein sinkendes Monsterschiff betrachten. Er sah jeden Meter, den die *Titanic* tiefer im Atlantik versank.«[214]

Die überlebende Schiffsführung bzw. Chefetage der White Star Line behauptete jedoch unisono, dass das Schiff nicht auseinandergebrochen sei. Der ranghöchste Überlebende der Schiffsführung und Zweite Offizier Charles Herbert Lightoller bestritt das Auseinanderreißen des Schiffes vehement. Auf die Frage, ob das Schiff entzweigebrochen sei, sagte Lightoller bei der britischen Untersuchung »Das ist schlichtweg falsch. Das Schiff kann nicht in zwei Teile zerbrochen sein und brach auch nicht entzwei.«[215] Dieser Meinung waren auch die Offiziere Pitman und Lowe.

Das konnte man 1912 freilich gut behaupten. Denn die *Titanic* war weg, lag an einer der tiefsten Stellen des Nordatlantiks, wer wollte sie daher schon Lügen strafen? Wobei Lightoller mit seinem ersten Halbsatz zweifellos recht hatte: Das Schiff konnte gar nicht in zwei Teile brechen. Jedenfalls nicht unter normalen Umständen. Die englische Untersuchungskommission hatte Lightoller dennoch eines ihrer krassesten Fehlurteile zu verdanken, nämlich die Feststellung, dass die *Titanic* in einem Stück versank: »Das Schiff brach nicht in zwei Teile«, kann man in ihrem Schlussbericht nachlesen.[216]

Nun – wenn die *Titanic* explodiert wäre, hätte man freilich auch Explosionen hören müssen. Dazu komme ich gleich. Widmen wir uns vorher noch einer wichtigen Zeugengruppe des Untergangs, die die Katastrophe nicht nur von außen (von den Rettungsbooten aus), sondern bereits von innen mitbekam.

Feuer und Wasser

Abgesehen von der (fast komplett fehlenden) Schiffsführung waren die Heizer die wichtigsten Zeugen des Untergangs der *Titanic*. Erstens befanden sie sich im unteren Bereich des Schiffes, wo die *Titanic* angeblich mit dem Eisberg kollidierte, konnten also zum Beispiel etwas über den Wassereinbruch sagen. Zweitens mussten sie auch über die zweite tödliche Gefahr für die *Titanic* Bescheid wissen – nämlich über das oder die Bunkerfeuer, die seit der Abfahrt im Bauch des Schiffes brannten.

Interessanterweise hatten die Heizer jedoch just anlässlich der beiden Untersuchungen in New York und London den Beruf gewechselt und zum Maurer umgeschult. Nun mauerten sie, was das Zeug hielt. Es war unglaublich zu beobachten, wie wortkarg, zugeknöpft und begriffsstutzig sich speziell die Heizer des Schiffes gaben. Am liebsten erinnerten sie sich an gar nichts und wenn, dann möglichst vage und ungenau, um sich nicht festzulegen. Oft genug überschritten sie dabei die Grenze zur Missachtung der Untersuchung und die Grenze zur Unverschämtheit.

Eine galoppierende Amnesie

Ein Beispiel ist der Auftritt des Heizers George William Beauchamp bei der britischen Untersuchung:

Frage: Können Sie uns sagen, welcher Dampfdruck zur Zeit der Kollision gefahren wurde?
Beauchamp: Das kann ich nicht sagen.
Frage: Sie wissen nichts über den Dampfdruck?
Beauchamp: Wir befolgten Befehle. Wie die Befehle lauteten, kann ich nicht sicher sagen.
Frage: Ich will Sie nicht dazu bringen, irgendetwas zu sagen, was

Sie nicht selbst wissen; ich will Sie nicht zu Vermutungen verleiten. Ich will nur wissen, was Sie selbst wissen.
Antwort: Manchmal fuhren sie mit 210, manchmal mit 200. Ich glaube, wir fuhren zu dieser Zeit mit 210.
Frage: Wir werden jemanden fragen, der es besser weiß.[217]

Das nächste Thema, zu dem Beauchamp befragt wird, sind die Feuer in den Kesseln:

Frage: Können Sie uns sagen, wie lange es dauerte, die Feuer zu löschen?
Antwort: Ich kann nicht sagen, wie lange es dauerte, die gewöhnliche Zeit eben; ich kann es nicht sicher sagen.
Frage: Was ist denn die gewöhnliche Zeit – Sie haben das ja oft genug gemacht, nehme ich an?
Antwort: Ja, ich habe es sehr oft getan. Natürlich hängt es davon ab, wie Sie heizen …
Frage: Können Sie sagen, ob es einige Minuten oder eine halbe Stunde dauerte?
Antwort: Es dauerte eine Viertelstunde, glaube ich.
Frage: Haben Sie bemerkt, ob in dieser Viertelstunde noch mehr Wasser hereinkam?
Antwort: Als der Befehl kam und alles heruntergefahren wurde, rief jemand ›Das reicht‹, und ich stieg die Leiter hinauf – die Fluchtleiter.
Frage: Aber ich habe Sie gefragt, ob Sie bemerkt haben, dass mehr Wasser hereinkam im Laufe der Zeit; kam Wasser in größeren Mengen herein?
Antwort: Ich stieg die Leiter hinauf.
Frage: Ihre Antwort lautet, dass Sie es nicht wissen – ist es das, was Sie sagen wollen?
Antwort: Ich weiß es nicht.
Frage: Nachdem Sie die Leiter hinaufgestiegen waren – wohin gingen Sie dann?
Antwort: Ich ging nach hinten den Gang hinunter, einfach nach hinten.
Frage: Auf welchem Deck?

Antwort: Wo die Tür zum Heizraum war; ich weiß nicht, welches Deck das war.[218]

Angesichts dieser galoppierenden Amnesie wünscht man sich unwillkürlich die Frage, ob er denn noch weiß, auf welchem Schiff er fuhr – oder wie er heißt.

Wie ertappte Verbrecher

Kein Zweifel: Die Heizer verhielten sich wie ertappte Verbrecher oder zumindest wie Komplizen oder Mitwisser, die zum Schweigen verdonnert worden waren. Und man kann sich vorstellen, dass dieses Verhalten die beiden Untersuchungskommissionen sehr viel Zeit und Mühen kostete. Selbst wenn die Kommissionen an der ganzen Wahrheit interessiert gewesen wären, wären sie spätestens an dem obstruktiven Verhalten der Zeugen, insbesondere der Heizer, gescheitert. Dass es hier etwas zu verbergen gab und dass es auch verborgen wurde, war mit Händen zu greifen.

Ein besonders kritischer Punkt war die Sache mit dem Bunkerfeuer; sie musste man der überlebenden Besatzung regelrecht aus der Nase ziehen. Hier ein beispielhafter Dialog aus der britischen Untersuchung. Dabei will Thomas Lewis, ein Vertreter der Gewerkschaft British Seafarers' Union, von dem leitenden Heizer Frederick Barrett wissen, warum einer der Bunker geleert werden sollte:

Antwort (Barrett): »Meine Befehle lauteten, ihn so schnell wie möglich leer zu machen.«

Das war allerdings nicht die Frage, sondern die Frage lautete, warum der Bunker geleert werden sollte. Also musste Lewis nachfragen: »War irgendetwas nicht in Ordnung?« Erst daraufhin antwortete Barrett: »Der Bunker brannte.«[219]

Ein durchgeglühtes Schott

Barrett gab an, in der Sektion 6 als Heizer tätig gewesen zu sein. Das ist der riesige Kesselraum gleich unter dem ersten der vier Schornsteine. Wie die Nummerierung bereits andeutet, gab es sechs Kesselhallen, die jeweils über die ganze Breite des Schiffes reichten. Sie waren mit insgesamt 29 riesigen Kesseln vollgestopft, die in Fahrtrichtung nebeneinanderlagen. Die Wände zwischen den hintereinanderliegenden Kesselräumen bestanden aus den Kohlebunkern, in denen sich Durchgangstüren oder -tunnel befanden, durch die man die anderen Kesselräume erreichen konnte. Vor und hinter den Kesseln arbeiteten die Heizer und beschickten die Kessel aus den Bunkern hinter ihrem Rücken mit Kohle. Entsprechend der Zahl der Kesselräume gab es auch sechs Kohlebunker (siehe auch Grafik im Kapitel »Ein *guter* Grund, nicht mitzufahren«).

Barrett gab also an, der Bunker Nr. 5 habe gebrannt und daher habe er bald nach der Abfahrt aus Southampton die Order erhalten, den Bunker leer zu machen. Da die *Titanic* am 10. April 1912 aus Southampton abgefahren war, muss man dafür ganze vier Tage gebraucht haben, denn am Samstag, den 14. April 1912, sei man fertig gewesen – also dem Tag der angeblichen Kollision mit dem Eisberg. Warum der Bunker nicht bereits vor der Abfahrt gelöscht worden war, wurde nicht gefragt und demzufolge auch nicht erklärt. Immerhin lag die *Titanic* sieben Tage in Southampton.

Wie gesagt, bildeten die Bunker praktisch die »Trennwände« zwischen den Kesselhallen. Die eigentliche Trennwand – ein wasserdichtes Schott – verlief jedoch mitten durch den Bunker, so dass der jeweilige Bunker also in zwei Abteilungen geteilt wurde. Wenn er vom (vordersten) Kesselraum 6 (nach hinten) in den Bunker Nr. 5 hineingeschaut habe, habe er gesehen, dass das Schott durch das Feuer total verbeult worden war, erzählte Barrett. Offenbar war der

Stahl über längere Zeit durchgeglüht, verformt und brüchig geworden. Nach Barretts Aussage war der Bunker nun allerdings leer. Abgesehen von der mangelnden Haltbarkeit des Schotts in seiner Mitte konnte also keine weitere – sozusagen »aktive« – Gefahr mehr von ihm ausgehen. Oder vielleicht doch?

Denn interessanterweise wollte der leitende Heizer im Folgenden gleich zweimal nicht ausschließen, dass das Bunkerfeuer etwas mit der Katastrophe zu tun gehabt haben könnte: »Hat die Tatsache, dass der Bunker brannte, soweit Sie wissen, in irgendeiner Weise zu der Kollision beigetragen? Hatte es etwas damit zu tun?«, wollte der britische Havariekommissar Lord Mersey von Barrett wissen (gemeint war natürlich der eigentliche Untergang des Schiffes, nicht die Kollision mit dem Eisberg selbst). Die naheliegende Antwort wäre natürlich gewesen, dass das Bunkerfeuer doch gelöscht worden sei und daher nichts mit der Katastrophe zu tun gehabt haben konnte – höchstens insofern, als es das Schott beschädigt habe. Trotzdem antwortete Barrett aber: »Das kann ich nicht sagen.« Daraufhin fragte Mersey nochmals nach: »Glauben Sie, dass es etwas damit zu tun hatte? Glauben Sie, dass das Feuer irgendetwas mit diesem Desaster zu tun hatte?« Wieder will Barrett das nicht verneinen; er kommt gar nicht auf die Idee zu sagen, dass das Feuer schließlich aus gewesen sei. Stattdessen antwortet er: »Das ist schwer zu sagen, Mylord.«

Also was nun: War das Bunkerfeuer aus oder nicht? Oder war es nur eine Schutzbehauptung, dass der Brand am Samstag gelöscht gewesen sei? Schließlich war das rein zufällig der Tag der Katastrophe. Wenn man behauptete, das Feuer vorher gelöscht zu haben, hoffte man vielleicht, dass das Feuer nicht als Ursache der Katastrophe angesehen würde. Das verstockte und wortkarge Verhalten des Heizers spricht jedenfalls dafür, dass hier nicht die ganze Wahrheit gesagt wurde.

Dabei sprach Barrett die ganze Zeit lediglich über den Bunker Nr. 5 zwischen den Kesselräumen 6 und 5 (von vorne aus gezählt). Über die anderen Bunker äußerte er sich nicht bis auf die Ausnahme, dass er angab, diese seien nicht geleert worden. Sollte es noch weitere Brände in den Bunkern gegeben haben, kann man mit Sicherheit davon ausgehen, dass Barrett dies nicht ohne hartnäckige Nachfragen angegeben hätte. Von sich aus pflegte er überhaupt keine Informationen zu geben.

»Unten tobte das Feuer«

Kein Zweifel: Irgendetwas hatten die Heizer zu verbergen – aber was? Wenn man diese Frage beantworten will, darf man sich, wie gesagt, nicht allein auf die beiden Untersuchungen verlassen. Wichtige Zeugen tauchten dort eben gar nicht erst auf. Einer davon ist der Heizer John Dilley. Die Aussagen von John Dilley finden sich nicht in den Untersuchungsberichten, sondern in der Presse wieder, und zwar im *Syracuse Herald* vom 20. April 1912 und im *Stevens Point Journal* vom 27. April 1912 – wobei der letztere Artikel der ausführlichere ist. »Ich wurde von der *Oceanic* an die *Titanic* überstellt, wo ich als Heizer arbeitete«, berichtete Dilley demgemäß: »Vom ersten Tag unserer Reise an brannte die *Titanic*. Meine einzige Pflicht bestand darin, das Feuer zusammen mit elf anderen Männern zu bekämpfen.« Aber anders als Barrett sagte Dilley: »Wir machten dabei keinerlei Fortschritte«. Interessanterweise schilderte Dilley darüber hinaus sowohl einen anderen Ort des Feuers als auch eine ganz andere Feuerbekämpfungsmethode als Barrett.

Demnach begann das Feuer in Bunker Nr. 6 – das war der vorderste Kohlebunker direkt unter der Kommandobrücke (aber freilich sieben Decks tiefer). »Dort waren Hunderte von Tonnen Kohle gebunkert«, erzählte Dilley. Das Gewicht der Kohle sorgt unten für einen enormen Druck, wodurch wiederum eine große Hitze entstehen kann. Oben im Bunker sei die Kohle feucht gewesen, »aber unten am Boden des Bunkers war die Kohle trocken. Die Kohle am Boden des Bunkers fing Feuer und schwelte vier Tage lang. Die feuchte Kohle im oberen Bereich hielt die Flammen davon ab durchzuschlagen, aber unten tobte das Feuer.«

Von jeder Schicht seien zwei Mann zur Bekämpfung des Feuers abkommandiert worden. Diese hätten jeweils vier Stunden am Stück gearbeitet. Sie hätten die Flammen von Southampton bis zur Kollision mit dem Eisberg bekämpft. Aber vergeblich – sie hätten das Feuer nicht löschen können. Dieses Feuer hat demnach bis zur Katastrophe gebrannt. Aber wie wurde es bekämpft?

Die einzige richtige Methode wäre gewesen, die Bunker leer zu machen, so wie es von Barrett behauptet worden war. Doch laut Dilley wurde zumindest mit dem Feuer in Bunker Nr. 6 nicht so verfahren. Vielmehr hätten sich die Heizer darüber unterhalten, dass die Bunker *nach der Ankunft in New York* geleert werden müssten, um anschließend die Feuerlöschboote zu holen – so ernst war demnach die Lage. Das bedeutet nicht mehr und nicht weniger, als dass die *Titanic* hätte sofort evakuiert werden müssen. Und offenbar hat es über diese ernste Lage auch Diskussionen zwischen den Heizern und den Offizieren gegeben.

Dilley: »Die Heizer waren darüber zunehmend alarmiert, aber die Offiziere befahlen uns, den Mund zu halten. Sie wollten die Passagiere nicht beunruhigen.« Die Passagiere sollten über die lebensgefährliche Situation also im Unklaren gelassen werden. Möglicherweise nicht nur, um Unruhen an Bord zu vermeiden, sondern auch um zu verhindern, dass Passagiere versuchen würden, Telegramme zu verschicken, so dass die ganze Sache auffliegen würde. Zumindest wäre die Jungfernfahrt der *Titanic* schon dadurch ein riesiger Flop geworden.

Glaubt man Dilley, dann

- wusste die Schiffsführung also über den oder die Brände Bescheid.
- wurde das Feuer vor den Passagieren geheim gehalten.
- wurde zumindest Bunker Nr. 6 nicht geleert, um das Feuer fachgerecht zu löschen.
- wurde die Kohle lediglich nass gehalten, damit die Flammen nicht nach oben durchschlugen.
- machte man deshalb auch »keinerlei Fortschritte«.
- wurde das Feuer nicht gelöscht.

Titanic-Experten misstrauen dieser Aussage, weil in den Zeugenaussagen bei den Untersuchungen eindeutig von Bunker Nr. 5, nicht von Bunker Nr. 6 die Rede sei. Wie bereits gesagt, mauerten jedoch alle Zeugen, wo es nur ging, vor allem die befragten Heizer. Insbesondere neigten sie nicht dazu, irgendetwas ungefragt zu erzählen, schon gar nicht über Arbeitsstationen, die nicht in ihrem Verantwortungsbereich lagen. Dass beispielsweise Barrett unaufgefordert etwas von einem weiteren Feuer erzählt hätte, nach dem er gar nicht gefragt worden war, ist schlicht undenkbar.

Zahlreiche Quellen erwähnen ein Feuer in Bunker Nr. 6, unter anderem das Buch *Titanic – Legende und Wirklichkeit* von Eaton und Haas.[220] Deshalb spricht dieses Argument auch nicht gegen die Aussage eines weiteren Heizers, der in *The Stevens Point Journal* vom 27. April 1912 zitiert wurde. Dieser Mann sprach weder von Bunker 5 noch von Bunker 6, sondern von den »Sektionen zwei und drei auf der Steuerbordseite«. Das ist viel weiter hinten in der Nähe der Bruchstelle der *Titanic* und entspricht den Kesselräumen und Bunkern 2 und 3. Sollte das stimmen, brannten mehrere Bunker der *Titanic* – um nicht zu sagen: fast alle.

Vorsicht, nasse Kohle!

Des Weiteren, so die Kritiker, sei die von Dilley gewählte Bezeichnung »Bunker 6« nicht korrekt; in den Konstruktionsplänen seien die Kohlebunker vielmehr durch Buchstaben gekennzeichnet. Das mag ja sein; allerdings kümmerte sich die »Black Gang« nicht um Konstruktionspläne, sondern zählte Kesselräume und Bunker einfach von hinten nach vorne durch. Demgemäß trug Barretts Bunker die Nummer 5 und der vorderste Bunker, von dem Dilley sprach, die Nummer 6. Schließlich wird argumentiert, dass das Anfeuchten von Kohle in einem Kohlebunker keine fachgerechte Brandschutzmethode sei: »Der beste Weg, die spontane Entzündung von Kohle zu verhindern, besteht darin, sie trocken und kühl zu halten und die Entstehung von kleinen Partikeln und Kohlestaub zu vermeiden.«[221]

Das stimmt. Aber dennoch kann man Dilleys Aussage auch damit nicht falsifizieren. Das ginge nur dann, wenn feststünde, dass die Feuer wirklich gelöscht werden sollten. Dann würde dieses Verhalten tatsächlich keinen Sinn ergeben. Möglicherweise bedarf es aber eines Paradigmenwechsels, nämlich der Erkenntnis, dass das Feuer überhaupt nicht gelöscht, sondern bewirtschaftet werden sollte. Das Schlimme ist nämlich, dass das Anfeuchten der Kohle kein purer Nonsens und Dilettantismus ist, sondern sehr wohl einen Sinn ergibt, allerdings nicht den, das Feuer zu löschen. Überraschenderweise kann Feuchtigkeit bei einem Bunkerfeuer nämlich dazu beitragen, dass der Brand genährt wird und die Explosionsgefahr steigt.

Was für den Laien völlig absurd klingt, ist tatsächlich wahr: Wird Kohle zum Beispiel ohne Schutz vor Nässe und Feuchtigkeit im Freien gelagert, wird »das Brandrisiko enorm erhöht«, heißt es in einer Brandschutzbroschüre der Firma »Minimax«, die Feuerlöscher herstellt. »Denn feuchte

Kohle kann sich schnell selbst entzünden«, vor allem wenn Hunderte von Tonnen davon auf einem Haufen liegen und dadurch ein enormer Druck entsteht. Des Rätsels Lösung ist reiner Wasserstoff, der bei der Lagerung feuchter Kohle entstehen kann.[222] »Einige Kohlesorten können dazu neigen, mit Wasser zu reagieren«, wobei »entzündliche und giftige Gase wie beispielsweise Wasserstoff entstehen können«, heißt es auch in einem Papier der kanadischen Transportbehörden.[223] Und das war damals bereits durchaus bekannt: »Zur Oxidation [also zum Brennen; G.W.] neigende Kohle wird durch Feuchtigkeit darin gefördert«, heißt es in einem Artikel über Brandtests in einem Fachmagazin für Ingenieure aus dem Jahr 1912: »Das Anfeuchten von Kohle hat die Brandaktivität gemessen an der erreichten Temperatur ohne Ausnahme bei allen Tests erhöht.«[224]

Mit anderen Worten: Wurde die Kohle in den Bunkern der *Titanic* tatsächlich angefeuchtet, wurde das Problem damit nicht behoben, sondern – weil dabei möglicherweise Wasserstoff entstand – verschärft.

Und noch schlimmer: Was bei der Entstehung von Wasserstoff geschieht, ist mit dem Wort »Brand« nur unzureichend beschrieben. Denn wenn sich Wasserstoff mit dem Sauerstoff der Atmosphäre mischt, entsteht ein extrem explosives Gemisch namens Knallgas. Demnach muss man der oben stehenden Liste also noch einen Punkt hinzufügen: Die Kohle wurde nicht oder nicht nur nass gehalten, damit die Flamme nicht nach oben durchschlugen. Sondern während dies das Wasser im oberen Bereich des Bunkers tatsächlich bewirkt haben mag, führte es weiter unten zur Erzeugung von Wasserstoff und damit auch Knallgas.

Vermutlich konnte man diesen Vorgang durch die zugeführte Wassermenge sehr gut regulieren. Entweder rammte die *Titanic* also wirklich irgendetwas, wodurch zusätzliches Wasser in die brennenden Kohlebunker eindrang und sie zur

Explosion brachte. Oder man ließ zu einem bestimmten Zeitpunkt einfach Wasser in das Schiff, so dass es explodierte. Das muss man sich ungefähr vorstellen, wie in einem großen Chemielabor, in dem ein Chemiker einer brisanten chemischen Reaktion plötzlich tonnenweise Nährstoff zuführt, in diesem Fall (den im Wasser enthaltenen) Wasserstoff.

Explosionen auf der *Titanic*

Ist die *Titanic* also explodiert? Das muss ein Witz sein! Keineswegs. Während die Beweise und Informationen für die Kollision mit einem Eisberg dünn beziehungsweise widersprüchlich sind, gibt es über massive Explosionen an Bord der *Titanic* keinerlei Zweifel.

Während der eigentliche Zusammenstoß mit dem Eisberg von den meisten Menschen kaum wahrgenommen wurde, berichten viele übereinstimmend von schweren Detonationen im Inneren des Rumpfes. Im vorderen Kesselraum (Nr. 6) gab es »ein Geräusch, als würde jemand eine riesige Kanone abfeuern. Ein einziges Donnergetöse. Mit dem haarsträubenden Geräusch brechen eiskalte Wassermassen in den vordersten Kesselraum ein«.[225] Interessant. Denn der erste Wassereinbruch hatte sich zuvor ja leise und unspektakulär vollzogen. Während der Rumpf nur vibrierte, lief langsam das Vorschiff voll. Erst als es den Bunker Nr. 6 erreichte, schien es zu dem gewaltsamen Wassereinbruch zu kommen.

Von einer Explosion ins Meer geschleudert

Laut *New York Times* vom 20. April 1912 erklärte ein Passagier der zweiten Klasse namens Edward Beanes, dass es 15 Minuten nach dem Zusammenprall mit dem Eisberg »im Maschinenraum« eine Explosion gab und wenige Minuten danach eine weitere. Zwei *Titanic*-Passagiere namens A. H. Barkworth und W. J. Mellers sprachen sogar von »drei vernehmlichen Explosionen«: »Mellers, der eine Schwimmweste angezogen hatte, wurde von der Gewalt der Explosion, die das Schiff seiner Meinung nach entzweiriss, vom Bug in die Luft geschleudert.«[226] Nach Lage der Dinge könnte das der brennende Bunker Nr. 6 gewesen sein. Wenn es sich jedoch wirklich um die Explosion handelte, »die das Schiff entzweiriss«, dann handelte es sich eher um jene von dem weiter hinten liegenden Bunker Nr. 1.

»Bei der ersten Explosion wusste ich, dass das Schicksal der *Titanic* besiegelt war«, sagte Mrs. Washington Dodge aus San Francisco laut *Washington Times* vom 19. April 1912. »Nach der Explosion herrschte Panik auf der *Titanic*. Einige knieten sich hin und beteten, aber die meisten strömten über die Decks wie ein wahnsinniger Mob.« Das heißt, dass den Menschen klar war, dass die *Titanic* unter ihren Füßen in die Luft flog.

Den Matrosen Frederick Clench habe ich schon erwähnt. Nachdem er von einem Mahlen und Knarren geweckt worden war, war er auf das Welldeck gegangen, wo er eine Menge Eis gesehen habe. Etwa zehn Minuten nach dem Zusammenstoß habe er nach unten in eine Ladeluke geblickt und ein dort lagerndes Segeltuch gesehen, das sich unter dem einströmendem Wasser nach oben blähte. Am siebten Tag der US-Untersuchung erzählte er zum Erstaunen der Kommission, dass er sich an Deck erst einmal eine Zigarette angezündet habe. Denn er war sicher, dass keine Gefahr bestand. Was bedeuten könnte, dass das vorne wie auch immer entstandene Leck für sich genommen noch keine Bedrohung darstellte, sondern erst, als das Wasser in die brennenden Bunker eindrang. Später sei er jedoch zum Fieren der Boote abkommandiert worden und selbst in Boot Nr. 12 in eine Entfernung von einer Viertelmeile (ca. 450 Meter) gerudert.

Senator BOURNE: Haben Sie irgendwelche Explosionen gehört?
Mr. CLENCH: Ich hörte zwei Explosionen, Sir.
Senator BOURNE: Unmittelbar vor dem Sinken des Schiffes?
Mr. CLENCH: Ja. Also, bevor das Schiff sank, gab es eine Explosion.
Senator BOURNE: Wie lange, bevor das Schiff sank?

Mr. CLENCH: Ich denke, etwa zehn Minuten bevor sie unterging.
(...)
Senator BOURNE: Was dachten Sie, was es war: einer der Kessel?
Mr. CLENCH: Ich dachte mir, dass das Wasser einen der Kessel erreicht hatte, Sir.
Senator BOURNE: Und danach gab es innerhalb von zehn Minuten eine weitere Explosion?
Mr. CLENCH: Es gab eine weitere Explosion, aber ich weiß nicht, wie lange nach der ersten.
Senator BOURNE: Nach der zweiten Explosion – Sie haben nur zwei gehört ...
Mr. CLENCH: Nur zwei.
Senator BOURNE: ... verschwand das Schiff?
Mr. CLENCH: Nach der zweiten Explosion gingen die Lichter aus. Dann sank sie allmählich tiefer.
Senator BOURNE: Wie lange hat es Ihrer Meinung nach gedauert, bis sie verschwunden war?
Mr. CLENCH: Ich würde sagen, etwa zwanzig Minuten.[227]

Nachdem er in einem Rettungsboot davongefahren sei, habe es eine Explosion gegeben, und der hintere Teil des Schiffes habe sich gedreht und sei versunken, berichtete der Steward George Frederick Crowe ebenfalls am siebten Tag der US-Hearings:

Senator BOURNE: Demnach machen Sie die Explosion für das Sinken verantwortlich? Glauben Sie, sie wäre über Wasser geblieben, wenn es die Explosion nicht gegeben hätte?
Mr. CROWE: Das weiß ich nicht, Sir.
Senator BOURNE: Hat sich der Offizier in Ihrem Boot in irgendeiner Weise dazu geäußert?
Mr. CROWE: Er sagte, es wäre wohl am besten, zu den Wrackteilen zurückzurudern, um zu sehen, ob wir jemanden retten können. Um diese Zeit hatten wir unsere Leute noch nicht in die anderen Boote verteilt.

Senator BOURNE: Was glauben Sie, wie lange es dauerte, bis das Schiff auseinanderbrach und sich die Explosion und das Sinken des Hecks ereigneten, nachdem Sie das Schiff verlassen hatten?
Mr. CROWE: Sie sank etwa um 2.30 Uhr, nach dem, was ein Mann erzählte, von dem angenommen wurde, dass er vom Poop-Deck gesprungen war [hinteres erhöhtes Deck; G. W.]. Er trug eine Uhr, und weil sie um 2.20 Uhr stehenblieb, sagte er, dass sie um diese Zeit am Sinken war ...
Senator BOURNE: Haben Sie die Explosion selbst gehört?
Mr. CROWE: Ja, Sir.
Senator BOURNE: War es eine oder mehrere?
Mr. CROWE: Es gab mehrere Explosionen.
Senator BOURNE: Waren sie laut? Wie eine Kanone?
Mr. CROWE: Nicht so laut, Sir.
Senator BOURNE: Dumpf?
Mr. CROWE: Eine dumpf klingende Explosion. Sie schien weit entfernt zu sein, obwohl wir nicht so weit weg waren.
Senator BOURNE: Wie weit Ihrer Meinung nach? Eine Viertelmeile?
Mr. CROWE: Etwa eine Meile.[228]

Die Erste-Klasse-Passagierin Lady Duff Gordon ist sich »sicher, dass dem endgültigen Untergang der *Titanic* zwei mächtige Explosionen vorausgingen«, berichtete der *New York American* am 19. April 1912: »Als sich das Heck in die Luft hob, gab es eine enorme Explosion. Danach fiel das Heck wieder zurück«, berichtete Duff Gordon, die sich um diese Zeit bereits in einem Rettungsboot befand. »Zwei Minuten später gab es eine weitere große Explosion. Der gesamte vordere Teil tauchte unter. Das Heck richtete sich 30 Meter hoch auf, fast senkrecht. Nach der letzten Explosion dauerte es etwa zwei Minuten, bis die *Titanic* versank. Wir hatten von der Gefahr eines Sogs gehört. Aber nichts dergleichen geschah. Das Erstaunliche für mich ist, während ich dasaß und zusah, wie dieses Monster zerstört wurde, dass es so sanft vollendet wurde.(...) Bis dahin hatte niemand in unserem Boot, und ich nehme an, auch nicht in den anderen Booten, gedacht, dass die *Titanic* untergehen würde.« An anderer Stelle beschrieb sie das Geschehen noch plastischer:

Ich drehte mich um und sah die verbliebenen Lichter der *Titanic* leuchten – aber nur für einen Moment, dann gingen sie aus. Eine dumpfe Explosion erschütterte die Luft. Ein unbeschreibliches Geschrei erhob sich von dem todgeweihten Schiff. Ich glaube, erst in diesem Augenblick begriffen die armen Seelen an Bord ihr Schicksal. Danach folgte eine noch lautere Explosion, und das Heck dieses großartigen Schiffes schoss aus dem Wasser. Einige Sekunden lang verharrte es regungslos, während die gequälten Schreie intensiver wurden. Dann fuhr sie mit einer Abwärtsbewegung in ihr Grab, und die Luft war erfüllt von entsetzlichen Schreien. Dann Stille; ich fühlte, wie ich den Verstand verlor.«[229]

Demnach gab es zwei deutlich vernehmbare Explosionen: eine »dumpfe« und eine »noch lautere«, die das Schicksal des Schiffes besiegelte. Wahrscheinlich handelte es sich um die Explosionen des kleineren Bunkers 6 und des großen Bunkers 1 an der Bruchstelle der *Titanic* zu Beginn des hinteren Drittels. Möglich sind aber auch drei Explosionen: Bunker 6 kurz nach der Kollision und später in kurzem Abstand die beiden Teile des Bunkers 1. Die Explosionen waren so mächtig, dass sie die Menschen an Bord in Angst und Schrecken versetzten. Davon hat man in dem *Titanic*-Film von James Cameron gar nichts mitbekommen, nicht wahr?

Interessanterweise nahm man die Explosionen aber auch an Bord der geheimnisvollen »Geisterschiffe« wahr. So schrieb der bereits zitierte Ex-Offizier der *Mount Temple*, Baker, am 6. August 1912 an den *Californian*-Kapitän Lord, dass es einige Zeit nach der Sichtung der *Titanic* »zwei laute Knallgeräusche« gab, »die sie für das Ende der *RMS Titanic* hielten« (siehe Kapitel über die *Mount Temple*). Übrigens wiederum eine Bestätigung, dass sich die *Mount Temple* ganz in der Nähe der *Titanic* befand.

Für den Ausguck Reginald Lee hörte es sich an wie die Explosion von Schießbaumwolle: »Als sie unterging, konnte man Unterwasserexplosionen hören, wie die Explosion von Schießbaumwolle. Ich nehme an, es waren die Kessel.«[230]

Die Kessel – was sonst?

Bunker? Nicht doch: Die Kessel waren es! Was auch sonst? Dieser Meinung waren alle, die von den brennenden Bunkern und den damit verbundenen Konsequenzen nichts wussten – ganz einfach, weil in ihren Augen die dampfenden und unter Druck stehenden Kessel die einzig mögliche Explosionsquelle darstellten: »Nachdem sie einen bestimmten Winkel erreicht hatte, explodierte sie und zerbrach in zwei Hälften«, sagte beispielsweise auch Frank Osman, der sich im Rettungsboot Nr. 2 befand. Was dies aus seiner Sicht gewesen sein könnte, wurde er bei der US-Untersuchung von Senator Burton gefragt. Antwort: »Die berstenden Kessel.« Warum er das glaube, insistierte Burton. Antwort: »Das kalte Wasser stieg unter den rot glühenden Kesseln und verursachte die Explosionen.« Burton: »Das haben Sie sich überlegt?« Osman: »Ja, aber sie konnten die Explosionen an dem Rauch erkennen, der aus den Schornsteinen schoss.«[231]

Zum einen ist das interessant, weil die Explosionen demnach auch an optischen Wahrnehmungen zu erkennen waren. Zum anderen können die Kessel als Ursache der Explosionen jedoch ausgeschlossen werden. Erstens ist es strittig, ob die Kessel der *Titanic* bei Kontakt mit kaltem Wasser überhaupt explodieren konnten: »Es ist nützlich zu wissen, dass sich diese Scotch-Marine-Kessel wenig anfällig gegenüber Explosionen gezeigt haben, und es gibt sehr wenig, was dafür spricht, dass einer der *Titanic*-Kessel explodierte, aber ziemlich viel, was dagegen spricht«, stellt der *Titanic*-Experte Michael H. Standart fest, während andere sogar der Meinung sind, dass es überhaupt keine Hinweise auf eine Explosion der Kessel gebe.[232] Schließlich wurden die Kesselfeuer zu Beginn des Ereignisses sofort gelöscht und der Dampf abgelassen, so dass die Kessel schon nach kurzer Zeit nicht mehr unter Druck standen und abkühlten. Das gleich zu Beginn der Katastrophe auftretende Pfeifen des entweichenden Dampfes hatten alle Passagiere lebhaft in Erinnerung. Zwei Stunden später, als die Explosionen auftraten, befand sich wahrscheinlich kein bisschen Druck mehr in den abgekühlten Kesseln.

Des Weiteren zeigte auch die »Leichenschau«, sprich die Expeditionen zu dem Wrack ab 1985, dass die Kessel nicht explodiert waren: »Die Behauptung verschiedener Zeugen, dass die Kessel des Schiffes explodierten, wurde widerlegt, da besagte Kessel im Wesentlichen unbeschädigt gefunden wurden«, heißt es in einem Forschungspapier über den Untergang der *Titanic*. »Die Erkenntnisse der Expedition von 1998, dass die vorderen Kessel alles in allem intakt waren, widerlegten diese Theorie [dass die Kessel explodiert waren; G. W.].«[233] Tatsächlich gibt es zahlreiche Abbildungen von intakten Kesseln – angefangen von Kesseln, die irgendwo im Trümmerfeld liegen, bis hin zu der intakten Reihe von fünf Kesseln, die man auf einem Gemälde von Ken Marschall an der Bruchstelle aus den Wrack schauen sieht.

Es kommt aber noch etwas hinzu, nämlich, dass die bereits zitierte Datenbank der Eisbergkollisionen mit ihren 670 Einträgen überhaupt keine Explosion als Folge eines Zusammenstoßes mit einem Eisberg erwähnt – weder eine Kessel- noch eine Bunkerexplosion. Wenn es normal oder auch nur möglich wäre, dass ein Schiff bei eindringendem Wasser explodiert, wären zweifellos auch viel mehr Schiffe als Folge von Zusammenstößen gesunken.

Ein geheimnisvolles Loch

Fassen wir zusammen:

- Die *Titanic* wurde von zwei schweren Explosionen erschüttert, die das Schiff auseinanderrissen. Einige Zeit zuvor hatte es möglicherweise eine dritte gegeben, die den Sinkvorgang einleitete (Bunker 6).
- Die Kessel waren nicht die Ursache für diese Explosionen.

Was war der *Titanic* also zugestoßen? Begeben wir uns dazu ein weiteres Mal auf »Leichenschau« zu dem Wrack. Vorhin lautete dabei die Fragestellung, ob man irgendwelche Spuren einer Kollision mit einem Eisberg sehen könne. Die Antwort war ein klares Nein. Nun lautet die Frage, ob man an dem Wrack irgendwelche Spuren oder Hinweise für Explosionen sehen könne. Sieht man sich beispielsweise Ken Marschalls detailgetreues Gemälde der Bugsektion aus dem Jahr 1986 an, findet sich jedoch nicht nur keine Spur vom Kontakt mit einem Eisberg, sondern auch keine Spur einer Explosion. Das Gemälde zeigt die Steuerbordseite des Bugteils schräg von vorne aus einem leicht erhöhten Blickwinkel. Das Einzige, was auf der Steuerbordseite auffällt (neben den fehlenden Schrammen eines Eisbergs) sind drei riesige Stauchfalten, die direkt vor den Brückenaufbauten senkrecht am Rumpf nach unten führen. Sie entstanden wohl, als sich der Bug in den Schlick des Meeresbodens bohrte.[234]

Sieht man sich jedoch dasselbe Gemälde aus dem Jahr 1987 an, klafft nun plötzlich mitten in den Stauchfalten auf

Die Titanic *nur mit Stauchfalten 1986 und mit Stauchfalten und Loch 1987 (nachgezeichnet nach Marschall)*

der Steuerbordseite ein riesiges Loch im Rumpf. Es hat die Form eines spitzen, liegenden Ovals, wobei die Beplankung des Schiffs offensichtlich gewaltsam nach außen gebogen wurde. Ich habe das oben einmal skizziert.[235]

Donnerwetter: Die *Titanic* – einmal mit und einmal ohne Loch? Wie kann das sein? Ist zwischen 1986 und 1987 etwa erneut etwas im Rumpf explodiert? Erstens ist das natürlich Blödsinn. Und zweitens sehen die Kanten des Lochs genauso alt und ausgefranst aus wie der Rest des Schiffes. Überhaupt hat sich auf dem Bild sonst nicht das Geringste verändert, also zeigt es ansonsten genau dieselbe Zeit und denselben Zustand wie das Bild von 1986.

Nun ja – was soll sein: Hat Marschall das Bild eben ergänzt oder »aktualisiert«, wie er auf seiner Website behauptet. Das aber kann nicht sein. Denn genau in Höhe des Loches ziehen sich ja die drei großen senkrechten Stauchfalten über den Rumpf, die offenbar durch Abbremsen des Vorschiffes entstanden sind. Und exakt diese Stauchfalten sieht man sowohl auf dem Bild von 1986 (ohne Loch) als auch auf dem »Upgrade« von 1987 (mit Loch). Und wer diese Stauchfalten 1986 bzw. 1985 sah, muss auch das Loch gesehen, es aber bewusst weggelassen haben. Eine andere Möglichkeit gibt es nicht.

Wurde hier also manipuliert und gefälscht? Wurde das Loch so lange wie möglich verschwiegen, indem man es wegließ? Was ist der Grund für diesen künstlerischen Eiertanz? Und warum wurde es schließlich doch eingezeichnet? Was war zwischen 1986 und 1987 passiert? Der Einzige, der uns hier aufklären könnte, wäre natürlich Ken Marschall selbst. Und so habe ich ihn auch 2011 angeschrieben und nach der Ursache für diesen merkwürdigen Unterschied befragt. Eine Antwort habe ich jedoch nicht erhalten, und daher muss ich sie selbst geben.

»Kojak, übernehmen Sie ...«

Das Ereignis, das zwischen diesen beiden Bildern lag, war eine Expedition im Sommer 1987, die das französische Meeresforschungsinstitut *Ifremer* diesmal ohne den amerikanischen Navy-Mitarbeiter Robert Ballard durchführte. Über einen Monat lang, von Ende Juli bis Anfang September 1987, durchkämmten, fotografierten und filmten die Forscher das Wrack und seine Umgebung, wobei sie auch zahlreiche Gegenstände bargen. Und siehe da: Erst diese Expedition enthüllte das Loch öffentlich, und zwar in einer von Paris aus weltweit ausgestrahlten Fernsehshow am 9. September 1987. Gastgeber war der damals berühmte Krimi-Star Telly Savalas (alias »Kojak«). »Als die *Titanic* vor 75 Jahren in ihr Grab sank, glaubte niemand daran, dass man sie jemals wiedersehen würde«, sagte Savalas damals:

1986 behauptete ein Experte, der Zusammenstoß mit dem Eisberg hätte Nieten heraus- und die Stahlplatten auseinanderspringen lassen und so den fatalen Wassereinbruch verursacht. Heute, zum ersten Mal in der Geschichte, haben wir seit dem Desaster neue, aufsehenerregende Beweise entdeckt und fotografiert. Ein bisher unbekanntes Loch an dieser Stelle im Steuerbordbug. Wenn man sich an der Vorderseite der Brücke über das Welldeck hinaus begibt, kommt man an zwei Steuerbordpollern vorbei, überquert die Steuerbordreling und begibt sich dann weiter das Schiff hinunter. Hier befindet sich ein enormes, zehn Meter großes, wahrscheinlich durch eine interne Explosion verursachtes Loch, das sich bis hinunter zur Wasserlinie erstreckt. Kein langer Schlitz, keine abgeschorenen Nieten, keine aufgesprungenen Platten. Hier ... sehen wir einen Bereich, der sich fast drei Decks weit hinunter in das Schiff erstreckt. Dieser Bereich ist sehr schwer genau zu verorten. Dennoch wurde es von Schiffskonstrukteuren von Harland & Wolff, den Erbauern der *Titanic*, nach Einsichtnahme in die ursprünglichen Baupläne des Schiffes bestätigt, dass es einem Bereich über einem Reservekohlebunker entspricht.

Vermutlich hat Marschall sein Gemälde vom Bugteil der *Titanic* erst auf diese Enthüllung aus dem Jahr 1987 hin »aktualisiert«, denn schließlich wäre es doch unangenehm aufgefallen, wenn ein so spektakulärer Befund auf seinen angeblich detailgetreuen Bildern nicht zu finden wäre. Aber warum hatte der quasi offizielle *Titanic*-Maler Marschall dieses Loch 1986 einfach weggelassen? Die detailgetreuen Stauchfalten an der Stelle beweisen schließlich, dass dieser Bereich des Wracks genau bekannt war. In dem späteren Buch *Ken Marschall's Titanic* wird das Loch als »aufgeborstener struktureller Schwachpunkt« beschrieben. Nur: Wenn das so harmlos ist, warum hat er es dann nicht schon immer eingezeichnet? So ein spektakuläres Loch kann man doch nicht einfach vergessen?

»Die der Explosion ausgesetzten Decks könnten den Postraum der *Titanic* beherbergt haben«, fuhr Savalas 1987 fort. Tatsächlich war der Postraum einer der ersten Räume, die überschwemmt wurden. Die Berichte von den im Wasser schwimmenden Postsäcken sind berühmt. Der Postraum grenzt direkt an den Bunker Nr. 6. Savalas fährt fort:

Wir haben solide Beweise, dass Kapitän Smith seit dem Verlassen von Belfast von dem Kohlefeuer wusste. Er unterzeichnete eine falsche Erklärung in Southampton, in der er das leugnete und wahrscheinlich auch in Cherbourg und Queenstown. Dieses lang schwelende Feuer wirft die Frage einer möglichen Explosion zum Zeitpunkt des Zusammenpralls mit dem Eisberg auf.

So langsam nähern wir uns des Pudels Kern. In jedem Fall wird klar, dass wir unsere Leichenschau an dem Wrack der *Titanic* unter ganz anderen Gesichtspunkten noch einmal aufnehmen müssen. Und zwar müssen wir einmal mehr statt nach den Spuren eines Eisbergs (die nicht zu sehen sind) nach den Spuren von Explosionen suchen. Schließlich hat der künstlerische Eiertanz um das klaffende Loch auf der Steuerbordseite misstrauisch gemacht: Wenn hier etwas vertuscht wird, wird dann vielleicht noch an anderen Stellen vertuscht?

Also habe ich mich nochmals über Ken Marschalls Bildbände gebeugt – und bin fündig geworden. Denn siehe da: Auf der Backbordseite gibt es dasselbe künstlerische hin und her um eine äußerst brisante Stelle in dem Wrack. Auf einigen Darstellungen der Backbordseite wird die komplementäre Stelle des Steuerbordloches unterhalb der vorderen Brückenaufbauten von einem davor schwebenden U-Boot verdeckt. Ein Bild, das laut Marschall 1988 in Auftrag gegeben wurde, zeigt die Backbordseite jedoch ohne U-Boot, stattdessen aber mit einem riesigen spektakulären Defekt: Ein Riss zieht sich genau gegenüber des Steuerbord-Loches vom Welldeck senkrecht nach unten, wobei die Beplankung nach außen geplatzt ist. Der Riss zieht sich über die gesamte Höhe des Rumpfes bis zum Meeresboden.[236]

Vermutlich ließ sich dieser gewaltige Defekt noch weniger verheimlichen als das Loch auf der Steuerbordseite. Nun stellt sich die Frage: Wie kommt es zu der komplementären Anordnung der Defekte an Steuerbord und Backbord? Was ist dem Schiff hier zugestoßen, und was befand sich an dieser Stelle der *Titanic?* Die Antwort lautet: In etwa hier befand

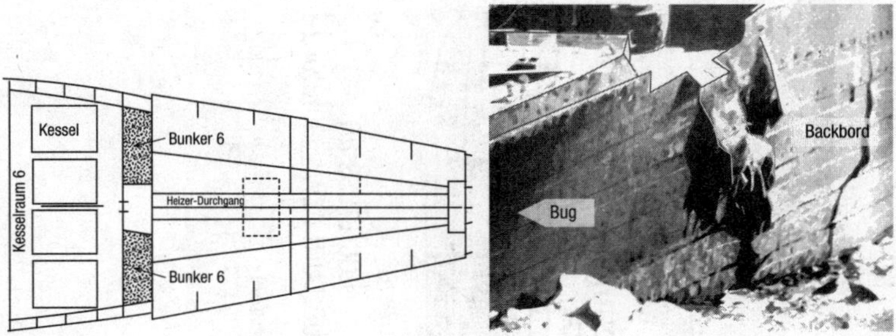

Links: Der brennende Bunker Nr. 6 (nach Angaben Dilleys): eine der beiden Sollbruchstellen der Titanic. *Rechts: der korrespondierende Riss an der Backbordseite (nachgezeichnet nach Marschall).*

sich natürlich Bunker Nr. 6. Die Bunker waren riesige, über die gesamte Breite des Schiffes verlaufende »Wände« aus Kohle. Wenn sie also explodierten, würden sie den unteren Schiffsrumpf glatt durchhauen und auch die Seitenwände zerstören. Da Bunker Nr. 6 jedoch nur das halbe Volumen der anderen Bunker hatte, riss der Bug nicht ab. Stattdessen entstanden unterhalb der Brückenaufbauten genau gegenüberliegende riesige Löcher und Risse im Rumpf.

Bei näherer Betrachtung des Wracks sieht man auch, dass sich die hintere Bruchstelle, an der das Schiff auseinanderriss, etwa über Bunker Nr. 1 befand. Über die Frage, warum das Schiff hier in zwei Teile zerriss, ist viel gerätselt worden. Die gängige Erklärung lautete, dass sich hier die Hebelkräfte des aus dem Wasser ragenden Hecks auswirkten und das Schiff an dem großen (hohlen) Treppenhaus vor dem vierten Schornstein auseinanderbrach. Das waren aber nicht die entscheidenden Faktoren. Aus meiner Sicht führten zwei Ursachen zum Auseinanderbrechen des Schiffes an dieser Stelle:

- Bunker Nr. 1 war im Gegensatz zu Bunker Nr. 6 ein Doppelbunker und entwickelte daher die doppelte Sprengkraft. Deshalb hörte man hier möglicherweise auch zwei Explosionen.

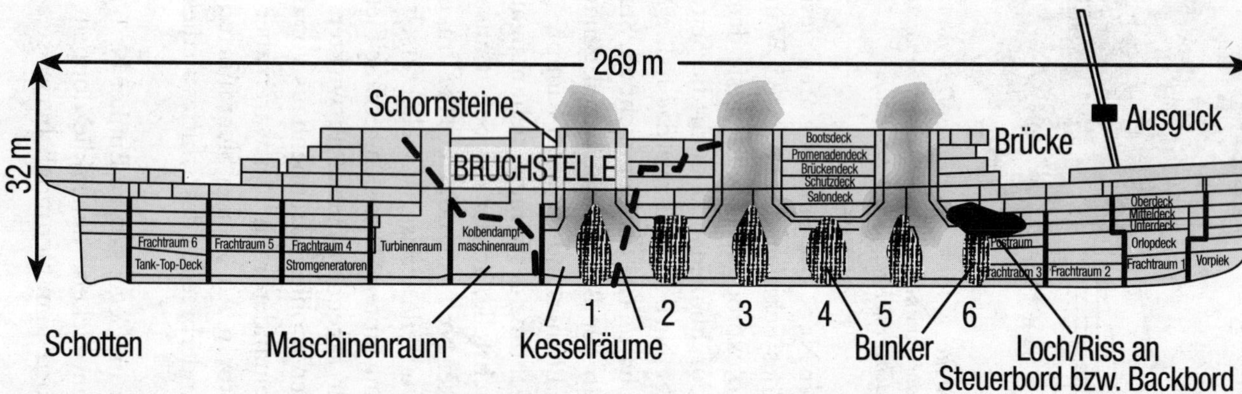

Titanic-*Schäden an Bunker Nr. 1 und Nr. 6: An dem Doppelbunker Nr. 1 reißt das Schiff auseinander, an dem halben Bunker Nr. 6 entsteht an Steuerbord ein Loch, an Backbord ein senkrechter Riss.*

- Direkt über Bunker Nr. 1 gab es andere Hohlräume im Schiff, nämlich die riesigen Rauchsammler und Kamine, die zum Schornstein Nr. 3 führten. Tatsächlich sieht man auch auf Plänen des Schiffes und Darstellungen des Wracks, dass es *vor* dem erwähnten Treppenhaus bis zum Boden durchbrach.

Damit haben wir die großen Explosionen, die die Passagiere vernahmen. Es handelte sich um Bunker Nr. 6 und den Doppelbunker Nr. 1. Demnach lief der Untergang so ab:

- Anfangsphase: Das Schiff schlug vorne am Bug leck oder wurde geflutet. Dabei wurden der Postraum und andere Räume unter Wasser gesetzt. Der Bug senkte sich langsam ab, und Bunker Nr. 6 unter den Brückenaufbauten geriet vollständig unter die Wasserlinie.
- Als das Wasser in den brennenden Bunker Nr. 6 eindrang, entstand durch den Kontakt der brennenden Kohle mit Wasser noch mehr Wasserstoff. Der Bunker explodierte und riss den Rumpf an Steuerbord und Backbord auf, wobei Passagiere über Bord geschleudert wurden. Der zuvor wenig bedrohliche Wassereinbruch (Matrose Clench) nahm dadurch zu und verabreichte dem Untergang den ersten »Schub«. Womöglich wurde der Postraum auch erst dadurch geflutet.
- Durch das verstärkte Absacken über Bug lief das Wasser nach hinten zu dem brennenden Bunker Nr. 1. Wie sich später herausstellte, waren inzwischen einige der wasserdichten Schotttüren von Hand geöffnet worden. Da dieser Bunker aus zwei Teilen bestand und das doppelte Volumen von Bunker Nr. 6 hatte, kam es nun zu einer gewaltigen Doppelexplosion, bei der das Schiff vom Boden aus nach oben durch die Hohlräume der Kamine durchriss, so dass es für viele Jahrzehnte unerreichbar auf den Boden der Tiefsee geschickt wurde.

Die Aussagen des Herrn Diebel

Verschwörungstheorie? Wir werden sehen: »Wir haben heute Abend zwei Herren in Paris bei uns, die über ein spezielles Wissen verfügen, das uns dabei helfen kann, diese neuen und kritischen Erkenntnisse zu bewerten«, sagte Telly Savalas in seiner *Titanic*-Show am 9. September 1987. Einer von beiden war Dr. Robert Essenhigh, Professor für Ingenieurwesen an der Universität von Ohio und ein bekannter Experte für Dampf und Kohlegasexplosionen. »Wurde das Loch durch die Sache mit dem Kohlefeuer verursacht?«

Das glaube er nicht, sagte Dr. Essenhigh. Zum einen befinde sich der Bunker, der die Gase erzeugt haben könnte, direkt vor dem ersten Schornstein, das Loch im Rumpf aber noch etwas weiter vorne. Außerdem wäre eine Explosion nach oben gegangen und hätte nicht die Planken gesprengt.

Dazu ist zu sagen,

- dass ein so gewaltiges Loch in dem Stahlrumpf eine gewaltige Explosionsquelle erfordert. Eine andere Explosionsquelle als Bunker Nr. 6 ist in diesem Bereich nicht in Sicht.
- dass der Riss an der Backbordwand fast einen perfekten »Abdruck« von Bunker Nr. 6 darstellt. Mehrere Meter breit, verläuft er vom Schiffsboden senkrecht nach oben.
- dass die komplementären Beschädigungen an Backbord und Steuerbord auf eine über die ganze Breite des Schiffes verlaufende Struktur hinweisen. Die einzige denkbare Struktur ist hier der Kohlebunker.
- dass gar nicht sicher ist, ob die Explosion nicht auch nach oben ging, da das Innere des Wracks nicht ausreichend bekannt ist. Bei Bunker Nr. 1 wirkte die Explosion in alle Richtungen, so dass das Schiff durchriss.

Am 31. Juli 1996 erschien in der australischen Tageszeitung *The Northern Star* ein Artikel über einen gewissen Paddy Fenton. Der 22-jährige Mann sei als einfacher Matrose auf der *Titanic* mitgefahren.

»Er bestand immer darauf, dass der Eisberg alleine nicht zum Untergang der *Titanic* führte, dass in den Kohlebunkern seit einer Woche ein Feuer brannte und der Kapitän und die Reederei dies wussten.« Sie seien in großer Eile von der Werft in Belfast weggefahren (dem ursprünglichen Ausgangspunkt der Reise), »und als sie den Eisberg trafen, verursachte dies keinen großen Schaden, aber als das kalte Wasser das Kohlenfeuer traf, explodierte es und verursachte den fatalen Schaden«. Wir wissen auch, warum, nämlich, weil dabei das gefährliche Knallgas entsteht, eine Mischung aus Wasserstoff und Sauerstoff.

Kommen wir nun zu Savalas anderem Gast neben Professor Essenhigh: William Diebel, einem ehemaligen Marineoffizier, »dem sein Vater eine sehr ungewöhnliche Geschichte über die *Titanic* erzählte, nachdem er nach dem Ersten Weltkrieg aus Frankreich zurückgekehrt war«. Diebel geht sogar noch weiter als Fenton und legt nahe, dass ein Eisberg überhaupt keine Rolle bei dem *Titanic*-Desaster spielte. »Was hat Ihnen Ihr Vater erzählt, Mr. Diebel?«, fragte Savalas. Antwort:

Er behauptete, dass die *Titanic* in Wirklichkeit nie einen Eisberg gerammt hat. In Wirklichkeit sank sie aufgrund einer Explosion, die sich aus einem Feuer entwickelte, das seit der Zeit vor dem Auslaufen aus Southampton brannte. Er war ein Armeesergeant im Ersten Weltkrieg und erfuhr diese Geschichte aus erster Hand von einem Besatzungsmitglied des US-Truppentransporters *SS Mercury*. Und während der Reise zurück in die Vereinigten Staaten verbrachte mein Vater eine Menge Zeit beim Kartenspiel mit diesem Mann. Er behauptete, ein überlebender Heizer der *Titanic* zu sein. Und dieser Mann bestand darauf, dass die Geschichte von dem gerammten

Eisberg nur dazu da war, die wirkliche Ursache des Desasters zu vertuschen.

Demnach war das Eisfeld also wirklich nur die Kulisse und die Legende für ein ganz anderes Geschehen, und man müsste zwischen der Legende und der Ursache klar unterscheiden – ein Phänomen, das wir immer wieder bei Attentaten beobachten. Dabei ist die propagandistische Ebene von der technischen Ebene zu trennen:

- Während 1898 behauptet wurde, das US-Kriegsschiff *Maine* sei im Hafen vom Havanna von den Spaniern versenkt worden, hat man es in Wirklichkeit selbst gesprengt (Vorwand für den spanisch-amerikanischen Krieg).
- Während 1915 behauptet wurde, die *Lusitania* sei allein von einem deutschen U-Boot versenkt worden, gab es nach dem Torpedotreffer in Wirklichkeit eine viel verheerendere sekundäre Explosion, die aus dem Inneren des Schiffes kam (Vorwand für den Eintritt der USA in den Ersten Weltkrieg, britische Untersuchung durch Lord Mersey; siehe unten).
- Während behauptet wurde, das World Trade Center sei durch den Angriff islamistischer Fanatiker mit entführten Flugzeugen zum Einsturz gebracht worden, hat man auch hier mit einer Sprengung nachgeholfen (Vorwand für den weltweiten Krieg gegen den Islam).

Und in diesem Fall? Was war hier der Grund? Einen Vorwand für einen Krieg lieferte die Versenkung der *Titanic* ja wohl nicht. Schon eher handelte es sich um das Ende eines Krieges, nämlich eines Schifffahrtskrieges. Oder war es etwa auch die Generalprobe für die Versenkung der *Lusitania* 1915? Ein interessanter Gedanke. Denn tatsächlich wurden nach der *Titanic* eine ganze Reihe von Schiffen offenbar mit derselben Methode auf den Grund des Meeres geschickt (siehe unten). In Wirklichkeit gibt es aber noch handfestere Motive. Doch dazu komme ich noch.

In dem Bericht des *Northern Star* über den *Titanic*-Matrosen Paddy Fenton heißt es weiter: »Als die überlebende Besatzung an Land kam, wurden sie alle beiseitegenommen und mit zwei Männern konfrontiert: einem von ganz oben in der Firma und einem von der Regierung. Der Regierungsmann las der Besatzung den Official Secrets Act vor und erklärte ihnen, wenn sie den wahren Grund für den Untergang oder die Gerüchte über einen Versicherungsbetrug weitererzählen würden, würden sie mindestens 20 Jahre ins Gefängnis wandern und nach ihrer Entlassung nie wieder einen Job bekommen. Der Regierungsmann sagte ihnen, wenn die Wahrheit herauskäme, wäre das das Ende der Schifffahrtsgesellschaft und der Regierung.«[237]

Titanic – ein Versicherungsbetrug?

Ich hatte Ihnen noch handfestere Motive versprochen: »Wir haben immer darüber spekuliert, ob das etwas mit der Versicherung zu tun hatte«, erzählte zum Beispiel der ehemalige Marineoffizier William Diebel in der Telly-Savalas-Show. »Fast alle Passagierschiffe auf der Nordatlantikroute im frühen 20. Jahrhundert waren Auswandererschiffe in einem schlechten Zustand, viele waren bekannt als ›Sargschiffe‹«, heißt es auch in der TV-Dokumentation *Why they sank Titanic* (Streetcar Moving Pictures, 2009). »Und die Eigentümer überluden ihre Schiffe dreist und überversicherten sie. In Wirklichkeit handelte es sich um eine Industrie, die seinerzeit für Betrug bekannt war.«

Tatsächlich waren die Seefahrer damaliger Tage keineswegs immer edel, hilfreich und gut. Die Grenze zwischen ehrbarer Seefahrt und Piraterie war schon immer fließend. Die

Besatzungen bestanden häufig aus vierschrötigen Gestalten, die dem Alkohol ebenso zusprachen wie allen möglichen anderen Lastern. Oft genug kamen sie an Land nicht zurecht oder wurden sogar polizeilich gesucht.

Während einer Reise waren die Schiffe oft wochenlang kleine, von der Außenwelt abgeschnittene Inseln mit dem Kapitän als Alleinherrscher. Häufig genug waren die Schiffe damit ein rechtsfreier Raum. Wie keine andere Branche war die Seefahrt prädestiniert für Verbrechen aller Art, seien es nun dubiose Geschäfte wie Schmuggel, Drogenhandel und Versicherungsbetrug oder gar Mord. Denn nirgends ließ sich ein Versicherungsschaden so leicht inszenieren wie auf See. Und nirgends ließ sich ein Mensch so leicht beseitigen wie an Bord eines Schiffes.

Kurz: Die Realität stand in einem krassen Gegensatz zu dem Glitzer- und Glamourimage, das bis auf den heutigen Tag verbreitet wird, zum Beispiel von Filmen wie Camerons *Titanic,* in dem die Offiziere des Schiffes als Helden in Weiß erscheinen. In Wirklichkeit waren sie oft alles andere als das, wie das Beispiel des mit allen Wassern gewaschenen Draufgängers Lightoller zeigt. In Wirklichkeit wurde die reale *Titanic* in dem Film nur auf Hochglanz poliert.

Doch der Reihe nach: Die beiden oben genannten Aussagen von Diebel und Fenton stimmten also in zwei wesentlichen Punkten überein:

- Die eigentliche Ursache des Untergangs waren Bunkerexplosionen.
- Das Motiv »hatte etwas mit der Versicherung zu tun« bzw. war ein Versicherungsbetrug.

Dieser Versicherungsbetrug war der einzige Ausweg aus der prekären Lage, dass die britische Navy – wie eingangs geschildert – das *Titanic*-Schwesterschiff *Olympic* zu Schrott gefahren hatte. Wie bereits dargestellt, führte das die White Star Line in eine finanzielle Sackgasse. Nicht nur verursachten die Reparaturen und die Ausfallzeiten der *Olympic* enorme Kosten. In Wirklichkeit war der Schaden unter ökonomischen Gesichtspunkten überhaupt nicht zu beheben, die *Olympic* also ein wirtschaftlicher Totalschaden.

Aufgrund der schweren Beschädigung stellte die *Olympic* auch keine Sicherheit für die aufgenommenen Kredite mehr dar. Und mehr noch: Um eine für den Bau der *Titanic* erforderliche hoch verzinste Schuldverschreibung in Höhe von 1,25 Millionen Pfund herausgeben zu können, hatte der Konzern quasi seine gesamte Flotte als Sicherheit gestellt.[238] Das heißt: Schon lange vor dem Untergang der *Titanic* segelte das Unternehmen bereits am Abgrund, nämlich spätestens bei Baubeginn des Riesenschiffes. Und schließlich verzögerte sich durch die in Belfast nötigen Reparaturen an der *Olympic* auch der Bau und damit die Einsatzfähigkeit der *Titanic*.

Der »Unfall« mit dem Navy-Kreuzer *Hawke* war in Wirklichkeit der Todesstoß für J. P. Morgans White Star Line. In dieser Situation gab es nur einen Ausweg. Und dieser Ausweg bestand darin, die beiden zum Verwechseln ähnlichen Schwesterschiffe *Titanic* und *Olympic* auszutauschen, die schwer beschädigte *Olympic* als *Titanic* noch einmal auslaufen zu lassen, auf den Grund des Meeres zu schicken und so doch noch den durch die britische Navy verursachten Totalschaden ersetzt zu bekommen – und zwar von den Versicherungen. Während die wirkliche *Titanic* als *Olympic* weiterfuhr.

Wenn, dann würde man dafür wohl nur eine Gelegenheit haben, denn schließlich gab es auch auf See einen TÜV. Die Schiffe wurden regelmäßig von den Behörden auf beiden Seiten des Atlantiks überprüft, und wäre die *Olympic/Titanic* in New York angekommen und wegen ihrer beschädigten Struktur stillgelegt worden, hätte sie nur noch Schrottwert gehabt. Wobei nach wie vor offen ist, wie die *Olympic/Titanic* überhaupt auslaufen konnte. Indizien sprechen dafür, dass es die Prüfer nicht so genau nahmen.

»Der Bau der *Titanic* kostete zehn Millionen Dollar, und als brandneues Schiff hätte sie für diesen Betrag oder mehr versichert werden können. Die *Olympic* dagegen, als wirtschaftlicher Totalschaden, hätte man nur zu einem sehr viel geringeren Betrag versichern können. Ein klares Motiv für den Austausch der Schiffe«, heißt es in der Dokumentation *Why they sank Titanic*.

»Normalerweise übernahm die White Star Line bei ihren Schiffen einen Teil des Risikos selbst, und deshalb dachte man zuerst, Lloyds of London müsste nur siebeneinhalb Millionen Dollar zahlen. Aber nicht in diesem Fall. Denn nur eine Woche vor der Jungfernfahrt der *Titanic*, von der wir nun wissen, dass es die *Olympic* war, erhöhte sie die Versicherungssumme für das Schiff dramatisch. Und nur fünf Tage nach dem Untergang zahlte Lloyds zwölfeinhalb Millionen Dollar aus.« Nach Gardiners Recherchen gab es praktisch zwei Versicherungen: Eine Million Pfund trug ein Konsortium aus siebzig Versicherern. Bei einem Wert des Schiffes von 1,5 Millionen Pfund wäre das die übliche Unterversicherung gewesen. Aber ein Paket von 1,5 Millionen Pfund trug demnach zusätzlich Lloyds. Damit wäre die *Titanic* insgesamt mit 2,5 Millionen Pfund oder 12,5 Millionen Dollar überversichert gewesen.[239]

Die These vom Austausch der Schiffe hat sich also auch nach meinen Recherchen bestätigt. So gibt es beispielsweise nicht eine einzige überzeugende Aufnahme des Schiffsnamens auf dem Wrack. Wenn Sie sich selbst einmal fragen, ob Sie unter all den Unterwasserbildern, die Sie jemals von dem Wrack gesehen haben, ein einziges Mal klar und deutlich den Namen *Titanic* gezeigt bekommen haben, werden Sie feststellen, dass dem nicht so ist. Und das liegt daran, dass der Name des Schiffes nicht eindeutig zu entziffern ist. Nicht nur das: Sieht man sich die ganz raren Aufnahmen des Namens an, lässt sich sowohl *Titanic* als auch *Olympic* herauslesen.

»1986 untersuchte das nationale französische ozeanografische Institut gemeinsam mit Dr. Robert Ballard das Wrack«, heißt es in der Dokumentation *Why they sank Titanic.*[240] »Eine Sache, die sie überprüften, war der Name des Schiffs. Im Einklang mit White-Star-Traditionen wurden die Namen beider Schiffe in vier Fuß großen Buchstaben in die oberen Bugplatten graviert.« Der Dokumentation zufolge erlebte man mit dem Namen *Titanic* nun jedoch eine Überraschung: Die Untersuchung des Wracks ergab, »dass der Name *Titanic* aus Eisenlettern angefertigt wurde, die auf die Platten genietet wurden«. »Im Laufe der Zeit fielen zwei Buchstaben herunter und gingen für immer im Meeresboden verloren. Da, wo sie ursprünglich am Bug angebracht waren, finden sich die eingravierten Buchstaben M und P«:

TIT AN IC
OLY MP IC

Demnach wäre also auf den ursprünglich eingravierten Namen *Olympic* tatsächlich der Name *Titanic* angebracht worden. Und wirklich scheinen sich auch auf einem Expeditionsvideo der Bergungsfirma RMS Titanic Inc. Buchstaben zu überlappen oder zu überdecken.[241] Demnach könnte das I aus *Titanic* früher einmal ein L gewesen sein. Hinter dem zweiten T von *Titanic* meint man, ein Y zu erkennen. Am deutlichsten wird es aber bei dem »A«, das früher einmal doppelt vorhanden gewesen zu sein scheint und demnach auch ein M gewesen sein könnte.

Überdies weist die schwarze Farbe der *Titanic* auf diesem Video große Lücken auf, in denen eine darunter liegende schmutzig graue Farbschicht zum Vorschein kommt. Grau war vorübergehend jedoch nur die *Olympic* gestrichen worden, und zwar für die Jungfernfahrt. Danach bekam sie wie die Titanic einen schwarzen Anstrich.

Wir selbst haben in diesem Buch noch ein eindrucksvolles Beispiel kennengelernt: Auf dem Dach der Offizierskabinen gab es zwei Boote, die es nur auf der *Olympic* gab. Bewegt wurden die Boote mit einem Flaschenzugsystem, das an Bord der *Titanic* gar nicht vorhanden war: »Obwohl ich ein solches Flaschenzugsystem an Bord der *Olympic* gesehen habe«, schreibt der *Titanic*-Experte Dan Cherry, »habe ich es nicht ein einziges Mal auf einem *Titanic*-Foto gesehen.« Nur die Vorrichtungen dafür habe man sehen können.[242]

Das wichtigste Gegenargument gegen diesen »Switch« (Austausch) lässt sich sehr leicht entkräften. Es besteht darin, dass das Schiffswrack auf einigen wenigen Bauteilen die Baunummer der *Titanic* trägt: 401. Das besagt jedoch gar nichts, da bei der Reparatur der *Olympic* Bauteile zwischen den Schiffen ausgetauscht wurden. Das muss man sich vorstellen wie bei einem Autoliebhaber, der zwei Autos desselben Typs in der Garage hat. Natürlich wird er sich hin und wieder behelfen, indem er Ersatzteile zwischen den Autos austauscht. Es galt, die angeschlagene *Olympic* möglichst schnell als *Titanic* startklar zu machen. Was lag da näher, als sich Ersatzteile, wie etwa den Propeller, von dem Schwesterschiff zu beschaffen?

Das Problem ist nur: Für einen Versicherungsbetrug hätte es gereicht, das Schiff zu versenken, ohne so viele Menschen umzubringen. Daher schreibt Gardiner auch etwas geschraubt: »Es gibt keinen Grund anzunehmen, dass der Verschwörungstheorie die Inkaufnahme eines Massenmordes zugrunde liegt.« – »Der Verschwörungstheorie«? Wenn, dann ja wohl der Verschwörung.

Für ihn könnte es ein »Versicherungsbetrug« gewesen sein, »der auf furchtbare Weise entgleiste«.[243] Dahinter steht die Vorstellung, dass die »Geisterschiffe«, insbesondere die *Californian* aus dem Morgan-Konzern IMM, in Wirklichkeit auf die *Titanic* warteten, um die Passagiere des sinkenden Schiffs aufzunehmen. Nur weil das aus irgendeinem Grund schiefgegangen sei, seien so viele Menschen ums Leben gekommen. Das Problem ist nur: Bei einem reinen Versicherungsbetrug hätte man die »Geisterschiffe« nicht einmal gebraucht. Eine ausreichende Zahl von Rettungsbooten hätte gereicht, um die Passagiere aufzunehmen, bis auf der stark befahrenen Nordatlantikroute *irgendein* Schiff zu Hilfe gekommen wäre. Bei einem reinen Versicherungsbetrug hätte man zum Beispiel

- rechtzeitige Notrufe abgesetzt,
- eine genaue Position angegeben,
- ausreichend Rettungsboote mitgenommen,
- die Rettungsboote früher klargemacht,
- die Rettungsboote voll besetzt,
- das oder die Lecks bekämpft und so das Sinken verzögert,

J. P. Morgan gegen Ende seines Lebens mit seiner krankhaft veränderten Nase

- die Passagiere auf dem Eis abgesetzt,
- im Wasser treibende Menschen in die Rettungsboote aufgenommen,
- sich hinterher als Held feiern lassen, wie umsichtig man 2200 Menschen gerettet hat.

Dass all dies nicht passierte, zeigt, dass ein reiner Versicherungsbetrug wahrscheinlich keine ausreichende Erklärung für das Geschehen ist. Tatsächlich zeigt die Geschichte der großen Attentate, dass diese immer multifunktional waren. Meistens ging es um drei Dinge: Geld, Politik und Personen.

Titanic – eine ehrenwerte Gesellschaft?

Wie gesagt, waren an Bord der *Titanic* die reichsten Männer der USA, ja der Welt versammelt. Die immer wieder beschworene feine Gesellschaft an Bord der *Titanic* war jedoch gar keine. Wenn, dann eher in dem Sinne, in dem auch die Mafia als »ehrenwerte Gesellschaft« bezeichnet wird. Sie alle waren bei dieser Fahrt gewissermaßen Gäste ihres großen Paten – wie die meisten Reichen in Amerika auf die eine oder andere Weise mit ihm geschäftlich verstrickt.

Fast sah es aus wie eines von Morgans legendären Meetings, bei denen er seine Verhandlungspartner einzusperren pflegte, bis eine Einigung in seinem Sinne erzielt worden war – nur dass der Pate diesmal nicht erschien. Schließlich wirkt die Zusammensetzung der Reisegesellschaft alles andere als zufällig. Wie kam es zum Beispiel, dass sich ausgerechnet die drei oder vier reichsten Männer Amerikas an Bord befanden, umgeben von zahlreichen weiteren Multimillionären, die häufig aus denselben Geschäftszweigen stammten wie Morgan (Banken, Eisenbahnen, Stahl etc.)? Die *Olympic* hatte bei ihrer Jungfernfahrt kein vergleichbares Publikum an Bord. Es wäre nicht das erste Mal gewesen, dass Morgan seine Geschäftspartner mit einem Schiff kidnappte. Waren sie wirklich zufällig hier, oder gab es eine bis heute unbekannte Einladung Morgans?

Die meisten hatten ihr Vermögen ähnlich skrupellos gemacht wie J. P. Morgan. Die Astors zum Beispiel versorgten Gustavus Myers zufolge die Indianer Nordamerikas gnadenlos mit Schnaps, um sie um ihre Pelze und ihr Land zu betrügen, und schreckten dabei vor keinem Gesetzesbruch und keiner Gewalttat zurück. Zum Schutz der Astorschen Geschäfte sei immer wieder die Armee mobilisiert worden, um die »Indianerrebellionen« niederzuschlagen, heißt es bei Myers. Später wurden die Astors demnach durch rücksichtslose Immobilienspekulationen zu den größten Grundbesitzern New Yorks. »Das Unglück anderer«, so Myers, »war Astors Gewinn.«

Die Guggenheims wiederum hätten ihr Minen- und Hüttenimperium mit eiserner Faust geführt und ihre Arbeiter bis aufs Blut ausgebeutet. Bei Streiks nahmen die Auseinandersetzungen zwischen den Arbeitern und ihren Gewerkschaften und den von den Guggenheims angeheuerten bewaffneten Einheiten bürgerkriegsähnliche Züge an. Obwohl Benjamin Guggenheim aus der Familienfirma ausgestiegen war, war er immer noch geschäftlich aktiv. Inwieweit hatte sich das *Titanic*-Opfer Benjamin Guggenheim selbst mächtige Feinde gemacht?

J. P. Morgan hatte die Fahrt wie gesagt »aus gesundheitlichen Gründen« unerwartet abgesagt. Wobei sich interessanterweise herausstellt, dass Morgan in Wirklichkeit nie vorhatte, mit der *Titanic* zu reisen. Am 13. April 1912, drei Tage nachdem sie in Southampton abgelegt hatte, wurde der umtriebige Finanztycoon in Florenz gesichtet, wo er offenbar wichtige Geschäfte zu erledigen hatte. So erwarb der passionierte Kunstsammler dort ein wertvolles Gemälde, von dem man in Florenz annahm, dass es sich um die am

21. August 1911 im Pariser Louvre gestohlene *Mona Lisa* handle. Was erstens bedeutete, dass man Morgan einfach alles zutraute. Zweitens war die *Mona Lisa* wirklich von einem Italiener gestohlen worden, der tatsächlich versuchte, das Bild in Florenz zu verkaufen, allerdings erst ein Jahr später (an die Uffizien). Nach entsprechenden Gerüchten in der lokalen Presse, er sei im Besitz der gestohlenen *Mona Lisa,* wurde Morgan von einer aufgebrachten Menge auf den Bahnhof verfolgt, wo der 74-Jährige sich und seiner Schwester den Weg äußerst vital mit seinem Spazierstock freikämpfte.

Am 17. April 1912 wollte Morgan im französischen Seebad Aix-les-Bains seinen fünfundsiebzigsten Geburtstag feiern, zufällig der Tag, an dem der Untergang der *Titanic* offiziell bestätigt wurde. Hat sich Morgan damit etwa selbst ein Geburtstagsgeschenk gemacht? Wie auch immer: »Der *New-York-Times*-Korrespondent, der J.P. Morgan in Aix die Glückwünsche der Zeitung zu seinem 75. Geburtstag überbringen wollte, fand den Finanzier bei exzellenter Gesundheit vor«, konnte man am 18. April 1912 in dem Blatt lesen. »Niemand käme auf die Idee, dass der rüstig aussehende Mann mit dem klaren, kritischen Blick des Kenners seinen 75. Geburtstag begehen würde … Nach seinem Urlaub in Ägypten sah Mr. Morgan blendend und braun gebrannt aus«, und bewohnte dieselben Zimmer im Grand Hotel »wie immer in den letzten 18 Jahren«. »Wie immer in den letzten 18 Jahren?« Tatsächlich verbrachte J.P. Morgan jedes Frühjahr einige Zeit in Aix. »Er kommt dort fast immer am selben Tag, zur selben Stunde mit demselben Zug an. Er bleibt drei Wochen und reist immer am selben Tag, zur selben Stunde mit demselben Zug wieder ab«, hieß es auch in *The Sun* vom 22. April 1912.

Deshalb war er dem Ort auch eng verbunden: Die Art, wie er seinen Geburtstag geplant habe, sei charakteristisch für ihn, habe er für diesen Tag doch die Einweihung eines neuen, von ihm gestifteten Flügels des Krankenhauses von Aix geplant, so die *New York Times*. Morgan sei von dem *Titanic*-Unglück schwer getroffen und überlege, eine für später geplante Reise nach Venedig abzusagen. Tatsächlich traf er jedoch nur eine Woche später in Venedig ein, wo er an der Eröffnung einer internationalen Kunstausstellung und des restaurierten Campanile teilnahm. Allzu schwer getroffen hatten ihn der Untergang seines Schiffes und der Tod von 1500 Menschen also doch nicht.

Interessanterweise kehrte Morgan schließlich am 24. Juli 1912 an Bord der *Olympic* in die USA zurück. Sollte dies in Wirklichkeit die *Titanic* gewesen sein, hieß das, dass er sehr wohl in den Genuss der von ihm selbst geplanten Suite kam.

Bleibt also folgendes Problem:

1. Einerseits pflegte Morgan jedes Frühjahr in Europa zu verbringen und erst im Sommer in die Vereinigten Staaten zurückzukehren. Wie immer wollte er auch 1912 außerdem am 17. April in Aix-les-Bains seinen Geburtstag feiern und dabei einen von ihm gestifteten Krankenhausanbau einweihen.
2. Andererseits hatte er ebenso sicher eine Reise auf der *Titanic* gebucht.

Zwei Dinge, die einfach nicht zusammenpassen. Es sei denn, die Passage auf der *Titanic* wurde nur zum Schein gebucht, um die High Society an Bord zu locken.

Das Ende

Aber das kann doch nicht sein! Schließlich sind Kapitän Smith und die meisten seiner Offiziere doch auch ums Leben gekommen! Offiziere, die zuvor alle auf der *Olympic* gefahren waren. »Das Trio der ältesten Offiziere von der *Olympic*, die das Schiff ins Verderben geführt hatten, ging unter – Smith, Wilde und Murdoch.«[244] Kapitän Smith zum Beispiel fand gleich auf mehrfache Weise den Tod:

- Er erschoss sich,[245]
- ging mit dem Schiff unter,[246]
- sprang von der Brücke aus über Bord,[247]
- schwamm zu einem Rettungsboot, sagte dann aber, er werde dem Schiff folgen, und kehrte zur Brücke zurück, um mit der *Titanic* zu sinken,[248]
- schwamm mit einem Baby im Arm zu einem Rettungsboot, wo er es ablieferte, um dann selbst unterzugehen,[249]
- stand im Steuerhaus, als das Wasser zu den Fenstern hereinbrach.[250]

Junge, Junge – ganz schön viele Versionen, die oft nicht zusammenpassen. Geradezu gespenstisch. Das führt uns zu der Frage: Wann ist ein Mensch eigentlich als tot zu betrachten? Nun, natürlich wenn man seine Leiche findet. Andernfalls ist er zunächst nicht als tot, sondern als verschollen anzusehen. In diesem Fall kann er – wenn er nicht wieder auftaucht – erst nach einer kürzeren oder längeren Frist für tot erklärt werden. Normalerweise betragen diese Wartezeiten mehrere Jahre; wenn jemand jedoch erwiesenermaßen in eine schwere Katastrophe verwickelt war, wie beispielsweise ein Schiffsunglück, kann es auch schneller gehen.

Was wenige wissen oder bisher beachtet haben, ist, dass die Leichen der obersten Schiffsführung der *Titanic* nie gefunden wurden. Exakt die drei obersten Offiziere der

Titanic verschwanden und tauchten nie wieder auf – weder tot noch lebendig:

1. Kapitän Edward J. Smith
2. Leitender Offizier Henry Tingle Wilde
3. Erster Offizier William McMaster Murdoch

Ausgerechnet jene »Senior-Offiziere« also, die alleine »wussten, was geplant war«[251], und mit ihnen die Logbücher und die Seekarten, so dass alle Welt bis heute in Sachen *Titanic*-Katastrophe mehr oder weniger im Dunkeln tappt. Ja, aber was soll denn sonst mit ihnen passiert sein, außer dass sie bei dem Schiffsuntergang den Tod fanden? Nun, da wäre ja immer noch das ungeklärte Rätsel der »Geisterschiffe«: Was taten sie da? Warum lagen sie still und tatenlos in der Nähe der *Titanic?* Warum löschten sie sogar die Lichter und hielten Funkstille, beobachteten das Desaster und machten sich anschließend auf und davon *(Mount Temple)?*

Um ehrlich zu sein, habe ich Ihnen vorhin noch eine Zeugenaussage verschwiegen, und zwar von dem »Geisterschiff« *Mount Temple*. Jenem Schiff, auf dem der deutsche Arzt Dr. Quitzrau mitfuhr und das regungslos in unmittelbarer Nähe der *Titanic* lag und sich dabei gewissermaßen »tot stellte«. Schließlich wäre da nämlich noch ein gewisser John Mlynarczyk, ein 58 Jahre alter Pole, der mit seiner Tochter an Bord der *Mount Temple* reiste.

Rendezvous mit der *Mount Temple*

»Mlynarczyk und seine Tochter reisten von Antwerpen nach Toledo [Ohio; G.W.]. Wie andere auch sind sie überzeugt, dass die *Mount Temple* jenes Fahrzeug war, das der Vierte Offizier der *Titanic*, Boxhall, und andere sahen, als sie die Lichter eines Schiffes in der Nähe wahrnahmen, das nicht auf die Notsignale reagierte, während die *Titanic* unterging«, steht in einem Artikel des *New York Journal* vom 25. April 1912.[252] Was Herr Mlynarczyk weiter aus dem Bullauge in einem unteren Deck der *Mount Temple* beobachtete, hatte es in sich. Demnach war die *Mount Temple* nämlich noch viel näher an der *Titanic* dran, als wir bisher dachten. »Ich glaube, es war etwa zwei Uhr morgens, als wir das Geräusch von Booten, die gefiert wurden, vernahmen und die Schreie von Menschen. Der Ozean in der Umgebung war voller Rettungsboote. Am Morgen nachdem die *Titanic* den Eisberg gerammt hatte, wurden drei Rettungsboote der *Mount Temple* herabgelassen, und als sie zurückkamen, hatten sie einen Seemann [sailor] von der *Titanic* dabei. Da wir nicht an Deck gelassen wurden, weiß ich nicht, wie es oben weiterging.« Und schließlich konnte er das Geschehen auch nur aus dem begrenzten Blickwinkel eines Bullauges verfolgen.

Starker Tobak. »Seemann« ist ein allgemeiner Begriff für das Besatzungsmitglied eines Schiffes. Es kann sich also genauso gut um einen Matrosen wie um einen Offizier gehandelt haben. Bedauerlicherweise wird Mlynarczyk kein Glauben geschenkt. Warum nicht? War er nicht an Bord der *Mount Temple*? Doch? War er dann ein notorischer Lügner, Säufer oder Krimineller? Natürlich nicht. Sondern Mlynarczyks Aussage könne deshalb nicht stimmen, so Molony, weil es »absurd« sei anzunehmen, dass die *Mount Temple* ein Mitglied der *Titanic*-Crew an Bord genommen habe.[253] »Absurd« ist jedoch kein inhaltliches Argument. Zweitens war das gesamte Geschehen dieser Nacht von A bis Z ohnehin absurd. Drittens wäre die heimliche Aufnahme von *Titanic*-Leuten fast die einzige sinnvolle Erklärung für das bizarre Verhalten der »Geisterschiffe«, insbesondere der *Mount Temple,* stundenlang quasi unsichtbar neben der *Titanic* liegen zu bleiben, ohne etwas zur Rettung der Passagiere und jedenfalls der meisten Besatzungsmitglieder zu unternehmen. Vielleicht, weil man nur bestimmte Personen aufnehmen wollte?

Seltsamerweise befanden sich bei der *Titanic* schon zu einem Zeitpunkt Rettungsboote im Wasser, bevor die Rettungsboote der *Titanic* überhaupt gefiert wurden. Der Offizier George T. Rowe, der von 20 bis 24 Uhr Wache auf dem Poop-Deck (hinteres, erhöhtes Deck) der *Titanic* hatte, erinnerte sich bei den Untersuchungen nicht nur an einen Stoß und an einen Eisberg (den er jedoch nicht weiter beschrieb), sondern auch daran, bereits kurz nach der Kollision ein Boot im Wasser gesehen zu haben. »Ich blieb auf der hinteren Brücke, um am Telefon auf Befehle zu warten. Da keine kamen, blieb ich bis 25 Minuten nach zwölf, als ich ein Boot an der Steuerbordseite sah.« Also etwa 20 Minuten bevor das erste Rettungsboot der *Titanic* gefiert wurde (Nr. 7, 0.45 Uhr). Er habe dann die Brücke angerufen und gefragt, ob dort bekannt sei, dass sich ein Boot im Wasser befinde. Die Antwort lautete. »Nein – tatsächlich?«[254]

Woher kam dieses Boot? Und was trieb es da auf der Steuerbordseite? Hatte es etwa etwas mit dem Wassereinbruch zu tun? Oder kam es von einem anderen Schiff? Wenn, dann musste sich dieses Schiff wohl ganz in der Nähe befinden.

Als 20 Minuten später Rettungsboot Nr. 7 an Steuerbord gefiert wurde, saß darin ein Passagier der ersten Klasse namens William T. Sloper. Er schilderte, wie sich seinem Rettungsboot später »ein großes Schiff bis auf wenige 100 Fuß näherte, während im Wasser noch Hunderte von lebenden Menschen in ihren Rettungswesten schwammen. Das Schiff war seltsam still und abgedunkelt, so dass eine Identifizierung unmöglich war. Im Lichte der folgenden Regierungsuntersuchungen glaubte Mr. Sloper, dass es sich bei dem mysteriösen Schiff um die *Californian* gehandelt habe, allerdings ist die *Mount Temple* ein weitaus wahrscheinlicherer Kandidat.

Besatzungsmitglieder des Canadian-Pacific-Liners *[Mount Temple]* beschrieben später, wie sie den *Titanic*-Booten nahe genug kamen, um auf sie hinunter zu sehen.«[255]

Sieh an – seltsame Dinge spielten sich rund um den todgeweihten Ozeanliner ab. Demnach kam die *Mount Temple* den Rettungsbooten der *Titanic* also zum Greifen nah. Tatsächlich kommt einem das Treffen zwischen der *Mount Temple* und der *Titanic* immer mehr wie ein geplantes Rendezvous vor. Und das wiederum lässt es als durchaus möglich erscheinen, dass die *Mount Temple* Personen von der *Titanic* an Bord nahm. So fragwürdig scheint der *Mount Temple*-Passagier Mlynarczyk also doch nicht gewesen zu sein.

Es lebe Kapitän Smith ...

Merkwürdigerweise gibt es da eine Geschichte, die von der Gemeinde der *Titanic*-Fans und -Experten komplett ausgeblendet wird. Weder wird sie diskutiert noch in Frage gestellt oder bekämpft. Es wird einfach so getan, als gebe es sie gar nicht:

New York Times, 21. Juli 1912
Seefahrer aus Baltimore erklärt, er traf *Titanic*-Kommandanten auf der Straße

–

Sonderbericht für die *New York Times*

–

Baltimore, Maryland, 20. Juli — Kapitän Peter Pryal, einer der ältesten und in Schifffahrtskreisen bekannter Seefahrer in Baltimore, der unter dem Kommando von *Titanic*-Kapitän Smith auf der *Majestic* fuhr, machte heute die überraschende Aussage, dass er Kapitän Smith gestern in Baltimore in der St. Paul Street sah und mit ihm sprach. Demnach ging er auf Kapitän Smith zu und sagte: ›Kapitän Smith, wie geht es Ihnen?‹

Pryal zufolge antwortete der Mann: ›Sehr gut, Pryal, aber bitte halten Sie mich nicht auf. Ich bin auf Geschäftsreise.‹ Wie Pryal erklärte, folgte er dem Mann, sah ihn ein Ticket nach Washington kaufen, und als er durch das Bahnhofstor ging, wandte er sich um, erkannte Pryal wieder und bemerkte: ›Mach's gut, Schiffskamerad, bis wir uns wiedersehen.‹

›Ich kann mich nicht getäuscht haben‹, sagte Kapitän Pryal heute. ›Ich habe Kapitän Smith zu lang gekannt. Ich würde ihn sogar ohne seinen Bart erkennen. Ich glaube fest daran, dass er gerettet wurde und auf eine geheimnisvolle Art und Weise in dieses Land gebracht wurde. Ich bin ich bereit, meine Erklärung zu beschwören.‹

›Viele Menschen denken vielleicht, ich bin verrückt, aber ich habe Dr. Warfield von dem Ereignis erzählt, und er wird für meine geistige Gesundheit bürgen.‹

Dr. Warfield sagte heute Abend, dass Kapitän Pryal völlig gesund war. Der Kapitän ist wohlsituiert und ein zuverlässiges Gemeindemitglied.

Die Geschichte wurde anschließend von anderen Zeitungen aufgegriffen und zum Teil ergänzt. So schrieb *The Sun* am 21. Juli 1912, Pryal sei 17 Jahre lang mit Smith zur See gefahren. Die *Singapore Free Press* zitierte einen New Yorker Korrespondenten, Kapitän Pryal sei ein seriöser Bürger, Abstinenzler und Kirchgänger und – wie angenommen werde – einer der Letzten, der auf Publicity aus sei. Er sei sich der Unwahrscheinlichkeit seiner Aussage wohl bewusst: »Die Leute werden sagen, ich sei entweder ein Mann, der beim zweiten Mal genauer hinschauen sollte, oder verrückt, aber sie irren sich. Ich glaube einfach der Beweiskraft meiner Augen und Ohren.« Sein Arzt Dr. Warfield aus Baltimore garantiere, dass Pryal völlig gesund sei, so der Bericht. Der *Chicago Examiner* vom 22. Juli 1912 schrieb, Pryal bestehe immer noch auf seinen Aussagen und sei sicher, dass Smith am Leben und in den Diensten der White Star Line sei.

The Times Dispatch vom 21. Juli 1912 lieferte neben dem genauen Wohnsitz von Pryal (907 Valley Street, Baltimore) eine etwas ausführlichere Beschreibung des Treffens. Demnach traf Pryal, der früher Steuermann auf der *Majestic* gewesen sei, Smith bereits am Mittwochmorgen, 17. Juli 1912, auf dem Weg zu seinem Arzt Dr. Warfield, wo er wegen einer inneren Erkrankung in Behandlung sei. Smith, der einen akkuraten, hellbraunen Geschäftsanzug, Strohhut und braune Schuhe getragen habe, habe zwei Koffer bei sich gehabt und gerade vor sich hin gestarrt. Als Pryal ihn angesprochen habe, habe er keine Antwort erhalten. Vielmehr schien sich der Mann seiner Umgebung gar nicht bewusst zu sein und ging stur geradeaus weiter auf der Baltimore Street. Genauso gut könnte es natürlich sein, dass Smith versuchte, Pryal zu ignorieren. In dem Glauben, sich getäuscht zu haben, ging Pryal nach Hause und erzählte seiner Frau von der Begebenheit. Sie sei der Meinung gewesen, dass seine Einbildung wohl mit ihm durchgegangen sei. Am Tag darauf, also dem 18. Juli, sei Pryal dann zur Ecke Baltimore und St. Paul Streets zurückgekehrt und habe fast eine Stunde lang an der Ecke gewartet.

Schließlich habe er zu seinem Erstaunen denselben Mann auf sich zukommen sehen. Dabei sei er auf ihn zugegangen und habe gefragt: »Wie geht es, Kapitän Smith?« Ohne zu bemerken, was er eigentlich tat, sei er dem Mann gefolgt. Der habe sich mehrmals umgedreht, und als er Pryal gesehen habe, sei er in das Calvert-Gebäude gehuscht, um in der Menge unterzutauchen. Pryal sei ihm jedoch auch durch das Equitable-Gebäude gefolgt, wonach er Smith eine Straßenbahn besteigen sah. Pryal sei in denselben Wagen gestiegen und habe Smith an der Washington-, Baltimore- und Annapolis Station aussteigen sehen, wo er einen Fahrschein nach Washington gekauft habe. Als er durch die Schranken gegangen sei, um einzusteigen, habe er sich umgedreht und lächelnd gesagt: »Mach's gut, Schiffskamerad, bis wir uns wiedersehen.« Pryal habe mit großer Ernsthaftigkeit erklärt, er sei bereit, das zu beschwören.

Laut *The Washington Herald* vom 24. Juli 1912 legte Pryal nach. Überschrift: »Immer noch sicher, dass er Kapitän Smith sah«. Pryal bestehe immer noch auf seiner Behauptung, »dass er Kapitän Smith sah, von dem angenommen wird, dass er bei dem *Titanic*-Desaster ertrunken ist«. Pryal habe gestern erklärt, er sei sicher, dass der Kommandant des untergegangenen Schiffes lebt und wohlauf ist und sich in den Diensten der White Star Line befindet. Pryal habe auch geschildert, wie er sich Smith' Rettung vorstelle:

Der Ort, an dem die *Titanic* sank, ist nicht weit von dem Punkt entfernt, an dem ich 1860 mit dem Allen-Liner *Indian* strandete. Der Kapitän, der ebenfalls Smith hieß, verwechselte ein Licht auf Barren Island mit einem Schiff und setzte sein Boot auf das Riff. Wir wurden in den Booten heruntergelassen und erreichten die Insel, wo wir von einigen Fischerbooten gerettet und schließlich nach Boston gebracht wurden. Es wäre ein Leichtes für Kapitän Smith von der *Titanic* gewesen, als Passagier getarnt in ein Rettungsboot zu gelangen und erneut, im Bewusstsein der Nachbarschaft zu Barren Island, freilich unter Schwierigkeiten dorthin zu gelangen und von da aus nach Cape Sable. Ob er das tat oder auf andere Weise gerettet wurde, weiß ich nicht, aber ich weiß, dass er lebt und dass ich ihn sah. Ich würde ihn überall und unter allen Umständen wiedererkennen.

Ein Blick auf die Landkarte ergibt: Cape Sable befindet sich bereits auf der Landmasse von Neuschottland und ist daher viel zu weit weg vom Untergangsort der *Titanic*. Wahrscheinlich meint Pryal daher die 40 Kilometer lange, etwa 200 Kilometer vor der neuschottischen Küste gelegene sichelförmige Insel Sable Island. Da sie ihre Gestalt dauernd ändert, endeten hier schon viele Atlantiküberquerungen unfreiwillig. Die Untiefen rund um die Insel sind mit Schiffswracks gespickt. Mehrere hundert Schiffe sollen sich hier im Laufe der Zeit angesammelt haben. Da die Insel sehr nahe an den transatlantischen Schifffahrtsrouten liegt, ist der Gedanke, hier nach Schiffbrüchigen der *Titanic* zu suchen, auf den ersten Blick naheliegend. Auf den zweiten Blick stellt man jedoch fest, dass die *Titanic* noch einmal etwa tausend Meilen weiter östlich unterging, nämlich vor dem kanadischen Kontinentalschelf – zu weit, um die Strecke mit einem Ruderboot zurückzulegen.

Wohl in Anspielung auf die Gerüchte von einem Selbstmord Kapitän Smiths sagte Pryal, Smith sei ein zu vernünftiger Mensch gewesen, um sich das Leben zu nehmen.

Am 1. August 1912 berichtete *The Mathews Journal,* bei der White Star Line habe man Pryals Behauptungen ungläubig zur Kenntnis genommen. »Wir haben nichts gehört, was darauf hinweisen würde, dass Kapitän Smith bei dem Untergang der *Titanic* nicht ums Leben gekommen ist. Die Geschichte von diesem Kapitän aus Baltimore muss entweder auf einer Täuschung oder Verwechslung beruhen«, zitierte das Blatt einen Manager der White Star Line.

Fazit: Einerseits gibt es keine anderen Zeugen für das Auftauchen von Kapitän Smith. Andererseits will Pryal Kapitän Smith nicht nur einmal, sondern zweimal gesehen haben. Drittens sind Pryals Aussagen von dem Zusammentreffen ausführlich und glaubwürdig. Viertens wurde in diesem Buch gezeigt, dass es sehr wohl möglich war, von der sinkenden *Titanic* zu entkommen. Und fünftens gibt es tatsächlich eine Verbindung zwischen Kapitän Smith und Baltimore. Und zwar hatte Smith laut *Sydney Morning Herald* vom 23. Juli 1912 dort einen Neffen. Der sei nach der Entdeckung seines Onkels durch Pryal plötzlich verschwunden.

Die Geschichte hatte jedoch keinerlei Folgen. Während sich die *Titanic*-Gemeinde normalerweise auf jede noch so unbedeutende Person und jedes noch so unbedeutende Ereignis stürzt, blieb das »postmortale Treffen« zwischen Kapitän Smith und Kapitän Pryal seit hundert Jahren unberührt. Während die *Titanic*-Gemeinde sonst seitenlange

Abhandlungen über den kleinsten Krümel an Bord der *Titanic* verfasst, schweigt sie zu der Sache mit Pryal und Smith, die demnach nie widerlegt wurde. Genau sieben Monate nach der *Titanic*-Katastrophe wurde der verschollene Kapitän Smith übrigens für tot erklärt und seiner Frau das Testament eröffnet.

... und Charles Herbert Lightoller

Für den Zweiten Offizier der *Titanic,* der ebenfalls Hunderte von Menschen auf dem Gewissen hatte, blieb der Untergang der *Titanic* ohne jegliche Folgen. Weder gab es irgendeinen Versuch der Strafverfolgung für die Nachlässigkeiten und die unterlassene Hilfeleistung an Bord der *Titanic,* noch wurde in irgendeiner Weise deswegen seine weitere Karriere behindert. Ganz im Gegenteil. Das nächste Mal fuhr Lightoller wieder als Erster Offizier, und zwar wieder auf einem White-Star-Schiff, der *Oceanic* – wie es der Teufel so wollte, wieder unter einem Kapitän Smith, diesmal allerdings mit dem Vornamen Henry. Im Jahr 1914 kommandierte dieser Henry Smith die *Oceanic* bereits zwei Jahre.

Im Ersten Weltkrieg flog Lightoller als Beobachter in Doppeldeckern und als Kommandeur von Torpedobooten. Am 1. April 1918 kollidierte sein Schiff mit einem Fischkutter und sank. Als Kommandeur eines Zerstörers rammte Lightoller als Nächstes ein deutsches U-Boot. Interessant daran ist nicht nur, dass dabei der Bug des Zerstörers schwer beschädigt wurde, sondern auch, dass dabei eine Maßnahme getroffen wurde, die der Schiffsführung der *Titanic* partout nicht eingefallen war. Und zwar fuhr man die 100 Meilen bis zum nächsten Hafen rückwärts, um den Wasserdruck auf die vorderen Schotten zu verringern.

Im Zweiten Weltkrieg war Lightoller wieder aktiv. Inzwischen Besitzer einer Privatjacht, steuerte er sie nach Dünkirchen, um bei der Befreiung der dort eingeschlossenen britischen Armee zu helfen. Und siehe da: Was er bei der *Titanic* nicht wagen wollte, nahm er diesmal ohne weiteres in Kauf, packte das Schiff, das bisher nie mehr als 21 Personen transportiert hatte, mit 130 Menschen voll und brachte es sicher nach England. Im Ernstfall nahm Lightoller auf Belange wie die theoretische Tragkraft von Booten überhaupt keine Rücksicht. 1946 wurde der mehrfach ausgezeichnete Lightoller mit 72 Jahren aus dem Militär entlassen. 1952 starb er im Alter von 78 Jahren.

Die Botschaften der *Britannic*

Was war das Ergebnis des Schiffskrieges zwischen J. P. Morgan und der White Star Line auf der einen und Großbritannien auf der anderen Seite? Nun: Zwar bekam die White Star Line und Morgans dahinterstehender Konzern International Mercantile Marine aufgrund ihrer Winkelzüge den Schaden an der zu Schrott gefahrenen *Olympic* ersetzt. Dennoch hatte man bei White Star verstanden. Als Erstes wurde das geplante dritte Schiff der *Olympic*-Klasse, die *Gigantic,* in *Britannic* umbenannt. Die verbliebenen Schiffe der *Olympic*-Klasse fuhren im Ersten Weltkrieg brav als britische Truppentransporter bzw. als Lazarettschiff *(Britannic)*.

Die *Britannic* erlebte nie einen Einsatz als Passagierschiff. Am 21. November 1916 erschütterte um 8.12 Uhr in der Ägäis eine schwere Explosion im vorderen Steuerbordrumpf das Schiff: »Ärzte und Krankenschwestern begaben sich sofort auf ihre Posten«, heißt es in einem Wikipedia-Artikel über die Katastrophe. Aber »nicht jeder reagierte auf dieselbe Weise, da man die Gewalt der Explosion weiter hinten weniger stark wahrnahm und viele dachten, man habe nur ein kleines Boot gerammt«. Genau wie bei der *Titanic* füllten sich die vorderen vier Abteilungen rasch mit Wasser.

Aus ungeklärten Gründen gingen einige der wasserdichten Türen zwischen den vorderen Abteilungen nicht zu, so dass die *Britannic* über Bug zu sinken begann, wobei das Heck, ohne abzubrechen, aus dem Wasser ragte. Während der Bug ins Wasser tauchte, bekam das Schiff außerdem eine starke Schlagseite nach Steuerbord und kenterte Berichten zufolge.

Obwohl die *Britannic* in nur 55 Minuten sank, gelang es, fast alle der etwa 1060 Insassen zu retten, nur dreißig Menschen verloren ihr Leben (Patienten waren nicht an Bord). Das Wrack der *Britannic* wurde 1975 in 120 Meter Tiefe von dem französischen Meeresforscher Jacques Cousteau gefunden.

Gleich zwei Künstler fertigen nach den Aufnahmen und Angaben Cousteaus detaillierte Gemälde an: der bekannte Wrack-Maler Ken Marschall und der Italiener Andrea Gatti. Auf beiden Bildern ist auf der Backbordseite im Bereich des Bunkers Nr. 6 ein riesiges Explosionsloch zu sehen, das sich über die gesamte Höhe des Rumpfes zieht. Die Kanten des Loches sind nach außen gebogen.

Nachdem Marschall das Wrack 1995 zusammen mit dem Navy-Mann Robert Ballard selbst besucht hatte, überarbeitete er das Bild. Danach war das Explosionsloch plötzlich kein Explosionsloch mehr, sondern ein gewaltiger Riss mit glatten Kanten, der dadurch entstanden sein soll, dass der Bug beim Aufprall auf den Meeresgrund nach oben abbrach.

Sollte sich Cousteau bei seiner Beschreibung und Dokumentation des Explosionslochs wirklich so getäuscht haben? Unwahrscheinlich, denn immerhin hatte der in jungen Jahren die französische Marineschule in Brest besucht und war später in die Kriegsmarine eingetreten, die er 1956 als Korvettenkapitän verließ.

Eine Allergie gegen Explosionen?

Schon eher sieht es so aus, als litte *Titanic*-Maler Marschall an einer regelrechten »Explosionsallergie«: Erst verschwanden Explosionslöcher am Wrack der *Titanic,* entweder indem er sie einfach wegließ oder Forschungs-U-Boote davor malte. Dann wurde auf dem Wrackbild der *Britannic* aus einem riesigen Explosionsloch mit nach außen gebogenen Rändern ein Loch mit glatten Rändern.

Einig sind sich Marschall und Gatti bei der *Britannic* jedoch darin, dass der restliche Rumpf unversehrt ist. Obwohl sich das Heck der *Britannic* beim Untergang genauso aufrichtete wie das der *Titanic,* ist es weder verformt noch abgebrochen. Wie der ansonsten intakte Rumpf der *Britannic* ebenfalls beweist, gab es auch keine Kesselexplosion, obwohl die Kesselfeuer anders als bei der *Titanic* nicht mehr gelöscht werden konnten. Vielmehr liefen die Maschinen der *Britannic* bis zum Schluss, wie einige Passagiere leidvoll erfahren mussten, die mit ihren Rettungsbooten in die Schrauben gerieten.

Ein erfundenes U-Boot

Zusammenfassend: Genau wie die *Titanic* liegt das Wrack des Schwesterschiffs *Britannic* also praktisch in zwei Teile zerrissen (auf der Steuerbordseite) auf dem Meeresgrund, wobei das abgerissene Teil in diesem Fall der Bug ist, der bei der *Titanic* nur »angerissen« ist. Die Backbordseite ist genau an derselben Stelle wie bei der *Titanic* vom Deck zum Kiel senkrecht aufgerissen. Was jedoch vollkommen fehlt, ist die riesige Explosionsstelle weiter hinten, zwischen dem zweiten und dem vierten Schornstein, die bei der *Titanic* schon deshalb nicht auf einem Belastungsbruch beruhen kann, weil hier riesige Portionen des Schiffes fehlen, die sich in einem großen Trümmerfeld niedergeschlagen haben.

Während die britische Propaganda die Deutschen für den Untergang der *Britannic* verantwortlich machte, gibt es dafür in Wirklichkeit nicht den geringsten Beweis. Ein in Propagandafilmen dargestelltes deutsches U-Boot ist frei erfunden. Und als Robert Ballard das *Britannic*-Wrack 1995 akribisch untersuchte, fand er auch nicht die geringste Spur eines Minenankers, mit dem Unterwasserminen am Meeresgrund fixiert werden. Im Ersten Weltkrieg wurden Minensperren ausschließlich mit solchen »Ankertauminen« errichtet. Sprich: Was dem einen sein Eisberg, ist dem anderen seine Mine. In Wirklichkeit sanken *Titanic* und *Britannic* aufgrund mächtiger interner Explosionen in den vorderen *(Britannic)* bzw. vorderen und hinteren *(Titanic)* Bunkern. Interne Explosionen, meistens der Bunker, waren probate Mittel, um Schiffe zu versenken – ob nun für einen Versicherungsbetrug oder zu Propagandazwecken.

Ein unheimlich effektiver Torpedo

Die nächste »tragedy«, die ich hier jedoch nicht mehr detailliert ausführen will, ist die der *Lusitania,* eines großen Passagierdampfers der Cunard Line. Zwar besteht einerseits Einigkeit darin, dass die *Lusitania* bei ihrer Überfahrt am 7. Mai 1915 von einem deutschen U-Boot torpediert wurde. Andererseits stimmen aber auch alle darin überein, dass der Torpedotreffer von einer massiven internen Explosion gefolgt wurde, die das Schiff schnell untergehen ließ.

Genau wie die *Titanic* erhielt auch die *Lusitania* zahlreiche Funkwarnungen, allerdings nicht vor Eisbergen, sondern vor feindlicher U-Boot-Aktivität im Zielgebiet. Ein Funkspruch warnte explizit vor dem Gebiet bei Fastnet vor der Küste Irlands, in das die *Lusitania* direkt hineinsteuerte. Eine Torpedowarnung des Ausgucks der *Lusitania*, der das Geschoss kommen sah, wurde glatt ignoriert. Ja, selbst die Deutschen hatten vor Abfahrt des Schiffes in den USA Zeitungsanzeigen geschaltet, in denen vor der Benutzung der *Lusitania* gewarnt wurde, weil sie verdächtigt wurde, Kriegsgüter zu transportieren und daher als potenzielles Ziel betrachtet wurde. Genau wie bei der *Titanic* absolvierte auch der *Lusitania*-Kapitän extra noch eine Kursänderung, die das Schiff erst in das Zentrum des Gefahrengebiets führte. Kurz: Die *Lusitania* wurde sehenden Auges direkt vor die Torpedorohre deutscher U-Boote geführt, um als Folge der Versenkung die USA in den Krieg mit Deutschland hineinzuziehen (was auch gelang).

Allerdings wunderte sich selbst der deutsche U-Boot-Kapitän Walther Schwieger[256] über die Effektivität des Torpedos. Das Geschoss beschädigte jedoch einen Kohlebunker auf der Steuerbordseite, woraufhin eine massive, sekundäre Explosion den Schiffsrumpf komplett aufriss. Ob der Kohlebunker wohl brannte, um auf diese Weise dem Torpedotreffer eine interne Explosion hinzuzufügen und die maximale Propagandawirkung zu erreichen?

Das Ende der White Star Line

Womit sich abzeichnet, dass zur konspirativen Versenkung solcher Schiffe immer wieder dieselben Methoden benutzt wurden: Zusammen mit eindringendem Wasser verwandelt sich ein brennender Kohlebunker in eine äußerst wirksame Bombe, die sogar in der Lage sein kann, ein Schiff auseinanderzureißen. Die Motive liegen jeweils auf der Hand: Propaganda, inszenierte Kriegsgründe oder Versicherungsbetrug – im Fall der *Titanic* möglicherweise verbunden mit einer gewissen Aversion gegen bestimmte bedeutende Passagiere.

An ihren Früchten sollt ihr sie erkennen. Das Ergebnis des Schiffskrieges zwischen J. P. Morgan und Großbritannien: Quasi als Verneigung und Anerkennung der Seemacht Großbritanniens wurde die *Gigantic* in *Britannic* umbenannt. Die *Olympic* und die *Britannic* fuhren im Ersten Weltkrieg für die britische Navy.

»Nach Ende des Ersten Weltkrieges befand sich die IMM in desolaten Verhältnissen«, schreibt Zöllner. »Enorme wirtschaftliche Schwierigkeiten lasteten auf dem Konzern.« Schließlich sei man gezwungen gewesen, die White Star Line zu verkaufen. »In England hörte man dies sehr gerne. Sehr groß war dort das Interesse, die ehemals britischen Gesellschaften wieder zurückzuholen und, natürlich erfolgreicher als die Amerikaner, wieder zum Erfolg zu führen«.[257] Tatsächlich fand sich auch ein britisches Konsortium, das zum Kauf bereit war. Doch noch immer hielten die USA an ihren strategischen Überlegungen fest, die von Anfang an bei der Übernahme der britischen Schifffahrtskapazitäten eine Rolle gespielt hatten. Niemand geringerer als Präsident Woodrow Wilson verhinderte den Verkauf, da er gegen nationales Interesse sei«.[258] Noch einmal entlarvten die USA auf diese Weise ihr strategisches Interesse an den britischen Schifffahrtslinien.

Während die *Britannic* 1916 unter ähnlich dubiosen Umständen wie die *Titanic* sank, wurde die *Olympic* (also die wirkliche *Titanic*) erst 1935 außer Dienst gestellt und 1937 verschrottet. Die White Star Line aber wurde bereits 1934 von der königlichen Cunard Line geschluckt. Wehte auf den von der White Star Line eingebrachten Schiffen anfangs noch die der White-Star-Flagge über der der Cunard-Flagge, wurde die Cunard-Flagge ab 1950 auf allen Schiffen über die White-Star-Flagge gesetzt.

J. P. Morgan starb knapp ein Jahr nach dem Untergang der *Titanic* im Alter von 75 Jahren in Italien. Das lag nach allgemeiner Ansicht allerdings weniger an dem Schock über den

Untergang der *Titanic,* sondern eher an dem Stress, dem er ab Herbst 1912 während peinlicher Befragungen im Kongress über seine Kartelle ausgesetzt war.

Ab Dezember 1912 wurde Morgan vor dem Banken- und Währungsausschuss des Kongresses »gegrillt«. Ein scharfsinniger Anwalt namens Samuel Untermyer »wollte beweisen, dass die führenden New Yorker Banken – J. P. Morgan & Co., National City, First National, Bankers Trust und Guaranty Trust – das Kapital und das Kreditwesen des Landes fest im Griff hatten«, schreibt Morgan-Biograph Jeremy Byman.[259] Der Bildung des mächtigsten Trusts, der jemals unter seinen Händen geschaffen wurde, konnten die Untersuchungen jedoch nichts anhaben: der Zentralbank Federal Reserve (am 23. Dezember 1913).

Erstaunlicherweise unterzeichnete Präsident Wilson als Folge dieser Verhöre im Dezember 1913 ausgerechnet den Federal Reserve Act: »Dadurch hatte die Regierung eine Zentralbank, die die privaten regionalen Reservebanken überwachte. Die Regierung war nun in Notfällen nicht mehr auf das Haus Morgan angewiesen«, so Byman.[260] Damit wurde das Gift jedoch als die Medizin verkauft, denn wie wir wissen, war das private Bankenkartell der Federal Reserve im Wesentlichen eine Morgan-Strategie gewesen. Eine groteskere Verdrehung der Tatsachen ist kaum noch denkbar, und dennoch wirkt sie bis auf den heutigen Tag.

In Wirklichkeit sind die Regierungsbeamten in der Federal Reserve Bank nur ein Feigenblatt für eine private Geldmaschine, an der der Staat hängt wie ein Drogensüchtiger an der Nadel. »Die öffentliche Inquisition im Jahre 1912 war für den 75-jährigen Pierpont zu viel«, meint jedoch Byman. »Die Familie Morgan, allen voran [sein Sohn] Jack, gab Untermyer, dem Leiter der Verhöre, die Schuld an Pierponts Zusammenbruch.«[261] J. P. Morgan starb nur drei Monate nach diesen hochnotpeinlichen Untersuchungen am 31. März 1913.

Motiv Mord?

War die um die Zeit des Baus und des Untergangs der *Titanic* geplante Federal Reserve das tiefere Motiv hinter dem Attentat auf die *Titanic* und 1500 Menschen? Ein einfacher Versicherungsbetrug hätte wie gesagt nicht so viele Opfer fordern müssen. Es bleibt auch völlig unerklärlich, warum man zahlreichen wichtigen Menschen konsequent den Zutritt zu den Booten verwehrte und mindestens einen davon, John Jacob Astor, möglicherweise noch im letzten Moment vom Leben zum Tode beförderte. Standen einige der Superreichen an Bord Morgan im Weg? Zum Beispiel bei der Gründung der neuen privaten Zentralbank?

Im Internet wird diese Frage schon längst mit Ja beantwortet. Dort kursiert zum Beispiel ein Dokument mit dem Titel *The Sinking of the Titanic* – wobei nicht ganz klar ist, ob man »sinking« nun mit »Untergang« oder »Versenkung« übersetzen soll. Demnach waren die Finanzimperien der Morgans, Rothschilds und Rockefellers von dem katholischen Orden der Jesuiten unterwandert worden, der nun mit dem Untergang der *Titanic* die Gegner des Federal-Reserve-Systems beseitigen wollte. Also jenes Systems, das praktisch die Erlaubnis zum Gelddrucken darstellt. Daher habe Morgan die *Titanic* im Auftrag der Jesuiten als »Sargschiff« für die reiche Elite Amerikas auf die Reise geschickt: »Es gab da eine Reihe von reichen und mächtigen Männern, die ganz klargemacht hatten, dass sie kein Federal-Reserve-System haben wollten. Die Jesuiten befahlen Morgan, die *Titanic* zu bauen. Das ›unsinkbare‹ Schiff würde als Todesschiff für die Feinde der Jesuiten dienen. Diese reichen und mächtigen Männer wären in der Lage gewesen, die Gründung der Federal Reserve zu blockieren, und ihre Macht und ihr Vermögen mussten ihnen aus den Händen genommen werden. Sie mussten auf eine so hanebüchene Weise beseitigt werden, dass niemand Verdacht schöpfen würde.«

Richtig daran ist, dass die Jesuiten tatsächlich so etwas wie den ältesten internationalen Geheimdienst der Welt darstellen und über eine unglaubliche Macht verfügen. Ihren Chef in Rom nennt man den »Schwarzen Papst«; in Amerika waren die Jesuiten maßgeblich an der Gründung der Vereinigten Staaten und am diplomatischen Dienst der USA (»Foreign Service«) beteiligt. Laut der Verschwörungstheorie war Kapitän Smith ebenso Jesuit wie der bereits genannte Francis Browne, der eine kurze Strecke mit der *Titanic* fuhr und dem von seinem jesuitischen Vorgesetzten die Weiterfahrt verboten wurde.

Abgesehen davon, dass das Unternehmen, riesige Dampfer wie die *Titanic* als Todesschiffe zu bauen, geradezu monumental genannt werden müsste, lässt das Dokument irgendwelche Beweise für seine These vermissen. Weder nennt es Belege für den jesuitischen Hintergrund von Edward J. Smith, noch stimmt es, dass Francis Browne um diese Zeit ein jesuitischer Priester war. Ordiniert wurde er vielmehr erst drei Jahre später, 1915.

Es stimmt wohl auch nicht, dass Browne im Wissen um den bevorstehenden Untergang der *Titanic* den Auftrag hatte, das Schiff noch einmal zu fotografieren. Vielmehr war Browne ein leidenschaftlicher Fotograf, und es sieht ganz so aus, als sei ihm die kurze Reise tatsächlich zu dem Zweck spendiert worden, das spektakuläre Motiv, das die *Titanic* nun einmal war, aufzunehmen. Browne fotografierte sein ganzes restliches Leben lang weiter; seine Fotosammlung brachte es auf über 40 000 Aufnahmen.

Das Dokument nennt auch keine Belege für die Verschwörung der angeblich durch die Jesuiten gesteuerten Banker zur Ermordung der *Titanic*-Passagiere, noch ließen sich woanders Beweise für einen handfesten Konflikt um die Federal Reserve zwischen Morgan und den *Titanic*-Opfern finden.

Ein bösartiges Genie

Überdies lässt sich diese Motivlinie nur schwer mit den Fakten in Übereinstimmung bringen. Der entscheidende Faktor für die Versenkung der *Titanic* bzw. *Olympic* war der Zusammenstoß mit dem britischen Kreuzer *Hawke* und die daraus entstandenen geschäftlichen Probleme. Wie ließe sich die »jesuitische Motivlinie« damit in Einklang bringen? Würden die Jesuiten warten, bis Morgan und die White Star Line zufällig ein Schiff würden loswerden wollen? Und wenn Morgan die *Titanic* bzw. *Olympic* im Auftrag der Jesuiten wirklich extra für die Beseitigung der Federal-Bank-Gegner gebaut hatte: Wozu brauchte es dann des Zusammenstoßes mit der *Hawke* und des Versicherungsbetrugs? Natürlich überhaupt nicht.

Der hier Schritt für Schritt aufgezeigte Schifffahrtskrieg zwischen England und den USA sowie die damit verbundenen Sachzwänge für die White Star Line sind daher viel konkreter und plausibler. Ein Fragezeichen bleibt nur hinsichtlich der außergewöhnlichen Konzentration der reichsten Männer Amerikas an Bord und die außergewöhnliche Feindschaft, mit der ihnen begegnet wurde, während der »Große Pate« selbst seine Reise storniert hatte. Bis auf Morgan selbst und einige seiner Freunde schien sich die gesamte finanzielle Elite der USA an Bord versammelt zu haben. Die *Titanic*-Katastrophe schien tatsächlich die oberste Gesellschaftsschicht der USA »auszulöschen«. Möglicherweise wurde die Sache durch den in England herrschenden Kohlestreik erleichtert, der dazu führte, dass in diesen Tagen nur wenige Schiffe in Richtung USA ablegten.

Ich selbst glaube, dass der Schlüssel, wenn überhaupt, in dem superrationalen Denken Morgans zu suchen ist. Morgan war ein Schachspieler und ein gewiefter Stratege und pflegte jede Operation optimal zu verwerten, also auch einen mutmaßlichen Versicherungsbetrug. Dieses bösartige Genie oder der »Finanzrüpel«, wie er von einigen genannt wurde, pflegte jeden Knochen bis auf die Knochenhaut abzunagen.

Nichts bringt dieses unheimlich effektive Denken so zum Ausdruck wie sein Geschäft mit den Schrottgewehren 1861. Diese Gewehre wurden mit Geld der Regierung von der Regierung gekauft und wieder an die Regierung verkauft, ohne dass Morgan dabei einen Finger rührte und die Gewehre dabei beispielsweise überhaupt in Besitz nahm.

Mit dem geringstmöglichen Aufwand den größtmöglichen Effekt erzielen lautete seine Maxime. Beziehungsweise jeden Aufwand auf jede nur erdenkliche Weise auszuwerten. Also hätte es durchaus nahegelegen, zu überlegen, welche Fliegen man denn mit der Versenkung der *Titanic* noch erschlagen könnte. Denn dass die *Titanic* versenkt wurde, steht aus meiner Sicht zweifelsfrei fest. Die Offiziere waren keine treusorgenden Seefahrer, sondern ein Versenkungskommando. Aus der gänzlich unsentimentalen Sicht Morgans war die angeschlagene und zur *Titanic* umgeschminkte *Olympic* nur noch Abfall. Und wenn die *Titanic* bzw. *Olympic* schon mal »gedumpt« (weggeworfen) wurde, wie es auf Englisch so schön heißt, hätte es dann nicht nahegelegen, einen ganzen Haufen unliebsamer Leute gleich mit zu »dumpen«? Denn einige davon hatten sicherlich so große Füße, um Morgan auf die Zehen zu treten – allerdings ohne ihn dabei zu Fall bringen zu können, darf man vermuten.

War die *Titanic* quasi ein »Müllsammler« für Gestalten, die Morgan irgendwann einmal in die Quere kamen oder noch kommen konnten? Und wurden sie deshalb mit Morgans fingierter Buchung an Bord gelockt? Wobei der Ausdruck »Müll« lediglich Morgans mutmaßliches Denken widerspiegeln soll. Weil fast alle wichtigen Spuren verwischt und die Zeugen zum Schweigen gebracht wurden, ist dies jedoch nur ein »Indizienprozess«. Da ein konkreter Beweis für Morgans Anstiftung des *Titanic*-Attentats fehlt, würde es sich in jedem Fall lohnen, hier ein neues Feld der *Titanic*-(Motiv-)Forschung zu eröffnen.

Die letzten Zeilen dieses Buches gehören jedoch einer *Titanic*-Überlebenden. Mrs. Irene Harris war die Witwe des Theatermanagers Henry B. Harris, den sie im letzten Moment an Bord der sinkenden *Titanic* zurücklassen musste, weil das Paar nach Angaben der überlebenden Witwe Taussig »mit Revolvern bedroht worden war, als sie versuchten, in eines der Boote zu kommen, obwohl noch jede Menge Platz war«.[262]

Nach der Katastrophe wollte Mrs. Harris unbedingt vor dem amerikanischen Untersuchungsausschuss aussagen. Tatsächlich wurde sie jedoch niemals vor irgendeinem Untersuchungsausschuss gehört. Deshalb kommt sie nun hier zur Wort: »Niemand hat damit angefangen, die ganze Wahrheit über den Schiffbruch der *Titanic* zu erzählen«, sagte sie nach ihrer Rettung laut *The Times Dispatch* vom 21. April 1912. »Ich werde vor dem Untersuchungsausschuss des Senats in Washington erscheinen und alles sagen, was ich weiß. Ich werde die Welt endlich aufwecken und ihr die Augen über diesen Horror öffnen. Ich war die letzte Frau, die das Deck des Schiffes verließ. Ich wurde zusammen mit zwei anderen Frauen und haufenweise Besatzungsmitgliedern in ein Klappboot gesteckt. Frauen und Kinder! Und unsere Männer wurden uns entrissen, damit die Besatzung davonkam! Aber ich bin froh, dass ich noch wartete. Ich hatte ein paar Extraminuten mit meinem Mann und habe erfahren, warum dieses Schiff in sein nasses Grab fuhr. Ich habe von der Fahrlässigkeit erfahren, die sich zu Mord summiert – glattem, kaltblütigem Mord. Ich will der Welt meine Geschichte erzählen. Ich will, dass die Schuld dort festgemacht wird, wo sie hingehört. Die Männer, die für dieses Verbrechen verantwortlich sind, müssen dafür bezahlen. Und ich werde alles in meiner Macht Stehende dafür tun, dass sie zahlen werden …

Ich sah die Frauen in die Boote steigen, und schließlich musste ich selbst gehen. Sie sagten, das sei die einzige Chance, gerettet zu werden. Ich fragte meinen Mann nach der Uhrzeit, und er sah auf seine Uhr. Es war genau zwanzig Minuten nach zwei. ... Als ich in dem Boot hinabgelassen wurde, nachdem ich meinem Mann diesen letzten, furchtbaren Abschiedskuss gegeben hatte, sah ich Major Butt neben ihm stehen. ... Nur zehn Minuten später sah ich, wie die Wellen über sie hinweggingen. Es war einfach glatter Mord – furchtbar und zielgerichtet. Und ich werde es der Welt in dem Moment beweisen, in dem ich die Kraft habe, das alles zu erzählen.«

Dieser Moment kam, wie gesagt, nie. Mrs. Harris' Urteil über die *Titanic*-Katastrophe tauchte weder in Dokumentationen noch in *Titanic*-Spielfilmen auf: »1500 Menschen sind nicht ertrunken, 1500 Menschen wurden grausam und skrupellos ermordet.«

Dem ist nichts hinzuzufügen.

Neues Nachwort 2023

So – ich hoffe, ich habe im Vorwort nicht zu viel versprochen: »Während die Passagiere in Sicherheit gewiegt wurden, steuerte der Kapitän das Schiff mitten in die Katastrophe. Weniger bekannt dürfte sein, dass er dies mit voller Absicht tat«. Das war natürlich eine starke Botschaft, aber ich denke, dieser Nachweis ist mir überzeugend gelungen. Für uns ist das eine Bestätigung mehr, dass wir offiziellen Narrativen nicht trauen dürfen, egal, wie anerkannt sie auch sein mögen. Unsere Emotionen und unser menschliches Mitgefühl werden ausgenutzt, um uns die »romantischsten Lügen« zu erzählen, wie George Bernard Shaw das formuliert hat. Dieses Buch soll daher auch eine Ermutigung und eine Aufforderung sein, scheinbar über jeden Zweifel erhabene Erzählungen zu hinterfragen, egal, wie in Stein gemeißelt sie auch erscheinen mögen. Für mich war das Werk ein Lehrstück und eine Ermutigung, auch die festgeklopftesten Narrative selbst zu überdenken und zu analysieren. Je etablierter eine Erzählung erscheint, umso ausgehöhlter und morscher kann sie in Wirklichkeit sein. Des Weiteren ist die Katastrophe der Titanic ein Paradebeispiel für Täuschungsmanöver von Regierungen gegenüber ihren Bürgern und für geplante Untergänge von Systemen, die den Opfern als »Unfall« verkauft werden. Die »kleine« Titanic erscheint daher fast wie ein Modell unserer modernen Welt, wo ebenfalls zwielichtige Figuren auf der Brücke stehen, um das Schiff und seine Insassen für höhere Interessen zu verheizen. Bei allem, was geschieht, gibt es immer einen guten Grund und einen wahren Grund, besagt eine Redensart. Der »gute Grund«, das war in diesem Fall der Eisberg, der wahre Grund bestand in dem geheimen Schifffahrtskrieg zwischen den USA und Großbritannien, der drohenden Pleite der White Star Line und der Auslöschung von wichtigen Teilen der reichen US Eliten ...

Dank

Mein Dank gilt wie immer meiner Frau Andrea für die scharfsinnigen Diskussionen und die Unterstützung bei der Recherche sowie meinen beiden Söhnen, die damals allzu oft auf ihren Vater verzichten mussten.

Außerdem gilt mein Dank all den vielen Quellen und Autoren, die hier zitiert wurden oder von deren Werken ich anderweitig profitieren konnte und die bereits wertvolle Arbeit auf dem Gebiet der Titanic-Forschung geleistet hatten.

Nicht zuletzt gilt mein herzlicher Dank der Leitung und den Mitarbeitern des Kopp Verlages, die sich dieses Buches liebevoll angenommen haben und insbesondere versucht haben, die vielen Internetquellen zu rekonstruieren, die seit dem erstmaligen Erscheinen aus dem Netz verschwunden waren.

Bitte folgen Sie mir für eine aktuelle Berichterstattung auf meinem Telegram-Kanal *https://t.me/GWisnewski*, auf meiner Website *www.wisnewski.ch* und auf meinem Youtube-Kanal: *youtube.com/@Gerhard_Wisnewski*.

Anmerkungen

1 Cameron, S. VII f.
2 Beesley, S. 19
3 Cameron, S. XIII
4 ebda, S. V f.
5 *New York Times* vom 15.4.1912
6 Lynch, S. 182
7 Gardiner I, S. 247
8 Gardiner I, S. 11
9 siehe *Ein unheimlich effektiver Torpedo*, S. 408
10 Brit. Untersuchung, BU, F. 1869–1873
11 Schmidt-Grillmeier: Antoinette *Flegenheim – First Class Passenger on the Titanic*, auf *www.encyclopedia-titanica.org*, vom 2.3.2010
12 Gardiner II, S. 11 f.
13 Halpern: *Titanic's Logbook*, auf *www.Encyclopedia-Titanica.org*
14 *https://www.wise-geek.com/what-is-a-logbook.htm*
15 Originalquelle nicht mehr auffindbar; sinngemäß: *https://seamusdubhghaill.com/tag/william-thomas-turner*
16 Originalquelle nicht mehr auffindbar; sinngemäß: *https://seamusdubhghaill.com/tag/william-thomas-turner*
17 *https://web.archive.org/web/20120722042626/http://www.titanictown.plus.com:80/titanictown/lusitania.htm*
18 *https://de.wikipedia.org/wiki/Logbuch*
19 Maxtone-Graham, S. 11
20 *www.oceanliner.com*
21 Pemsel, S. 1091
22 siehe Titanic-Verein Schweiz: Zeittafel, *https://titanicverein.ch/titanic/zeittafel/*
23 Myers, S. 608 ff.
24 Myers, S. 610 ff.
25 Myers, S. 623
26 *Die Zeit*, 6. 11. 2003
27 *Die Zeit*, ebd.
28 siehe Schwarz, S. 13 ff.
29 Schwarz, ebd.
30 Brown, Ellen: The Secret Bailout of J. P. Morgan: How Insider Trading Looted Bear Stearns and the American Taxpayer, *www.GlobalResearch.ca*, 14.5.2008
31 Originalquelle nicht mehr auffindbar; sinngemäß: *https://www.investopedia.com/articles/economics/08/jp-morgan-kingpin-wall-street.asp*
32 de Long, S. 2
33 de Long, ebd.
34 Byman, S. 2
35 Griffin,S. 20
36 Pritzkoleit, S. 121
37 Griffin,S. 249

38 Brown: *Who earnes the Federal Reserve?*, auf *https://www.globalresearch.ca/who-owns-the-federal-reserve/10489*
39 Griffin,S. 39
40 Byman, S. 73
41 Byman, ebda.
42 Pritzkoleit, S. 310
43 Wall,S. 40, zitiert nach: Grossman: *Public Symbols and Private Enterprise: Transatlantic Ocean Liners, 1897–1914*, auf *www.ocean-liner.com*, abgerufen 29.4.2011
44 *www.wikipedia.org*
45 Grossman, ebda.
46 Zöllner, S. 30
47 Zöllner, S. 20
48 Pritzkoleit, S. 309 f.
49 Originalquelle nicht mehr auffindbar; sinngemäß: *https://titanichistoricalsociety.org/international-mercantile-marine-company/*
50 Chatterton, Kohler, S. 130
51 Zöllner, S. 28
52 Zöllner, S. 30
53 Zöllner, S. 32
54 Schneider, S. 101
55 Adams, S. 11
56 Adams, ebd.
57 Schneider, S. 44
58 Schneider, S. 169
59 Zöllner, S. 51 f.
60 Gardiner, S. 27 f.
61 *British Inquiry*, 20. Tag
62 Marzahn, S. 186 f.
63 siehe Davie, S. 160, 164
64 Jackson, S. 297 f.
65 Jackson, S. 299
66 Chernow, S. 146
67 Jackson, S. 301
68 Lewis, S. 286
69 Pellegrino, S. 22
70 Gardiner I, S. 87
71 Gardiner I, ebd.
72 *https://www.pennlive.com/life/2009/01/milton_s_hersheys_link_to_tita.html*
73 Ebda.
74 Markham, S. 43
75 Cooper, G J: *Titanic Captain: The Life of Edward John Smith*, S. 177f.
76 Gardiner III, S. 81
77 Waag, S. 9
78 *www.Titanic-Titanic.com*
79 https://www.encyclopedia-titanica.org/community/threads/lucky-crew.18769/
80 *https://web.archive.org/web/20120818104418/http://www.degesa.de/Loeschanlage_fischereifahrzeug.html*

81 *https://web.archive.org/web/20120818104418/http://www.degesa.de/Loeschanlage_fischereifahrzeug.html*
82 Originalquelle nicht mehr auffindbar; sinngemäß: *https://www.grin.com/document/2696*
83 BU, 12. Tag, Frage 14506
84 BU, 17. Tag, Frage 18980
85 BU, 14. Tag, F. 16880
86 SUBCOMMITTEE OF THE COMMITTEE ON COMMERCE, UNITED STATES SENATE: »*TITANIC*« DISASTER, The Official Transcript of the United States Senate Hearings into the sinking of the *RMS Titanic*, April 19 May 25, New York 1912 (US-Inquiry/Amerikanische Untersuchung, zitiert als AU) S. 907, 10. Tag
87 BU, 14. Tag, F. 16968
88 BU, 13. Tag, F. 16061
89 Reihenfolge der Eiswarnungen laut Störmer II, S. 50
90 BU, F. 15697
91 Marconi, Maria Cristina: *Marconi my beloved*, Boston 2001, S. 346
92 BU, F. 15706
93 Störmer II, S. 35
94 Marconi, S. 346
95 BU, 13. Tag, F. 15144
96 *https://gardenofeaden.blogspot.com/2012/04/titanic-last-radio-transmissions.html*
97 Störmer, Susanne: *Dampfer Titanic: Eisberg voraus*, Norderstedt 2007 (Störmer II), S. 43
98 Nach: Störmer II, S. 136
99 Zöllner, S. 72
100 BU, S. 13, 2. Tag
101 AU, 1. Tag, S. 62 f.
102 AU, 6. Tag, S. 516
103 AU, 11. Tag, S. 937
104 Beesley, S. 127 f.
105 Beesley, S. 131 f.
106 Zöllner, S. 112
107 Beesley, S. 131 f.
108 Beesley, S. 139
109 Beesley, S. 139
110 Gardiner I, S. 125
111 Gardiner I, ebd.
112 AU, 4. Tag, S. 315 f.
113 AU, 4. Tag, S. 315 f.
114 BU, 15. Tag, F. 17314
115 BU, 4. Tag, F. 2442
116 BU, 4. Tag, F. 2663
117 AU, 3. Tag, S. 223/228
118 AU, 3. Tag, S. 230 ff.
119 Beesley, S. 45 f.
120 Beesley, S. 47 ff.
121 Beesley, S. 50

122 Beesley, S. 57
123 AU, 10. Tag, S. 883 f.
124 Lynch, S. 91
125 *Mr Henry Sleeper Harper, Biography*, auf *www.Encyclopedia-Titanica.org*, zugegriffen am 17.11.2011
126 *Titanic Survivors: What They Saw (1)*, *https://www.youtube.com/watch?v=zibzTcdq9Ac*
127 Gracie, *Archibald*: The Truth about the *Titanic*, Boston 2002, S. 14 ff.
128 BU, 5. Tag, F. 4521
129 BU, 5. Tag, F. 4848
130 Lee: Titanic: Below Decks, *http://www.paullee.com/titanic/belowdecks.php*
131 Beesley, S. 45 f.
132 BU, 3. Tag, F. 1869
133 BU, 3. Tag, F. 662
134 Schneider, S. 37
135 AU, 3. Tag, S. 228
136 *Titanic Survivors: What They Saw*, *https://www.youtube.com/watch?v=52eXh4q-fhc*
137 Schneider, S. 45
138 AU, 3. Tag, S. 232
139 Lord, S. 23
140 Davie, S. 190
141 Davie, S. 191 f.
142 Rogers, a.a. O. S. 12
143 siehe *Deep Inside Titanic: The Icebergs Gash*, auf *https://web.archive.org/web/20110101000000*/www.dsc.discovery.com*
144 BU, 20. Tag, F. 21309
145 Schneider, S. 87
146 Schneider, S. 95
147 Schneider, S. 96
148 BU, 19. Tag, F. 20491
149 Schneider, S. 93
150 Schneider, S. 81
151 zitiert nach Schneider, S. 93
152 Marschall, Ken; Donald Lynch: *Titanic – Königin der Meere*, München 1992, S. 120
153 *The San Francisco Call* vom 20.4.1912
154 Joyce: *Eugene Daly – by his Daughter*, auf *www.Encyclopedia-Titanica.org*, zugegriffen am 17.11.2011
155 Waag, S. 53
156 Marschall/Lynch, S. 117
157 Marschall/Lynch, S. 117
158 Gardiner I, S. 181
159 Gardiner, Robin: *Titanic – The Ship that never sank*, Shepperton 1998 (Gardiner II), S. 145
160 Logan Marshall: *Sinking of the Titanic and Great Sea Disasters*, S. 55; zitiert nach: Chapman, Earl: Gunshots on the Titanic, *https://www.encyclopedia-titanica.org/gunshots-on-titanic.html*
161 Santini, Steve: *Titanic – Touchstones of a Tragedy*, Bloomington 2000, S. 34 f.

162 Schneider, S. 87
163 Schneider, S. 92
164 *Bisbee Daily Review*, vom 20.4.1912
165 Gardiner I, S. 178
166 z. B. Movable Type Scripts auf *www. www.movable-type.co.uk*
167 BU, 8. Tag, F. 8146
168 Siehe Eaton, John P.; Charles A. Haas: *Titanic – Legende und Wirklichkeit*, Königswinter 1997, S. 40 f., und Gill in AU, 16. Tag, S. 710
169 BU, 8. Tag, F. 8178
170 Krebes: Defending Ernest Gill, *https://www.encyclopedia-titanica.org/defending-ernest-gill.html*
171 AU, 3. Tag, S. 235
172 zitiert nach Molony, Senan: Titanic Scandal, Stroud 2009, S. 124
173 Molony, S. 163
174 zitiert nach Molony, S. 111, unterschiedliche Schiffszeiten beachten
175 Eaton/Haas, S. 19
176 Gardiner I, S. 178
177 Gardiner I, S. 179
178 Doubek, Katja: Die Astors – Glanz und Elend einer legendären Gelddynastie, München 2008, S. 300
179 Marschall/Lynch, S. 130
180 Zöllner, S. 155
181 nach Zöllner, S. 135
182 *https://en.wikipedia.org/wiki/John_Jacob_Astor_IV*
183 Behe, ebd.
184 *The Buffalo Morning Express*, vom 1. Mai 1912, in Behe ebd.
185 *The Buffalo Morning Express*, vom 1. Mai 1912, in Behe ebd.
186 Behe, ebd.
187 AU, 4. Tag, S. 294
188 siehe: Philipp, Markus: *Titanic's Time Enigmas*, *https://www.encyclopedia-titanica.org/titanic-time-enigma.html*
189 siehe: Patrick, David: *Vincent Astor, the Man Who Gave Away the Money*, auf *www.NewYork-SocialDiary.com*
190 Schneider, S. 97
191 Bäbler, Günter: *Reise auf der Titanic*, Zürich 1998, S. 106
192 AU, 9. Tag, S. 814
193 Bäbler, S. 90
194 *Daily Mirror*, vom 13. Mai 1912
195 Schneider, S. 110
196 Schneider, S. 109
197 siehe Gardiner II, S. 130
198 Herwig, Wolfgang: Goethes Gespräche, Bd. III, Teil 2, München 1928, S. 889
199 AU, 1. Tag, S. 112 f.
200 AU, 9. Tag, S. 827
201 AU, 1. Tag, S. 113
202 AU, 1. Tag, S. 114
203 AU, 1. Tag, S. 113
204 *www.Encyclopedia-Titanica.org*, Mr. Isidor Straus, zugegriffen am 17.6.2011
205 Waag, S. 48

206 *https://www.encyclopedia-titanica.org/community/threads/collapsibles-a-and-b.1867/*
207 Praetorius, Frank: Überleben in (eis-)kaltem Wasser, Deutscher Segler-Verband, Hamburg 2004
208 AU, 7. Tag, S. 630
209 Gardiner III, S. 173
210 Gardiner III, S. 173 f.
211 Brown, David G.: *Last Log of the Titanic*, New Xork 2001, Kindle-Ausgabe, Loc. 4327– 37
212 *https://de.wikipedia.org/wiki/Lucona*
213 AU, 1. Tag, S. 13
214 Zöllner, S. 99
215 BU, 12. Tag, F. 14074 ff.
216 British Wreck Commissioner's Inquiry: Report – Description of the Damage to the Ship and its Gradual Final Effect, Final Effect of the Damage, 30.7.1912
217 BU, 2. Tag, F. 660 – 661
218 BU, 2. Tag, F. 678 – 685
219 BU, 4. Tag, F. 2296 ff.
220 Eaton/Haas, S. 170
221 *https://www.encyclopedia-titanica.org/community/threads/fireman-john-dilley-shulver.18973/*
222 »Brandfrüherkennung in Kohlekraftwerken«, VGB Tech 11/2009
223 Transport Canada: Notice To Ship- masters Loading Coal, Transport Publication TP 10944 E
224 Parr, S. W., F. W. Kressmann: *The Spontaneous Combustion of Coal*, in: *The Engineering Magazine*, Vol. 43, Nr. 5, August, 1912, S. 836, zitiert nach: *https://www.encyclopedia-titanica.org/community/threads/fire-in-coal-bunker.35566/page-5*
225 Nielsen, Titanic – Entdeckung auf dem Meeresgrund, Min 6.20
226 *https://www.encyclopedia-titanica.org/william-mellors.html*
227 AU, 7. Tag, S. 637 ff.
228 AU, 7. Tag, S. 620 f.
229 Duff Gordon: *I was saved from the Titanic*, in: *Coronet Magazine*, Juni 1951, S. 94
230 BU, 4. Tag, F. 2563
231 AU, 7. Tag, S. 541
232 *https://www.encyclopedia-titanica.org/community/threads/boiler-explosion.3988/*
233 Gleicher, David: *The Break-up of the Titanic: Viewpoints and Evidence. https://www.encyclopedia-titanica.org/breakup-of-titanic.html*
234 siehe Ballard: *Das Geheimnis der Titanic*, München 1998, S. 124 –126
235 Sie finden die Originalbilder auf der Website *www.kenmarschall.com* und in den genannten Büchern.
236 siehe Marschall, S. 128
237 zitiert nach Gardiner II, S. 11 f.
238 Zöllner, S. 40
239 Gardiner III, S. 204 ff.
240 siehe auf *https://www.youtube.com/watch?v=BYFxBYba-YI*, *Why they sunk the Titanic*

241 Siehe Revealing Titanic on port side of Ship,
http://web.archive.org/web/sitemap/www.rmstitanic.net

242 *https://www.encyclopedia-titanica.org/community/threads/collapsibles-a-and-b.1867/*, Message Board: Collapsibles A and B, vom 16.12.2000

243 Gardiner I, S. 364

244 Gardiner I, S. 185

245 Gardiner I, S. 167

246 Molony, S. 9

247 Gardiner I, S. 257

248 Gardiner I, S. 182

249 *The Evening World*, 20.4.1912

250 James Camerons Titanic

251 Gardiner II, S. 266

252 zitiert nach Molony, S. 134

253 Molony, S. 134

254 siehe AU, 7. Tag, S. 519

255 Gardiner II, S. 179 f.

256 U 20

257 Zöllner, S. 166

258 ebda.

259 Byman, S. 98

260 Byman, S. 100

261 Byman, S. 101 f.

262 *The San Francisco Call*, vom 20.4.1912

Literatur

Adams, Simon: *Titanic – Die berühmteste Katastrophe in der Geschichte der Seefahrt*, Hildesheim 2001/2002

Bäbler, Günter: *Reise auf der Titanic*, Zürich 1998

Ballard, Robert: *Das Geheimnis der Titanic*, München 1998

Beesley, Lawrence: *Titanic – Wie ich den Untergang überlebte*, München 1998

Bradford de Long, J.: *J. P. Morgan and His Money Trust*, Harvard 1992

Brown, David G.: *The Last Log of the Titanic*, New York 2001

Byman, Jeremy: *J. P. Morgan – Bankier einer wachsenden Nation*, Kulmbach 2003

Cameron, James; Ed W. Marsh, Douglas Kirkland: *James Camerons Titanic*, Nürnberg 2002

Chatterton, John; Richie Kohler: *Titanic's Last Secrets*, New York 2008

Chernow, Ron: *The House of Morgan – An American Banking Dynasty and the Rise of Modern Finance*, New York 1990

Davie, Michael: *The Titanic – The Full Story of a Tragedy*, London 1987

Doubek, Katja: *Die Astors – Glanz und Elend einer legendären Gelddynastie*, München 2008

Eaton, John P.; Charles A. Haas: *Titanic – Legende und Wirklichkeit*, Königswinter 1997

Gardiner, Robin; Dan Van der Vat: *Die Titanic-Verschwörung*, München 1997 (Gardiner I)

Gardiner, Robin: *Titanic – The Ship that Never Sank*, Shepperton 1998 (Gardiner II)

Gardiner, Robin: *The Great Titanic Conspiracy*, Hersham 2010, Kindle-Ausgabe (Gardiner III)

Gracie, Archibald: *The Truth About the Titanic*, Boston 2002

Griffin, Edward G.: *Die Kreatur von Jekyll Island – Die US-Notenbank Federal Reserve*, Rottenburg 2006

Harrison, Leslie: *A Titanic Myth*, Hanley Swan 1992

Jackson, Stanley: *J. P. Morgan*, London 1984

Josephson, Matthew: *The Robber Barons – The Great American Capitalists 1861–1901*, New Brunswick 2011

Kuntz, Tom: *The Titanic Desaster Hearings*, New York 1998

Lewis, Alfred Allan: *Ladies and Not-so-Gentle Women*, New York 2001

Lightoller, C. H.: *Titanic and Other Ships*, Oxford 2010

Lord, Walter: *Die letzte Nacht der Titanic*, Klagenfurt 2002

Lundberg, Ferdinand von: *America's 60 Families*, New York 1960

Lynch, Don: *Titanic – Königin der Meere*, München 2000

Marconi, Maria Cristina: *Marconi my Beloved*, Boston 2001

Markham, Jerry W.: *A Financial History of the United States*, Vol. II, New York 2002

Marschall, Ken, Rick Archbold: *Ken Marschall's Art of Titanic*, New York 1998

Marschall, Ken; Donald Lynch: *Titanic – Königin der Meere*, München 1992

Maxtone-Graham, John: *The Only Way to Cross*, New York 1974

McCluskie, Tom: *Die Titanic im Detail*, Augsburg 1998

Molony, Senan: *Titanic Scandal*, Stroud 2009

Mullins, Eustace: *Secrets of the Federal Reserve*, Lancaster 2009

Myers, Gustavus: *Das große Geld – Die Geschichte der amerikanischen Vermögen*, 1916 + Nördlingen 1987

Nielsen, Maja: *Titanic – Entdeckung auf dem Meeresgrund*, CD, Köln 2009

Parisi, Paula: *James Cameron und die Titanic*, München 1998

Pellegrino, Charles: *Her Name Titanic*, London 1990

Pemsel, Helmut: *Weltgeschichte der Seefahrt*, Band 3, Wien/Graz 2002

Pritzkoleit, Kurt: *Männer und Geschäfte – Ein Lesebuch zur Geschichte der USA*, Berlin 1943

Robertson, Morgan: *Titan – Eine Liebesgeschichte auf hoher See*, München 1997

Robertson, Morgan: *Morgan Robertson, the Man*, www.general-books.net, 2009

Rogers, David J.: *Titanic Lecture Notes*, Rolla 2010

Santini, Steve: *Titanic – Touchstones of a Tragedy*, Bloomington 2000

Schmitt, Klaus: *Silvio Gesell – »Marx« der Anarchisten?*, Berlin 1989

Schneider, Wolf: *Mythos Titanic*, Augsburg 1996

Schwarz, Fritz: *Morgan, der ungekrönte König der Welt*, Bern 1933

Störmer, Susanne: *Titanic, Mythos und Wirklichkeit*, Berlin 1997 (Störmer I)

Störmer, Susanne: *Dampfer Titanic: Eisberg voraus*, Norderstedt 2007 (Störmer II)

SUBCOMMITTEE OF THE COMMITTEE ON COMMERCE, UNITED STATES SENATE: »Titanic« DISASTER, The Official Transcript of the United States Senate Hearings into the sinking of the RMS Titanic, April 19–May 25, New York 1912 (US-Inquiry/Amerikanische Untersuchung, zitiert als AU)

Waag, Bernhard: *Der Untergang der Titanic am 14. April 1912 – Eine Darstellung aller beim Untergang der Titanic historisch wertvollen Momente*, Lorch 1912

Wreck Commissioner of the United Kingdom, Wreck Commissioners' Court: FORMAL INVESTIGATION ORDERED BY THE BOARD OF TRADE INTO THE LOSS OF THE S. S. TITANIC, London 1912 (British Inquiry/Britische Untersuchungen, zitiert als BU)

Zöllner, Nikolaus: *Die Titanic Firma – Die Katastrophe aus der Sicht der Wirtschaft*, Füssen 2000

Alle Zitate aus englischsprachigen Titeln wurden von Gerhard Wisnewski übersetzt.

Bildnachweis

Computerkartographie Carrle S. 91/S. 118/S. 138/S. 144/S. 148/S. 149/S. 171/ S. 184/S. 341/S. 345/S. 375 li/S. 375 re./S. 378 li./S. 378 re.; ddp images/AP S. 107; Getty Images/SSPL S. 114 re.; Interfoto/Miller S. 14/Mary Evans Picture Library, ONSLOW AUCTIONS LIMITED S. 30; mauritius images S. 94 li.; picture alliance: Everett Collection S. 71/Landov S. 81/Mary Evens Picture Library S. 114 li./S. 239; Picture Press/Camera Press/Ian Lloyd S. 84 li.; UNITED ARCHIVES/United Archives S. 94 re.; Ullstein Bild/Ludwig Boedecker S. 390; Wikipedia/Yzmo S. 82/ Indif S. 84 re./DFoerster, ChrisiPK überarbeitet von Computerkartographie Carrle S. 140/S. 103/S. 347/S. 380; Gerhard Wisnewski S. 195/S. 216;

Register